스토리텔링

생산경영

PRODUCTION MANAGEMENT

머리말

오늘날 우리 산업체가 도전하고 있는 경제환경은 세계시장에서의 무한경쟁의 도전이다. 무한경쟁에 이기기 위한 가장 기본적인 과제는 재화나 서비스의 경쟁력에 달려있다 하겠다.

세계는 글로벌화가 가속화가 되고 있으므로 기업은 글로벌시장을 상대로 경쟁우위를 만들어야 된다. 글로벌시장에서 경쟁우위를 확보하기 위해서는 더욱더 기본에 충실한 제품이나 서비스를 생산하여 소비자에게 제공하여야 한다.

기업은 생산경영 시스템의 확립으로 소비자가 원하는 제품이나 서비스를 최소의 비용으로 생산하여 고객에게 전달하는 것이 기업경쟁에서 최우선적으로 경쟁우위를 확보하는 길이라 하겠다.

이러한 관점에서 볼 때 본서는 생산경영의 기본인 효율적인 생산프로세서를 달성할 수 있도록 다양한 생산경영의 기법을 전달하여 기업이 경쟁력 있는 생산경영 시스템을 실현할 수 있도록 집필하였다.

특히 본 교재를 공부하는 학생이나 기업인들에게 기업에서 필요로 하는 실무지식을 조금이라도 향상시키기 위하여 스토리텔링을 활용한 사례연구 형식으로 각 장마다 삽입하여 흥미있게 이론과 실무를 겸비하게끔 집필하였다. 또한 경영학과 경제학에 대한 기본적인 이해를 하게 되면 좀 더 수월하게 생산경영을 공부할 수 있게 되므로 본서는 생산경영을 공부함에 앞서 경영과 경제에 대한 기본적인 이해를 공부할 수 있도록 하였다.

본 교재가 나올 수 있도록 많은 배려를 해 주신 한올출판사 임순재 사장님, 최혜숙 실장님을 비롯한 편집위원들에게 감사의 마음을 전한다.

마지막으로 나의 인생의 반려자인 보경이와 아들 창현, 딸 은솔에게도 항상 고마운 마음을 보낸다.

저자 유지철

생산경영을 왜 공부 하는가

왜 생산경영을 공부해야 되는지에 관해서 생각해 본적이 있을 것이다. 생산경영은 공부하면 나한테 미래에 어떤 이익이 올까? 인간은 무엇이든지 배우고 나면 이에 대한 가치가 있어야 더욱 열심히 배울 것이다. 생산경영을 공부하면 나의 미래가치를 높일 수 있을까? 당연한 이야기다. 확실히 여러분의 미래가치는 상상할 수 없을 정도로 높아진다.

우리가 생산경영을 공부하는 첫 번째 이유는 조직의 프로세스(운영과정)를 설계하고 개선할 수 있기 때문이다. 프로세스란 우리가 일상생활에서 매일매일 겪는 일이기 때문이다. 마트에서 오랫동안(10분 이상) 줄을 서서 기다리고 있다면 얼마나 많은 욕을 할까? 상점이나 백화점에 들어갔을 때 아무도 모른 척 한다면 어떤 기분이 들까? 잘나가는 회사가 며칠 안가 망해버린다면? 어떤 물건을 구입할 때마다 다른 가격을 지불한다면 이해할 수 있을까? 또 비행기 표를 예약할 때 같은 노선에 같은 날짜에 예약하더라도 일주일전 한 달 전 또는 두 달 전에 예약할 때에 값에 많은 차이가 나는 이유는 도대체 무엇일까? 왜 우리기업에만 많은 세금이 부과되고 있는 것인가? 어떤 기업은 품질이 좋다는 평판이 있고 어떤 기업은 품질이 안 좋다는 이야기를 할까? 똑같은 상황에서 어떤 사람은 어떤 일에 의사결정을 잘해서 좋은 곳에 취직도 되고 예쁜 여자(남자)친구도 있고 돈도 많이 벌게 되는 반면에 어떤 사람은 그저 그런 곳에 취직하고 그저 그런 여자(남자)를 얻고 돈도 그저 그렇게 벌까? 어떤 회사는 충성스러운 고객을 확보하기 때문에 경제가 불황 일 때도 꾸준히 성장하고 있는데 반면에 어떤 회사는 경제가 불황이 되면 고객이 이탈하면서 망하는 수준에 이르게 될까?

이러한 모든 이유는 개인마다 기업이 조직의 프로세스를 잘 운영하지 못했기 때문에 발생되는 것이다. 첫 번째로 생산경영은 조직의 프로세스를 잘 운영하는 방식을 습득하기 때문에 개인이나 기업에 성공을 가져다 줄 수 있다.

두 번째로 여러분들이 대학을 졸업한 후에 취업을 하게 되면 관리자가 되거나 피 관리자가 된다.

여러분들은 당연히 취업을 하게 되므로 관리기법들을 알아야 하고 관리기법 들을 알게 되면 남들보다 먼저 유리한 고지를 선점할 수 있다. 여러분들이 기업에 취업해 있다고 생각해 보자 여러분은 관리자가 되어 있거나 관리자를 위해서 일을 할 것이다. 생산경영을 공부했다면 여러분의 상사가 어떻게 일을 하고 있는지 알아낼 수가 있을 것이고 만일 여러분이 상사라면 어떻게 일을 해야 효율적인지를 알 수 있어서 부하직원을 잘이 끌어 갈 것이다.

세 번째 이유는 기업에서 50%이상의 일자리가 생산경영과 관련되어 있다는 점이다. 기업을 하나의 시스템으로 본다면 일은 기업조직의 행동 안에서 협동적으로 움직여야 한다, 협동적으로 움직인다는 것은 모든 구성원이 자신의 담당하는 고유한 역할뿐만 아니라 다른 사람이 담당하는 역할도 이해할 수 있어야 한다. 기업의 조직이 협동적으로 움직이기 위해서 필수적으로 필요한 것이 생산경영이다. 기업의 모든 사람들을 자신의 특정전공에 관계없이 생산경영을 공부해야 되는 이유가 여기 있는 것이다. 생산경영은 기업조직의 모든 기능을 발휘하는데 중심적인 역할을 하기 때문에 경영학, 산업경영공학 학생들은 가장 필수적으로 공부해야 한다, 미래의 기술은, 이미 접어들고 있지만, 학문 간에 융복합화가 급속도로 진행되고 있으므로 특히 기계, 전기, 화공, 토목 등의 공학 분야에서도 말할 필요도 없이 생산경영이 중요하다.

월마트는 RFID(Radio Frequency IDentification)라는 기술을 통하여 순식간에 유통산업의 선두주자로 뛰어올랐다. RFID라는 신기술은 제조업체가 제품에 조그마한 전자태그를 부착하여 관리하는 방식이다. RFID라는 태그가 제품을 추적할 수 있게 만들었기 때문에 월마트는 제품이 분실되거나 위치가 잘못되어 배치되더라도 손실을 막을 수가 있었다. RFID를 통해 어떤 제품이 부족하고 초과 공급되고 있는지를 실시간으로 알게 되어 생산경영에서 배우는 재고관리를 아주 수월하게 발전시켰다. 즉 기술과 생산경영이 융합되어 세계최고의 유통망 관리를 할 수 있었던 것이다. 이외에 월마트의 납품업자들은 RFID의 재고관리 프로세스를 이해함으로서 많은 원가절감을 하게 되었다. 월마트의 납품업체인 Proctor & Gamble (프록터 앤 갬블)은 RFID의 기술을 활용하여 판매품목과 판매지점을 즉시 파악할 수 있게 되었다. 프록터 앤 갬블은 이를 활용해 수요자가 필요로 하는 제품을 파악하게 되어 생산품을 조절할 수 있어서 많은 원가절감을 만들어 낼 수가 있었다. 이외에 RFID의 기술에 생산경영의 기본인 효율성을 확대로 접목 시켜 프록터 앤 갬블의 제품을 월마트의 물류창고로 보내지 않고 직접생산 판매장으로 보낼 수 있어 물류비용도 상당부분 절감하였다. 이러한 이유 들 뿐만 아니라 생산경영을 공부함으로서 여러분들은 기업의 움직임을 이해할 수 있게 된다. 기업의 시스템을 이해함으로서 내가 기업에서 하는 일이 기업의 어느 부분에 속하고 무엇을 해야 하는지를 속 시원히 알 수 있기 때문에 남보다 훨씬 일을 잘 할 수가 있다. 그러므로 생산경영을 공부함으로서 여러분은 미래에 여러분의 인생과 기업의 업무에서 많은 이익을 창출하게 될 것이다.

CONTENTS

CONTENTS

제 1 장

경영학의 역사를 포함한

생산경영의 개념

미래에는 지구촌을 누빈다는 생각을 갖고 계획하고, 행동하자.

생산경영 시스템

생산경영이란 우리가 매일매일 생활 속에서 사용하는 제품의 생산과정을 연구하는 것이다. 모든 조직은 어떠한 형태로도 생산활동을 하고 있다. 이러한 생산활동을 행함에 있어서 보다 효율적인 생산기능을 수행하는 과정을 연구하는 것이 생산경영이다.

1. 생산경영의 정의

초기에는 생산경영이란 용어는 대부분 제조업의 생산활동을 이야기하였으나 비제조업의 기업이 나타남에 따라 생산관리의 용어는 점차적으로 운영관리, 생산 및 운영관리, 또는 생산경영으로 바뀌고 있다. 왜냐하면 사회기반이 아주 빠르게 산업화 사회에서 디지털, 지식기반경제 사회로 이동함에 따라 서비스 산업의 비중이 더욱 높아지고 있기 때문이다. 즉, 서비스를 포함한 디지털 산업의 중독성으로 인하여 생산관리보다는 운영관리 또는 생산경영의 용어가 적합하다는 생각이다.

생산경영을 한 마디로 요약하면 투입된 원료를 재화나 서비스로 변환하여 산출되는 과정을 효율적으로 관리하는 방법이라고 정의를 내릴 수 있다. 이러한 과정은 영리조직이든 비영리조직이든 재화나 서비스를 생산하는 모든 시스템에 적용되는 것이다.

〈도표 1-1〉은 생산경영 시스템의 모형을 보여주고 있다.

도표 1-1 생산경영 시스템

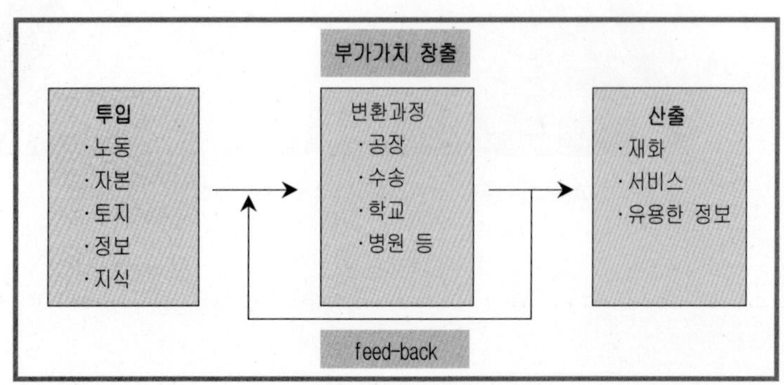

☺ production and operations management, production management를 생산 및 운영관리, 생산관리, 생산경영이라는 용어로도 사용하나 본서는 주로 생산경영으로 사용한다.

투입에는 산업사회에 있어서 주체인 노동, 자본, 토지와 디지털 시대의 주체인 정보와 지식이 포함된다. 변환은 투입물을 효율적으로 결합하여 부가가치를 높이는 과정이다. 예를 들면 제조업은 공장에서의 물리적, 화학적 변화이고, 운송업은 장소의 변환이 되고, 대학교에서는 입학생이 전문 지식인이 되어가는 과정이고, 병원은 환자를 치유해 가는 과정이라고 할 수 있다. 다음으로 산출은 투입, 변환과정을 거쳐서 완성된 유형 또는 무형의 재화나 서비스 그리고 유용한 정보 등을 나타낸다.

2. 시스템의 개념

생산시스템을 공부하기에 앞서 시스템이란 무엇인가를 살펴보기로 하자.

시스템이란 여러 구성요소가 유기적으로 질서를 유지하면서 주어진 환경에서 동일한 목적을 위해 활동하는 구성체를 의미하며, 시스템을 구성하고 있는 요소들은 모두 동일한 목적을 달성하기 위해 같은 방향의 목표를 가져야 하는 것이다.

이러한 시스템의 개념은 일반적으로 다음의 4가지 속성을 갖추어야 시스템화되었다고 할 수 있다.

① **집합성** : 타 시스템과 구별되는 식별 가능한 단위로 구성되어 있다.
② **관련성** : 시스템을 구성하는 단위체들은 서로 간에 관련이 있고 상호작용한다.
③ **목적추구성** : 시스템에는 그 특유의 목적이 있다.
④ **환경적응성** : 시스템은 독립해서 존재하는 것이 아니라 외부환경에 적응하면서 생존한다.

기업뿐만 아니라 병원, 학교 또는 우리의 몸까지도 하나의 시스템이다. 어떠한 조직체가 시스템화되었다고 하면 효율적으로 어떤 목적을 달성할 수가 있다고 본다. 기업을 하나의 시스템으로 살펴보면 기업이라는 시스템의 하위시스템으로는 재무시스템, 생산시스템, 판매시스템 등이 있으며, 생산시스템을 하나의 시스템이라고 볼 때 그 하위시스템으로는 공정시스템을 들 수 있다. 공정시스템의 하위시스템으로는 작업시스템이 있다. 기업은 이러한 모든 하위시스템들의 집합체이며 이들 하위시스템들은 서로 밀접한 관련하에 놓여 있고 이윤극대화를 달성하기 위해 서로 조직화되어 있어야 한다.

3. 시스템 접근방법

시스템 접근방법(system approach method)이란 어떠한 문제를 해결하는 데 있어서 전체의 입장에서 부분을 이해하며 상호 관련성을 추구하여 주어진 문제를 해결하고자 하는 사고방식이다.

예를 들면, 식용으로 국내에 들여온 황소개구리나 이스라엘 잉어 등이 식용보다 훨씬 심각한 생태계의 환경파괴를 가져오게 되었다. 이러한 사례가 전체적인 입장에서 문제를 파악하지 못한 문제인 것이다.

시스템 어프로치의 효과는 ① 주어진 문제를 전체적인 입장에서 알아 볼 수 있고, ② 구성요소 간에 상호작용을 이해하고, ③ 관련되는 요인의 원인과 결과로 파악할 수 있다.

이러한 시스템접근법의 구조로는 시스템개념, 시스템관리 그리고 시스템분석을 통하여 조직체의 문제해결을 달성한다.

4. 생산시스템

생산시스템은 투입된 노동, 자본, 토지, 정보, 지식 등의 자원을 경제적으로 운영하여 목표로 하는 제품이나 서비스를 산출하는 과정이다.

생산시스템뿐만 아니라 모든 시스템은 투입, 변환과정 그리고 산출의 3가지 과정으로 분류된다. 투입과 변환과정에서 비용이 발생되고, 산출에서는 이익이 실현된다. 이러한 과정에 있어서 이익을 최대화하고 비용을 최소화시키는 효율적인 생산방식이 바로 생산시스템의 목표인 것이다.

이러한 투입, 변환, 산출과정을 요약하면 다음과 같다.

(1) 투 입

생산시스템에서 투입이란 어떤 유용한 재화나 서비스를 창출하기 위하여 투입된 자원을 의미한다. 생산시스템의 투입에는 노동, 자본, 토지, 정보, 지식 등이 있다.

(2) 변환과정

변환과정은 투입된 재화나 서비스를 처리하는 과정이다. 유용한 재화나 서비스를 창출한다는 것은 투입된 재화나 서비스보다 더 가치 있는 재화나 서비스를 산출하는 과정이다.

(3) 산 출

산출은 생산시스템에 투입된 원료가 변환과정을 거쳐 유용한 재화나 서비스로 된 산출물이다. 산출에서 생산된 제품은 수익을 창조하는 시장으로 이동되어 고객들에게 판매되는 것이다.

5. 생산시스템의 목표

생산시스템의 목표는 좋은 제품과 좋은 서비스를 저렴한 가격으로 소비자에게 신속하게 제공하며 소비자에게 고객만족을 느낄 수 있도록 해야 한다. 고객만족은 여러 가지 관점으로 볼 수 있으나 여기서는 고객이 지불하는 가격에 비해 고객이 인식한 재화나 서비스의 가치가 큰 경우라고 본다. 그러므로 고객만족을 다음과 같은 식으로 나타낼 수 있다.

$$\text{고객만족} = \frac{\text{고객이 인식한 재화나 서비스의 가치}}{\text{고객이 지불한 가격}} \geq 1$$

고객만족의 목표를 달성키 위해서 생산시스템은 다음의 6가지 사항을 염두에 두어야 한다.

(1) 생산성

생산성(productivity)이란 생산활동에 사용된 투입물에 대한 산출물의 크기를 나타낸 것이고 투입량에 대한 산출량의 비율로 측정한다.

$$\text{생산성}(Productivity) = \frac{\text{산출량(Output)}}{\text{투입량(Input)}},\ P = \frac{O}{I}$$

즉, 생산성은 투입량으로 나눈 산출량으로 정의하며, 어느 조직이 가지고 있는 자원을 얼마나 효율적으로 이용하는가를 나타내는 척도이다.

생산성은 기업의 경쟁력뿐만 아니라 국가의 경제적인 문제, 인플레이션, 실업 및 세계시장의 경쟁력 등에 중요한 영향력을 미친다. 생산성의 저하는 고임금, 저효율로 인하여 제품가격의 인상을 초래하는 인플레이션의 원인이 되기도 한다. 반면에, 생산성의 향상은 비용을 감소시킬 수 있고, 생산효율과 이윤을 증대시킴으로써 글로벌시장에 더욱 경쟁력 있는 위치를 확보할 수 있다. 특히 생산성에 있어서 중요한 것은 생산성을 분석하고 측정하는 것이 아니라 어떻게 생산성을 향상시키냐 하는 것이다.

(2) 품 질

품질(quality)이란 물품 또는 서비스가 사용 목적을 만족시키고 있는지를 나타내는 척도로서 물품뿐만 아니라 서비스도 포함된다. 기업이 만들어 내는 제품에 가장 중요한 것이 제품에 대한 품질 경쟁력이라고 말할 수 있겠다.

(3) 원 가

원가(cost)는 제품이나 서비스를 생산, 판매하는 데 있어서 드는 모든 비용을 계산해 낸 값이다.

(4) 납 기

납기(delivery)란 기업이 주문을 받은 후에 제품이나 서비스를 고객에게 공급할 때까지 소요되는 시간이다. 시간은 돈이므로 고객들은 제품이 보다 신속히 공급되기를 바란다.

(5) 유연성

유연성(flexibility)이란 새로운 상황에 대처하거나 적응할 수 있는 능력으로서 제품에 대한 고객욕구의 변화에 능동적으로 대처하는 수단이다. 현대에 와서는 고객의 욕구가 수시로 변하고 있기 때문에 기업은 다양한 제품을 생산할 수 있도록 유연성을 높여야만 할 것이다.

(6) 서비스

서비스(service)란 고객 또는 이용자의 편익을 위한 노력 또는 기능이라고 말할 수 있다. 서비스는 더 이상 제품에 부수적인 것이 아니고 제품의 절대적인 부분이다. 오늘날 서비스의 제공은 고객에의 친절·봉사, 고객의 제품에 대한 사용법, 판매 후의 지원 외에 다양한 콘텐츠 제공 등이 포함된다.

02 경영의 발전과정

생산경영에 대한 이해를 보다 쉽게 하기 위해서는 경영이 어떻게 발전되어 왔는지 살펴보면 된다. 지난 100여 년 동안 경영을 발전시킨 인물이나 역사적인 흐름을 살펴봄으로써 경영의 과거, 현재 그리고 미래를 알아낼 수 있다.

1. 경영과 산업혁명

18세기 후반 영국에서 시작되어 유럽으로 확산된 산업혁명은 미국에서 꽃을 피우기 시작했다. 산업혁명으로 인하여 인구가 농촌에서 도시의 공장으로 이동하게 되었고 점차적으로 생산형태도 가내수공업에서 공장제공업으로 전환되었다. 이 당시에는 수공업자들이 소규모공장에서 제품생산을 단순한 공구를 사용하여 제품의 전 생산 공정에 책임을 지는 형태였다. 이때는 인력을 기계의 힘으로 대체하는 시기였다. 1764년 제임스 와트의 증기기관의 발명이 기폭제가 되어 1800년대 후반 가솔린 엔진과 전기의 개발로 산업혁명이 가속화되었다.

1776년 아담 스미스는 「**국부론**」에서 분업을 통한 경제적인 이점을 소개하면서 노동의 전문화라는 개념을 도입하여 작업을 세분화하여 전문적인 직무를 작업자에게 할당하도록 제안하였다.

1790년대 휘트니가 부품의 호환성 개념을 소개하였다. 호환성 있는 부품을 생산함으로써 제품에 있어서 빠른 생산이 가능하게 되었고 이것이 부품의 표준화로 발전되었다. 농촌의 많은 젊은이들이 돈을 벌기 위하여 공장으로 진출하였다. 그 당시에는 작업조건은 매우 열악하였으며 많은 노동자들이 산업재해로 고통을 받았다. 그럼에도 불구하고 생산현장에서는 분업에 의한 노동전문화만이 생산성 향상에 가장 중요한 것으로 간주하였다.

이때 과학적인 방법으로 노동자의 생산성을 향상시킨 중요한 인물은 테일러와 포드였다. **테일러**는 과업관리에 의한 성과급제로 생산성을 키운 반면에, **포드**는 컨베이어 벨트를 이용한 대량생산으로 생산성을 키웠다.

현업 실무를 도와주는 **스토리텔링 생산경영** 사례 연구

■ 보이지 않는 손(invisible hand)과 분업이란?

수많은 상품들이 시장에서 거래되고 있는 모양을 보면, 그 뒤에 누군가가 모든 것을 착착 정리하고 있는 것 같은 느낌이 들게 된다. 누가 시켰기에 마치 물이 흐르듯 자연스럽게 수많은 상품이 시장으로 흘러 들어오고 나가는가? 어떻게 모든 물건의 값이 정해지고 팔리고 있을까?

Adam Smith는 이를 두고, 시장의 '보이지 않는 손'이 작용하고 있기 때문이라고 설명하였다. 보이지 않는 손이 물건을 이곳에서 저곳으로 옮겨주고, 가격을 올리기도 내리기도 한다는 비유를 들어 시장의 움직임을 설명하려고 한 것이다.

물론 시장에는 우리가 볼 수 없는 손이 없다. 시장에서 거래되는 수요와 공급의 힘이 상호작용한 결과로 보이는 손과 같은 움직임이 나오고 있을 뿐이다. 어떤 물건에 대한 수요가 갑작스레 늘어나면 그 물건의 값은 자연히 오르게 되고, 값이 오르면 그 물건을 생산하는 사람은 더 많이 생산하여 돈을 벌기 위하여 시장에 공급한다. 그러면 팔려고 하는 양과 사려고 하는 양이 맞아 떨어지고 따라서 가격도 안정되게 된다.

이와 같은 힘을 수요와 공급이라고 한다.

시장에 참여한 사람들은 자신의 이익만을 추구한다. 농민을 위한다는 마음만으로 쌀을 사는 사람은 없으며, 이웃이 춥지 않게 하기 위해서 옷을 만들어 판다는 말도 우수개 소리로 들릴 수가 있다. 그러나 모두가 자신의 이익만을 추구한다고 해서 혼란과 갈등이 일어난다고 염려할 필요는 없다. 시장은 스스로 보이지 않는 손에 의해서 움직이기 때문이다.

스미스는 자신의 이익을 추구하는 행위가 시장의 질서를 유지한다고 설명했다.

그렇다면 분업은 왜 생산성을 높이게 되는 것일까? 스미스는 당시 수공업 수준의 기술이지만 한 지붕 밑에서 작업을 나누어 담당하는 작업을 측정함으로써 분업의 효율성에 관해서 설파하였다. 핀을 만드는 작업을 혼자 할 경우 아무리 숙련된 기능공이라 해도 하루에 20개 이상을 만들지 못한다. 반면 철사를 늘이고 끊고 뾰족하게 하고 머리를 붙이는 과정을 18단계로 쪼개면 1인당 하루에 4800개를 만들 수 있기 때문에 생산성이 240배나 향상된다. 스미스는 분업이 효과적인 이유를 다음과 같이 설명했다.

첫째, 한 작업에 집중함으로써 숙련도가 향상되고, 둘째, 작업을 하는데 있어서 이동시간이 단축되며, 셋째, 작업이 단순해져 기계도 바꿀 생각을 하게 된다.

2. 테일러 시스템(Taylor System)

테일러가 1878년 미드베일 철강소에 근무했을 당시 미국의 노동자들은 임금인상을 위해 태업을 하고 있었다. 그는 노동자들의 태업의 원인이 임금제도에 있다고 분석하였다. 생산성이 향상됨에 따라 노동자의 임금도 상승되어야 함에도 불구하고 노동자의 임금은 이에 훨씬 못 미쳤다. 테일러는 임금에 인센티브(성과급제)제도를 도입하여 이를 해결하였다. 즉, 1일의 표준작업량을 정하여 표준 이상 일을 했을 경우 인센티브를 지급하는 방식으로 임금제도를 개편하였다.

(1) 과학적 관리법

테일러가 과학적 관리법(scientific management)을 만든 당시에는 미국의 기업주들이 노동자들의 생산성 향상에 따른 임금인상을 제대로 해주지 못했기 때문에 노동자의 조직적 태업이 발생하였다. 이 결과 노사 양측 간에 심한 분쟁으로 서로가 많은 피해를 입게 되었다. 테일러는 이러한 문제를 해결하기 위하여 작업자의 표준작업량을 스톱워치로 측정하여 표준과업을 정한 후, 표준과업 이상 성과를 올린 작업자는 이에 상응한 성과급을 주고, 과업에 미치지 못하는 작업자는 여기에 대한 책임을 물었다. 이것이 **과학적 관리법의 기초**가 되었다. 즉, 과학적 관리법의 **기본원리**는 과업관리에 의한 차별적 성과급제를 도입하여 인간의 작업능률을 끌어올리는 전략인 것이다.

테일러는 1878년부터 12년간 미드베일 철강소에서 현장관리자로서 얻은 경험과 베들레햄 철강소에서의 생산성 향상을 위한 관리개선연구 등을 토대로 하여 많은 논문을 발표하였는데 대표적인 것들은 다음과 같다.

① 차별적 성과급제

② 금속절삭법

③ 공장관리론

④ 기능식 조직

⑤ 작업지도표

⑥ 기획부제도

⑦ 능률급제

⑧ 과학적 관리법 등이었다.

이러한 연구를 중심으로 운영한 생산관리방식을 **테일러 시스템**이라고 하고 **핵심은 과학적 관리법이다**.

(2) 과학적 관리법의 원칙 및 본질

테일러는 다음과 같은 과학적 관리의 원칙을 적용할 것을 제의하였다.

① 공정한 하루의 과업량을 결정하여
② 작업 및 작업조건을 표준화시키고
③ 성공에 대한 우대로서 표준과업 이상 발생했을 때는 성과급을 지급하고
④ 실패한 때는 노동자의 손실로서 표준과업에 미달하면 적은 임금을 지급한다.

과학적 관리의 본질은 다음과 같다.

① 참된 과학의 수립 : 주먹구구식 작업방법을 과학적으로 대체 발전시킨다.
② 작업자의 과학적 선택 및 교육훈련 : 작업자를 과학적으로 훈련, 지도한다.
③ 경영자와 작업자 간의 친밀한 협동 : 경영자와 작업자는 적대적이 아니라 협력적인 관계로 발전시킨다.
④ 경영자와 작업자 간의 업무분담 : 경영자와 작업자 간에 업무나 작업을 구분한다.

(3) 테일러 시스템의 단점

테일러는 표준과업을 정하고 표준작업량을 할당하여 이에 따르는 성과급(incentive wage)을 지급하고, 과학적 관리의 원칙을 준수하면 경영자와 노동자 간에 분쟁이 없어지므로 당연히 생산성 향상을 달성할 수 있다고 보았다. 그러나 당시 노동자들은 경영자의 공정성에 의구심을 가졌으며 경영자가 결정하는 작업에 대해 자발적 태도도 취할 수 없었던 것이다. 따라서 초창기에는 노동자들에 의해서 과학적 관리는 어려움에 직면하였다.

테일러의 과학적인 방법을 통한 생산성 향상이 임금문제를 개선하고, 기업 이윤을 증가시켰지만 작업자로 하여금 능률증진을 위하여 끊임없이 노동을 하게끔 만들었다. 테일러가 생각한 능률증진의 기본 개념은 "인간은 돈에 의해서 행동한다."는 가설하에 과업관리가 추진됨으로써 작업자의 인간성을 무시하고 생산성 향상만을 최고의 가치로 여기게 되었다. 이로 인하여 인간관계를 중시하는 행동과학이라는 학문이 나타나게 되었다.

현업 실무를 도와주는 **스토리텔링 생산경영** 사례 연구

① 영어로 썼기 때문에 패욜과 비교가 안 될 정도로 유명해진 테일러

경영에 관한 초기 연구는 테일러와 패욜이 으뜸이다. 그러나 경영에 관한 초기 사상가들의 많은 연구 중에서 패욜의 이론은 가장 오래 지속되고 있으면서도 동시에 가장 많이 읽혀지지 않고 있다. 이러한 이유는 페욜이 프랑스인이고 프랑스 언어로 경영의 원칙을 출판하였기 때문이다. 그나마 알려지게 된 것은 1929년 영국에서 영어로 출판하였기 때문이다.

테일러

패욜은 「산업 및 일반관리」라는 저서를 통하여 기업관리의 기본 원칙을 설명했고, 이러한 원칙은 모든 기업관리의 원칙으로 현재까지 활용되고 있다. 앙리 패욜과 유사한 경력을 지닌 사람이 프레더릭 윈슬로 테일러다. 테일러는 미국 사람이고 영어로 출판하였기 때문에 세계에 알려지게 되었다. 사람들은 테일러를 경영의 아버지, 패욜을 경영의 어머니라고 부르기도 한다. 테일러는 끊임없는 발명 활동을 통해 40개가 넘는 특허를 얻었다.

테일러는 열성적인 스포츠맨이었다. 놀라운 재능을 지닌 천부적인 수준은 아니었지만 스포츠는 그에게 강한 결단력과 뛰어난 발명 정신을 불어 넣었다. 테일러는 1881년에 벌어진 U.S. 테니스 대회 복식 경기에서 우승한 다음 이에 만족하지 않고 자기 나름대로의 테니스 라켓을 설계하였는데 그 형태가 숟가락 모양이었다. 그의 특허에는 잔디 테니스 코트도 포함되어 있다.

테니스 다음으로 테일러가 관심을 가진 분야는 골프였다. 골프에서 가장 어려운 것이 퍼팅인데, 테일러도 다른 골퍼처럼 퍼팅에 가장 많은 어려움을 겪고 있었다. 테일러는 스스로의 발명을 통해 이 문제를 해결해 보려고 했는데 그 결과가 바로 Y자형 퍼터였다.

경영의 측면에서 테일러가 세운 혁명은 경영을 하나의 과학으로 만들었다는 점이다. 테일러는 작업장에 과학적 분석 열풍을 불러 일으켰다. 테일러는 노동 연구의 성과 못지않게 '측정'이야말로 경영의 본질이라는 사실을 확립시켰다. 생산량의 측정을 위하여 스톱워치를 목에 걸고 보다 효율적인 생산비용을 극적으로 절감시킨 원가절감의 연금술사였다.

② 테일러의 일생

테일러는 1856년 미국의 필라델피아에서 근검, 절약하는 독일 이민계의 가족으로 태어났다. 변호사인 아버지의 뒤를 이어 하버드 법과 대학에 입학이 허락되었으나 입학을 포기하고 18세의 나이로 조그만 기계공장의 기능공으로 취업하였다.

22세가 되었을 때 미드베일 철강소로 직장을 옮겼다. 그는 말단 기능공으로 입사하였지만 바로 능력을 인정받아 선반작업자로 승진되었다. 곧이어 조장, 직장으로 승진하게 되었으며, 31세에 이르러 미드베일의 최고 기술자인 기사장에 임명되었다.

미드베일 사에 근무하던 중 야간 대학에 입학하여 27세 때인 1883년에 스티븐슨 대학의 기계공학사 학위를 받았다. 미드베일에 근무하면서 항상 테일러는 원가 절감의 문제를 연구하면서 어떻게 하면 생산성을 높일 수 있을까. 어떻게 작업을 하는 것이 좋은 방법일까. 하루 작업량을 어떻게 구성하는 것이 가장 경제적일까 등에 고심하였다. 그러던 중 어느 날 미국기계학회(ASME) 대회에서 타운의 논문발표 제목인 경제가로서 기술자라는 발표를 듣고 난 후 과학적 관리법을 만들어 내게 되었다.

테일러는 1878년부터 미드베일 사에서 12년 동안 관리개선연구 등을 토대로 하여 관리 기술에 관한 제반 기법을 발표하였다. 베들레햄을 떠난 테일러는 공장의 생산성 향상을 위한 컨설턴트로 활동하였다. 이외에 테일러는 포드자동차 회사에 고문으로 재직하면서 포드의 대량생산시스템에 많은 도움을 주었다.

③ 생산성 향상에 모범적인 사례인 베들레헴 철강소의 쇼벨(삽) 작업연구

작업자 50~60명이 1조가 되어 400명 내지 600명이 광석과 분탄을 용광로에 운반하는 작업, 삽의 크기를 분류하여 작업에 따라 다른 종류의 삽을 사용하게 만듦으로서 작업인원을 140명으로 줄였다. 또한 인건비를 1일 1.1달러에서 1.8달러로 올리고도 1톤당 인건비를 7.2센트에서 3.3센트로 절감할 수가 있었다. 즉, 고임금 아래서 저 노무비를 실현한 것이다.

④ 테일러의 위기

테일러는 과학적 관리법을 통해서 낭비와 주먹구구식 경영으로 일관하던 공장 관리에 일대 혁명을 일으켜 충격을 안겨 주었으며, 과학적 관리로 생산성을 획기적으로 증대시키는 효과를 거두었다.

그러나 '인간은 금전적 유인에 의해서 행동한다.'는 가정 아래 추진된 과업 관리로 말미암아 노동조합과 대립하게 되고 마침내는 1912년 '공장 관리의 테일러 시스템 및 기타 시스템에 관한 미국 하원의 특별 조사 위원회'에서 증언해야 했다.

3. 포드 시스템(Ford System)

포드 시스템은 포드가 그의 자동차 회사에서 컨베이어 벨트를 주축으로 이동조립법을 구축함으로써 대량생산방식이 가능하게 되었고, 이를 포드 시스템이라 한다. 조립

라인을 구성하는 컨베이어 안에서 작업자가 기계적으로 작업함으로써(즉, 작업자와 기계가 동시에 작업을 수행하게 하는 동시관리) 작업생산성을 획기적으로 끌어 올렸다.

이동조립법은 대량생산을 합리적으로 수행하는 방식으로 포드주의의 경영철학인 포디즘(Fordism)의 실현 형태라 할 수 있다. 포드는 고임금을 지불함으로써 종업원들의 작업능률을 확대시키는 한편 저렴한 가격으로 자동차를 소비자에게 판매하였다. 즉, 포드주의 기본원리는 대량생산을 통하여 소비자에게는 저가격, 종업원에게는 고임금을 지급하는 기업봉사주의이다. 이를 달성하기 위한 도구로서 컨베이어 벨트를 사용한 것이다.

(1) 컨베이어 벨트에 의한 이동조립법

포드의 경영이념은 최저 생산비로 사회에 봉사한다는 것으로, 그는 경영을 하나의 봉사기관으로 본 것이다. 그가 말하는 봉사란 고객과 종업원을 지칭하는 것으로, 최저 생산비를 실현하여 고객들에게는 튼튼하고 좋은 자동차를 싼 가격으로 제공하고 종업원들에게는 보다 높은 임금을 지불하도록 한다는 것이다. 이것을 실현하기 위해서는 대량생산을 통하여만 할 수 있다고 생각하였다.

이러한 **대량생산은 컨베이어 벨트를 주축으로 제품 및 작업의 단순화**(simplification), **부품 및 작업의 표준화**(standardization) 및 **기계·공구의 전문화**(specialization)**를 실행**하였다. 이 결과 이것이 오늘날 **대량생산 방식의 일반원칙인** 3S가 되었다.

포드는 작업자가 작업 중 재료나 공구 때문에 왔다 갔다 하며 막대한 시간을 낭비하는 것을 발견하였다. 그래서 그는 작업능률의 향상을 위해 다음과 같은 작업준칙을 제시하였다.

① 작업자가 작업을 위해 일보 이상 움직일 필요가 없어야 한다.
② 작업자가 허리를 굽힐 필요가 없어야 한다.

포드는 이 원칙을 공장 전체에 실현시키기 위해 작업자와 공구를 작업순서에 따라 배열하고 작업 장소에 재료와 부품을 이동하는 운반설비를 등장시켰다. 이것이 이른바 **컨베이어 시스템**(conveyor system)이다.

(2) 조립작업의 원칙

포드는 작업능률 향상을 위한 작업준칙을 보완하여 조립작업의 원칙을 만들었다.

① 작업공정의 순서에 따라 작업자를 배열하고 각 작업의 단위작업의 시간을 균일하게 분할한다.
② 각 작업자의 사이를 컨베이어나 기계로 연결하여 작업물을 운반한다.
③ 컨베이어를 시간적 규칙성에 따라 운전하여 작업이 원활하게 수행되도록 한다.

(3) 포드 시스템의 단점

포드 시스템이 이동조립법에 의한 3S를 중심으로 대량생산의 물꼬를 터서 저렴한 가격으로 물질의 풍요로움을 추구하였으나 이에 대한 약점은 다음과 같다.

① 이동조립공정에 따른 작업속도의 강제성으로 인간을 기계처럼 움직이도록 하였다. 이는 작업자의 인간성을 무시 했다는 비난을 듣고 있다.
② 한 공정의 정지가 전체 공정에 영향을 미친다.
③ 설비투자로 인한 고정비가 크므로 가동률이 저하될 때는 제조원가가 높아진다.
④ 제품의 단순화는 단위당 생산원가가 낮아진다는 대량생산의 이점이 있는 반면, 시장의 변화 내지는 다양한 수요에 대한 적응이 곤란하다. 자동차 생산에 대량생산시스템을 도입하고 박리다매에 의해서 제품의 수요를 확대시켜 나간 포드의 기업전략은 성공을 하였다. 그러나 경제수준이 높아지자 단순화된 모델로만 시장을 공략한 포드는 소비자의 다양한 요구에 신속하게 적응하지 못하여 GM에게 시장을 빼앗기게 된다.
⑤ 제품 및 생산설비의 변경·개량이 어렵다.

현업 실무를 도와주는 **스토리텔링 생산경영** 사례 연구

① 포드의 일생

포드

포드는 1863년 아일랜드로부터 미시간 주로 이주한 부모님에게서 태어났다. 포드는 16세 때부터 미시간 차량회사에서부터 웨스팅하우스 엔진 회사로 옮길 때까지 공장에서 많은 경험을 쌓았다. 그 후 에디슨 전동회사에서 가솔린 엔진에 관한 연구를 시작했다. 자기 집 헛간에 연구실을 차리고 집에 와서도 가솔린 엔진 연구를 계속하였다. 연구를 계속하던 포드는 발명왕인 에디슨을 만나고 나서 용기를 얻어 자동차 엔진 발명에 박차를 가했다.

이 당시 포드의 생각은 '어떻게 하면 자동차를 저렴한 가격에 소비자에게 공급 하느냐 하는 것이었다. 포드는 미시간 차량 회사에서 경험했던 여러 가지 생산방식을 연구하여 어떻게 하면 대량생산으로 가격을 낮추고 소비층을 확대함으로써 소비자에게 싼 가격으로 판매할 수 있나?'하는 생각을 갖게 되었다.

포드는 사장에 취임하자마자 600달러의 싼 값으로 자동차를 팔기 시작했다. 전년도에는 1,600대도 팔리지 않던 포드자동차가 5배에 달하는 8,400여대가 판매되었고, 3년 후에는 하루 생산대수가 100대에 이를 정도로 생산라인을 증설하게 되었다. 포드는 부속품을 일정하게 하는 일, 곧 표준화를 함으로써 어떻게 하면 저렴하고, 간단하고, 안전한 자동차를 만들 수 있는지에 대한 생각으로 꽉 차 있었다. 그 결과 1908년 유명한 "T형 자동차(알파벳 순서대로 실험한 결과 알파벳 T순서에 와서야 성공적인 자동차를 만들어 냈기 때문에 T형 자동차라고 부른다)"를 세상에 내놓았다. 19년 동안, 15,077,033대가 생산되었던 T형 자동차의 생산 기록은 포커스바겐의 비틀에 의해서 1972년 깨지게 된다. T-Car로 인하여 포드는 포디즘이란 신조어를 만들게 되었고, 인류는 포디즘으로 인하여 물질의 풍요로움을 누릴 수 있었다.

1920년 포드자동차 생산공장

이러한 포드 시스템의 근간은 오늘날 대량생산의 일반원칙으로 생산표준화의 3S [① 단순화(simplification) : 제품, 작업 ② 표준화(standardization) : 부품, 작업 ③ 전문화(specialization) : 기계, 공구]가 나타나게 되었다. 그러나 이러한 3S가 포드 시스템 실패의 결정적 요인이 되기도 하였다.

제품 단순화에 의한 저가주의로 포드자동차의 신화를 이룩했던 포드의 T카는 다양화를 추구하는 시장의 구조 변화에 능동적으로 대처하지 못한 반면에, GM은 시장의 유연성에 부합하는 제품 차별화 전략으로 포드를 앞질렀다. 포드자동차는 판매부진으로 실패를 거듭하게 되었다.

그러므로 기업은 끊임없이 변신하여야 한다는 것이다.(후에 도요타 자동차는 포드 시스템의 약점을 찾아내어, JIT 생산시스템을 구축하여 세계적인 자동차 회사가 된다). 이후 정치를 하기 위해 선거에 뛰어들었다가 아깝게 패배의 쓴잔을 마시게 되므로 서서히 은퇴의 길을 걷게 되었다.

즉, 환경의 변화에 따라 기업은 끊임없이 변해야 한다는 상황이론을 생각하게 된다.

② 기업의 목적은 일자리 창출인가?

(기업이 탄생한 이래 왜 최고의 CEO로 포드가 선정되었나)

기업의 목적은 무엇일까! 이윤추구가 우선일까, 고용창출이 우선일까? 모든 경영학에서는 기업의 목적을 이윤창출이라고 한다. 그러나 디지털시대를 넘어 고도 성숙사회로 가고 있는 현재도 기업의 목적은 이윤추구일까? 고도 성장시대로 향하고 있는 디지털시대에 있어서 기업의 목적은 이윤추구가 아닌 고용창출로 변해야 한다.

지난 110년은 자동차에서 정보통신에 이르기까지 모든 산업이 화려하게 꽃을 피운 110년이었다. 이와 같이 인간 삶에 새 지평을 열어준 각 산업 중심에는 금세기 최고경영자들이 자리 잡고 있다. 미국 경제전문지 포천은 포드자동차 창업자인 헨리 포드를 110년 동안에 있어서 최고기업가'로 선정했다. 헨리 포드 외에 마이크로소프트의 빌 게이츠, 애플의 스티브 잡스, IBM의 제임스 왓슨, GM의 앨프리드 슬로언, 월마트의 샘 월튼, (도요타의 도요타 사카시, 소니의 모리타 아키오, 현대의 정주영, 삼성의 이병철 등도 위대하지만 포천에서는 제외하였다) 수많은 경쟁자를 물리치고 포드가 최고의 CEO로 선정되었다. 경제전문지 포천은 "우리는 현재 정보화 시대에 살고 있지만 헨리 포드는 대량생산과 이를 실현하는 수단을 만든 우리 시대가 만난 가장 위대한 기업가"라고 선정 이유를 밝혔다. 자동차 업종은 현재 미국 750만 명 이상이 제조, 판매, 서비스 분야에서 생계수단을 이어가고 있다. 포드가 인류 최고의 CEO가 된 이유는 수많은 사람에게 먹고 살 일자리를 만들어 주었기 때문이다. 한국의 경우 자동차 산업에 고용된 인원은 175만 명이고, 제조업 전체 생산액의 11%가 자동차 산업에서 발생된다(2012, H자동차 보고서).

포드의 T형 자동차

4. 일반과정 관리론

헨리 패욜

테일러와 비슷한 시기에 프랑스에서는 패욜(Henry Fayol)이 『**산업 및 일반관리**』라는 저서를 통하여 기업은 규모와 종류에 관계없이 기술, 영업, 재무, 보전, 회계, 관리의 여섯 가지 기능을 가지고 있다고 주장하면서, 특히 관리의 5요소와 관리의 일반원칙을 제시했다.

"관리란 산업, 상업, 정치, 종교 및 기타 모든 사업의 경영에 있어 중요한 역할을 수행하는 것"이라 하며 최고경영자의 관점에서 경영관리의 일반이론을 전개하였다. 테일러가 과학적 관리의 아버지로 불리는 데 비해, 패욜은 경영관리론의 아버지로 불리고 있다. 패욜은 기업에는 그 규모나 산업의 종류에 관계없이 다음과 같은 여섯 가지의 본질적인 기업활동이 있다고 하였다.

도표 1-2 패욜의 일반과정 관리론

① 기술적 기능	생산, 제조, 가공
② 영업적 기능	구매, 판매, 교환
③ 재무적 기능	자금의 조달과 운용
④ 보전적 기능	자산가치 유지 및 종업원의 보호
⑤ 회계적 기능	자산목록, 대차대조표, 원가계산 및 통계
⑥ 관리적 기능	계획, 조직, 지휘, 통제, 조정

5. 베버(Weber)의 관료제론

관료제의 특징은 독일의 사회학자 막스 베버(1864~1920)가 처음 체계적으로 정의했으며, 베버가 체계화시키기 시작한 관료제 연구의 기본개념에는 관료제 안에서 이루어지는 분업, 권위구조, 개별 구성원들의 지위와 역할, 구성원들의 관계를 규정하는 규칙의 유형 등이 포함된다.

관료제에서 가장 기본이 되는 특성은 분업과 업무의 전문화라고 할 수 있으며, 이는 직무에 따라 책임과 권한을 분명하고 자세하게 규정해 놓음으로써 이루어진다.

막스 베버

관료제 조직은 상하급 관계라는 합리적이고 비인격적인 규칙에 따라 움직이는 것이 특징이다. 관료제에서는 올바른 절차를 통해 행정규칙을 시행하는지에 대한 믿음으로 권위가 정당화되며, 지위가 높은 자에 대하여 충성을 해야 한다.

일단 관료지망자가 관료조직에 들어와 맡게 되는 직무는 그 자신이 단독적으로 처리하거나, 최소한 자기주관으로 일을 처리할 수 있다. 이런 직무는 명예직으로 삼거나 잠깐 하다 마는 것이 아니라 경력을 쌓으면서 안정성과 지속성을 가지고 평생 동안 하게 된다. 관료제 조직은 보통 연공과 업적에 따라 승진하는 체계도 갖추고 있다.

관료들은 보통 업적보다는 지위에 따라 보수를 받는다. 관료제에서는 사적인 영역과 공적인 영역 사이에 분명한 구분이 있다.

관료제에서 가장 중요한 특징은 합리적인 규칙에 기초를 둔 통제장치가 있다는 점이다. 규칙은 최대의 능률을 올리기 위해 전문적 지식을 바탕으로 전체 조직의 틀을 설정·조정하는 것을 목적으로 한다.

현업 실무를 도와주는 스토리텔링 생산경영 사례 연구

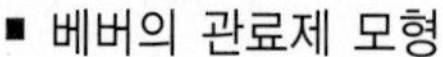

■ 베버의 관료제 모형

① 몰인정성 지향
- 관료제 작업환경에서 애정, 증오, 열정, 정열 없이 공식적인 몰인정성 정신이 지배해야 함
- 관료들은 감성이 아닌 사실에 근거하여 의사결정해야 함
- 동등한 대우와 합리성을 촉진

② 분업
- 관료적 구조에 필요한 일성적인 활동을 분배하여 공식적인 업무로 부여하는 방법
- 모든 조직의 과업을 한 개인이 수행하기에는 너무나 복잡하기 때문에 직위 간 분업으로 능률 개선
- 구성원들이 그들에게 지시한 업무수행에 있어 지적이며 전문가가 됨. 즉, 전문화로 인해 능률 증가
- 조직이 사람 채용 시 기술적 자질을 근거로 할 수 있게 함
- 분업과 전문화는 전문적 기술이나 지식을 증대

③ 직업 지향
- 관료적 조직에서 고용은 기술적인 자격을 근거로 하기 때문에 구성원들은 그들의 일을 하나의 평생 직업으로 생각하는 것
- 연공제와 업적 또는 이양자에 따른 승진제도가 있음
- 승진은 지도자의 판단에 의존. 특정 기술을 가진 사람은 독단적인 파면이나 승진을 못하는 부당한 처사로부터 보호받아야 함. 구성원들은 지도자가 공평한 결정을 하도록 격려하여 이렇게 해서 그들은 보호를 받게 됨

④ 규칙과 규정
- 모든 관료제는 의도적으로 제도화되어 있는 규칙체계를 가짐
- 규칙체계는 각 직위에 부여된 권리와 의무를 포함. 계층에 있어서 조정활동을 도와줌. 구성원들의 행동에 안정성과 통일성 부여

앞에서 설명한 과학적 관리론, 일반과정 관리론 그리고 관료제론의 3가지 이론을 고전적 이론이라고 하고, 고전적 이론은 3줄기로 나눌 수가 있다. 첫째 줄기는 작업자의 직무관리에 초점을 둔 테일러의 과학적 관리법, 둘째 줄기는 조직 전체의 관리원칙과 경영과정에 초점을 둔 패욜의 일반과정 관리론, 셋째 줄기는 조직 전체의 관리에 초점을 둔 베버의 관료제론이다.

6. 행동과학

과학적 관리가 인간의 기술적 측면이 생산성 향상에 중요한 원인이 된다고 보는 반면에, 행동과학은 인간의 감성이 기업의 생산성 향상에 영향을 미친다고 보는 것이다.

행동과학의 연구는 작업의 물리적 및 기술적 측면 이외에 작업자의 동기부여와 같은 인간요인에 의해서도 작업자들의 생산성 향상에 결정적인 영향을 끼친다는 것을 실험 결과 알아냈다. 생산성 향상에 있어서 과학적 관리는 인간을 금전적 요인에 의해서 움직인다는 생각 아래 인간을 기계의 한 부분으로 생각했다. 그러나 행동과학은 인간이 금전적 요인 외에도 다양한 욕구가 있다는 것을 제시하였다.

즉, 인간이란 매우 복합적이어서 단순히 경제적인 욕구만을 가진 것이 아님을 발견하였다. 리더십, 모티베이션, 커뮤니케이션 및 태도변화 등에 관한 행동과학적인 여러 이론들이 수많은 실험을 통해 입증되었다. 응용심리학자들이 개인에 관한 행동과학적인 이론들을 발전시켰으며, 사회심리학자, 사회학자들이 작업의 사회시스템 이론을 발전시켰다. 집단역학, 집단구조, 공식·비공식적 조직, 문화적 차이 등이 모두 생산성에 영향을 미치고 있음이 실험으로 속속 증명되게 되었다.

웨스턴 일렉트릭 회사와 조립작업 광경

(1) 메이요(Mayo)의 호손실험에 의한 생산성 향상

웨스턴 일렉트릭 회사의 호손공장에서 1924년에 실시된 호손실험은 테일러나 포드의 과학적 관리의 모순점을 보완하여 행동과학이라는 학문이 나타나게 되는 배경이 되었다.

당시 이 공장의 복지시설은 타사에 비해 결코 나쁘지 않았지만, 타 회사의 생산성에 비해 종업원의 생산능률이 낮았다. 과학적 관리의 사고방식에서는 종업원의 작업능률에 영향을 주는 주요 요인은 작업 중의 비능률, 동작, 피로 및 물적 환경조건의 결합이라고 생각했었다. 그래서 메이요는 작업환경이 생산성에 미치는 요인이 무엇인지를 찾아내기 위해서 조명이라는 환경요인을 갖고 실험하였다.

이 실험 결과는 예상치 않은 현상이 발생했다. 작업자가 생산성 향상에 영향을 미치는 요인은 작업환경보다 인간이 갖고 있는 감성 등이 중요하다는 결과로 나타난 것이다. 이로 인하여 행동과학이라는 학문이 태동하게 되었다.

테일러나 포드에 의한 생산성 향상이 작업자의 생산면에 치중한 데에 반해서, 호손실험은 작업 집단 내의 인간 상호관계나 인간조직 등에 의해서 문제를 해결하고자 하는 인간중시의 행동과학의 시초가 되었다.

결과론이기도 하지만 메이요의 호손실험을 계기로 갖게 된 인간관계론은 테일러 이후의 기존 과학적 관리법으로 풀 수 없었던 노사분규 문제에 대한 해답을 제시한 것이었다. 이런 의미에서 노사분규로 시달리는 우리 기업들에게 메이요의 호손실험은 시사하는 바가 클 것이다.

엘튼 메이요

(2) 맥그리거의 X이론, Y이론

맥그리거(D. McGreger)는 종업원이 직무 수행 시 종업원의 일에 대한 감정을 2가지로 분류하였다. X이론에 의하면 보통 대부분의 사람들은 작업 및 책임을 싫어하고, 사람들은 일을 잘 수행하겠다는 욕망보다는 단순한 금전적 요인에 의해 동기가 유발된다고 믿었다. 이러한 결과로 그들은 감시되어지고 통제되어야만 조직의 목표에 도달한다는 것이다.

맥그리거

이에 대하여 Y이론은 X이론의 가정과는 달리 직무란 고통의 원천이 되기도 하지만 즐거움의 근원이 되며, 작업자들은 그들의 성취에 대하여 스스로 만족을 느끼며 자기통제를 한다는 것이다.

X이론, Y이론을 보고 일본계 미국인인 **윌리엄 오우치**는 일본은 일본의 문화방식에 맞는 일본식 경영방식인 조직관리가 기업경영에서 아주 중요한 요소라고 Z이론을 주장했다. 한국은 **이면우 교수**가 한국 문화와 한국 철학에 맞는 한국형 경영이론인 W이론을 주장하였다.

(3) 허즈버그의 2요인 이론

허즈버그는 '사람들이 그들의 직업에서 진정 원하는 것은 무엇일까'라는 질문으로 연구를 해 나갔다. 그리고 자신의 직무에 만족하는 사람들과 그렇지 못한 사람들을 대상으로 그 이유에 대해 분석해 나가기 시작했다. 이러한 실험에서 그는 중요한 사실을 발견했다. 하나의 요소가 충분하면 자신의 직업에 만족하고, 그 요소가 부족하면 자신의 직업에 불만족한 것이 아니라 자신의 직업에 만족하는 이유와 만족하지 못하는 이유가 각각 다르다는 것이다.

자신의 직무에 만족하는 사람들은 그 이유를 자신의 성장·일의 성취·승진기회 등의 것으로 만족 이유를 들었지만, 자신의 직무에 만족하지 못하는 사람들은 급여·회사정책·물리적 환경 등을 들어 그 직업에 만족하지 못한다고 하는 것이다. 즉, **직무만족요인과 직무불만족 요인**이 다르게 나타난 것이다.

허즈버그

흔히 경영진이나 관리자들은 조직구성원들의 동기를 부여하기 위해 급여를 올려주거나 상여금을 일괄 지급하거나 직무환경을 바꾸어 주는 등의 '위생요인'만을 단기적으로 충족시켜 구성원들의 동기를 끌어내려고 한다. 그러나 이러한 것은 직원의 동기를 불러일으키는 최종목적은 아니라고 할 것이다. 왜냐하면 인간이란 끊임없이 더 많은 것을 원하기 때문에 위생요인에 대해서 항상 불만을 갖게 된다는 것이다.

위생요인의 충족은 구성원들의 궁극적인 동기는 불러일으키지 못한다는 것이다. 허즈버그가 위생이란 말을 쓴 것은 의학적인 면에서 위생들이 지닌 예방적 의미와 환경적 의미 때문이다. 위생요인이란 사람들이 직무에 대한 불만족을 미리 예방할 수 있다는 의미가 되므로 이를 불만족요인이라고 부르기도 한다. 이에 반하여 동기요인은 사람들로 하여금 보다 나은 성과를 가져오게끔 동기를 부여하기 때문에 만족요인이라고 불리기도 한다.

도표 1-3 허즈버그의 2요인 이론

동기요인(직무내용, 만족요인)	위생요인(직무환경, 불만족요인)
성취감	근무조건
인정	감독
일 자체	상호 인간관계
책임	임금 및 안정적 고용
승진 및 성장	회사정책과 경영방식

(4) 행동과학의 단점

과학적 관리론이 인간을 경시하는 가운데 지나치게 기계적이거나 물리적인 면에 치우친 데 비해, 행동과학론은 인간을 중시하는 바탕 위에서 지나치게 심리적이며 감정적인 면에 치우쳤다는 비판을 받고 있다. 또한 과학적 관리가 공식조직을 중시한 데 비해, 행동과학은 지나치게 비공식조직을 중시하였으며 더 나아가서 양자 모두 산업사회에서의 노동조합의 역할을 고려하지 않았다는 데 문제가 있다. 이러한 비판에도 불구하고 행동과학론은 작업환경 내에서의 인간행동의 해명에 결정적인 도움을 주었고, 이는 조직관리론의 발전뿐만 아니라 생산성 향상에 커다란 공헌을 하였다.

현업 실무를 도와주는 스토리텔링 생산경영 사례 연구

■ 매슬로의 욕구5단계설

매슬로(A. Maslow)는 인간의 욕구가 서로 어떻게 관련되어 있는가에 관한 이론을 제시하여 각광을 받았다.

다음 그림은 인간의 욕구에 대한 그의 이론적인 계층을 제시한 것이다. 매슬로에 의하면 그림의 밑에서부터 시작하여 순서대로 위로 올라가면서 인간의 동기 유발을 낳는다는 것이다.

인간은 저차원(생리적 욕구)의 욕구부터 시작하여 점차적으로 고차원(자아실현의 욕구)의 욕구로 발전하므로 관리자는 작업자를 관리할 때 이러한 관계를 직시하여 작업자의 개인적 욕구를 충분히 만족할 수 있도록 함으로써 생산성을 효과적으로 달성시킬 수 있다.

인간의 욕구 5단계

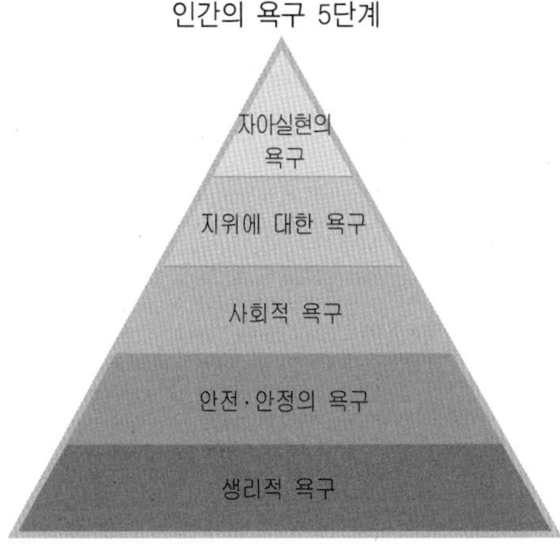

매슬로

7. Taylor, Ford, Mayo의 비교분석

여러 비판에도 불구하고 생산성 향상에 과학적인 사고의 틀을 갖게 만든 과학적 관리법의 대표주자이며, 인간의 능률을 중시한 Taylor, 대량생산으로 인간에게 물질의 풍요로움을 제공하기 위해서 컨베이어 벨트를 고안해 낸 대량생산 방식의 대표주자인 Ford, 그리고 인간의 감성을 최초로 실험한 Mayo의 호손실험에 관한 시스템을 비교 분석하면 〈도표 1-4〉와 같다.

도표 1-4 Taylor, Ford 및 Mayo의 비교 분석

창안자	Taylor System	Ford System	Mayo System
key-word	과업관리에 의한 성과급제	이동조립법에 의한 동시관리	호손실험에 의한 인간관계
내 용	작업측정에 있어서 스톱워치를 이용한 표준시간으로 작업의 능률화를 위한 작업지도표의 작성, 기획부제도 및 기능식 직장제도의 도입 • 저서 : 벨트의 사용법, 성과급제, 공장관리론, 금속절삭법, 과학적 관리법	컨베이이 벨트에 의한 3S(부분품의 표준화, 기계공구의 전문화, 제품·작업의 단순화)로 대량생산 시스템에 의한 박리다매, 작업자는 움직이지 말 것. 작업자는 허리 굽히지 말 것. 작업자와 공구는 작업순서에 따라 배열하라.	조명실험을 통한 인간성에 관한 연구 집단역학, 비공식조직, 모티베이션, 커뮤니케이션, 리더십 등의 분석으로 인간관계론의 시초
목 표	인간능률 중심으로 종업원에겐 고임금, 기업에겐 저노무비로서 기업은 이익을 만들어야 한다(이익주의). (high wage, low labor cost)	기계능률 중심으로 저가격, 고임금으로서 기업은 소비자, 종업원, 주주에게 봉사해야 한다(봉사주의). (low price, high wage)	맥그리거의 X이론 Y이론, 매슬로의 욕구5단계설 등 행동과학으로 발전
중심사상	생산가치 중심	생산가치 중심	인간가치 중심
약 점	인간은 금전적 요인에 의하여 움직인다는 인식 아래 작업의 고능률주의로 작업자의 혹사, 표준시간에 대한 공정성이 문제된다.	단위당 원가는 낮으나 설비투자로 인한 고정비의 부담이 크고, 시장의 변화에 대한 유연성이 떨어진다. 컨베이어 속도에 의해 작업자가 기계에 억제되고, 한 공정의 잘못이 전체 공정에 미치는 영향이 크다.	인간은 인간성에 의해서만 좌우되는 것은 아니다. 즉, 지나치게 심리적이며 감정적인 면에만 치우쳤다.
결 과	과학적 관리법	대량생산 시스템	행동과학론

8. 경영과학에 의한 계량적 생산경영

앞에서의 생산경영의 관점은 주로 인간의 능률과 기업 내에 인간의 조직 등을 생산경영에 접목시켰다. 이러한 경험을 수리적으로 구체화시키고자 나타난 것이 경영과학에 의한 계량적 경영이다.

계량적 생산경영이란 특정의 관리 및 조직상의 문제에 대한 변수를 수리적으로 나타내는 기법이다.

계량적 생산경영 모형은 1915년 해리스(Harris)의 재고관리를 위한 수학적 모형이 시초가 되었고, 이후 1931년 벨 전화 연구소의 슈하트(Shewhart)의 관리도, 닷지(Dodge)와 로믹(Romig)의 샘플링 모형들이 개발됐다. 제2차 세계대전을 계기로 각종 OR기법이 개발되었고, 1947년 닷지가 L.P의 심플렉스법을 개발함으로써 선형계획법의 응용을 촉진시켰다. 1950년대 이후 여러 OR기법들이 산업분야에 적용되면서 경영과학이라는 명칭으로 계량적 생산경영의 한 분야를 차지하게 되었다.

현업 실무를 도와주는 **스토리텔링 생산경영** 사례 연구

■ 계량적 생산경영

① 경영과학과 리틀의 법칙

생산경영에서 재고관리, SCM, 서비스 운영관리 등의 학문을 나타나게 만든 법칙이 있는데 이를 리틀의 법칙이라고 한다.

리틀의 법칙은 경영과 과학의 융합시대를 만든 경영과학자인 존 리틀이 경영과학지에 논문을 발표하면서 알려지게 된 법칙이다. 경영과학을 체계적인 학문으로 만들고 학위과정을 개설한 곳이 MIT이다. MIT 물리학 교수이면서 경영과학의 창안자로 얘기되는 인물인 필립 모스가 1955년 경영과학 박사과정을 만들었는데, 이 당시 처음으로 박사학위를 받은 사람이 존 리틀이다. 존 리틀은 세계 최초의 경영과학 박사가 되었다.

존 리틀은 경영과 과학을 융합한 마케팅 과학이라는 경영에 새로운 분야를 만들었고 이를 기반으로 수많은 경영과 과학의 융합 학문들이 나타나게 되었다. 이를 리틀의 법칙(Little's law)이라고 부른다. 결국 리틀의 법칙이 경영과학이라는 학문을 파생시킨 것이다.

② 슈하트의 SQC

우리가 어떤 물건을 구입할 때 감자 1,000원 어치를 구입한다고 했을 때, 그냥 감자 4~5개를 받는 것이 과학적인가 아니면 저울(계량기)에 달아서 1kg에 2,000원이니까 500g을 받는

슈하트

것이 과학적인가? 두말할 필요도 없이 계량기에 달아서 500g을 받는 것이 과학적이다. 이와 같이 슈하트는 감자가 많다, 적다는 감각이 아니라 계량적인 수치에 의해서 결정되어야 한다고 보았다. 이에 대한 정확한 해답을 제시한 것이 1924년 벨 전화연구소의 슈하트(W. A. Shewhart)의 관리도 기법이다. 슈하트는 통계적 기법을 이용해서 얻어진 계량 데이터를 갖고 공정의 장래를 예측하고 적절한 조처를 취함으로써 종래의 경험적 관리체제에서 벗어나 새로운 생산관리 혁신의 이정표를 제시하였다. 이러한 통계적인 기법이 생산관리에 많은 영향을 미쳤다.

초기의 갈튼, 피어슨의 기술통계학은 20세기에 와서는 고셋에 의해서 추측통계학으로 발전되었고, 이것이 품질관리에 커다란 영향을 미쳤다.

슈하트는 빨간 구슬 실험을 통해서 공정이 관리 상태에 있다, 없다를 판정하였다. 즉, 데이터의 분포에 의해서 변동이 발생하는데 이러한 변동이 공정 내에 있으면 관리상태가 안정적이고 공정 밖으로 나와 있으면 공정이 불안정 상태에 있으므로 이에 대한 원인 규명을 하고 조처를 취해야 한다고 했다.

이러한 데이터의 측정 결과는 늘 변동하여 산포를 나타내는데 하나 하나의 데이터의 점의 변동은 예측할 수 없지만, 데이터의 수가 많아지면 어떠한 모양을 갖춘 분포가 나타나므로 이러한 분포에 따라 어떤 경향을 예측할 수 있다고 보았다. 수많은 데이터가 모이면 정규분포화가 되는데 이것이 관리도의 기본 생각인 것이다.

슈하트는 관리한계선을 정하는데 3시그마 관리도(중심선으로부터 관리한계선의 넓이를 표준편차의 3배로 하는 관리도)를 제안하였는데 이것이 오늘날에도 가장 널리 이용되고 있다. 이것을 더욱 확장시킨 것이 요즘 유행하는 6시그마인 것이다.

계량경영학의 기본은 모든 것은 측정에 의한 계량적인 수치로 생각해야 된다는 것이다. 정확한 수치가 있어야 우리가 얼마만큼 목표에 도달했는지를 명확히 알 수 있고, 현재값(수치)에 의해서 목표치를 수정할 수 있기 때문이다. 그러므로 모든 것은 명확한 수량으로 나타내야 한다는 이론이다. 그러나 이에 대한 비난으로서 이러한 계량적인 모형이 실제 기업의 실무에 적용함에 있어서는 수많은 변수 때문에 적용시키기가 어렵다는 것이다. 이러한 모형은 이론가나 대학의 연구소에서나 적합하지 실제 상황에 적용시키기에는 많은 어려움이 따른다는 약점이 있다.

③ 쥬란의 품질관리

어린 시절 수학과 체스에 두각을 나타냈던 그는 미네소타 대학을 졸업 후 "웨스턴 일렉트릭"에 입사하여 고충처리부서의 처리업무를 맡게 되었으며, 1925년에 "벨연구소"로부터 통계표본과 관리도(control chart)기법에 대한 업무를 수행한다. 여기서 그는 슈하트를 만나게 되고, 통계적 품질통제에 대한 새로운 기법과 도구의 교육 및 전파업무를 수행하면서 평생을

쥬란

품질관리 업무에 투신하는 계기가 되었다.

2차 세계대전 중에는 워싱턴D.C.에서 4년간 토지관리 업무를 수행하였다. 여기서 그는 문서작업을 줄이고 프로세서를 효율화하며, 전쟁물자의 물류시간을 단축하는 데 혁신적인 기법을 적용하게 된다. 2차 대전이 끝나면서 New York University의 산업공학과 학과장을 맡아서 강의를 하게 되었고, 저술활동과 프리랜서로 컨설턴트로도 활동하였다. 2차 대전 패망 이후, 품질에 관심이 많았던 일본과학기술연맹은 그의 책「Quality Control Handbook」을 연구한 후 쥬란을 일본에 초대했다.

1954년 가족과 함께 일본으로 건너간 쥬란은 일본의 기업과 대학에서 강의와 지도활동을 통해 품질관리에 대한 지식을 전수한다. "통계적 프로세스 통제"를 주제로 하는 "데밍"하고는 달리 그는 품질을 위한 경영관리에 초점을 두었다. 그는 품질관리에서 있어서 "인간적인 측면"과 "조직문화"의 요인이 품질관리에 있어서 중요하다고 설파하였다. 경영 관리자에 대한 교육/훈련을 강조하고, 인간적인 문제에 기인하는 조직저항을 품질과 관련된 근본원인으로 생각하였다. 일본 제품이 품질에 있어서 세계 최고의 수준이 되는 20년의 기간 동안 쥬란이 일본 품질 향상에 미친 영향도 어마어마했다. 결국 일본이 세계 최고의 품질경쟁력을 갖게 된 것에 일부분은 쥬란의 힘이었다.

9. 시스템 및 상황론

시스템이론의 주창자들은 전체시스템 관점에서의 조직연구의 중요성을 강조했다. 관리자가 하나의 하위시스템에 변화를 가할 때 이것은 전체시스템의 다른 부분에도 영향을 미치게 된다는 것이다. 예컨대, 생산에서의 정책변화는 재무, 마케팅, 인사라는 다른 시스템에 영향을 미친다. 즉, 이러한 시스템 어프로치의 방식이 조직 내의 상황이론으로 발전되게 되었다.

즉, 한마디로 요약하면 상황이론이란 환경이 달라지면 유효한 조직도 달라진다는 것이다. 상황(contingency)이라는 용어를 최초로 사용한 로렌스(Lawrence)와 로시(Lorsch)에 의하면 **상황이론은** 여러 가지 환경의 변화 및 요구에 효율적으로 대응하기 위하여 조직이 어떠한 특성을 갖추어야 할 것인가를 규명하기 위한 이론이라고 정의하였다.

현업 실무를 도와주는 스토리텔링 생산경영 사례 연구

■ 미래를 읽어낸 경영의 선구자

그는 1909년 오스트리아에서 태어나 비엔나 대학에서 박사학위를 받고 1993년 런던에서 경영평론가가 되었다. 1973년에 재미통신원으로 미국에 이주했다가 그곳에서 완전히 정착하게 된다.

분권화(Decentralization), 민영화(Privatization), 권한위양(Empowerment), 지식노동자(Knowledge Worker), 학습조직(Learning Organization), 목표관리(MBO), 수평조직(Flat Organization) 등 오늘날 일상화되어 있는 경영 용어들이 모두 드러커가 처음으로 만들어 낸 것임을 아는 사람은 드물다. 그는 경영학의 초창기에서부터 현대에 이르기까지 반세기가 훨씬 넘는 세월 동안 경영학의 기본적인 골격과 이론적 토대를 구축해 온 학문의 거두라고 할 수 있다. 그렇다고 그가 전성기를 지난 구시대의 학자라고 생각한다면 오산이다. 그는 경영학의 주요한 전환기마다 핵심적인 개념을 생각해 낸 혁신적인 경영학자이며 2005년 96세에 세상을 떠났지만 경영의 이론은 현재까지 그의 예측대로 움직이고 있나.

*** 지식기반 사회**

그는 GM에 대한 광범위한 사례 연구를 통해 기업경영의 성공요인으로 분권화를 제시하였다. 이는 당시 중앙집권적인 피라미드 구조를 채택하고 있던 대부분의 기업에게는 충격적인 메시지였다. 포드, 제너럴 일렉트릭 등 당시의 거대기업들은 드러커의 조언을 신속하게 도입함으로써 큰 성과를 거두는 데 성공했다.

드러커는 또한 당시를 선도하는 컨베이어 라인의 개념을 통박하고 종업원은 부품이 아니라 하나의 인간으로 만족을 얻을 수 있는 자율적 조직으로 만들 것을 강조했다.

종업원에 대한 인간존중 자세가 단순히 윤리적 명제가 아니라 생산성과 밀접하게 결부되어 있다는 것은 드러커가 평생 견지해 온 사상으로 그는 이것을 후기에 '지식근로자'라는 개념으로 구체화하게 된다.

피터 드러커

그는 80년대 이후 지식기반 사회와 학습조직이라는 키워드를 유행시켰으며 지식근로자를 자본주의 미래의 핵심적 주체로서 강조하고 있다. 지식사회의 도래는 그의 마지막 주제라고 할 수 있을 것이다. 그는 선진사회가 '상품의 경제'에서 '지식경제(Knowledge Economy)'로 옮겨가고 있다는 것을 가장 먼저 개념적으로 포착한 인물로, 경영자들은 종업원의 손과 육체가 아니라 머리와 마음에 신경을 써야 한다고 지적했다. 그는 국가의 진짜 재산은 천연자원이 아니라 교육을 잘 받은 인력이란 점을 밝혀냈을 뿐 아니라 정부의 역할은 사양산업을 보호하는 것이 아니라 국가의 지식을 축적해 나가는 것으로 규정한 최초의 경영학자였다. 피터 드러커가 한국을 분석하였다면 본인이 주장한 '국가의 재산은 천연자원이 아니라 교육을 잘 받은 인력' 때문에 한국이 고도성장했다고 발표할 수도 있었겠다. 왜냐하면 한국의 교육열이 한국을 세계에서 가장 빠르게 선진국으로 진입하게 한 원동력일 수가 있기 때문이다.

드러커는 다음과 같이 주장한다. 오늘날 중요한 생산요소는 자본, 노동, 토지가 아니라 '지식'이다. 세계는 노동집약적, 자본집약적, 에너지집약적이 아니라 '지식집약적'으로 변하고 있다. 그 결과 새롭고 아주 다른 형태의 사회가 빠른 속도로 자본주의를 대체하고 있다. 새로운 포스트 자본주의 시대는 지식의 교환으로 건설된다고 하였다.

03 생산경영 단계의 요약

생산경영은 영국에서의 산업혁명 이후 급속도로 발전하게 되었다. 1910년에서 1930년 사이 테일러의 과학적 관리법과 포드의 3S를 시작으로 하여 길브레스 부부(동작연구), 메이나드(방법공학), 앙리 패욜(조직관리), 베버(관료제론), 그리고 메이요(호손실험)등이 출현했다. 또한 일정계획을 도해적으로 나타낸 간트의 간트차트와 계량적 분석기법의 토대를 마련한 해리스의 EOQ 모델도 생산경영의 발전에 커다란 공헌을 하였다.

1930년 이후부터는 사회 내지는 기업의 규모가 커지고 생산문제는 복잡하고 다양해지면서 확률이론을 중심으로 하는 통계적 기법과 수리적 기법 등 계량적 분석방법이 이들 생산문제의 해결을 위해서 등장하기 시작하였다. 슈하트(Shewhart), 쥬란(Juran)에 의한 통계적 품질관리기법이 경영에 도입되었고, 티펫(Tippet)에 의해서 워크샘플링에 의한 작업측정기법이 등장하였다.

2차 대전 중에 작전연구를 위해 개발된 OR(operations research)이 경영과학(management science)으로 발전됨에 따라 생산경영이 이러한 계량적 방법을 중심으로 전개되기에 이르렀다. 이때 첫 선을 보인 ENIAC 컴퓨터의 등장으로 이들 계량적 분석기법의 이용은 더욱 활발하여졌을 뿐만 아니라 생산 공정의 자동제어가 부분적으로나마 가능하게 되었다.

그 후 1960년경 프로젝트의 효과적인 일정관리를 위해 PERT를 등장시켰고, 산업 전체의 움직임을 동태적인 시스템 구조로 다루는 시뮬레이션 모델(DYNAMO)이 포레스터(Forrester)에 의해서 개발되었다.

고성능 컴퓨터가 출현함으로써 생산경영은 종래의 작업관리 중심의 산업공학(IE : Industrial Engineering) 내지는 공장관리론에서 벗어나서 생산문제를 기업 전체적인 시스템적 사고방식으로 해결하는 방법으로 발전되었다.

3차 산업의 비중이 더욱 커짐에 따라 종래의 제조활동 중심의 생산관리는 서비스 활동을 포괄하는 생산운영관리론(production & operations management) 또는 생산경영이라고 부를 수 있게 되었다.

1980년대에는 스키너(Skinner)교수가 기업의 전략 내지 정책에 의한 종합적 생산경영을 주장하여 FMS, JIT 등 전략적 경영 차원의 생산관리를 발전시켰다. 최근에는 PC(개인용 컴퓨터), 정보통신기술 및 인터넷기술이 가속화됨으로써 생산경영 분야에 막대한 영향을 미치고 있다. 또한 지식정보화 시대에서는 기업의 경쟁력이 상품의 질 보다는 지식창출과 지식의 생산력에 좌우되는 만큼 기업에 지식축적이 중요한 생산요소가 되었다. 그 결과 피터 셍게가 제시한 학습조직이 기업에서 중요한 가치로 탄생하게 되었다.

이외에 드림 소사이어티의 창시자인 롤프 얀센은 기업이 고객을 끌어 모으기 위해선 필수적으로 스토리텔링이 필요하다고 하였다.

현업 실무를 도와주는 스토리텔링 생산경영 사례 연구

■ 스토리텔링 경영이란

① 소비자가 좋아하는 기업은 노가리가 많은 기업이다!

- 진칠 노삼(진짜 70%, 노가리 30%) 전략은 충성고객을 만든다.

감성적인 가치를 전달할 수 있는 스토리 마이닝(story mining)을 끄집어 내라! 그래야 기업은 산다.

우리는 수많은 이야기를 확대 재생산하면서 살고 있다. 내가 말함으로써 나의 존재를 알리는 것이다. 할 얘기가 없는 사람은 '살아도 사는게 아니래'는 것이다. 말이 없는 사람들은 폼 나는 것이 아니라 심심한 사람일 수도 있다. 인생이 재미있는 사람은 말과 유머가 풍부한 사람이다. 아무리 말이 없는 사람도 본인이 좋아하는 얘기가 나오면, 찬스만 생기면, 한 마디라도 끼어들어 자신도 실력이 있다는 것을 보여주고 싶어 한다.

우리가 즐기는 모든 스포츠나 여가 행위는 끝나고 나서 노가리로 과장되어 타인에게 전달된다. 즉, 계속 이야기꺼리를 만들어 내는 것이다. 이를 경영학에서는 스토리텔링 경영이라고 한다.

② Good To Great

- 노가리가 많은 기업들은 대부분 좋은 기업에서 위대한 기업으로 이동했다.

기업도 마찬가지다. 이야기가 없는 기업은 생명력이 없는 기업이다. 사실상 스티브 잡스의 애플은 스티브 잡스의 스토리가 더욱 우리를 흥미롭게 만들어 애플을 좋아하게 만들었다.

마이크로소프트의 빌 게이츠는 우리에게 1만 시간의 법칙(모든 일에 있어서 1만 시간 이상을 노력해야 성공한다는 법칙 : 빌 게이츠는 컴퓨터의 천재가 되기 위해서 1만 시간 동안 컴퓨터 공부에 매달렸다. 비틀즈도 1만 시간 이상 연주하고 나서야 전설이 될 수가 있었다)을 일깨워 주었다.

정주영

포스코의 박태준 회장의 얘기도 끊임없이 재생산되고 있다. 품질을 위한 헤어 크랙(hair crack)이야기, 고로 폭파이야기, 지휘봉으로 배 찌르기 이야기 및 조인트까기 이야기 등이다. 이중에서도 오늘날 포항제철을 있게 만든 롬멜 하우스에서의 죽기 살기식 우향우 이야기가 압권이다. 도요타는 도요타 자동차의 도요타 키이치로 일행이 디트로이트의 포드 공장에 가서 애걸복걸 한 끝에 견학이 허용되었는데, 몸뚱이 외에는 아무것도 갖고 들어갈 수가 없었다. 겨우 포드 공장에 들어간 키이치로 일행은 서로서로 눈으로 본 포드 공장의 생산라인을 그날 밤 호텔에 와서 서로 그려서 짜맞추어 도요타 공장을 만들었다는 이야기, 맨땅에 헤딩으로 울산에 조선소를 지었다는 현대 미포조선의 이야기, 단돈 500원 짜리 지폐에 있는 거북선을 영국 바클레이 은행장에게 보여주고 조선소를 지었다는 맨땅의 헤딩의 달인인 정주영 회장의 얘기, 또 무슨 일이 생겨서 변명을 하면 무조건 해보기라도 했냐라고 질타 함으로써 결국 일을 해결하고 만다는 이야기 등 끊임없이 버전 업되어 모든 사람들에게 전해지고 있다.

박태준

토요타 키이치로

③ 농경사회

롤프 얀센은 산업사회에서 정보화사회 그리고 드림 소사이어티 사회로 이동되고 있다고 설파하였다. 기업이 물건을 팔 때 이야기도 같이 팔아야 고객의 감성을 잡아낼 수 있다는 이야기다.

짐 콜린스가 말한 좋은 기업을 넘어 위대한 기업(Good To Great)이 되기 위해선 이야기 꺼리가 있어야 한다. Good To Great Story가 있어야 한다는 이야기다. 직원들이 본인 회사에 대해서 많은 이야기를 나누고 있다면 틀림없이 잘나가는 기업이다. 삼성전자를 오늘에 있게 한 1983년의 이병철 회장의 삼성이 미래에 먹고 살 전자산업에서 삼성전자가 해야 할 일은 미래식량인 반도체 사업을 해야 한다는 도쿄선언은, 아마도 삼성전자에 입사하는 순간 신입사원들에겐 커다란 감동으로 들릴 것이고 이러한 감동의 물결이 삼성전자를 위해서 열심히 해보겠다는 결심으로 바뀔 것이다. 고객들에게 이야기가 없는 기업이 과연 지속가능한 기업일까?

우리 회사의 이야기꺼리는 무엇인가? 곰곰이 생각해 보자. 없으면 만들어 내야 할 것이다. 진칠 노삼이 아니라 진삼 노칠이라도 만들어 내야 톰 피터스가 이야기한 Good To Great가 될 것이다.

롤프 얀센

도표 1-5 생산경영의 발전단계

연대	공헌한 사람 및 기관	생산관리 발전에 공헌한 내용
1770년대	J. Watt J. Hargreaves Adam Smith Eli Whitney	증기기관의 발명 방적기관의 발명 국부론(분업에 의한 생산성 향상) 호환성 부품
1830년대	C.Babbage	시간연구에 의한 임금 차별화 개념
1910년대	F. W. Taylor Frank & Lillian Gilbreth Henry Ford Henry L.Gantt A. K. Erlang	차별적 성과급에 의한 과업관리(과학적 관리법) 산업심리학과 동작연구(경제적인 작업방법) 이동조립법에 의한 대량생산방식 확립(표준화, 전문화, 단순화) 간트차트 창안(도해적 생산경영) 대기행렬이론
1920년대	E. W. Harris E. Mayo Shewhart, Feigenbaum H. B. Maynard McGreger L. H. C Tippet Mirofanov Pensylvania 대학 G. B. Danzig UNIVAC NASA Dickey	EOQ모델 제시(계량적 생산경영) 호손실험에 의한 인간관계론 SQC, TQC 동작 및 시간연구를 방법공학으로 통합 X이론, Y이론 작업측정에 있어서 워크샘플링 도입 GT 도입 최초의 컴퓨터 ENIAC 개발 심플렉스 해법에 의한 선형(LP)모델 개발 최초의 상업용 컴퓨터 UNIVAC 개발 PERT 개발 ABC 분석
1965	E. S. Buffa Orlicky	시스템적 생산경영 MRP
1960년대	학계, 기업, 연구기관 등	시뮬레이션, 의사결정이론, 동적 계획법 등 경영과학의 개발, PERT/CPM, 인간공학의 등장, VE
1970년대	학계, 기업, 연구기관 등	수요예측, 입지, 시설배치, 일정관리, 재고관리, FMS, TPM, QM
1980년대	마이클 포터, 스키너, 윌리암 오우치, 이면우 등	전반적인 전략과 정책에 따른 생산활동 종합적인 접근방식, 제품개발, QFD 종합적 생산관리로 접근, Z이론, W이론
1990년대	로렌스, 로시, 마이클 헤리 등	상황이론, ERP, 6σ , CIM, SCM, CRM
2000년대	피터 드러커(Drucker) 피터 생게(Sanger) 밀러(Miler)	디지털 생산경영시대, 지식근로자의 출현, 지식경영, 학습경영, 감성경영, Fusion 경영, 기술경영
2010	스티브 잡스, 롤프 얀센, 게리 허멀, 리차드 브랜슨 등	융복합시대, 스토리텔링 경영, 핵심역량 스마트폰, 유비쿼터스, RFID, 감성경영

1장 연습문제

1. 현대 생산시스템의 가장 알맞은 표현은?

㉮ 제조생산에 관련된 사항
㉯ 유형의 상품을 생산하는 투입-산출의 과정
㉰ 공장을 관리하면서 생산하는 투입-산출의 과정
㉱ 서비스를 포함한 유형, 무형의 상품을 생산하는 투입-산출의 과정

2. 대학교를 하나의 생산시스템으로 간주할 때, 다음 중에서 투입요소가 되는 것은 무엇인가?

Ⓐ 졸업생	Ⓑ 입학생	Ⓒ 강의실	Ⓓ 교수진	Ⓔ 도서관

㉮ Ⓐ　　㉯ Ⓐ를 제외한 나머지
㉰ Ⓐ와 Ⓔ　　㉱ Ⓐ와 Ⓓ

3. 테일러가 과학적 관리법에서 주장한 내용이 아닌 것은?

㉮ 주먹구구식 방법에 대체하여 인간의 작업 요소에 대한 과학적인 방법을 개발한다.
㉯ 노동자들이 스스로 작업을 택하고, 자기가 자신을 훈련시켰던 방법에서 탈피하여 과학적인 방법으로 노동자를, 선택, 훈련, 계발시킨다.
㉰ 생산성의 증가와 인간관계가 밀접한 관계를 가지므로 인간의 동기유발과 조직 내에 있어서 인간들의 상호관계에 관심을 갖는다.
㉱ 모든 일이나 책임을 작업자에게 맡기는 것에서 탈피하여 작업자나 경영자가 자기들에게 맞는 업무를 맡아서 책임과 일을 균등히 나눈다.

4. 다음 중 3S 원칙을 적용한 결과라고 할 수 없는 것은?

㉮ 대량생산이 가능하다.　　㉯ 원가가 절감된다.
㉰ 통제활동이 복잡해진다.　　㉱ 전문작업에 대한 교육이 용이해진다.

5. 테일러의 과학적 방법론이 인간을 지나치게 기계화했던 반면 보다 인간적인, 즉 인간관계와 같은 심리적 측면의 중요성에 대한 인식을 환기시키는 계기가 된 것은?

㉮ 패욜의 일반 관리론
㉯ 시스템적 사고방식
㉰ 호손실험
㉱ 아담 스미스의 분업이론

6. 인간에게 대량생산을 통하여 물질의 풍요로움을 가져다준 인물은?

㉮ 테일러
㉯ 포드
㉰ 슈와트
㉱ 엘튼 메이요

7. 기업에 있어서 중요한 요소는 자본, 노동, 토지가 아니라 지식이고, 세계는 자본기반 시대에서 지식기반 시대로 변하고 있다고 주장한 인물은?

㉮ 잭 웰치
㉯ 게리 허멜
㉰ 스티브 잡스
㉱ 피터 드러커

8. 기업이 고객을 잡기 위해선 고객의 감성을 터트려야 한다고 하는 스토리텔링 경영을 주장한 인물은?

㉮ 빌 게이츠
㉯ 정주영
㉰ 롤프 얀센
㉱ 짐 콜린스

9. 관리 및 조직상의 문제에 대한 변수를 수리적으로 나타내고자 하는 관리경영을 무엇이라고 하는가?

㉮ 계량적 생산관리
㉯ 통계적 품질관리
㉰ 샘플링 실험
㉱ 리틀의 법칙

10. 생산시스템의 목표 5가지는 무엇인가?

11. 지난 100년간 가장 똑똑한 CEO로 포드가 선정되었다. 포드가 가장 똑똑한 CEO로 선정된 요인은 무엇인가?

12. 지식기반경제 시대에 피터 드러커가 주장한 중요한 생산요소는 무엇인가? (간략하게 설명할 것)

13. 롤프 얀센이 제안하는 스토리텔링 경영이란 무엇인가?

제2장

경제와 경영 그리고 기업의 이해를 포함한

생산경영의 조직 및 전략

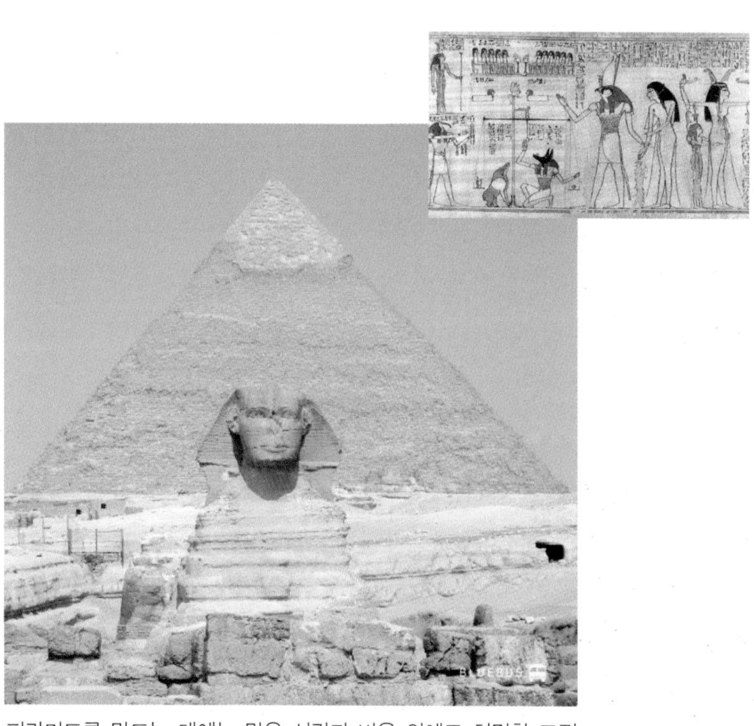

피라미드를 만드는 데에는 많은 시간과 비용 외에도 치밀한 조직과 전략을 수립해서 완성된 인류문화유산이다. 기업도 피라미드를 만드는 것과 같이 조직과 전략이 절대적으로 필요하다.

경제와 경영

1. 기업이란

기업은 소비자가 원하는 제품이나 서비스를 제공함으로써 이익을 만들어 내는 조직체이다. 쉽게 말해서 이윤추구를 목적으로 제품 및 서비스를 생산해 판매하는 경제 단위이다. **제품**(goods)은 만지거나 저장할 수 있는 유형의 재화를 말하고, **서비스**(service)는 만지거나 저장할 수 없는 무형의 재화를 말한다. 기업이 만들어 내는 재화는 한 나라의 생활수준을 결정하고, 한 나라의 생활수준은 소득 중 실제로 소비할 수 있는 돈인 가처분소득으로 구입할 수 있는 제품과 서비스의 양으로 나타낸다. 국민소득으로만 따진다면 현재, 대만국민보다 국민소득이 높은 한국국민이 더 잘 살아야 한다. 또 한국국민보다 당연히 일본국민이 훨씬 잘 살아야 한다. 그러나 실제로는 그러하지 못한다. 왜냐하면 한국은 대만보다 물가가 높아 같은 돈으로 물건을 적게 살 수밖에 없다. 일본 또한 마찬가지다. 일본은 국민소득이 한국보다 훨씬 높지만 살인적인 물가로 인하여 한국국민보다 풍요를 누린다고 볼 수가 없다. 2012년도 기준으로 일본라면의 예를 들어보면 일본의 사뽀로 미소라면의 경우 라면 한 그릇의 값이 한국 돈 16,000원 정도하니 실로 어마어마한 살인적인 물가이다. 대만의 경우도 정확치는 않지만 한국에서 3,000원하는 커피를 대만에서는 2,000원 정도면 살 수 있다. 물론 상대적으로 한국에서 더 싼 제품(가전제품 등)도 있지만 전체적으로는 한국보다는 저렴하다.

기업은 국민에게 제품이나 서비스 외에 일자리를 제공해 줌으로써 국민의 삶을 높이는 아주 중요한 역할을 한다. 국민에게 있어서 삶의 질이란 평균수명, 평균건강, 평균교육수준, 여가 등 여러 요인에 의해서 결정된다. 지구상에서 삶의 질이 높은 나라는 취리히, 비엔나, 밴쿠버의 도시순이고 낮은 나라는 바그다드, 방기 그리고 브라자반이 순서대로 최하위에 속한다. 우리나라도 삶의 질이 높은 순은 아니다. 2009년 영국의 신경제재단에서 조사한 결과 한국은 143개국 중 68위였다.

삶의 질 향상에는 위험이 수반된다. 위험이란 목적달성에 실패하거나 시간과 돈을 허비할 가능성이 높다는 것을 말한다.

기업은 자원을 효과적으로 사용하여 매출을 늘리고 비용을 감소시켜 이익을 낸다.

그러나 모든 기업이 다 이익을 내는 것은 아니다. 적자의 위험이 늘 따르게 마련이다.

일반적으로 위험과 이익은 밀접한 관계가 있다. 위험이 클수록 이익 규모가 커지나 손실을 입을 가능성 또한 커진다. 그러므로 기업을 하는 기업가란 위험을 무릅쓰고 일을 하기 때문에 모험가라고 부르기도 한다.

기업가(entrepreneurs)란 여러 생산요소를 결합하여 제품이나 서비스를 효율적으로 만들어 팔아 이익을 만들려고 하는 사람을 말한다. 생산요소란 제품이나 서비스의 창출에 소요되는 자원을 말한다. 주요 생산요소로는 천연자원, 노동, 자본, 그리고 지식이 포함된다. 기업가는 회사의 경영방침을 스스로 결정하고 전혀 새로운 제품과 생산방식을 창조하기도 한다. 시간과 노력을 들인다고 항상 이익이 보장되는 것은 아니기 때문에 기업가는 본질적으로 항상 위험을 헤쳐나가는 모험가라고 불리운다. 기업가가 많은 나라는 잘사는 나라가 되어 있고 기업가가 적은 나라는 그저 그런 나라 정도가 된다.

2. 기업과 경제

(1) 경제란 무엇인가

우리들이 우리에게 필요한 모든 재화나 서비스를 스스로 만들어서 사용한다면 아마도 본인이 먹는 것 외에는 아무일도 못할 것이다.

사람들은 다른 사람들이 필요로 하는 한두 가지의 재화나 서비스 생산과 관련된 일을 하게 되며, 사람들이 만든 재화나 서비스는 시장을 통해서 교환된다. 생산활동에 기여한 대가를 소득이라 하며, 이 소득은 생산에 필요한 자원을 제공한 사람들에게 분배되고 각 개인은 분배받은 소득으로 재화나 서비스를 사서 소비한다. 즉, 교환이라는 과정을 통하여 우리는 각자의 일을 하게 되는 것이다.

사람들이 생활에 필요한 재화와 서비스를 생산, 교환, 분배, 그리고 소비하는 행위를 **경제행위**라고 하며, 경제행위와 관련하여 일어나는 문제를 **경제문제**라고 한다. 경제문제는 '우리가 원하는 모든 것을 얻을 수는 없다.'라는 인식에서 시작된다. 인간의 욕망은 끝이 없지만 그 욕망을 충족시킬 수 있는 물질적 수단은 한정되어 있기 때문이다. 대부분의 사람들은 사고 싶어 하던 물건을 사게 되면 처음에는 좋아하지만 조금 지나면 더 나은 물건을 갖고 싶어 한다. 그러나 이처럼 늘어나는 인간의 욕망을 채울 수 있을 만큼 충분한 자원은 지구상 어디에도 없다.

인간의 욕망은 무한하지만 자원은 한정되어 있다는 것을 희소성의 법칙이라고 한다. 희소한 자원으로 사람들의 욕망을 최대한 충족시켜 주기 위해서 어떻게 자원을 사용해야 하는가라는 질문으로부터 모든 경제문제는 시작된다.

경제문제는 경제적 자원이 희소하기 때문에 발생하며, 이를 해결한다는 것은 희소한 경제적 자원을 어떻게 활용하는 것이 최선인가를 선택하는 것이라고 할 수 있다.

인간이 재화나 서비스를 생산하고 교환하며 소비하는 행위, 그리고 소득을 분배하는 행위가 경제행위이다.

경제행위를 수행하는 과정에서 의사결정을 하는 주체를 **경제주체**라고 하며, 경제주체는 크게 가계, 기업, 정부로 분류된다.

가계는 노동, 자본, 자연자원 등의 생산요소를 제공하는 대가로 소득을 얻어 소비활동을 하는 소비주체이며, **기업**은 생산요소를 이용하여 이윤을 얻기 위해 생산활동을 하는 생산주체이다. **정부**는 가계와 기업으로 구성되는 민간부문의 경제활동을 조정하고 규제한다. 아울러 가계와 기업으로부터 조세를 징수하여 기업에서 생산한 재화와 서비스를 소비하고 공공의 이익을 위한 국방, 치안, 교육 등과 같은 서비스를 소비 및 생산하는 주체이다.

(2) 경제의 근본적인 문제

어떤 사회가 특정의 시기에 직면하는 경제문제는 무수히 많고 다양할 수 있다. 그러나 어느 사회나 어떤 시기에도 적용되는 경제문제를 몇 가지로 한정지을 수 있으며, 이러한 문제를 근본적 경제문제라 한다. 경제학자들은 다양한 경제문제를 다음과 같은 세 가지의 기본문제로 압축한다.

① 무슨 재화나 서비스를 얼마나 생산할 것인가
② 어떤 방법으로 생산할 것인가
③ 누구를 위하여 생산할 것인가

무슨 재화나 서비스를 얼마나 생산할 것인가라는 문제는 자원의 배분과 관련된다. 어떠한 경제사회든지 한정된 자원으로 생산할 재화나 서비스의 종류와 수량을 결정해야 한다. 어떤 방법으로 생산할 것인가라는 문제는 생산조직과 생산기술의 선택에 관한 문제이며 효율적인 생산과 관계가 있다. 누구를 위하여 생산할 것인가라는 문제는 소득배분의 문제라고 할 수 있다.

(3) 경제학이란 무엇인가

학문은 연구하는 대상에 따라 인간의 정신적인 면을 다루는 정신과학과 관찰과 실험에 의해 경험할 수 있는 것을 대상으로 하는 경험과학으로 구분할 수 있다. 정신과학의 분석수단은 논리학, 수학 등이 정신과학에 속하는 반면에, 경험과학은 그 대상이 자연현상인가 사회현상인가에 따라 자연과학과 사회과학으로 구분하기도 한다.

경제학은 사회현상 중 경제활동을 대상으로 하는 경험과학이므로 경제학은 사회과학의 분야이다.

경제문제는 인간의 끝없는 욕망에 비하여 이를 충족하기 위한 자원이 제한되어 있기 때문에 발생하며, 부족한 수단을 효율적으로 선택하는 과정을 경제생활이라고 할 수 있다. **경제학**은 경제생활에서 발생하는 경제현상의 법칙과 질서를 연구하며, 이를 바탕으로 인간의 행복을 추구하는 것이 경제학의 목표이다. 그러므로 경제학이란 개인이나 사회가 여러 가지 용도를 가지는 희소한 자원을 선택적으로 사용하여 재화와 서비스를 생산, 교환, 분배, 소비하는 과정에서 발생하는 경제현상을 연구대상으로 하는 학문이라고 정의할 수 있다.

경제적 사고는 경제법칙을 인식하고 경제원칙에 따라 생각하는 것이다. **경제원칙**이란 최소의 비용으로 최대의 효과를 얻을 수 있도록 선택하는 것을 말한다.

3. 기업과 경제는 어떻게 움직일까?

자본주의 경제체제의 기본적인 특징은 사유재산제도의 허용과 경제적 자유의 보장이다. 사유재산제도는 재산의 소유, 사용 및 처분이 소유주의 재량에 의해 이루어지는 제도이다. 경제적 자유란 경제생활에 따르는 여러 일들, 직업의 선택, 거주지의 선택 등에 관한 의사결정이 자유롭다는 것이다. 자본주의는 개인과 기업이 사유재산제도와 경제적 자유에 기초하여 법률이나 관습에 위배되지 않는 범위 내에서 자유롭게 경쟁하며 이익과 행복을 추구할 수 있는 경제체제이다.

자본주의 경제에서는 생산수단을 가지고 있는 자본가가 이윤을 얻기 위하여 노동자를 고용하여 상품을 생산한다.

자본주의에서 생산, 교환, 분배 및 소비는 각 경제주체의 자유로운 의사에 따라 형성되는 시장가격을 지표로 하여 이루어지므로 자본주의 경제를 자유시장경제 또는 시장경제체제라고도 말한다.

그러므로 기업이나 사람은 본인의 이익을 위하여 자유롭게 의사결정을 내릴 수 있다. 돈을 어떻게 쓸 것인가? 무엇을 구입할 것인가? 등은 개인의 경제적 의사결정에 속한다. 학교에 다니면서 아르바이트를 하거나 취업을 하거나 하는 모든 것이 경제적 의사결정에 속한다.

기업도 울타리 안에서 움직인다. 기업은 경제전망에 근거하여 무엇을 만들어 얼마에 팔지, 몇 사람이나 고용하고 급료를 얼마나 줄지, 생산규모를 얼마로 할지 등을 정하는데, 이러한 결정이 바로 경제적 의사결정인 것이다.

경제학은 보통 거시경제학(macro economics)과 **미시경제학**(micro economics)으로 나뉜다. 거시경제학은 가계나 기업 등 개별적인 경제주체의 경제행위에 초점을 두고 있다.

경제를 제대로 이해하려면 이 둘을 다 알아야 한다. 예를 들어 LG전자가 스마트 TV의 생산라인 증설 여부를 검토한다고 치자. 얼마나 팔릴까를 예상하기 위해서 국민소득 수준, 실업률, 시중 금리, 유가, 국내외 스마트 TV 판매량 등을 조사하였다면 이는 거시경제학적 측면을 본 것이다. 반면 스마트 TV의 수요량을 예측하고 경쟁관계에 있는 스마트 TV 제조사의 경쟁관계를 분석하는 일, 인건비와 재료비 등 생산비용을 계산하고 적정 판매가격과 판매촉진비를 정하는 일 등은 미시경제학의 영역에 속한다.

4. 경영과 기업이란 무엇인가

경영이라는 말을 자주 사용하면서도 실제로 경영이란 무엇이라고 물으면 선뜻 대답하기가 쉽지 않다. 그러나 현재에 있어서 그 누구도 경영이라는 것을 모르고 성공하기란 어렵다. 그만큼 경영은 보편화되어 있다는 이야기다.

경영을 간단하게 설명한다면 다음과 같다. 기업을 포함한 모든 조직들이 한정된 자원을 활용해 그들이 추구하는 목표를 체계적으로 달성해 나가는 과정을 경영이라고 정의할 수 있다. 경영에 있어서 **경영학**이란 경영을 하는 과정 속에서 발생되는 다양한 문제점들을 과학적으로 해결해 조직에 도움을 주는 도구를 경영학이라고 이해하면 된다.

그러면 기업과 경영의 관계를 어떻게 볼 것이냐고 생각한다면, 기업의 목적이 이윤추구라면 경영은 이윤추구라는 목표를 달성하기 위하여 기업에 존재하는 모든 자원을 활용해 목표를 도달하도록 도와주는 과정이라고 보면 된다.

기업은 이윤을 추구하기 위해 모인 **영리조직**이므로 이윤을 극대화하여 기업의 가치를 높여야 한다. 이때 기업이 이윤을 극대화하려는 활동을 **경영활동**이라고 한다.

기업과 경영의 관계를 살펴보면 기업은 외형적으로 나타나는 조직체로서 하드웨어(hardware)라고 할 수 있다. 이에 비해 경영은 기업을 유지, 발전시킬 수 있는 방안을 제시하는 소프트웨어(software)라고 할 수 있다.

현업 실무를 도와주는 스토리텔링 생산경영 사례 연구

우리는 경제와 경영의 차이점을 이야기하자면 비슷비슷 한 것 같아 명확하게 설명할 수가 없는 경우가 종종 있다. 경제와 경영의 차이는 한마디로 이야기하자면 '경제는 한 나라의 경제활동이 연구대상인 반면에, 경영은 기업을 연구대상으로 하는 것'이라고 한다면 쉽게 이해가 될 수 있을 것이다. 다음은 경제와 경영의 차이를 정리하여 보았다.

- 연구대상

경제 : 한 나라의 경제활동이 주로 연구대상이지만 국가 간의 경제활동도 연구대상이 된다.
경영 : 주로 기업이 연구대상이지만 모든 조직의 운영도 연구대상이 된다.

- 연구목적

경제 : 경제현황을 관찰, 분석하며 올바른 경제정책 수립을 목적으로 한다.
경영 : 기업 가치를 높이고, 기업운영의 효율성과 효과성을 도모한다.

- 세부분야

경제 : 미시경제학, 거시경제학 등으로 나누어진다.
경영 : 인적자원, 마케팅, 생산, 재무, 회계 등으로 다양하게 나누어진다.

- 연구방법

경제 : 수리적 방법을 주로 이용하여 가설과 가정하에 현상을 설명한다.
경영 : 인적자원, 마케팅 등은 주로 사례분석과 연구이론이 많으며, 생산, 재무, 회계 등은 수리적 문제분석능력도 필요하다.

- 취업분야

정부기관에서 각종 정책수립 부서 및 각종 연구기관에서 경제분석을 하기를 원하면 경제학 전공이 유리하고, 기업에서 일을 하고 싶다면 경영전공이 유리하다.

현업 실무를 도와주는 **스토리텔링 생산경영** 사례 연구

■ 조직 문화란 무엇인가 – 조직 문화의 성공사례

일본의 대표적인 자동차 회사로 도요타와 닛산이 있다. 이 두 기업의 조직 문화가 기업의 성과에 어떤 영향을 주고 있는지에 관하여 살펴보자.

한 기업의 업적이나 성과는 경영전략, 체질, 그리고 조직 문화에 의해 큰 영향을 받는다. 도요타와 닛산의 기업 성과 차이도 조직 문화의 차이에서 찾아볼 수 있다. 두 기업의 조직 문화의 차이를 아래 표에서 살펴보자.

닛산	채용	도요타
• 도시 출신의 인텔리	창업자	• 지방 출신의 농민 기질
• 샐러리맨 출신의 경영층	경영층	• 혈족 경영
• 개성이 강하다.	종업원	• 조직적으로 움직임
• 충성심이 약하다.	임원	• 충성심이 강하다.
• 도쿄대 출신이 대다수	출신 학교	• 전국적으로 분포
• 도쿄시	본사	• 도요타시
• 전국적으로 분산	공장 분포	• 특정 지역(미시마) 집중
• 적극적	국외 사업	• 보수적, 신중함
• 관료적, 하향식 의사소통	조직 특성	• 중앙집권적, 상향식 의사소통
• 개성 있는 첨단차 만들기	기술개발 특성	• 평범한 차 만들기

현재 일본의 자동차 회사는 도요타·닛산·혼다를 비롯하여 11개 회사에 이른다. 도요타와 닛산이 시장점유율에서 각각 1, 2위이지만 닛산은 도요타에 크게 뒤지고 있다. 승용차의 경우에는 도요타는 닛산의 2배의 시장점유율을 확보하고 있다. 오늘날 도요타가 이렇게 된 이면에는 조직 문화의 영향이 크게 작용을 했다고 볼 수 있다. 다음은 한국의 대표적인 기업인 삼성과 현대의 조직 문화의 차이를 요약하였다.

삼성과 현대의 조직 문화의 차이

항목	삼성	현대
환경	안정적이고 정태적인 환경	급속한 환경 변화(경기 및 환경변화에 심한 영향
의사결정	품의절차 및 컨센서스 중시	오너의 과감한 결단
경영스타일	합리적·관료적	모험적·창의적
고객	소비재 중심, 최종고객	산업재 중심, 기업(중간) 고객
외부용역	내부조달 중시	도급·용역 등 외주관리 중시
라인과 스태프	재무·인사 등 스태프 중시	라인·현장 중시
과업성격	회계연도 중심(연속적·순환적)	프로젝트 중심(불연속적)
과업진행	프로세스 중심	결과 중시
대정부관계	불가근 불가원	밀월관계
기술·설비·인력에 대한 인식	폐쇄적 소유의식	개방적 활용주의
중시덕목	근면성·성실성	진취성·과감성

생산 조직

모든 시스템에 조직이 있어야 관리활동이 구체적으로 움직일 수 있다. 조직에는 여러 가지 형태가 많이 있지만 일반적으로 라인 조직, 기능식 조직 및 라인 앤 스태프 조직으로 나눈다. 이외에 한정적인 목적을 달성하고자 만든 조직의 형태로서 위원회 조직, 프로젝트 조직, 태스크포스(task force), 그리고 행렬 조직 등이 있다.

1. 라인 조직

라인 조직(line organization)이란 조직의 명령 내지 전달사항이 위로부터 아래로 직접적으로 전달되는 조직형태로서 군대식 조직 또는 직선식 조직이라고도 한다.

① 라인 조직의 장점

- 단순하며 안정되어 있다.
- 책임과 권한이 분명하다.
- 결정을 신속히 내릴 수 있다.

② 라인 조직의 단점

- 조직에 유연성이 없다.
- 직장의 직무가 너무 광범위하므로 그 실행이 어려울 때가 많다.
- 작업기술이 개인적 지식에 지나치게 의존하는 경향이 있다.
- 만능의 직장을 구하기 힘들다.
- 유능한 사람이 조직을 떠났을 때에는 그를 대체할 만한 사람을 구하기가 힘들다.

2. 기능식 조직

테일러에 의해서 만들어진 조직형태인 **기능식 조직**(functional organization)은 각 부서의 전문적 직장인이 담당부서를 책임, 지휘하는 조직으로 기능식 조직 또는 테일러 조직이라고도 한다.

① 기능식 조직의 장점

- 전문지식을 토대로 조직이 형성되기 때문에 감독을 전문화할 수 있다.
- 직장에 있어서 전문적 능력을 키워 나갈 수 있고 일의 분담을 경감할 수 있다.

② 기능식 조직의 단점

- 명령 일원화의 원칙이 지켜지지 못하여 회사 전체의 체계적 관리가 이루어지지 못한다. 즉, 다수의 직장인으로부터 지시가 행해지는 이른바 복합관리가 실시되므로 지시의 불일치에 따른 모순과 충돌이 가끔 일어나서 작업의 능률을 떨어뜨린다.
- 직원 간의 권한싸움이 생기고, 업무수행에 대한 책임을 전가시킬 수도 있다.

3. 라인 앤 스태프 조직

직계식 참모조직이라고 불리우는 **라인 앤 스태프**(line and staff organization) **조직**은 에머슨에 의하여 제안된 조직형태로서, 스태프 부문은 특수화된 직능을 담당하는 전문가들로 구성되고, 라인 부문에 대해 조언적 역할만 할 뿐 지휘 명령권은 없다. 의사결정권은 라인에게만 있다. 이 조직의 창안자 에머슨은 1860년에 프러시아 군이 이용한 참모부 제도에서 힌트를 얻어 이것을 기업조직에 도입하였다.

① 라인 앤 스태프 조직의 장점

- 유능한 스태프를 활용할 수 있으므로 라인은 보다 신중하고 유익한 의사결정을 내릴 수 있다.

② 라인 앤 스태프 조직의 단점

- 명령계통과 조언, 권고적 참여가 혼동될 우려가 크고, 그로 인하여 라인기능자와 스태프 기능자 간의 불화가 발생할 경우가 많다.
- 스태프의 권한이 너무 커져서 스태프 왕국을 이루므로 라인의 기능수행에 지장을 주며, 때로는 라인이 스태프에 지나치게 의존하는 경우도 있다.

4. 위원회 조직

위원회 조직(committee organization)이란 오늘날 조직에서 흔히 볼 수 있는 형태로서 조직이 어떠한 목적을 달성하고자 한시적으로 운영하는 조직이다.

① 위원회 조직의 장점

- 집단토론이나 브레인스토밍의 기회를 가지며 많은 의견을 모을 수 있다.
- 각 부문의 경영방침과 정책 등을 이해할 수 있다.
- 최고 경영자는 각 부문 간의 조정을 통해 총체적인 관점에서 의사결정을 할 수 있다.

② 위원회 조직의 단점

- 의견백출로 시간의 낭비를 가져온다.
- 의견통일이 없으면 부문 상호 간의 융화를 해칠 염려가 있다.
- 참다운 의견일치가 곤란하다.

> ☺ 행렬식(매트릭스) 조직 : 각 사업에 따라 각 부서에서 인원을 차출하여 사용하고 사업이 끝나면 돌려보내는 조직
> ☺ 태스크포스 조직 : 여러 부서의 대표들이 모여 상충되는 문제를 해결하는 조직
> ☺ 프로젝트 조직 : 특정업무가 프로젝트 지휘자에 의해서 수행되는 형태로서 개발사업, 연구소의 과제, 대규모 건설사업 및 프로그램 작업들이 이러한 형태이다.

현업 실무를 도와주는 **스토리텔링 생산경영** 사례 연구

■ 어떤 조직문화가 성공할 것인가
 - 위기문화냐 칭찬문화냐 -

우리나라 기업의 경우, 그 동안은 주로 위기조직을 활용해 왔다. 끊임없이 위기감을 조성하고 채찍질하여 조직의 분발을 촉구하는 것이 위기문화 또는 아드레날린 문화이다.

그러나 국민소득과 삶의 질이 높아짐에 따라 기업의 문화적 특성은 칭찬, 격려, 권한 부여, 인정, 포상 등 여러 가지 신바람나는 조직문화를 조성해서 창의성과 생산성을 높이는 것이 공통점이다.

K리그의 포항구단의 프로축구 선수들이 서로서로 나쁜 점을 보지 말고 좋은 점만 보고 칭찬을 하자고 하였다. 비난과 칭찬이 어떠한 효과를 가져 오는지를 실험하기 위하여 선수들이 오고가는 현관 앞에 똑같은 크기의 고구마 화분 2개를 놓았다. 선수들이 지나칠 때마다 한 화분에게는 온갖 비난을 쏟아 붙고 지나가고, 옆의 화분에는 좋은 말과 칭찬을 하고는 지나갔다. 똑같은 조건에 똑같은 물을 준 두 화분 중 어느 화분이 고구마줄기가 무성할까? 두

말할 필요도 없이 욕을 퍼부은 화분의 고구마줄기는 말라 비틀어졌고, 칭찬을 먹은 화분은 고구마줄기가 무럭무럭 자랐다. 말귀를 모르는 고구마줄기들도 이 지경이니 인간이 오죽하겠는가? 칭찬은 고래뿐만 아니라 고구마줄기도 춤추게 만드는 것이다.

기업의 예를 들면 직장인은 신상품을 개발했을 때, 대규모 공사를 완공했을 때, 큰 프로젝트의 계약을 성사시켰을 때 칭찬을 받는다. 하고 있는 업무를 통해 '이런 맛에 직장 생활을 한다.', '이 기분은 아무도 모를 거다.'라는 등의 만족감을 체험하는 사람이 많을수록 그 기업은 칭찬문화 또는 엔돌핀 문화이다. 즉, 목표를 성취하였을 때 너무나 좋은 것이다.

반면에 이런 행복감을 얻지 못하고 음주나 도박을 통해 스트레스를 해결하려는 직장인이 많은 기업은 쇠퇴할 수밖에 없다. 출근해서는 몸조심이 최고이고 퇴근한 후에는 취미나 잡기를 통해 인생의 낙을 찾으려 하는 사람이 많은 기업은 망하는 기업이다.

S전자에서 임직원 600명을 대상으로 한 설문조사를 통해 조직에서 듣기 좋은 말과 듣기 싫은 말을 10가지씩 선정하여 공개했다. 듣기 좋은 말 1위는 '수고했어, 역시 자네가 최고야.'라는 칭찬이고, 2위는 '이번 일은 자네 덕분에 잘 끝났어.', 3위는 '괜찮아, 실수할 수도 있어.'라는 격려가 차지했다.

반대로 듣기 싫은 말은 1위인 '그렇게 해서 월급 받겠어.'에 이어 '시키면 시키는 대로 해.'와 '내가 사원 때는 더한 일도 다 했어.' 등의 꾸지람이 각각 2위와 3위를 차지했다.

이러한 결과를 보면 너무도 당연한 것이지만 칭찬 조직에서 특징적으로 나타나는 칭찬과 격려와 같은 특성이 역시 듣기 좋은 말로 나타난 것이다.

물론 100% 칭찬만 하면서 기업을 경영할 수는 없을 것이다. 그러나 이제는 기업문화의 중심이 비전 만들기와 칭찬으로 바뀌어야 새로운 에너지를 얻을 수 있다.

생산 전략

영어로 전략이라는 의미를 지니는 strategy란 그리스어 strategos에서 나온 것이다. 군대에서 많이 사용하는 전략이 실제 기업경영을 이해하는 데 도움을 주기도 한다. 여기에서 우리는 전략과 전술의 정의를 살펴보면 전략이란 무엇인가를 뚜렷이 이해할 수가 있을 것이다.

전략(strategy)이란 기업이나 국가가 경쟁우위를 갖기 위하여 경영자원을 배분하는 전반적인 계획이고, 전술(tactic)이라는 것은 특정한 행동을 위한 계획을 뜻한다. 즉, 전술이 소규모의 전투에서 승리하기 위한 작전을 의미한다면, 전략은 전투가 아닌 전쟁에서 승리하기 위한 계략이라고 볼 수 있다.

기업에서 전략이란 조직의 목표를 달성하기 위한 계획이다. 조직이 조직의 목표를 효과적으로 달성하기 위해서는 조직의 사명(mission)이 비전(vision)을 달성할 수 있도록 설계되어 있어야 한다. 조직의 사명은 조직의 존재이유를 말하고 조직의 사명에는 조직의 목표를 누구나 이해하기 쉽게 설명되어져야 한다. 조직의 사명이 쉽게 설명된 것을 사명기술서(misson statement)라고 한다. 기업의 사명기술서에는 우리는 어떤 사업에 종사하고 있고 우리의 목표는 무엇인가를 명확하게 표현하여야 한다. 사명 기술서는 조직목표의 기초가 된다.

현업 실무를 도와주는 **스토리텔링 생산경영** 사례 연구

- 기업들의 사명기술서 사례

  －맥도널드 햄버거 레스토랑－

맥도널드의 비전은 세계에서 가장 좋은 퀵 서비스 레스토랑이 되는 것이다. 뛰어난 품질, 서비스, 청결과 가치를 제공하여 레스토랑에 있는 고객을 미소 짓게 만든다. 우리의 비전을 달성하기 위하여, 우리는 세 가지 세계적인 전략에 집중한다.

－전세계의 각 공동체에서 우리 종업원들에게 가장 훌륭한 고용주가 된다.

－우리의 레스토랑에서 우리의 고객에게 탁월한 서비스를 제공한다.

－혁신과 기술을 통하여 맥도널드 시스템의 상표를 확장하고 강점을 활용하여 지속적인 성장을 실현한다.

1. 경영전략

경영전략이 무엇인가를 한 마디로 요약하면, 경쟁에서 이기는 방법을 말한다. 글로벌경쟁시대에서 기업들이 경쟁에서 살아 남기 위해 필요한 경영전략을 수립하고, 이행하는 데 필요한 여러 가지 분석기법을 제공한다. 즉, **경영전략**이란 기업에게 경쟁우위를 제공하고 유지시켜 줄 수 있는 방법이라고 정의될 수 있다.

경영전략은 조직의 수준에 따라 기업전략, 사업전략 및 기능전략으로 나눌 수 있다. 기업전략은 그 기업이 참여하고자 하는 사업의 종류, 사업의 획득 및 처분방법, 다양한 사업들 간의 자원들의 배분, 그리고 이들 사업들을 관리하는 방법 등에 초점을 둔다.

일단 기업전략이 수립되면 기업전략의 하위전략인 사업전략과 기능전략이 수립된다. 사업전략은 특정 산업이나 특정 시장부문에서 한 기업의 제품이나 서비스의 경쟁적 지위를 개선시키는 데 초점을 둔다. 기능전략이란 각 부서의 기능영역별로 사업전략을 지원하기 위해 행하는 전략 중 가장 하부적인 전략이고 이에는 생산관리부서, 마케팅부서, 재무부서 등이 있다.

현업 실무를 도와주는 **스토리텔링 생산경영** 사례 연구

■ 환경도 전략으로 생각하면 상품으로 팔 수 있다.

제주도의 중문단지에 상당히 바람이 센 곳이 있다. 이는 경영전략적인 사고를 전환하여 성공한 사례이다. 골퍼들에게 도전하고 싶은 도전전략이라는 마음을 갖게 만들어 논 전략인 것이다.

골프를 즐기는 사람은 어려운 곳에 도전하여 이기고 싶은 도전의식이 있다. 중문골프단지에 골바람이 센 곳에 워터헤저드(water hazard)가 아닌 윈드헤저드(wind hazard)를 만들어 놓았다. 윈드헤저드에 도전하라는 광고에 골퍼들이 몰려들었다.

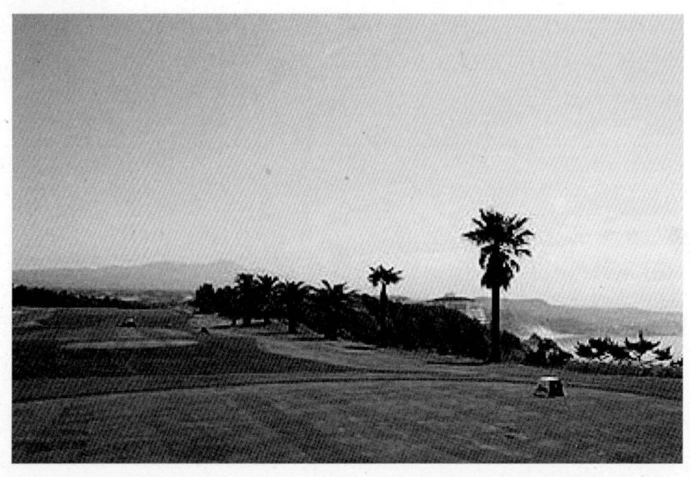

이러한 전략의 구조는 다음 〈도표 2-1〉에 잘 나타나 있다.

도표 2-1 전략의 구조

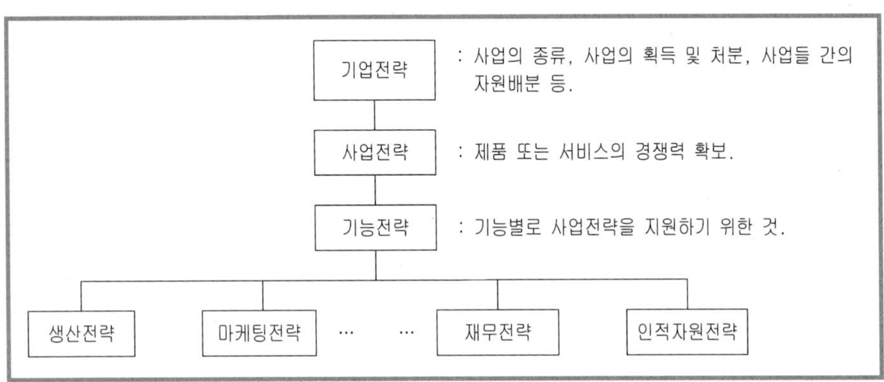

2. 기업전략

기업전략은 최고경영자가 조직 전체의 이익과 행동을 원하는 방향으로 유도하기 위해서 수립된다. 글루엑은 기업수준의 전략을 네 가지 유형으로 분류하였다.

① 성장전략 : 현재의 사업을 확장하는 전략
② 안정전략 : 현재의 활동을 계속 유지하는 전략
③ 방어전략 : 사업의 부실한 분야는 처분하고 강한 분야를 더욱 강하게 하는 전략
④ 혼합전략 : 두 가지 이상의 전략을 섞은 전략

3. 사업전략

어느 기업이 다른 경쟁기업에 비해서 높은 수익률을 얻는 데에는 크게 두 가지 방법이 있다.

첫째는 동일한 제품을 훨씬 낮은 비용에 만들어 싸게 파는 방법이고,
둘째는 경쟁기업과 다른 차별화된 제품을 제공함으로써 높은 가격을 받는 것이다.
원가우위를 추구함에 있어서 기업의 목적은 산업 전체에 있어서 비용 선도자가 되는

것이다. 원가우위를 가지려면 그 기업은 원가우위를 만들어 낼 수 있는 요소들을 발견하여서 저렴한 가격으로 승부하는 것이다. 차별화의 우위는 소비자들에게 차별화된 가치를 제공하여 주지 않으면 안 된다.

여기서는 사업전략에서 가장 많이 이용되는 마이클 포터의 본원적 전략인 원가우위 전략, 차별화전략 그리고 초점전략에 대해서 설명한다.

(1) 원가우위전략

원가우위전략은 규모의 경제로 표준화된 제품을 저렴하게 공급하여 원가상 우위를 달성하는 전략을 말한다. 제품의 가격을 최대한 낮추어서 가격경쟁력으로 시장을 장악하려는 전략이다.

원가우위전략의 위험

원가우위전략에도 여러 가지 위험이 있다. 기술의 변화가 과거의 투자나 노하우를 무용지물로 만들어 버리거나 혹은 경쟁상대가 모방이나 판매력 우위를 앞세워 규모의 경제성을 추구하며 따라오거나, 또는 환경변화에 의한 차별화전략에 대항할 수 없게 되어버리는 경우이다.

한국제품들이 원가우위전략으로 고속성장을 하였으나 환경변화에 대한 차별화전략의 부재와 중국과 동남아시아의 저원가전략으로 인하여 많은 어려움에 처해 있는 제품들이 많다.

현업 실무를 도와주는 **스토리텔링 생산경영** 사례 연구

■ 원가우위전략으로 성공한 디스카운트 스토어의 선두주자

월마트의 창업주인 샘 월튼은 1962년 미국 중부 아칸소주의 벤트힐에서 디스카운트 스토어인 소규모 할인점을 개설했다. 이곳에서 철저하게 가격우위전략으로 세계 최대의 소매업자이며 미국유통업계의 일인자가 되었다.

월마트의 매출액은 세계 최고로 미국, 한국, 중국 등 세계 10여개국에 3만개에 가까운 쇼핑센터를 운영 중이다. 전 세계 월마트 쇼핑센터에 들른 고객수도 매주 1억명에 달한다.

현재 월마트는 미국 최고의 소매업체에 만족하지 않고 아시아는 물론 유럽시장에 진출하여 글로벌시대의 최고의 경쟁력을 갖추고 있다.

이 회사는 설립 후부터 경쟁기업이 신경쓰지 않던 중소도시를 집중 공략했다. K마트가 5만명 이하의 도시에는 진출하지 않았던 반면, 월마트는 5만명 이하의 도시에도 쇼핑센터를 열었다. 그 결과 과당 경쟁으로 수익률이 낮았던 대도시를 피함으로써 알짜기업으로 클 수 있었다. 월마트는 EDLP(Every Day Low Price ; 매일 최저가)라는 슬로건을 내걸고 있다. 철저한 비용우위에 의한 박리다매 전략이다.

즉, 제조업체로부터 상품을 싼 값에 대량 조달해서 유통센터에 보관하고 있다가 어떤 상품이든 48시간 내에 어떤 점포에도 정확히 공급하여 품절을 없애고, 낮은 가격경쟁력으로 미국 소매시장을 공격했다.

이를 위해 3대의 인공위성을 활용하고 있다. 지구촌에서 가장 저렴한 원료를 발굴, 제품가격을 최대한 낮추는 경영전략이다. 이는 리얼 타임 정보시스템을 통해 본사와 점포, 협력업체, 물류센터 등을 연결하여 전 세계 제품을 품목별로 집중적으로 관리하면서 가능하게 되었다. 이와 같이 월마트가 세계적인 유통업체로서 성공할 수 있었던 이유는 원가절감을 통한 비용우위를 확보했기 때문이다.

(2) 차별화전략

차별화전략은 경쟁사들과는 다른 차별화된 제품이나 서비스를 제공함으로써 경쟁우위를 누리려는 전략이다. 차별화는 고급품질, 독특한 디자인이나 서비스, 기술, 마케팅 기법 등에 의해 추구될 수 있다. 차별화전략에서는 원가를 우선적인 목표로 삼지 않는다. 우리의 제품을 구입하는 고객은 무엇인가 다르다는 인식을 소비자에게 심어주어

소비자가 우리 제품에 충성심을 심어주는 전략이다. 일단 이 전략이 성공하면 기업은 그 산업 내에서 평균 이상의 수익률을 올릴 수 있는 성장기업이 된다. 이 전략의 단점은 다른 경쟁자가 쉽게 모방하는 것이 가능하기 때문에 계속적인 주의를 기울여야 한다.

차별화전략의 위험

차별화가 고객에게 인식되었다 하더라도 위험은 따른다. 어떤 기업이 차별화를 달성했다 하더라도 경쟁회사와의 가격차가 적으면 충분히 경쟁해 나갈 수 있다. 그러나 차별화에만 너무 주력하고 가격 면에서 경쟁회사에 비해 너무나 크게 뒤지게 되면 가격경쟁력을 가진 기업이 일시에 진입해 올 수 있다. 즉, 차별화전략이 원가우위전략에 의해 밀려나게 되는 것이다.

현업 실무를 도와주는 스토리텔링 생산경영 사례 연구

– 애플과 나는 남들과 다르다는 차별화를 보여줌으로써 컴퓨터의 새로운 혁명을 일으킨 스티브 잡스 이야기 –

검은색 티셔츠와 청바지로 차별화의 이미지를 갈구하는 디지털시대의 최고의 똑똑이 스티브 잡스!

정보의 모든 것을 한 곳에 모을 수 있도록 스마트폰을 설계한 금세기 최고의 혁신가! 우리의 일상생활을 한번에 바꿔버린 혁명아

우리가 지하철이나 버스를 타면 대부분 사람들이 손 안의 컴퓨터인 휴대폰을 들고 두 눈을 부릅뜨고 휴대폰만 쳐다보게 만든 인간이 스티브 잡스이다.

그는 인간의 생활패턴 자체를 바꾸어 버린 혁명가이다.

애플 컴퓨터의 창업자이자 CEO(최고경영자)인 그는 '창조경영'으로 경영에 일대 변혁을 일으킨 혁명가다. 세계 최초의 개인용 컴퓨터 '애플', 최초의 3D(3차원) 디지털 애니메이션 '토이 스토리', MP3 플레이어 '아이팟'과 온라인 음악 서비스 '아이튠스', 융복합 시대를 열어놓은 스마트폰 등을 개발한 혁신가이다.

청바지와 검은색 티셔츠를 즐겨 입는 그는 "물건만 잘 만들면 1등이 되는 시대는 지났다."며 창의성과 상상력을 강조한다. 잡스는 직원들에게 끊임없이 '주문'을 건다. '다르게 생각하라', '미칠 정도로 멋진 제품을 창조하라', '즐기면서 일하자'가 그의 입버릇이고, '해

적이 되자'는 도발적 화두도 던진다. 애플의 개발팀은 신나게 일한다. "단순한 제품을 넘어 시대를 상징하는 '아이콘(icon·우상)'을 만들자."는 잡스의 비전이 직원들을 사로잡았기 때문이다.

22세(1977년) 때 그는 책상에 올려놓는 개인용 컴퓨터 '애플'을 출시했다. 방 하나를 가득 채울 정도의 대형 컴퓨터 일색이던 당시, 컴퓨터가 이렇게 작아질 수 있다는 것은 혁명적인 변화였다. 이제는 책상에 있던 컴퓨터를 손안에 쥐고서 사용할 수 있도록 스마트폰을 만들어 인간의 생활방식을 전자기기를 통하여 계속 바꾸어 나가는 혁명아가 되었다.

1980년대 애플의 경쟁사들은 비용절감이나 가격 대비 성능을 높이는 일에만 몰두하고 있었다. IBM을 비롯한 대부분의 컴퓨터는 시커먼 배경화면에 흰색 글자를 사용했다. 전력소모량을 아끼기 위한 방식이었다.

하지만 잡스는 거꾸로 갔다. 흰색 바탕화면에 검은 글자가 뜨도록 설계했다. 마우스를 눌러서 프로그램을 실행시키는 그래픽 형태의 혁신적인 PC 운영체제(OS)도 개발했다. 이러한 창조적 발상은 이후 개발되는 컴퓨터의 표준기술로 자리잡았다.

잡스를 잭 웰치(전 GE회장)를 능가할 '경영의 제왕'으로 부상시킨 것은 MP3 플레이어 '아이팟'과 디지털 음악 서비스 '아이튠스'의 대성공이다. 이것을 통해 잡스는 실리콘 밸리와 할리우드의 동시 지배자가 됐다.

2001년 아이팟이 처음 나올 당시 시장엔 삼성전자를 비롯한 선발업체들이 MP3 플레이어를 팔고 있었다. 하지만 판매실적은 신통치 않았고, 시장은 미성숙 단계였다.

잡스는 "제품 기술력도 중요하지만, 이를 편리하게 쓸 수 있는 서비스가 없다."고 분석했다. 하드웨어(아이팟)와 소프트웨어(아이튠스)를 결합시킨다는 발상의 전환으로 시장의 구도 자체를 바꾼 것이다. 잡스는 음악CD를 간단히 컴퓨터로 복사하고 재생할 수 있는 '아이튠스' 프로그램을 만들어 무료로 배포했다. 음반회사와 제휴해 아이튠스를 기반으로 한 온라인 음악 다운로드 서비스도 내놓았다.

잡스는 아이팟에도 최대한 단순하고 직관적인 디자인을 도입했다. 경쟁사들이 복잡한 기능추가에 매달릴 때 그는 반대의 길을 갔다. 아이팟은 크기와 무게를 줄이기 위해 녹음이나 라디오 기능을 모두 제거했다. 복잡한 버튼을 대폭 줄이고, 간편한 '스크롤 휠' 방식을 처음으로 도입했다.

이용자들은 사용이 편리하고 혁신적인 디자인을 갖춘 아이팟에 열광했다. 아이팟은 2006년 한 해 동안 약 4,000만대가 팔렸다. 세계 시장점유율은 50%에 육박한다. 삼성전자 윤종용 부회장은 임직원에게 "우리가 MP3 플레이어를 먼저 개발하고도 시장을 놓친 것은 뼈아픈 실수"라며 "애플의 창조적인 차별화 발상을 배워야 한다."고 이야기했다.

2005년 스티브 잡스는 스탠퍼드 대학 졸업식에서 축사를 했다. 이제 세상 속으로 나가는 젊은이들에게 그는 췌장암에 걸려 '6개월 시한부 인생'을 선고받았으나 극적으로 회생한 자신의 경험담을 털어놓았다.

그리고 "매일을 인생의 마지막 날처럼 살아야 한다. 헝그리 정신을 가지고 미련할 정도로

스티브 잡스

자기 길을 가라(Stay Hungry, Stay Foolish)."고 충고했다. 잡스의 감동적인 연설장면은 두고두고 화제가 됐다.

잡스는 원래 독선과 아집으로 똘똘 뭉친 이기주의자였다. 회의 때면 화이트보드를 독점하며, 제품 이름에서 포장박스 크기까지 모든 일을 자신이 결정했다. 과도한 기술 우월주의에 빠져 개발한 신형 컴퓨터가 줄줄이 실패하면서 1985년엔 자신이 만든 회사(애플)에서 쫓겨나는 수모를 겪기도 했다. 20대 억만장자에서 끝 모를 바닥까지 추락한 경험은 그를 새로 태어나게 했다. 21세기 최대의 발명품이 될지도 모르는 스마트폰을 가슴에 안고 2011년 10월 아주 조용하게 숨졌다. 항상 검은색 티셔츠와 청바지를 즐겨입는 잡스는 존 레논의 이매진(Imagine)이라는 음악을 무척이나 좋아했다.

3) 초점전략(집중전략)

초점전략은 다른 기업들이 생각하지 못한 특정한 시장, 특정한 소비자의 욕구, 특정 지역 등을 집중적으로 공략하는 것이다. 예를 들어 수공예품과 같은 아주 특수한 제품, 소비자가 만족할 만한 제품의 생산 등 시장의 한 부분을 집중적으로 공략하는 것을 말한다. 이 전략은 위에서 이미 설명한 차별화전략이나 원가우위전략과는 다르게 한정된 틈새시장을 목표로 한다. 예를 들어 특별한 계층의 마니아들을 위한 제품(산악자전거 마니아, 테니스 마니아 등)을 만듦으로서 고가의 가격으로 엄청난 이익을 획득할 수가 있다 하겠다.

초점전략의 위험

초점전략이 갖는 위험으로는 초점전략을 추구하는 기업이 표적시장에서 책정한 가격이 전체시장에서 볼 때 경쟁회사의 가격에 비해 너무나 높은 경우 고객이 그 만큼의 프리미엄 가격을 지불하지 않게 되어 시장에서 사라질 수 있다.

현업 실무를 도와주는 **스토리텔링 생산경영** 사례 연구

① 컬트로까지 끌고 가는 초점전략의 제품

할리데이비슨, 베네통, 버버리, 페라가모 ….

이들 브랜드에서는 다른 것에서 느낄 수 없는 공통점이 있다. 제품 자체에서부터 풍기는 강한 문화적 상징성이나 좀더 구체적으로 '컬트(cult)'라고까지 표현할 수 있는 독특한 분위기가 그것이다. 원래 컬트는 특정 사물이나 정신에 대한 종교적 맹신에 가까운 추종을 의미하며, 특정 교주를 따르는 광신도들의 울부짖음과 열광적인 몸짓이다. 초점전략에서 컬트는 물리적 속성을 넘어 제품의 이미지나 상징성에 대한 열광을 의미한다. 그래서 컬트족에게 상품은 단순히 탈 것이나 추위를 막는 옷이 아니다. 이보다는 자신을 표현하는 수단이고 사회적 표상이다. 할리데이비슨 오토바이를 구입한 고객들이 반항적이면서도 시대를 앞서는 독특한 이미지를 가지고 자신들만의 커뮤니티를 형성하고 있는 것이 좋은 사례다.

자동차로 신분을 나타내게 만드는 독일의 세계적 자동차 회사 BMW, 커피는 마시는 것이 아니라 분위기를 마시는 문화상품의 반열로 끌어올린 스타벅스 등도 나름대로 독특한 색깔로 유명한 기업들이다. 자신들만의 기업문화를 바탕으로 고객에게 특별한 가치를 심어주기 때문이다.

BMW 자동차

4. SWOT전략

SWOT전략은 **케네스 앤듀루스**가 조직 내부의 강점(strength)/약점(weakness)을 조직 외부의 기회(opportunity)/위협(threat) 요인과 대응시켜 전략을 개발하는 방법이다. 네 가지 요인의 머릿글자를 따서 SWOT라고 부른다. 이 전략수립 방법은 전사적 차원에서도 활용할 수도 있고 사업단위 차원에서도 적용할 수 있다.

외부환경을 분석하면 기업이 활용할 수 있는 기회와 기업에게 위협이 되는 요인을 파악할 수 있는데, 이를 기업 자신이 가지고 있는 강점과 약점에 대응시키는 것이다. 이렇게 하면 4가지의 상황이 도출되며 각 상황에 적합한 전략을 구사할 수 있다. 〈도표 2-2〉에 있는 것이 SWOT분석표이다.

도표 2-2 SWOT분석표

기업외부요인 / 기업내부요인	기회(Opportunity)	위협(Threat)
강점(Strength)	SO전략 · 내부강점을 이용하여 외부기회 포착[확대전략]	ST전략 · 내부강점은 활용하되, 외부위협은 회피[안정성장전략]
약점(Weakness)	WO전략 · 외부기회는 포착하되, 내부약점은 극복[우회, 개발전략]	WT전략 · 외부위협에 약점밖에 없으므로 사업 축소, 철수[축소, 철수전략]

〈도표2-2〉에서 보듯이 SWOT분석에서 중요한 것은 외부환경의 기회와 위협요인, 기업 내부의 강점과 약점을 정확하게 파악하는 일이다.

현업 실무를 도와주는 스토리텔링 생산경영 사례 연구

BCG가 개발한 사업의 포트폴리오 설계

'Made by BCG'

경영학 교과서에는 '성장률-시장점유율 매트릭스', '경험곡선 이론', '타임베이스 경쟁전략' 등 보스턴컨설팅그룹(Boston Consulting Group)이 정립한 경영이론들이 많이 등장한다. 아더 앤더슨(1886년 설립), 맥킨지(1926년 설립) 등 경쟁업체보다 늦게 설립(1963년)된 BCG가 전략 컨설팅업계의 선두주자로 발돋움하는 데 BCG 포트폴리오가 든든한 배경이 됐다. 원래 군사용어였던 전략이란 개념을 경영에 처음 도입해 경영전략(business strategy) 분야를 개척한 곳도 BCG이다.

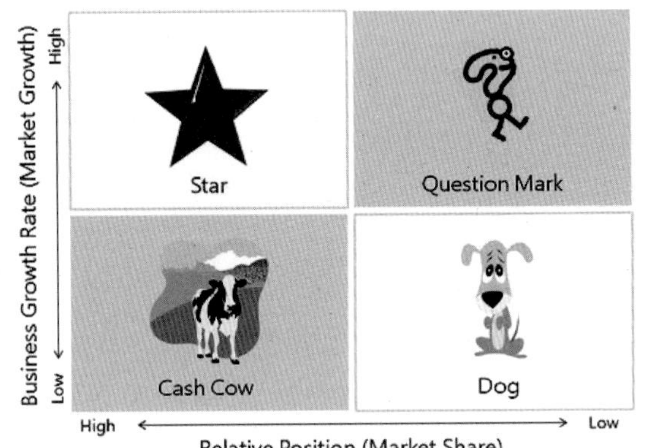

① Star : 미래의 성장성이 높고, 유망한 사업으로서 계속적인 투자가 요구되는 사업
② Cash Caw : 시장점유율이 높아 현금을 많이 벌어주는 사업, 투자대비 수익성이 높은 사업
③ Question Mark : 향후 스타가 될 수도 있고 개로 전락할 수도 있는 사업
④ Dog : 성장성과 수익성이 모두 없기 때문에 철수되어야 하는 사업

5. 생산전략

생산전략(Production Strategy)의 목표는 좋은 제품과 서비스를 저렴하게 만들어서 소비자에게 신속하게 적절한 양을 제공하는 데 있다.

생산부문의 구체적인 전략목표 차원으로는 원가(cost), 품질(quality), 납기(delivery), 유연성(flexibility), 서비스(service) 등을 들 수 있다.

(1) 품 질

품질(quality)이란 물품 또는 서비스가 사용 목적을 만족시키고 있는지를 나타내는 척도로서 물품뿐만 아니라 서비스도 포함된다. 기업이 만들어 내는 제품에 가장 중요한 것이 제품에 대한 품질경쟁력이다. 높은 수준의 품질은 경쟁제품과 확연한 차이를 나타내면서 차별화를 가지는 비가격경쟁 중에서 가장 중요한 전략요소이다. 품질이 경쟁의 제1순위임에는 두말할 필요가 없다.

(2) 원 가

원가(cost)는 제품이나 서비스를 생산, 판매하는 데 있어서 드는 모든 가치를 계산해 낸 값이다. 저원가전략은 낮은 가격으로 광범위한 소비자에게 상품을 제공하는 것을 의미한다. 이 전략을 추구하는 경영자는 효율성을 극대화하고 원가를 최소화하려 한다. 기업이 저원가전략으로 값싼 제품으로 시장성을 확보할 수 있다고 보지만 실제 고객의 입장에서는 그렇지가 않다.

고객들은 가장 싼 제품을 사는 것이 아니라 고객들이 지불하는 돈의 대가에 대한 최대의 가치를 생각하기 때문에 기업은 이에 따른 가격경쟁력을 확보해야 한다. 그러므로 기업은 품질대비 가격을 얼마로 정해야 하는지가 중요하다.

(3) 납 기

납기(delivery)란 기업이 주문을 받은 후에 제품이나 서비스를 고객에게 공급할 때까지 소요되는 시간이다. 시간은 돈이므로 고객들은 제품이 보다 신속히 공급되기를 바란다. 그러므로 경쟁자들보다 빨리 제품을 설계, 생산, 공급할 수 있는 기업은 보다 큰 시장점유율을 누릴 수 있을 것이다.

공급업자가 공급 약속을 지키지 못한다면, 택배 같은 운송회사가 납품일자에 배달해 주지 못한다면 어찌되겠는가? 고객은 약속을 해놓고도 항상 불안해 할 것이다. 공장에 있어서는 부품의 경우 적시에 공급이 안 되어 작업을 하지 못하는 사태도 발생한다.

(4) 유연성

유연성(flexibility)이란 새로운 상황에 대처하거나 적응할 수 있는 능력으로서 제품에 대한 고객욕구의 변화에 능동적으로 대처하는 수단이다. 더욱이 현대에 와서는 고객의 욕구가 급변하고 있기 때문에 기업은 다양한 제품을 생산할 수 있도록 유연성을 높여야만 할 것이다. 경제가 성장하면 할수록 고객은 더욱 더 다양한 제품과 다양한 서비스를 원하기 때문이다. 유연성전략에 있어서 기업이 시장에서의 고객의 욕구에 스스로 변화도 하지만 공격적인 유연성으로서 신제품을 창출해서 고객의 욕구를 이끌고 나갈 수 있어야 한다.

(5) 서비스

서비스(service)란 고객 또는 이용자의 편익을 위한 노력 또는 기능이라고 말할 수 있다. 서비스는 더 이상 제품에 부수적인 것이 아니고 제품의 절대적인 부분이다. 오늘날 서비스의 제공은 다양한 제품을 위한 생산능력개발, 고객에의 친절·봉사, 고객의 제품에 대한 사용법, 판매 후의 지원 등이 포함된다. 기업이 좋은 경쟁력을 갖춘 제품이 있다 하더라도 이에 대한 서비스가 형편없다면 결국 고객은 이러한 제품을 외면할 것이다.

생산전략은 기업전략을 구체적으로 이행하기 위한 수단으로서 중요한 의미를 가진다. 각각의 우선전략을 수립하는 데는 각 기업마다 다르지만 가장 중요한 것은 소비자의 소득수준이 높아지고 다양한 욕구가 높아질수록 원가우위에서 품질, 품질에서 서비스 쪽으로 비중을 두어야 한다.

도표 2-3 생산시스템의 목표

생산시스템의 목표		
경쟁역량	가치지향	사례
원가(cost)	저원가 운영	월마트, E마트, 코스트코 등
품질(quality)	최고품질 품질의 일관성	할리데이비슨, VVIP카드, 롤렉스, 페라리 등 던킨 도너츠, 맥도널드, 파리바게트, 신라면 등
납기(delivery)	납품의 속도 정시납품	한국식 자장면 배달, 델컴퓨터 페덱스, 한국식 택배
유연성(flexibility)	고객화(custormization) 다양성	한국식 부대찌개, 맞춤식 기업교육, 리츠칼튼 호텔 등 하이마트, 한국식 재래시장, 종합 분식집
서비스(service)	고객에 대한 충성심	한국의 골프클럽, 노드스트롬 백화점, 한국의 심부름 센터

6. 고객만족의 생산전략

고객만족의 생산전략이란 생산경영을 생산자의 논리가 아니라 소비자의 논리로 실천하자는 경영이념이다. 고객이란 제품이나 서비스를 제공받는 중요한 소비자이다. 고객이란 기업이 생산할 제품을 결정하는 사람으로서 기업에게 돈을 벌게 해주는 사람이다. 그런데 고객은 기업 밖의 외부고객뿐만 아니라 동료종업원과 같은 내부고객도 포함되어야 한다. 예를 들어, 조립라인 작업자가 결함 있는 제품을 다음 동료작업자에게 그대로 통과시킨다면 생산목표를 제대로 달성할 수 없을 것이다.

우리나라 기업의 대부분이 다양화된 고객을 만족시키기 위하여 고객 지향적인 이념을 실천하고 있다. 예를 들면 LG의 경우 고객을 위한 가치창조, 인간존중의 경영이고 삼성의 경우는 고객에게 부가가치 및 서비스 제공, 보다 나은 글로벌 사회를 위한 기여 등이다. 만일 고객이 어떤 제품이나 서비스에 만족하게 되면 앞으로는 항상 그 제품을 애용해 주는 단골고객이 될 것이고 이것은 기업의 수익성에 절대적인 것이다. 단골고객은 스스로 새로운 고객을 끌고 오므로 새로운 고객을 창출하는 데 필요한 사업비용도 안 든다. 일반적으로 새로운 고객을 창출시키는 비용이 단골고객을 보존하는 비용의 여섯 배가 더 든다는 보고도 있다.

현업 실무를 도와주는 스토리텔링 생산경영 사례 연구

■ 고객만족 전략

① '고객은 항상 옳다' 전략

경영자는 언제나 고객의 입장이 되어야 한다. 고객의 욕구를 충족시키는 것이 경영자의 사업이라는 점을 한시도 잊어서는 안 된다.

소비자 불만족의 40%는 고객 자신이 야기한 문제에서 기인한다는 조사도 있지만, 기업과 경영자의 목줄을 쥐고 있는 것이 고객이라는 점에서 생각한다면 고객은 항상 옳다. 따라서 고객과 관련돼 발생하는 모든 문제는 원인과 책임은 기업(경영자)에게 있다.

- 불만족 고객의 4%만이 불만족을 직접적으로 표현하고 75~90%의 불만족 고객은 재구매를 하지 않는다.
- 불만족 고객은 아홉 명 이상의 다른 사람에게 그 경험을 이야기하지만, 만족한 고객은 다섯 명의 잠재고객에게 그 경험을 이야기한다.
- 고객 중 60% 이상이 서비스 제공자를 바꾼다. 그 가운데 14%는 구매한 물품의 품질

때문이고, 46% 이상은 제대로 대우받지 못했기 때문이다.

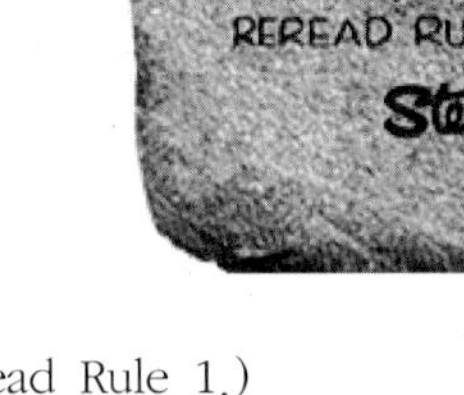

미국 최고의 슈퍼마켓(Daily Store) "스튜 레오나드(Stew Leonard)"의 입구에는 무려 3톤에 달하는 바위가 하나 놓여 있다. 그 바위에는 고객서비스에 관한 창업자의 경영철학 두 가지가 새겨져 있다.

원칙1 : 고객은 항상 옳다.
(Customer is Always Right.)

원칙2 : 만약 고객이 틀렸다고 생각될 때는 원칙 1을 다시 읽어보라.
(If the Customer is Ever Wrong, Reread Rule 1.)

고객은 어떠한 상황에서도 옳다는 이야기이다.

② 고객만족경영 전략

고객만족은 고객이 지불한 대가에 비해 얻은 이익을 비교하여 고객이 유리하다고 느낄 때 만족이 발생한다. 실제로 고객이 흥정을 통해 본인의 기대보다 훨씬 나은 조건으로 제품을 구입했다고 하더라도 후에 더 싸게 살 수도 있었다는 사실을 알게 되면 그 고객은 불만족하게 된다.

우리나라에서도 많은 기업들이 약 2, 3년 전부터 고객만족경영의 중요성을 인식하고 경영혁신의 일환으로 이 경영방식을 도입해 왔다. 예를 들면 E-마트에서 캐셔의 실수로 고객에게 금액이 잘못 부가되었거나 타 회사(마트)보다 비싸면 5,000원을 지불한다든가, 또 다른 회사는 자기회사에서 구입한 물건을 타 회사보다 비싸게 구입하였다면 그 금액의 2배를 변상해 주는 제도 등이 그런 것이다.

③ 고객감동경영 전략

고객만족이란 원하는 제품이나 서비스를 제대로 제공받았을 때 고객이 느끼는 감정을 말한다. 반면에 고객감동이란 고객만족에서 한 걸음 더 나아가 고객이 원하는 제품이나 서비스 이외에 추가적인 것을 받았을 때 느끼는 심리적인 감정상태를 말한다. 예를 들어 된장찌개를 주문했을 때 된장찌개가 맛있으면 고객은 만족하게 된다. 그런데 식당에서 된장찌개에 입 냄새를 없애고자 먹고 난 후에 후식으로 과일과 커피를 제공하면 고객은 만족에 그치지 않고 감동하게 된다. 이것이 고객감동인 것이다. 우리나라 기업들은 현재까지의 고객만족 활동을 주로 A/S, 환불, 수리 등 판매 이후의 고객서비스에 집중시키고 있다. 기업경영의 모든 측면에서 고객 지향적 사고가 반영되어 이들 모든 활동이 전사적으로 고객을 중심으로 조정되고 통합되지는 못하고 있는 형편이다.

④ 노드스트롬 백화점

노드스트롬 백화점은 고객이 원하면 말도 안 되는 이야기를 들어주는 백화점이다. 여행 온 고객이 백화점에 놓고 간 물건을 돌려주기 위해 시내의 모든 호텔에 전화를 해서 검찰이 범인을 추적하듯 끝까지 추적하는 백화점, 고객이 원하는 양복을 경쟁업체에서 구입해 더 싼 가격으로 판매하는 백화점, 취급하지 않는 물건이지만 자신들이 자동차부품 가게를 매입하여 영업하고 있다는 이유 때문에 자동차 타이어까지 반품해 주는 백화점, 노드스트롬은 이런 백화점이다.

고객이 원하면 '말도 안 되는 서비스'라도 결코 마다하지 않는다. 즉, 고객감동을 넘어 고객황홀전략으로 가고 있는 것이다.

7. 제조시스템과 서비스시스템의 전략적 차이

1) 서비스의 생산전략

우리는 점점 더 많은 서비스 시대에 살게 될 것이고 이에 따라서 기업에서 서비스가 차지하는 비중이 점점 커질 것이다. 또한 디지털시대에 있어서는 서비스가 차지하는 비중은 아무리 강조해도 지나치지 않을 것이다.

(1) 제조시스템과 서비스시스템의 차이

제조업과 서비스업의 차이는 존재하지만 실제에 있어서는 정도의 차이인 것이다. 예를 들면 제조업체들은 갈수록 고객에게 더 많은 서비스를 제공하고 있고, 식당에서 음식이라는 좋은 서비스로 접대해야 하기 때문이다. 아무리 맛있다 하더라도 손님을 접대하는 종업원의 서비스의 개인기가 형편없으면 고객은 이러한 식당을 다시는 찾지 않을 것이다. 제조시스템과 서비스시스템의 차이점을 〈도표 2-4〉에 나타내 보았다.

도표 2-4 제조시스템과 서비스시스템의 특성

제조시스템의 특성	서비스시스템의 특성
• 유형적	• 무형적
• 생산과 소비의 간격성	• 생산과 소비의 동시성
• 고객의 참여도 낮음	• 고객의 참여도 높음
• 고객의 반응시간이 길다.	• 고객의 반응시간이 아주 짧다.
• 저장성	• 비저장성
• 대규모 설비로서 자본집약적	• 소규모 설비로서 노동집약적
• 표준품질측정이 쉽다.	• 표준품질측정이 어렵다.

(2) 서비스의 특성

서비스전략을 알기 위해선 먼저 **서비스의 특성**을 살펴본다.

① **무형성** : 서비스란 자동차나 책과 같이 특별한 형태를 갖고 있지 않기 때문에 소비자가 직접 구매행위를 하기 전에는 평가가 쉽지 않다. 즉, 서비스는 물체가 아닌 행동이므로 감정이나 경험으로 제품을 평가하게 된다. 무형성은 품질의 평가를 어렵게 하기 때문에 때때로 인증서(면허증, 회원권 등)로 인식되기도 한다.

② **생산과 소비의 동시성** : 서비스의 생산은 서비스 제공과정에서 고객과의 접촉을 통해 이루어지므로, 생산과 소비가 분리될 수 없는 특성을 갖는다. 서비스는 고객접촉도가 높다. 그러므로 서비스를 창출함에 있어서 생산자와 실제적 접촉을 행함으로써 경우에 따라선 생산자와 고객이 공동생산자가 된다. 예를 들면 대학교에서 학생은 공부를 하고, 강의에 출석하고, 시험을 치르며, 그 뒤에 학위를 받는다. 병원, 교도소, 유흥장, 식당 등은 서비스 생산과정의 대부분이 고객이 현장에 있어야 한다. 또한 고객이 서비스과정에 참여하여 서비스시설과 주위환경을 통해서 서비스를 체험하기 때문에 실내장식이나 배치까지도 고객의 서비스인식에 영향을 주게 된다.

③ **짧은 고객의 반응시간** : 제조업에서는 일반적으로 하루 또는 주 단위의 납기를 생각한다. 반면에 서비스는 고객의 도착 후 몇 분 이내에 시작되어야 한다. 신형 자동차의 구매자는 공급까지 많은 시간을 기다릴 수도 있다. 이에 반하여 슈퍼마켓의

고객들은 계산대 앞의 줄에서 5분 이상 기다려야 한다면 짜증을 내기 시작할 것이다. 고객은 보통 자신에게 편리한 시간에 도착하므로 서비스 생산시스템에서는 수요와 설비능력을 맞추기가 어려워진다. 고객의 도착 유형이 하루별로 심지어는 시간별로도 변동하므로 단기적인 수요의 불확실성은 더욱 커질 수 있다.

④ 비저장성 : 판매되지 않은 제품은 재고로 보관할 수 있다. 그러나 판매되지 않은 서비스는 사라져 버린다. 즉, 서비스는 재고로 보관할 수 없다. 이와 같이 서비스의 생산에는 재고와 저장이 불가능하므로 재고 조절이 곤란하다. 또 구매된 서비스라 하더라도 1회로서 소멸하되 그와 동시에 서비스의 편익도 사라진다. 이러한 서비스의 1회적 특성으로 과잉생산에 의한 손실과 과소생산으로 인한 기회이익의 상실이라는 문제가 있다는 것도 알아야 한다.

⑤ 어려운 표준품질 측정 : 제조시스템의 유형은 제품과 낮은 고객접촉을 갖는 경향이 있으므로 표준품질의 측정이 쉽다. 반면 서비스시스템은 일반적으로 유형의 제품과 무형의 서비스를 동시에 공급하고, 각 개인에 대한 선호도가 다르므로 품질에 대한 평가가 쉽지 않다.

8. 서비스시스템 전략

서비스는 고객에게 양질의 서비스를 제공함으로써 경쟁우위를 달성할 수가 있다. 그러나 고객에게 더 좋은 양질의 서비스를 제공할수록 원가는 높아만 간다. 그러므로 각 분야별 개인별로 서비스수준을 조정해야 한다.

서비스전략은 고객의 특성과 개성이 각각 다르므로 각 기업이 어느 것에 중점을 두어야 하는지는 기업 스스로가 기업의 특성에 맞게 전략을 수립해야 할 것이다. 예를 들면, 전문서비스(의사, 변호사 등)인 경우에는 고객접촉과, 노동집약도가 높기 때문에 유연성을 경쟁우위로 본다.

9. 벤치마킹 전략

벤치마킹(benchmarking)이란 기업이 어떤 목표달성을 위해 설정하는 측정기준으로서 미국에서 시작되었다. 벤치마크란 토목에서 나온 용어로서 어떤 것을 측정하는 수준점이다.

미국의 기업들은 업계에서 상위권에 있는 기업의 1인당 매출액, 노동비용 등 구체적인 경영지표를 산출하여 그 수치에 도달하려고 업무개선에 힘쓴다. 목표달성을 위하여 사원을 상대기업에 파견, 자사와는 다른 방법으로 문제를 해결하는 기법을 익히기도 한다. 이때 목표가 되는 것을 벤치마크(benchmark : 측정기준)라고 한다. 즉, **벤치마킹**이란 현시장 및 현상황에 있어서 최고의 품목 및 관리수준을 찾아내어 이것에 접근하려는 방법이다.

현업 실무를 도와주는 **스토리텔링 생산경영** 사례 연구

■ 밀리오레의 벤치마킹

패션 유통업계에 새바람을 몰고 온 동대문시장의 패션 쇼핑몰 '밀리오레(Migliore)'. 이탈리아어로 '더 좋다'라는 의미의 이름을 붙인 이 쇼핑몰의 성공사례가 기업들의 최신 마케팅 교과서로 각광받고 있다. 유통업계와 일반 기업체들의 벤치마킹 대상이 되는 것은 물론 그 신드롬이 캠퍼스까지 확산되면서 대학가의 현장 학습장으로도 인기를 끌고 있다. 일본, 중국 상인들이 서울에 오면 둘러보고 벤치마킹하는 장소가 밀리오레이다.

유 사장은 "IMF 사태가 터진 후 패션 유통에서도 소비자들의 직거래 요구가 거세질 것으로 보고, 옷을 만드는 생산자가 직접 판매하는 완전히 새로운 형태의 패션 쇼핑몰을 열게 되었다."고 말했다. 또한 "패션업계의 주 고객인 젊은이들의 시선을 끄는 데 모든 마케팅 활동을 집중시킨 것이 성공요인이었다."고 털어놓았다.

유통업체들의 '밀리오레 벤치마킹'의 열기도 뜨겁다. 롯데, 현대, 신세계 등 유명 백화점의 마케팅 담당자들은 자존심을 접고 밀리오레를 방문하여 성공 비법을 묻기도 한다. 두산타워, 프레야 타운 등 인근 패션 쇼핑몰들도 철저하게 밀리오레를 벤치마킹하고 있다.

10. 리엔지니어링 전략

리엔지니어링(reengineering)이란 기업의 체질 및 구조와 경영방식을 근본적으로 재설계하여 경쟁력을 확보하는 경영혁신기법으로서 원래는 BPR(business process reengineering)이라고 한다.

1990년 마이클 해머(Michael Hammer)가 제창한 것으로 기업 체질 및 구조의 근본적인 변혁을 가리킨다. 비용, 품질, 서비스, 속도와 같이 핵심이 되는 경영성과의 지표들을 비약적으로 향상시킬 수 있도록 사업활동을 근본적으로 다시 생각하여 조직구조와 업무방법을 혁신시키는 재설계 방법이다. 리엔지니어링의 개념에는 인원 삭감, 권한 이양, 노동자의 재교육, 조직의 재편 등이 포괄적으로 포함된다. 리스트럭처링(restructuring)이 인원 삭감이나 부분 폐쇄 등에 의존해 온 것에 비해 기업전략에 맞춰 업무진행을 재설계하는 것이 다른 점이다.

처음 시도한 기업은 크라이슬러이고, 제록스, 포드자동차, 모터롤라 등이 도입하여 성공하였다. 그러나 이 기법의 도입으로 실업자의 양산이 우려되는 점도 있다.

☺ 다운사이징과 라이트사이징

다운사이징이 단순히 인력을 감축함으로써 조직의 규모를 감소시키는 것이라면, 라이트사이징은 보다 전략적인 접근방법을 제공한다. 현재 성공하고 있는 기업들은 라이트사이징 프로세스를 도입함으로써 다운사이징의 유혹을 극복하고 있다. 라이트사이징은 기업의 목표를 토대로 중요한 작업과 이를 지탱하는 필수조건들에 대해 지속적이고 능동적으로 평가해 가는 과정이다. 즉, 라이트사이징은 단지 불필요한 업무영역만을 제거하고 그 외의 부분들은 능률적으로 만듦으로써 현재의 환경에 대응하는 합리적인 방법을 찾으면서 동시에 새로운 시장을 개척하고 성장가능성 있는 영역에 대해서는 인원을 늘려간다. 다운사이징이 이미 발생한 문제에 대한 대처에 초점이 있다면, 라이트사이징은 고객의 요구와 기업에 맞추어 나가는 적극적이고 참여적이며 계획적인 프로세스인 것이다.

11. 아웃소싱 전략

기업의 경쟁이 심화되면 될수록 글로벌 기업은 보다 융통성 있고, 신속하게 고객의 만족을 위한 높은 품질의 제품과 서비스를 제공할 수 있는 조직구조가 필요하다. 이러한 노력의 하나로 등장한 방법은 기업의 전통적인 조직구조로부터 탈피하여 비전략적인 기업업무를 조직 외부에 아웃소싱하여 전략적인 업무만을 중심으로 유연한 조직구조를 유지함으로써 민첩하고 신축성 있게 기업을 운영하는 것이다. **아웃소싱(outsourcing)**은 신제품개발, 디자인 그리고 판매업무 등 기업의 전략과 관련된 핵심 업무들은 기업이 직접 수행하고 제품배달, 회계, 사후서비스 등의 비전략적 업무는 외부의 전문기업을 통해서 수행하는 새로운 형태의 조직구조 또는 운영방식이다.

현업 실무를 도와주는 스토리텔링 생산경영 사례 연구

■ NIKE의 아웃소싱 전략 '운동화를 만들지 않는다.'

미국의 NIKE는 연평균 20% 이상의 성장률과 자기자본 수익률이 31%가 넘는 미국의 초우량 기업 중 하나이다. 그럼에도 불구하고 NIKE는 자신이 직접 운동화나 의류를 생산하지 않는다. NIKE는 생산활동의 전부를 외부에 의존하고 있다. NIKE는 운동화를 만드는 과정에서 제품 디자인과 판매와 같은 가치사슬의 처음과 끝 부분만 자사가 담당하고 나머지 생산부분은 전 세계의 하청업체에 맡기고 있다. 그런 나라들로서는 중국, 베트남과 동남아시아 국가들이다. NIKE는 전세계 미성년 근로자들에게 하루 일당 1달러를 지급함으로써 노동력 착취라는 악명도 갖고 있다. 특히 아프가니스탄의 어린 노동자가 나이키 공을 꿰매는 사진은 소비자들에게 커다란 충격을 주었다.

따라서 NIKE가 제시한 디자인과 품질 등의 사양에 따라서 가장 높은 품질에 가장 낮은 가격으로 공급할 수 있는 하청업체가 NIKE의 주문을 받아서 공급하게 된다. NIKE는 가장 싸게 잘 만들 수 있는 하청업체에 주문을 하는 방식으로 하청업체들 간의 품질향상 경쟁을 유도하여 그 중에서 가장 낮은 가격과 높은 품질의 제품을 구매한다. 그 결과 노사관계 및 임금협상, 환위험, 보호무역장벽과 같은 여러 가지 복잡한 문제에 직접 관여하지 않고도 싸고 질 좋은 제품을 만들 수 있는 것이다.

생산뿐만 아니다. 현재 본사에는 많은 직원들이 근무하고 있지만 실질적으로 NIKE의 정식직원의 수는 그리 많지 않다. 다른 무역회사의 파견 근로자이거나 프리랜서들이 대부분이다.

나이키 운동화의 아웃소싱 제조현장

2장 연 습 문 제

1. 전문화의 장점을 살릴 수 있으나 통제력의 약점을 나타내고 부서 간에 책임이 불명확하기 쉬운 조직은?

㉮ 직계식 참모조직　　㉯ 직계식 조직
㉰ 기능식 조직　　㉱ 참모식 조직

2. 생산전략의 목표에 해당하지 않는 것은?

㉮ 품질　　㉯ 전략
㉰ 서비스　　㉱ 유연성

3. 한국이 대량생산, 대량수출, 빠른 경제성장을 위해서 사용했던 전략은?

㉮ 원가우위전략
㉯ 차별화전략
㉰ 초점전략
㉱ 집중화전략

4. 서비스의 특성을 가장 잘 나타낸 것은?

㉮ 생산과 소비의 동시성
㉯ 생산 후 재고관리의 중요도
㉰ 실체적인 서비스의 시설과 장비
㉱ 고객의 자율성에 초점

5. 다음 중 제조활동과 서비스활동의 차이로 볼 수 없는 것은?

㉮ 제조활동에 있어서는 생산성 측정이 용이하다.
㉯ 제조활동에 있어서는 표준품질의 설정이 어렵다.
㉰ 서비스활동은 대면접촉에 의한 가치의 창출이 많다.
㉱ 완제품의 재고 증가 또는 감소가 제조활동에 훨씬 용이하다.

6. BCG 매트릭스 중 시장점유율이 높아 현금을 많이 벌어다 주지만, 성장성이 낮아 추가적인 투자는 많이 하지 않아도 되는 것은 무엇인가?

㉮ 스타　　　　㉯ 물음표
㉰ 캐시카우　　　㉱ 개

7. 벤치마킹 전략과 리엔지니어링 전략을 비교할 것.

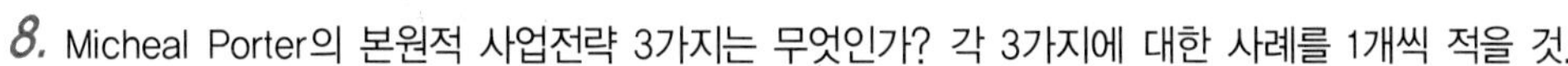

8. Micheal Porter의 본원적 사업전략 3가지는 무엇인가? 각 3가지에 대한 사례를 1개씩 적을 것.

9. 제조시스템과 서비스시스템의 특성을 비교할 것.

10. 여러분이 느꼈던 고객감동의 경험사례를 적어볼 것.

제3장

경제적 제품개발을 위한

제품설계 및 공정설계

가상공간에서 설계를 하고 있는 모습. 모든 설계는 가상공간 내에서 시뮬레이션으로 분석될 것이다.

01 제품설계

글로벌 경쟁시대의 환경에서 살아남기 위한 비결의 핵심은 다른 어떤 경쟁자보다도 고객이 원하는 것이 무엇인지 찾아내어 고객을 만족시켜야 한다는 것이다. 특히, 신규 고객보다 기존고객이 이탈하지 않도록 기존고객에게 많은 정성을 기울여야 한다.

기업의 입장에서 보아 기존고객에 대한 반복 매출의 비중이 신규고객에 대한 매출보다 더 크기 때문이다. 또 경영자들은 새로운 고객을 끌어 들이는 비용이 기존고객 유지비용보다 6배나 더 많이 든다는 것을 조사를 통해서 분석했다. 고객은 반복 구매를 하게 되고 또 제3자에게 그 제품을 좋게 평가한다.

일단 만족한 고객은 그 어느 다른 매체에 의한 광고보다 훨씬 더 효과적인 광고인 셈이다. 고객만족의 중요성은 제품에 불만을 품은 고객은 적어도 다른 고객 10명에게 불만을 이야기한다는 데 있다. 즉, 나쁜 소문이 좋은 소문보다 훨씬 더 빨리 전파되며 제품에 대한 평판을 일으킨다.

신제품 개발로 유명한 미국의 3M사는 자사의 신제품 아이디어 중 3분의 2 이상이 고객의 불평에서 나온 것이라고 한다. 그러므로 어떠한 제품을 개발하고 설계하는 것은 고객의 이야기를 진지하게 경청하는 것이 아이디어의 창출이라고도 할 수 있겠다.

신제품 개발은 아이디어의 창출로부터 시작되고, 타당성 분석을 거쳐 제품이 선정되고 설계 및 공정이 결정되어 최종적으로 신제품이 생산되는 것이다.

제품설계는 생산부서의 책임은 아니지만, 생산부서는 신제품 도입에 의해 커다란 영향을 받을 뿐 아니라 영향을 미치기도 한다. 또한 신제품은 현재의 생산부서 및 기술에 제약을 받는다. 그러므로 신제품은 설계과정에서부터 생산부서와 상호관계를 통하여 설계하는 것이 중요하다.

제품의 정의

제품의 정의는 2가지로 나눌 수 있는데 좁은 의미에서의 제품이란 물리적, 화학적, 기타 요인으로 쉽게 인식될 수 있는 것을 말한다. 이 해석은 제품의 매력을 높이기 위하여 마케팅에서 이용되는 심리적 요소에 주의하지 않고 설명된 협의의 정의이다.

광의의 해석으로 제품이란 물리적 가동에 관한 특성뿐만 아니라 색상, 스타일, 포장 등 소비자에게 영향을 주는 심리적 요인도 포함된다.

과거의 생산경영은 제품의 객관적인 요소에 관해 관심이 있었고, 심리적 요인은 마케팅의 영역이었다. 그러나 이 두 가지 요인 모두 소비자 선택에 영향을 주므로 제품을 디자인할 때 물리적·심리적 요소를 모두 고려하여야 한다. 가구나 자동차를 구매하는 데 색상, 스타일, 편안함은 기능적 특성 못지않게 중요시된다. 이런 모든 요인의 결합물인 제품이 구매자의 기능적, 심리적 욕구를 만족시키면서 월드베스트 제품이 될 것이다.

현업 실무를 도와주는 스토리텔링 생산경영 사례 연구

커피 한 잔을 팔아도 철저하게 고객입장에서 설계하는 스타벅스

미국 시애틀의 작은 커피숍에서 출발해 오늘날 세계 37개국에 1만 1,000개가 넘는 매장을 운영하는 스타벅스. 많은 사람들은 '미국인들이 커피숍을 즐겨 찾기 때문에 당연히 스타벅스가 성공할 수 있었지 않았을까'라고 지레 짐작할 것이다.

7080세대의 한국의 젊은이들은 많은 시간을 커피숍, 즉 다방에서 보냈다. 하루에 최소한 한 번은 다방에 가서 친구를 만나고, 커피 마시는 게 일과였다. 7080세대들은 다방에 들어가는 순간 짙은 커피향의 추억이 아직도 아련할 것이다. 미국은 커피숍의 불모지대에 가까웠다. 미국사람들은 커피를 우리가 숭늉 마시듯 마시지 커피향의 맛을 느끼면서 절친들과 토킹 어바웃(talking about)하는 것을 모른다. 스타벅스의 성공이 더욱 빛을 발하는 것도 이 때문이다. 스타벅스는 커피숍에 대한 우호적이지 않은 환경을 극복하고 미국인의 커피문화를 바꾸면서 세계 최대의 커피숍 체인으로 성장했기 때문이다. 하워드 슐츠(Howard Schultz)는 이탈리아의 노천카페를 보고 스타벅스를 만들었다고 하지만 사실상 스타벅스(일명 별다방)는 우리 한국 고유의 다방문화를 공짜로 수입해 간 것이다. 우리가 국민소득이 높았다면 틀림없이 우리의 다방문화를 미국에다 팔았을 것이다. 한국의 K-POP 문화를 세계에 판매하는 것과 마찬가지 효과가 있었을 텐데… 그때 그 당시는 문화를 판다는 것에 대해서 너무나 몰랐던 것이다.

02 연구개발의 단계

신제품 아이디어 중 가장 중요한 것은 기업의 연구·개발(research and development) 노력이다. 연구란 특정한 실체의 발명과 새로운 원리의 발견을 지향하는 탐구과정이다. 연구에는 응용목적과는 관계없이 새로운 지식을 탐구하는 순수연구와 실제문제의 해결을 위해 수행되는 응용연구의 두 가지가 있다. 대부분의 경우 순수연구는 그 결과를 바로 실용화하기가 어렵고, 소요 연구비용이 막대하므로 기업조직에서는 거의 실행되지 않고 있다.

연구개발의 단계는 기초연구, 응용연구, 개발연구의 3단계로 구분할 수 있다.

1. 기초연구

특정한 상업적 목적이 없는 순수한 과학지식의 진보를 위하여 수행하는 연구이다.

2. 응용연구

새로운 과학적 지식을 발견하고 기업의 특정한 목적을 정해두고 연구한 것으로서 구체적인 제품이나 공정에 대한 연구를 하는 것이다.

3. 개발연구

기초연구와 응용연구를 통하여 제품이나 공정에 대한 새로운 기술을 개발하는 것이다. 모형, 신제품을 설계하는 것은 개발연구에 해당된다.

4. 제품개발에 있어서 제품수명주기

제품수명주기란 제품이 시장에 나온 후 다른 제품에 의해 대체될 때까지의 기간을 말하며, 일정한 주기로 순환한다. 다음 〈도표 3-1〉과 같이 순환한다.

도표 3-1 제품수명주기

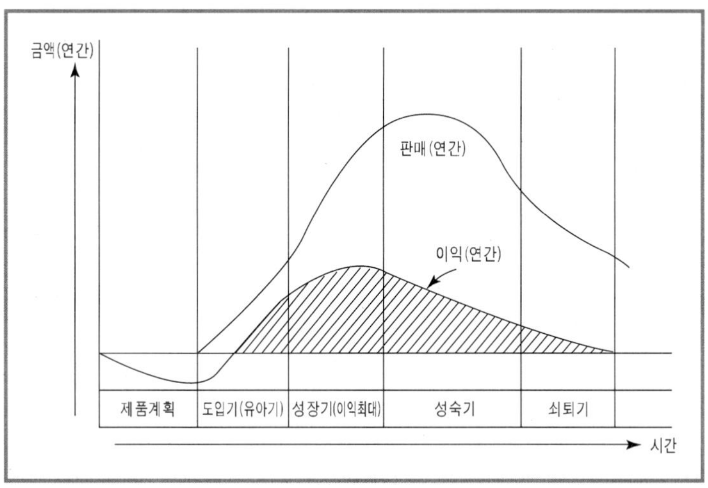

제품에 대한 수요는 일반적으로 제품수명주기라고 하는 일련의 변화를 따르는 경향이 있다. 이에 대한 의미는 시장 발달시기의 낮은 수요로부터 출발하여 성장기, 성숙기의 대량 포화상태를 지나 최종적으로 쇠퇴기로 진행되어 간다. 단계별 지속시간은 산업에 따라 상당히 달라진다. 제품의 도입으로부터 소멸에 이르기까지 몇 주 또는 몇 개월밖에 걸리지 않는 제품이 있는가 하면 수년 또는 수십 년이 걸리는 제품도 있다. 어떤 경우이든 이러한 형태는 생산관리자에게 중요한 의문을 야기시킨다. 즉, 제품수명주기의 각 단계를 어떻게 조정해야 하는가? 기대수요를 최적으로 충족시키기 위해 어떠한 설비, 재료, 인력, 관리시스템이 필요한가? 제품이 각 단계를 거침에 따라 기존 설비와 공정에 어떤 조치가 이루어져야 하는가? 등의 문제가 있다. 또한 제품수명주기의 특징을 분석하면 다음 내용과 같다.

① **도입기**는 제품이 시장에 도입되면서 판매가 완만하게 증가하는 기간이다. 제품도입에 막대한 비용이 소요되므로 이익이 거의 산출되지 않는다.

② **성장기**는 시장 수용과 실질적인 이익증가가 급속하게 증대되는 기간이다.

③ **성숙기**는 대다수 잠재 구매자들이 그 제품을 구매하여서 판매 성장이 둔화되는 기간이다. 이익은 정체되거나 또는 하락한다. 그 이유는 경쟁자로부터 자사제품의 보호를 위한 마케팅 비용이 증가하기 때문이다.

④ **쇠퇴기**는 판매와 이익이 급속히 하락하는 기간이다.

현업 실무를 도와주는 **스토리텔링 생산경영** 사례 연구

■ 쇠퇴하는 시장을 버리고 과감하게 새로운 아이디어로 업종을 전환한 기업들

전 세계의 다국적 기업들 중에는 '업종 전환'이라는 비장의 카드로 오늘날의 위치에 서게 된 기업들을 심심치 않게 찾아볼 수 있다. 화약을 제조하거나 목재를 가공하던 평범한 기업들의 발상의 전환과 끊임없는 혁신을 무기로 변신에 성공함으로써 일등기업으로 도약하게 된 것이다.

이러한 기업들이 단순한 일개 기업의 미래를 변화시킨 것 외에도 세계의 산업구도를 바꾸어 놓기도 한다.

회사명	출발	업종전환	효과
듀 퐁	흑색화약사업 (1802)	화학산업으로 업종전환(20 세기 초) 나일론 개발	세계 최초의 종합화학 기업으로 성장
3M	사금 채굴로 사업 시작(1902)	사포와 연마석 제조 시작 (1906년)	연 매출액 157억 달러의 다국적 기업
노키아	목재와 펄프 공장 (19세기 중반)	휴대전화로 특화 (1980년대 말)	세계 최대의 휴대전화 회사 (스마트폰으로 변신을 못해서 현재는 죽을 쑤고 있음.)
보 잉	목재사업 시작 (1903년)	보잉사 설립 (1917년)	세계 최대의 항공기 제조업체

03 제품설계의 단계

1. 예비설계

특정의 제품 아이디어가 타당성 분석을 통하여 기술적, 경제적 타당성이 있는 것으로 인정되면, 곧 예비설계에 들어간다. 예비설계는 선정된 제품의 개념적 특성에 부합되는 몇 가지의 설계안을 개발하는 것을 말한다.

예를 들어 TV 제조업자가 고화질의 TV를 제작하기로 결정했다면 그는 예비설계의

단계에서 TV의 디자인, 화질 및 모니터의 크기 등을 결정해야 할 것이다. 또한 예비설계의 과정에서 신뢰성, 보전가능성 및 내용연수 등 해당 제품과 관련된 주요 속성을 규정해야 한다. 가령 TV의 경우 부품의 고장빈도(신뢰성), 부품교체의 용이성(보전가능성), 사용가능한 총 기간(내용연수) 등이 예비설계의 단계에서 명시되어야 한다. 이와 같이 제품선정 단계에서 형성된 제품의 골격을 토대로 세부설계에 들어간다.

2. 세부설계

세부설계는 최종설계라고도 하며, 예비설계에서 구체화된 제품의 속성을 만족시켜 주기 위하여 제품의 원형을 개발하고 이를 수정하여 기술적인 관점에서 그 제품이 완벽하게 생산될 수 있도록 준비하는 작업이다. 이와 같은 세부설계는 기능설계, 형태설계, 생산설계의 세 가지로 구성된다.

(1) 기능설계(functional design)

기능설계는 제품의 성능과 관련된 설계이다. 즉 시장품질, 신뢰성 및 원가 사이의 관계를 고려하여 제품에 대한 기술적인 명세를 확정하는 것이 기능설계이다. 이때 경영자는 경쟁제품과 비교하여 어느 정도의 시장품질과 신뢰성을 가진 제품으로 개발할 것인가를 여러 가지 분석기법을 통해 결정하게 되는데, 이러한 요인들이 결국 제품의 원가에 영향을 미친다.

(2) 형태설계(form design)

전통적인 제품설계에서는 설계의 기준으로서 먼저 기능을 고려한 다음 형태를 고려해 오고 있다. **형태설계**는 물리적 외양과 관련된 것으로서, 완제품에 대한 기능적 요건과 미적 특성을 결정하는 작업이다.

형태설계는 산업재보다는 소비재의 경우에 더욱 중요시된다. 흔히 소비자에게는 기능보다 색상, 모양 및 유행이 더욱 큰 비중을 차지하고, 제품에 대한 이미지의 표출이 주요한 구매요인으로 작용하는 경우가 많기 때문이다. 제품의 포장 역시 제품에 대한 소비자들의 구매결정에 영향을 미치기 때문에 이것 또한 형태설계의 대상에 포함된다.

(3) 생산설계(production design)

생산설계란 생산의 경제성에 초점을 맞추어 제품이 어떻게 제조되어야 하는가를 검토하는 과정이라 할 수 있다. 제품의 설계를 최종적으로 확정할 때 수용가능한 여러 가지의 제조방법 중 원가를 최대한으로 절감할 수 있는 제조방법이 무엇인가를 결정하는 것이 곧 생산설계이다.

생산설계의 목표는 최저의 비용을 투입하여 최대의 기능적 편익을 소비자에게 제공할 수 있는 제품을 생산하는 데 있다. 이러한 목표를 달성하기 위해서는 생산설계의 과정에 제품의 단순화 및 다양화, 가치분석설계, 동시설계, 품질기능전개설계 등 설계와 관련된 주요 개념 및 기법들이 도입되어야 할 것이다.

3. 가치분석설계

가치분석(value analysis)이란 가치공학(value engineering) 또는 기능분석이라는 말로도 통용된다.

가치공학(VE)과 가치분석(VA)은 사실상 같은 기법을 의미하며, 동일한 절차를 밟아 적용된다. 제품의 디자인 단계, 또는 생산단계에 이 기법을 적용할 때는 각 단계와 관련되는 공학지식이 필요하기 때문에 가치공학이라 부르며, 이미 생산된 제품에 이 원리를 적용할 경우 가치분석이라 부르기도 한다.

VE는 1946년 미국 제너럴 일렉트릭사의 마일즈를 중심으로 원가절감의 한 수법으로 개발되었다. 개발의 직접적인 동기는 이 회사의 공장에서, 페인트 도장을 할 때 바닥에 까는 값비싼 석면을 값싼 불연재로 대체하여 원가절감에 큰 효과를 가져왔다. 여기에 착안을 얻어 당시 구매과장이던 마일즈를 중심으로 공장 내의 낭비요소를 찾아내어 개선하는 작업을 시작한 데에서 비롯된 것이다. 따라서 **가치분석**은 '불필요한 원가를 밝혀내어, 낭비적인 요소를 제거함으로써 가치를 보다 증대시키는 일'이라고 정의할 수 있다.

■ 가치분석 요령

1. 연간 비용이 높은 항목을 선택하라. 대상은 원자재, 구입품, 서비스 등이 될 수 있다.
2. 그 항목의 기능을 파악하라.
3. 다음과 같은 질문에 대한 답을 구하라.

a. 이것은 필요한가? 가치가 있는가? 제거하면 안 될까?
b. 이것을 다른 곳에서 구할 수는 없는가?
c. 이것을 내부 조달할 수는 없는가?
d. 현재의 배열이나 구성의 장점은 무엇인가?
e. 현재의 배열이나 구성의 단점은 무엇인가?
f. 다른 원자재나 부품 또는 서비스로 대체할 수는 없는가?
g. 사양을 좀 완화하여 원가나 시간을 절감할 수는 없는가?
h. 몇 개 부품을 하나로 합칠 수는 없는가?
I. 가공을 더하거나 덜하여 원가나 시간을 절감할 수는 없는가?
j. 공급자가 개선을 위한 제안을 할 수 있지 않을까?
k. 종업원이 개선을 위한 제안을 할 수 있지 않을까?
I. 포장을 개선하거나 더 저렴하게 할 수는 없을까?

4. 위에 제시된 질문이나 여타 질문들에 대한 대답을 분석하여 새로운 안을 제시하라.

이 방법의 활동내용(검토항목)은 다음과 같다.

① **설계** : 기능부품이 기능상으로 그 원가에 알맞은가, 구조를 더 간단하게 하거나 아예 없애버릴 수는 없는가?

② **재료·가공** : 더 싼 재료와 더 간편한 가공방법의 유무, 양산방식으로 가공되고 있는가의 여부 등

③ **작업공정·작업공수** : 작업공정을 세우는 방법과 작업공수가 능률적인가?

④ **원가구성** : 원가의 각 구성요소가 합리적인 재료비·노무비·경비와 타당한 이윤으로 구성되어 있는가?

⑤ **구매** : 발주처가 적당한가, 다른 공급자로부터 더 값싸게 구입할 수는 없는가? 등을 검토한다. 이러한 것을 간단한 식으로 나타내면,

$$\text{V[Value-가치]} = \frac{\overset{\text{F[Function-기능]}}{\text{얻어진 효용의 크기}}}{\underset{\text{C[Cost-코스트]}}{\text{지불한 비용의 크기}}} = \frac{F}{C}$$

가치의 향상

가치의식	①	②	③	④
$V = \frac{F}{C}$ (F)	→	↑	↑	↑
(C)	↓	↓	→	↑

〈번호의 의미〉
① 같은 기능의 물건을 싼 코스트로 입수한다.
② 보다 뛰어난 기능을 갖는 물건을 보다 싼 코스트로 입수한다.
③ 같은 코스트로 보다 우수한 기능을 가진 물건을 입수한다.
④ 다소 코스트는 올라가지만 역시 우수한 기능을 가진 물건을 입수한다.

(1) 기능의 종류

제품을 사용하는데 제품의 기능은 몇 가지로 분류할 수 있다. 이것은 기본 기능과 2차 기능으로 나누는데 기본기능이란 수기능이라고도 하며 그 기능을 제거하면 그 제품의 존재가치가 소멸되는 것이고, 2차 기능을 보조기능이라고도 하며 기본기능의 달성을 보조하는 것으로서 기본기능 이외에 모든 기능을 말한다. 이것은 다음 〈도표 3-2〉에 나타나 있다.

도표 3-2 기능의 종류

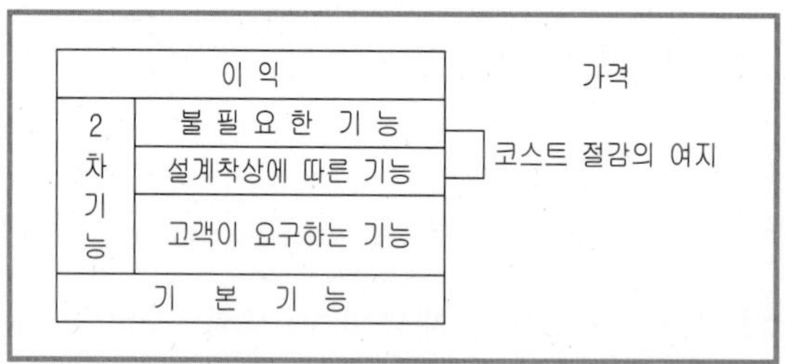

(2) 사용가치와 매력가치

원래 제품의 종합적인 가치라면 제품은 ① 사용가치, ② 매력가치, ③ 교환가치, ④ 희소가치의 4가지 가치를 갖고 있어야 훌륭한 제품이라고 할 수 있다. 그러나 가치분석에서 추구하는 가치를 마일즈(Miles)는 실용가치와 매력가치(귀중가치)로 구분하였다. **사용가치(use value)**는 한 마디로 기본기능의 가치를 말하는 것이다. 가령 라이터의 기능은 불을 제공하는 데 있으며, 혁대의 기능은 바지가 흘러내리지 않도록 하는 것이고, 자동차의 기능은 운반대상을 목적지까지 운반하는 것이다. 이와 같은 기본기능을 가급적 최소의 비용으로 달성하는 경우의 실용가치를 사용가치(use value)라고도 한다.

매력가치(esteem value)란 제품의 특성, 특징 및 매력에 따른 가치개념으로서, 가령 기본기능과는 관계없이 금으로 도금한다든가 시계에 보석을 박는다든가 하는 것이다. 대부분의 소비재는 매력가치가 고려되는 것으로 설계자는 이 점에 대해서 아주 중요하게 분석해야 한다. 그러나 가치분석에 있어서는 사용가치를 최우선으로 취급한다.

(3) 가치분석의 단계

이러한 가치분석설계의 단계는 ① 기능의 정의, ② 기능의 평가, ③ 대체안의 작성 순으로 진행한다.

혁대의 예를 들어서 가치분석 과정을 살펴보면 다음과 같다.

① 그것은 무엇인가? (혁대)
② 그것은 어떤 역할(기능)을 하는가? (바지를 잡아준다)
③ 소요비용은 얼마인가? (10,000원)
④ 그 가치는 어떤가? (100원)
⑤ 다른 것으로 같은 역할을 할 수 있는 것은 없는가? (새끼줄, 노끈, 긴 헝겊조각)
⑥ 그 비용은 얼마인가? (20원)

현업 실무를 도와주는 **스토리텔링 생산경영** 사례 연구

■ 가치분석의 탄생배경과 한국에서의 도입배경

마일즈는 G.E사의 구매과장 시절 G.E의 냉장고 도장 공장에서 작업 중 공장의 마루바닥에 시너가 떨어져서 불이 날 우려가 많았기 때문에 불연성의 마루 커버로 아스베스토스(석면)를 쓰고 있었다(지금은 발암물질이라 해서 석면은 건축 자재로서 금지되어 있다). 그때는 2차 대전 후의 물자부족 시대였기 때문에 석면을 필요한 시기에 구입하기가 어려웠다. 그래서 마일즈는 납품업자들에게 항상 도와 줄 것을 부탁하였다. 그러던 중 한 업자로부터 무엇 때문에 석면이 필요한가를 질문받게 되었다.

그 당시의 구매부장이었던 마일즈에게는 뜻밖의 질문이었다. 그저 구매담당자로서 생산부서나 필요부서에서 구매의뢰가 오면 요구대로 사주면 되는 것이었다. 이에 마일즈는 현장

에 왜 그것이 필요한가를 알아보고 나서 납품업자에게 설명을 하자 납품업자는 석면은 없으나 그보다 값은 싸면서 더 좋은 불연재가 있다는 정보를 알려주었다. 이 같은 정보를 접하게 된 마일즈는 새로운 재료를 현장 실험한 결과 값은 싸면서 성능은 훨씬 훌륭하다는 것을 확인하였다. 이때가 1947년이었다. 그 후 마일즈는 모든 제품을 구입하는 데 철저하게 그 제품의 기능을 분석하고, 그 기능에 맞는 가장 저렴한 원료를 구입하여 엄청난 원가절감을 이룩하였다. 이 G.E의 자극을 받고 미 국방성이 V.E를 도입하여 이것이 전 미국에 퍼지게 되었다.

우리나라는 1967년 한국능률협회가 제1회 VE 코스를 만들었으나 VE에 대한 인식이 없었던 관계로 VE 세미나가 실패로 끝났다. 1982년 한국표준협회가 VE 기법 세미나, 1983년인 한국능률협회가 제1회 VE 기술 코스를 개최했다. 그후 1985년 한국표준협회가 가치혁신상을 제정하여 1회 수상 회사로 삼성전자와 금성사가 결정됨으로써 본격적인 가치공학 도입의 계기가 되었다. 그런데 왜 1985년에 본격적인 VE가 도입됐는지에 관한 이야기는 다음과 같다.

연말을 일본 도쿄에서 보내면서 연간 사업을 구상하기로 유명한 삼성그룹의 고 이병철 회장이 마쓰시다 전기의 마쓰시다 고노스케를 만나서 여러 이야기를 하던 중 마쓰시다 전기에서는 VE를 도입해서 연간 원가절감을 6%씩 절감했다는 소식에 감명을 받고 삼성그룹에 VE를 도입할 것을 지시한 것이 계기가 되어 전 그룹에 보급되었다.

4. 동시설계

동시설계(concurrent design)의 개념은 공통목표를 달성하는 데 서로 협조한다면 보다 나은 결과를 가져올 수 있다는 아주 단순한 아이디어에서 출발되었고 동시공학(concurrent engineering)이라고도 불리운다. **동시설계**는 제품의 설계, 기술, 생산, 마케팅, 서비스 등의 전 과정을 묶어 다기능팀(multi-functional team)을 구성하여 제품개발시간을 단축하는 기법이다.

CD의 가장 큰 이점은 전반적인 제품개발과정을 단축시킨다는 것이다. 이는 개발과정을 종래의 순차적 방법이 아니라 평행선상에 올려놓음으로써 필요한 모든 과정이 동시에 제품개발에 참여하기 때문에 시간단축은 물론 시행착오로 인한 재작업률도 크게 줄일 수 있다. 성공적인 CD를 달성하기 위해서는 무엇보다도 팀워크가 중요하며 모든 정보의 공유에 가치를 두어야 한다.

5. 품질기능전개 설계

품질기능전개(quality function deployment)란 고객의 요구사항을 제품의 기술특성으로 변환하여 고객의 요구가 최종제품과 서비스에 반영되어 고객의 만족도를 높이는 QM기법이다.

QFD는 1960년대 후반 일본의 아카오요지에 의해 연구되기 시작하여, 1972년 미쓰비시 중공업의 고베 조선소에서 원양어선 제작에 처음 개발되어 사용되었다. 엄격한 정부의 규제조항과 고객의 요구사항을 설계과정에서 동시에 고려하기 위한 수단으로 미쓰비시의 기술자들이 사용했던 행렬형태의 도표가 QFD의 시초가 되었으며, 이 도표를 품질의 집(HOQ : house of quality)이라 부르기도 한다. 1970년대 중반부터 도요타와 그 부품업체들에 의해 QFD는 더욱 발전되었다. 도요타는 QFD의 사용을 통하여 1977년부터 1984년 사이에 생산직전 단계까지의 비용을 60% 가량 절감하였으며, 시장 출고까지의 기간도 3분의 1 가량 단축하였고, 제품의 품질 또한 향상시킬 수 있었다. 이 외에도 일본에서는 1970년대 이후 가전, 집적회로, 건설장비, 합성수지, 섬유, 금속제품 및 소프트웨어의 개발에까지 QFD가 폭넓게 사용되고 있다.

QFD를 미국에서는 CDE(customer design engineering) 또는 매트릭스 제품계획이라고 부르고 있다. 〈도표 3-3〉에서 품질의 집을 잘 나타내어 주고 있다.

① **소비자의 요구** : HOQ의 왼쪽에 위치하고 있는 소비자 요구는 '고객의 소리'(VOC : voice of customer) 또는 '요구품질'이라고 불리기도 한다. 이들은 고객이 사용하는 언어로 표현되기 때문에 정성적이며 모호한 경우가 많다. 이들 정보는 설문조사, 개별면담, 전시회 참가, 계획된 실험 등 여러 가지 방법을 통하여 얻을 수 있다. 이 단계는 QFD의 활용에 있어 매우 중요하며 전체 노력의 절반가량이 그들의 요구사항을 추출하는 데 소요된다.

② **기술적 특성** : HOQ의 위쪽에 위치하고 있으며, 고객의 요구에 대한 회사의 기술능력을 나타낸다. 소비자의 요구와 달리 기술적 특성들은 제품이 완성된 후 정량적으로 측정될 수 있어야 하고, 제품에 대한 고객의 인식에 직접적으로 영향을 줄 수 있는 것이 선정되어야 한다.

도표 3-3 품질의 집

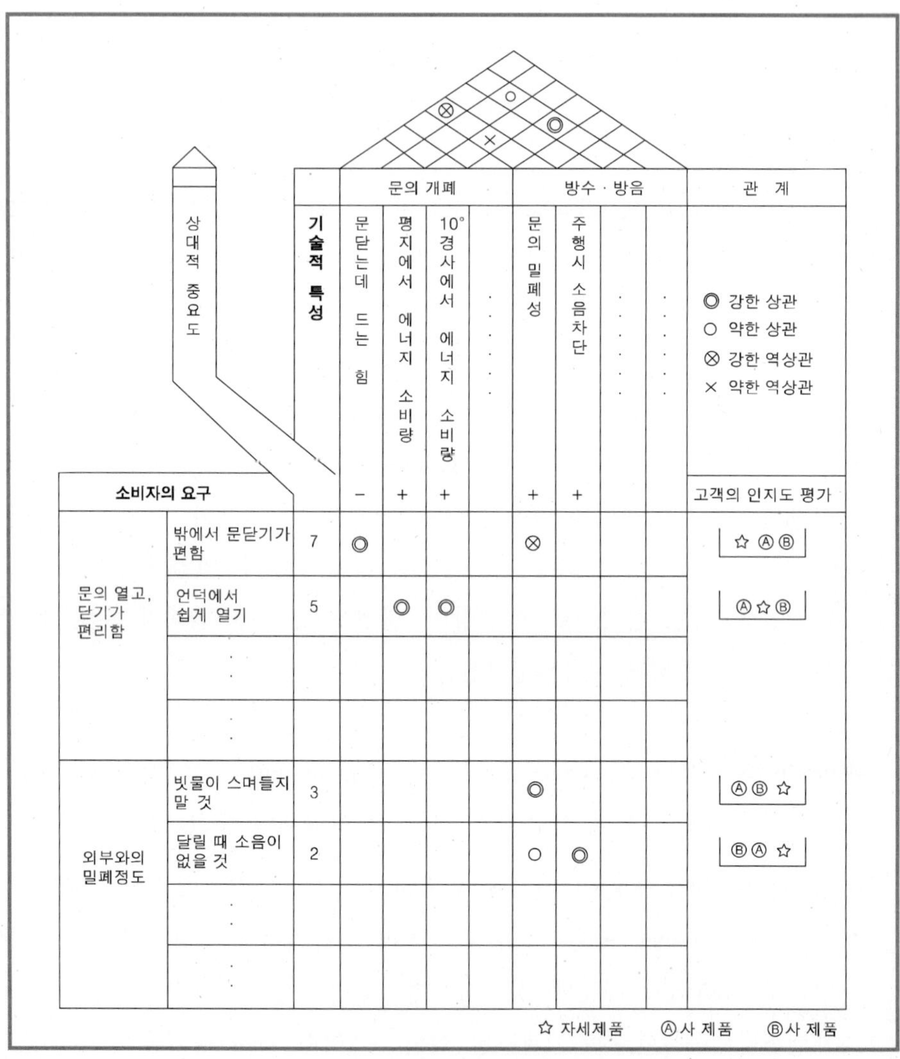

6. 모듈러 설계

공업제품의 제작이나 건축물의 설계나 조립 시에 적용하는 기준이 되는 치수 및 단위로서 고대 그리스·로마의 건축에서 각부의 길이의 단위와 그 비율이 이상적일 때를 가리키는 모듈러스를 어원으로 한다. 인력 부족과 수요 증대에 따른 건축공사의 기계화와 건축재료나 부품의 합리적인 공업화를 위한 노력으로 개발되었다. 그러나 이러한 모듈(modular)

은 기계나 전자장비 설계 시에도 많이 이용되고 있다. 예를 들면, 엔진인 경우는 팬·저압측 압축기·연소실·고압측 터빈·저압측 터빈·기어 박스·보기 기타 5~15가지의 모듈로 분할하고 있다. 기관을 기체에 장착한 상태로 임의의 모듈만을 교환이나 분해를 손쉽게 할 수 있다. 이것을 공정설계에 이용 시 표준화된 모듈을 갖고 여러 가지 형태의 제품으로 다양화시킬 수 있다.

즉, 고객의 욕구를 만족시킬 수 있도록 다양한 제품을 공급하면서 동시에 낮은 생산비용 및 표준화의 장점을 살리기 위한 것이 **모듈러 설계**(modular design)이다. 각 소비자의 주문에 따른 조립이 각각 다르더라도 제품의 기본은 표준화된 부품과 구성품(모듈)으로 이루어져 있다.

모듈러 설계의 장점은 비교적 적은 부품이 사용되므로 결점을 찾고 교정하기가 쉽다는 것이다. 즉, 부품의 수가 적기 때문에 구매 및 재고관리가 더욱 쉽고 또한 조립업무가 표준화되어 훈련비용이 감소된다.

모듈러 설계의 단점은 불량 부품을 제거하기 위하여 모듈을 분해할 수 없다는 것이다. 즉, 모듈 전체를 폐기해야 하므로 이로 인한 비용이 높게 든다는 점이다.

현업 실무를 도와주는 **스토리텔링 생산경영** 사례 연구

■ 제품설계 – 인간의 감성을 고려한 감성공학 설계

「가장 인간적일 때 기업이 성공을 할 수 있다.」

사람의 감성을 기업경영과 제품의 품질향상에 응용하기 위한 기업들의 감성공학 도입이 활발해지고 있다. 감성공학이란 일본과 미국을 중심으로 번지고 있는 새로운 경영기법으로 사람의 미묘한 신체 및 생리적·정신적 특성과 감각기능, 정서상태, 욕구 등 감정지수(EQ : Emotional Quotient)를 고려, 소비자가 가장 편리하고 기분 좋게 사용할 수 있는 제품생산을 목표로 하고 있다. 또 최근에는 사원들의 감성을 체계적으로 관리, 사원들의 근무만족도를 높이고 최상의 작업환경에서 작업능률과 생산성을 향상시킬 수 있도록 하는 감성경영도 확산되고 있다.

삼성전자는 최근 상사나 선배들이 먼저 인사를 하고 하루 세 번 이상 서로 칭찬하기 등 상하 간 벽허물기의 「한 사랑 메아리운동」을 도입, 큰 호응을 받고 있다.

또 한솔그룹은 직원들 간에 서로의 심리적·정신적·육체적 상태를 알려 불필요한 마찰을 줄이고 조직 분위기를 활성화하는 컨디션 카드제를 도입, 이달 말부터 본격 실시할 방침이다.

기분이 안 좋을 때는 빨간색, 좋을 때는 녹색카드 등을 책상 위에 올려놓도록 해 상사가 일을 시킬 때도 이를 감안하도록 했다. 제품개발에서의 감성공학 응용은 더욱 활발하다.

삼성전자는 주부들의 사용빈도수가 낮은 냉동실을 맨 아래칸에 배치하고 냉장실을 위로 올린 신제품을 이달 초부터 시판하고 있다. 대부분의 냉장고들이 야채박스 등 이용이 빈번한 냉장실을 아랫부분에 배치, 주부들이 허리를 자주 굽혀야 하는 불편함을 덜어주기 위한 의도이다. 또 실내등도 청결함과 편안한 느낌을 주는 보랏빛 형광등으로 교체했다.

LG전자도 우리나라 주부들의 키에 맞춰 물통 높이를 낮추고 앞에 있던 버튼을 오른쪽으로 돌린 세탁기를 시판 중이다. 이 밖에도 VCR리모컨 모양을 사람 손에 쏙 들어가도록 만들고 PC마우스도 쥐기 좋도록 했다.

이 같은 감성경영과 감성공학에 대한 연구도 활발하여, 삼성그룹은 포괄적인 연구와 내부 인력개발을 위해 작년 2년 과정의 전문 산업디자인 교육기관인 IDS를 설립한데 이어 삼성전자 기술 총괄기반기술센터 내에 별도의 감성공학팀을 구성, 운영해 오고 있다.

LG전자도 지난 94년 박사급 7명, 석사급 8명 등으로 구성된 커뮤니카토피아 연구소를 설립, 인간공학, 심리학 등을 바탕으로 인간·기술·자연의 상호 연계성을 체계적으로 연구, 제품개발과 새로운 경영기법에 적용하고 있다.

– 자동차 설계에 있어서 감성공학을 이용한 자동차 관련 연구영역 –

차에 대한 기대	중시되는 시점	과제	관련연구 영역
이동을 위한 장치 및 공간	안전성, 기능성, 편리성, 거주성, 안락성	근부하, 신경부하의 절감 감각에 대한 친화성 등	인체 바이오 메커니즘, 생리공학, 인간공학, 감성공학, 심리학, 마케팅, 디자인
운전하는 즐거움	기대성능의 충실도 (인간 특성 면으로부터의 고성능)	감성추구성능의 실현 "감성"의 구조분석과 엔지니어링과의 상관관계	
자기표현의 모체	차의 개념(주장, 개성)	시대 · 시장의 분석 · 예측	

3장 연 습 문 제

1. 제품수명주기 중 이익이 최대가 되는 기간은?

㉮ 도입기　　㉯ 성장기
㉰ 성숙기　　㉱ 쇠퇴기

2. 가치분석에서 사용되는 가치개념 중 그 물품이 지니고 있는 효용, 작용, 서비스라든가 또는 자재의 특성이나 품질에 따른 가치개념으로서, 흔히 품질이나 기능으로 표시되는 것은?

㉮ 희소가치(scarcity value)
㉯ 사용가치(value in use)
㉰ 교환가치(exchange value)
㉱ 원가가치(cost value)

3. 고객의 요구와 기업의 기술적 특성을 결합하여 특정한 제품이나 서비스의 특성으로 전환하는 방법은?

㉮ 가치분석　　㉯ 품질기능전개
㉰ 동시설계　　㉱ 리엔지니어링 설계

4. 다음은 Modular 생산방식의 개념을 설명한 것이다. 틀리게 설명한 것을 지적하시오.

㉮ 최초 종류의 부분품으로 최대 종류의 제품을 생산할 수 있다.
㉯ 제품의 기능 확장이나 대체가 용이하다.
㉰ 부품의 교환성이 큰 생산방식이다.
㉱ 이 방식으로는 대량 생산은 가능하나, 다종 생산은 불능한 단점을 가지고 있다.

5. 제품수명주기의 4단계를 쓸 것.

6. 가치분석이 태동하게 된 동기를 설명할 것.

제4장

산업입지와 최적 설비배치를 위한

산업입지 및 설비배치

로봇이 작업하는 자동생산시스템

01 산업입지

공장의 위치를 결정하는 요인이 되는 산업의 입지조건은 자연적 조건, 경제적 조건 및 사회적 조건으로 구분되며 산업의 종류에 따라 다소 차이가 있다.

자연적 조건에는 기후, 지형, 지질, 용수, 지리적 위치 등이 있고, 경제적 조건에는 교통, 노동력, 토지가격, 원료 등이 있다. 그리고 사회적 조건에는 정책, 관계법규, 세제, 지역사회의 특성, 환경문제 등이 있다. 그러나 일반적으로 산업이 발달할수록 자연적 조건의 영향이 약해진다.

입지선정은 기업의 장기계획이므로 초기에 기업에 맞게끔 전략을 수립해야만 경제적 효과를 얻을 수가 있다. 왜냐하면 산업의 입지선정은 일단 결정이 되면 변경이 어렵고, 장기적이면서 많은 자본투자가 필요하기 때문이다.

1. 산업입지의 일반적 입지요인

산업의 입지를 결정하는 요인은 여러 학자들이 연구를 했고, 특히 베버나 뢰쉬의 입지이론이 산업입지에 커다란 영향을 미치고 있다. 산업입지의 요인을 결정하는 데에 있어서는 일반적으로 모든 학자가 주장하는 3가지 요인이 있다.

① **경제적 입지요인** : 교통, 노동력, 지대, 시장의 근접성 등이 있다. 이것은 입지를 선정함에 있어서 가장 중요한 요인이다.

② **자연적 입지요인** : 기후, 원료, 용수 등이 있다. 원자재 및 제품의 품질 또는 작업능률 등은 기후에 상당한 영향을 미친다. 원료특성에 따라 원료산지와 관련이 있고 충분한 용수도 중요한 요소가 된다. 특히 음료수, 주류 등은 산업입지에 있어서 수질이 제일 중요한 요인이 될 것이다.

③ **사회적 입지요인** : 관계법규, 지역사회의 특성, 문화적인 관점, 세제, 환경문제 등이 포함된다. 특히 환경문제는 갈수록 더욱더 산업입지에 중요한 요소가 되고 있다.

2. 산업입지론

어떤 장소에 공장을 지어야 기업의 이윤이 최대가 될 것인가를 고려하여 최적의 장소를 선택하는 이치를 연구하는 것이 **산업입지론**이다. 공장의 최적입지를 분석하는 이론적 접근방법에는 최소비용론과 최대수익론이 있다. 최소비용론은 생산제품의 수요는 어디서나 동일하나 생산비용이 지점마다 다르다는 가정하에서 생산비용이 최소가 되는 지점이 바로 공장의 최적입지가 된다는 논리이다. 이에 반해서 최대수익론은 생산비용은 어디서나 동일하나 수요가 다르다는 전제하에 결국 최대의 수익을 올릴 수 있는 곳이 산업의 최적입지가 된다는 논리다. 최소비용론을 주장한 대표적인 사람은 베버이며, 최대수익론을 주장한 대표적인 사람은 뢰쉬이다.

베버는 그의 이론에서 먼저 원료비와 동력비, 노동비, 운송비를 생산비의 기본요소로 보았다. 그리고 공장의 입지지역은 최소운송비의 지점, 노동비절약의 지점, 집적의 이익이 큰 지점 등이 최소생산비 지점이며, 그 중에서 공업의 입지에 가장 큰 영향을 주는 것은 운송비라고 주장하였다.

이에 대하여 뢰쉬는 산업의 최적입지장소는 제품을 가장 많이 팔 수 있는 소비시장, 즉 수요극대화 지점이라고 주장하여, 비용인자보다는 수요, 곧 시장인자에 중점을 두었다.

1) 베버의 산업입지론

산업입지에 관한 이론을 처음으로 체계화한 사람이 독일의 경제학자 베버이다. 그는 **최소비용론**에 입각하여 산업입지론을 전개하였다. 즉, 생산비가 최소일 때 기업의 이윤이 최대가 된다는 생각하에 최소비용으로 제품을 생산할 수 있는 장소를 최적입지장소로 보았다.

베버는 이 입지론을 정립시키기 위하여 복잡한 현실 세계를 단순화시킨 다음과 같은 몇 가지 가설을 설정하였다. ① 지형, 기후, 경제, 기술 조직 등은 모든 지역이 동일하다. ② 원료 산지, 동력 산지, 시장은 일정한 곳에 고정되어 있다. ③ 노동력은 충분히 공급되나 임금의 지역 차이가 있다. ④ 운송비는 화물의 중량과 운송거리에 비례한다. ⑤ 생산자는 이윤의 극대화를 추구한다.

그는 생산비를 운송비, 노동비, 원료비로 구분하였으며, 이 중에서 장소에 따라 차이가 큰 비용을 운송비로 보았다. 왜냐하면 제품을 생산하는 데 필요한 원료나 연료의 비용, 제품의 값은 운송비가 얼마나 드느냐에 따라 차이가 나기 때문이다. 즉, 베버는 원료의 가격 변화는 운송비에 좌우된다고 생각하고 원료비를 운송비에 포함시켰다. 따라서 산업이 특정 장소에 입지할 경우 총생산비용에 영향을 미치는 요인을 운송비와 노무비로 보았다. 그는 또한 공장이 한 곳에 단독으로 입지할 때보다 다수의 공장이 한 곳에 집중하는 경우에 발생하는 생산비용의 절감 효과를 고려해서 생산비 절감에 대한 집적이익을 공장입지선정에 영향을 주는 요인으로 보았다.

(1) 최소운송비 지점

베버는 공장입지를 결정하는 가장 중요한 요인을 운송비로 보았으며, 모든 생산요소에 대한 비용이 지역 간에 차이가 없을 때에는 총운송비가 최소인 지점으로 공장의 위치가 결정된다는 것이다. 운송비는 일반적으로 원료와 제품의 무게 및 수송거리에 의해 결정되므로, 운송비는 '무게×거리'로 표시되며, 총운송비란 원료를 구입하여 제품을 제조한 후 시장에 내다 팔기까지 소요되는 모든 운송비(원료운송비 + 동력운송비 + 제품운송비)를 말하는데 이 비용이 최소가 되는 지점이 최소운송비 지점이 된다.

(2) 노동비절약의 지점

다음으로 베버는 노동비를 고려하였다. 지역 간에 노동비의 차이가 있으며 어떤 지역의 노동비가 상대적으로 저렴할 때, 운송비가 최소인 지점에서 노동비가 저렴한 지역으로 옮겨가는 데 추가로 드는 운송비보다 절감되는 노동비가 더 클 경우 노동비가 저렴한 지점이 최적입지가 된다.

(3) 집적이익이 큰 지점

지역 간의 임금 격차에 따라 최적입지가 변화될 수 있는 것처럼 집적이익이 큰 것도 최적입지에 영향을 준다. 연관 산업이나 서로 다른 기업이 한 지점에 집적함으로써 생산비가 절감되어 총비용이 최소생산비 지점보다 적을 경우 집적이익이 큰 지점이 최적입지가 된다.

이와 같이 베버의 이론은 최소운송비 지점, 노동비절약의 지점, 집적이익의 지점 등을 차례로 분석하여 전체적으로 최소생산비 지점에 공장이 입지해야 최대의 이윤을 얻을 수 있다는 것이다.

베버의 이론은 시장의 수요를 고려하지 않고 생산비만을 분석대상으로 한 점과 운송비가 거리에 정비례한다고 본 점 등이 현실과 거리가 있으나, 최초로 산업입지이론을 체계화하였으며 최적입지를 규명하기 위한 그의 접근방식이나 그가 도입한 개념들은 오늘날 산업의 지역적 패턴을 이해하는 데 많은 도움을 주고 있는 것으로 높이 평가되고 있다.

2) 뢰쉬의 산업입지론

초기 산업입지론의 약점은 지리 공간상에서의 비용의 차이에 따른 입지만을 강조했을 뿐 지역이 다른 시장 수요는 무시했다는 점이다. 뢰쉬는 수요를 핵심적 변수로 하여 입지이론을 전개시킨 최초의 경제학자로서 최소비용이론을 부정하고 총소득이 최대가 되는 지점, 즉 수요를 최대로 하는 지점이 **이윤을 극대화**시키는 최적지점이 된다고 주장하였다.

그는 비용뿐만 아니라 수요도 지역에 따라 크게 차이가 나고 있기 때문에 수요의 공간상의 변이를 고려하지 않은 채 선정된 최소비용지점은 무의미하다고 보았다.

베버의 이론이 수요를 무시했다는 점에서 비판을 받는 것과 마찬가지로, 뢰쉬의 이론도 비용을 무시한 이론이라는 면에서 비판의 대상이 되고 있다.

현업 실무를 도와주는 **스토리텔링 생산경영** 사례 연구

■ 산업입지상 집적입지가 유리하냐? 분산입지가 유리하냐?

여러 산업이 한 지역에 집중하여 입지함으로써 비용이 절감되어 이익을 얻는 것으로 다음과 같이 두 가지 유형으로 구분된다.

첫째는 같은 종류의 산업이나 연계성이 큰 산업이 집적되어 있는 경우이다. 기업이 새로운 입지를 선정할 때 이미 같은 종류에 종사하는 업종들이 집적되어 있는 지역에 입지함으로써 얻게 되는 이익은 상당히 크다. 예를 들면 특정한 기술을 가진 노동력을 쉽게 공급받을 수도 있고 원료를 대량으로 같이 구입할 수 있으며, 또한 시장으로 함께 제품을 수송할 수 있으므로 원료수송비와 제품수송비가 크게 절감될 수 있다. 제철 산업은 철광석을 원료로 하고 제강 공업은 제철 산업의 제품을 원료로 쓰며, 또한 기계 산업은 제강 산업의 제품을 원료로 쓰기 때문에 이들 세 가지 산업은 생산 장소를 같이 함으로써 원료를 얻고 제품을 파는 데 서로 이익을 얻게 된다. 이렇게 서로 산업 간 계열성이 강한 업종끼리 집적되어

산업단지를 이루고 있다.

또한 어느 특정한 도시나 지역에 같은 생산활동에 종사하는 업종들이 집적함으로써 그 업종에 필요한 각종 서비스를 저렴하게 공급받을 수 있는 경우가 있다. 즉, 같은 업종끼리 집적해 있을 경우 그 업종에서만 필요로 하는 기계 조립, 기계 수선, 부품 공급 등 여러 가지 다양한 서비스만을 전문으로 제공하는 업종들을 유치시킬 수가 있어 상호 간에 이윤을 얻게 되고 상당한 비용절감을 가져올 수 있다.

한편 같은 업종에 종사하는 기업들이 같은 지역에 집적되어 있음으로써 시장판매효과를 더 높일 수 있는 경우도 있다. 즉, 같은 업종들이 한 지역에 집적되어 특정한 제품만을 전문화하여 상권을 형성할 경우 서로 경쟁하는 가운데서 많은 소비자들의 판매행위를 촉진시킬 수 있다. 일례로 세계적인 대도시들의 경우 의류 패션업은 한 곳에 집적되어 있음으로써 소비자들이 각 기업의 상품들을 비교하는 가운데 구매행위를 하도록 유도하고 있는 것이다. 또한 광고업체, 쇼 윈도, 구매자 목록제작 등 의류 판매를 촉진시키는 서비스를 같이 제공받을 수 있다는 이점도 있으며 고립되어 있어 기업을 운영하는 것보다 같이 집적되어 있음으로써 판매비용을 절감할 수도 있다.

두 번째 유형으로서는 서로 다른 종류의 기업들이 산업화된 대도시에 집적함으로써 혜택을 얻게 되기 때문에 대도시에 입지하는 경우이다. 대도시나 공업도시에 입지함으로써 얻을 수 있는 혜택은 매우 다양하지만 그 중에서도 특히 공업발전의 전제조건이 되는 사회간접자본이 잘 발달되어 있다는 점이다. 즉 도로, 철도, 항만, 상·하수도, 공공보건, 교육, 치안, 화재 등 각종 공공서비스는 소도시나 농촌지역에 입지할 경우 충분하게 공급받기 어려운 반면에, 대도시나 산업지역에 입지할 경우 충분히 혜택을 누릴 수 있는 것이다.

그 결과 생산비용뿐만 아니라 운송비용, 판매비용까지도 절감할 수 있다. 다양하고 넓은 규모의 시장과 풍부한 노동력을 갖고 있는 대도시에 입지함으로써 누릴 수 있는 가장 풍요한 이점 중의 하나는 새로운 상품과 생산방식을 만들어 내는 기술혁신이 일어날 가능성이 매우 높다는 것이다. 생산비를 절감시킬 수 있는 생산기술혁신이 개발될 경우 생산비용이 크게 절감되므로 판매시장을 훨씬 확대시킬 수 있다.

산업의 집중은 인구 과밀 현상을 가져오고 과도한 집적에 따른 지가 상승, 용수 부족, 교통 체증, 공해 심화 등의 비경제성과 지역 개발의 불균형을 초래하여 국토의 효율적인 이용에서 문제가 된다. 집적 불이익이 발생하면 분산을 도모하게 되는데 풍부한 용수의 확보, 저렴한 용지의 구입, 비교적 공해가 적은 지역 등으로 공장들을 분산시켜 새로운 산업지역을 이루게 된다.

3) 지리정보시스템과 입지의사결정

지리정보시스템(geographic information system : GIS)은 입지의사결정에 관한 정보를 조작, 분석, 표현할 수 있도록 해주는 컴퓨터 소프트웨어와 하드웨어 및 데이터로 구성된 시스템이다. GIS는 또한 기업의 입지선정을 시각적으로 보여주기 위해 다른 시스템과도 통합될 수 있다. 무엇보다도, GIS는 ① 데이터베이스를 저장하고, ② 지도를 보여주며, ③ 데이터들로부터 추출한 정보로 모델을 생성하여 수학적 분석을 적용한 결과를 새로운 데이터로서 써넣는 기능을 수행한다. 데이터 저장, 지도 표현, 모델링의 3가지 기능은 지능적 GIS 핵심 부분이며, 모든 GIS응용에서 다양하게 사용된다. 많은 의사결정이 지리적 측면에서 이루어지기 때문에, GIS시스템은 오늘날의 비즈니스에서 매우 유용한 의사결정도구로 사용된다. GIS는 고객판매와 입지, 인구조사통계, 또는 연간소득이 얼마인 거주자 비율 등 지리적 위치와 자연스럽게 연관되는 정보를 다양한 데이터베이스로 저장한다. 지역의 인구통계에는 특정 범위, 도시, 행정구역에 거주하는 인구나 평균소득 및 자녀가 있는 가구의 수 등이 포함된다. 이러한 인구통계는 목표시장에 접근하기 위한 최적의 방법을 결정하는 데 모두 중요한 변수이다. 고속도로와 교량 등의 도로체계, 공항과 항구 또는 인근 지형지물(산, 숲, 호수 등)은 시설입지결정에 중요한 역할을 한다. 이와 같이, GIS는 소매, 부동산, 정부, 운송, 물류 등 여러 산업분야에서 입지와 관련된 다양한 응용방안을 제공한다.

4) 국제적 입지요건

현재의 지구촌화 시대가 가속화되고 있는 시점에서 기업은 여러 나라를 상대로 사업을 해야 한다. 이 경우 입지를 국내에 한정시키지 않고 외국에 입지를 선정해야 할 필요가 있다.

해외의 시설입지 선정은 문화, 법규 및 정치적 영향력 등의 차이로 인해 매우 어려운 문제일 수 있다. 언어 및 관습은 운영, 통제 그리고 궁극적으로 정책 문제까지 영향을 준다. 국내 상황에서와 마찬가지로 입지 대안들의 체계적 분석이 필요하다.

(1) 글로벌화 이점

- 시장 : 새로운 시장의 확대, 등산인구의 증가로 인한 아웃도어웨어의 시장진출, 외식업체인 놀부의 중국진출
- 비용절감 : 글로벌화로 절감이 가능한 비용에는 수송비와 인건비, 원자재비, 세금 등이 있다. 한국 기업 중에는 국내의 높은 생산비 때문에 생산시설을 비용이 적게 드는 해외에 건설한 예가 꽤 많다. 베트남의 POSCO, 효성의 베트남 타이어 코드,

인도의 LG 등이 있다.

- **법률 및 규제** : 외국의 노동법, 제조물책임법, 환경규제 등 여타 규제가 본국보다 기업활동에 더 유리한 경우가 있다.
- **재무 인센티브** : 제품의 생산지와 판매시장이 다를 경우 발생할 수 있는 환율의 영향을 피할 수 있다. 또한 일자리 창출과 경제 발전을 위하여 기업을 유치하려는 해외 현지의 다양한 재무 유인책이 있다.
- **기타 이점** : 신상품 아이디어의 새로운 원천과 사업운영이나 문제해결을 위한 새로운 안목을 얻을 수 있는 점도 글로벌화의 이점이다.

(2) 글로벌화 약점

- **수송비용** : 열악한 사회기반시설이나 거리의 증가로 인하여 수송비용이 높아질 수 있으며, 이러한 비용의 증가가 인건비나 원자재비의 절감을 상쇄할 수도 있다.
- **경비비용** : 보안 위험과 도난이 증가하여 비용이 늘어날 수 있다. 또한 국경에서 보안의 강화로 수송시간이 길어질 수 있다.
- **미숙련 노동력** : 미숙련 노동은 생산성과 품질에 부정적으로 영향을 미칠 수 있으며, 직업윤리도 본국과 다를 수 있다. 또한 종업원 교육과 훈련도 더 필요할 수도 있다.
- **수입 규제** : 어떤 국가는 품목에 따라 수입규제를 하여 질이 낮거나 비싸더라도 현지 업체로부터 부품을 조달할 수밖에 없는 경우도 있다.
- **부정적 비판** : 글로벌 기업들이 생산원가를 절감하기 위하여, 후진국에서 어린이를 고용하고 느슨한 환경기준을 활용하면서 노동자들을 열악한 작업환경에서 착취한다고 비난하는 사람도 있다.

(3) 글로벌화의 위험

- **정치적 위험** : 정치적 불안과 소요가 재산과 신변에 위험을 초래할 수 있다. 나아가 정부가 생산시설을 몰수하여 국유화할 수도 있다. ㉵ 북한의 개성공단
- **테러리즘** : 세계의 여러 곳에서 테러리즘이 지속되어 재산과 신변을 위협하고 있으며 사람들이 여행을 하거나 일하기를 기피하는 지역이 있다. ㉵ 아프카니스탄
- **경제적 위험** : 경제 불안은 인플레이션이나 디플레이션을 초래할 수 있으며 기업의 이익에 악영향을 미친다. ㉵ 베트남, 아프리카의 일부 국가들

- 법률적 위험 : 법률과 규제가 바뀌어 핵심적으로 유리한 점이 줄어들거나 사라질 수 있다. 예 중국
- 문화적 위험 : 문화적 차이는 겉으로 드러나는 것보다 더 현실적으로 영향을 줄 수 있다. 월마트가 한국에 점포를 개장하였을 때 이것을 경험했다. 월마트는 세계의 여러 나라에서 자사의 저가 명성에 힘입어 성공했지만, 한국 소비자들의 문화를 이해하지 못했기 때문에 월마트는 철수했다.

3. 입지선정에 관한 모델

1) 총비용비교법

각 후보지에 입지하는 경우 총비용을 추정하여 가장 적은 곳을 선택한다. 여기서 총비용은 일정한 생산규모를 가정하고 연액, 월별 또는 단위생산원가로 산출하여 비교한다. 총비용에 포함될 수 있는 것으로 수송비, 노무비, 원료, 유틸리티, 변동경비 및 고정경비를 들 수 있다.

이러한 방법은 일정한 생산량을 전제로 비용을 비교하여 최소비용을 선정하므로 공장의 조업수준에 의해서 변동되는 변동비의 변화를 반영하지 못한다. 그러므로 변동비의 관계를 반영하지 못하므로 이러한 것을 반영시키기 위한 입지손익분기점 방법이 있다.

2) 입지손익분기점에 의한 분석

입지손익분기점 분석기법은 비용을 고정비와 생산량에 비례하는 변동비로 나누어 조업수준에 따른 총비용의 변화를 분석하고자 하는 기법이다. 자본비용인 토지, 건물, 연료비 등을 고정비로 구분한 반면에, 생산량의 변화에 따른 비용인 원료비, 노무비, 교통비 등은 변동비로 구분한다. 입지손익분기점 방법의 '예'를 살펴본다.

도표 4-1 입지손익분기점 비용

위치	연간 고정비	단위당 변동비	총비용
A	150,000원	62원	150 + 62Q
B	300,000원	38원	300 + 38Q
C	500,000원	24원	500 + 24Q

- A와 B입지의 총비용이 같아지는 점은,

  (A) : 150,000 + 62Q = (B) : 300,000 + 38Q

  Q = 6,250 생산량

- B와 C입지의 총비용이 같아지는 점은,

  (B) : 300,000 + 38Q = (C) : 500,000 + 24Q

  Q = 14,286 생산량

  이것을 그림으로 나타내면 〈도표 4-2〉와 같다.

- 그러므로 생산량이 6,250 이하일 때는 A가 최선이고, 생산량이 6,250과 14,286 사이에는 B가 최선인 반면에 생산량이 14,286 이상일 경우에는 C가 최선임을 보여주고 있다.

도표 4-2 입지손익분기점 분석표

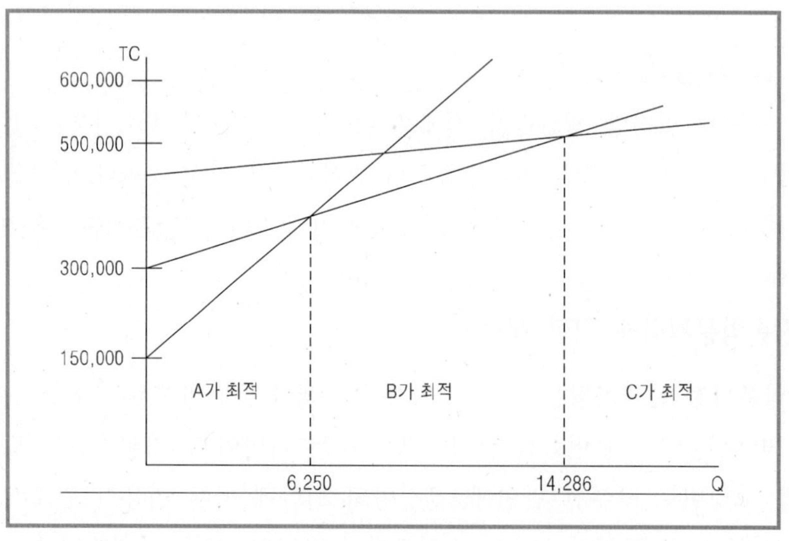

3) 요인평가법에 의한 분석

요인평가법은 후보입지가 지니는 각각의 특성 또는 요인에 대해 점수를 부가하여, 총점수가 높은 입지를 선택하는 방법이다. 여기서 각 요인에 대해 가중치를 부과함으로써 입지요인의 상대적 중요성을 고려해 볼 수도 있다.

다음의 예를 통해 이 모형의 적용방법을 살펴보기로 하자.

A, B, C 세 후보입지를 대상으로 하여 ① 노동력의 공급수준, ② 주택, 자녀교육, ③ 시장에의 접근성, ④ 총건설비용 등 네 요인을 근거로 하여 최적입지를 선택하고자 한다. 각 요인에 대해 20점을 만점으로 하여 점수를 매긴 결과 〈도표 4-3〉과 같았다.

도표 4-3 각 후보입지에 부과된 요인별 점수

입지요인	A	B	C
① 노동력	16	14	18
② 주택, 교육	14	16	20
③ 시장에의 근접성	20	16	14
④ 총건설비용	16	20	12

요인평가법을 이용하기 위해서는 각 요인 간의 상대적 중요도를 결정해야 하는데, 가장 간단한 방법으로 한 쌍의 입지요인을 선택하여 상대적 중요도를 결정하고, 이 중의 한 요인과 아직 고려하지 않은 요인 간의 중요도를 순차적으로 결정해 가는 방법을 생각해 볼 수 있다.

예를 들어 입지요인 ①과 ②의 상대적 중요도를 고려한 결과 4 대 6 정도로 입지요인 ②가 중요하다고 하자. 또한 입지요인 ①과 입지요인 ④를 비교해 보니, ②가 ③보다 두 배 정도 중요함을 알 수 있었고 이에 따라 요인 ②와 ③의 중요도의 비율은 2 대 1이 된다. 이를 종합해 보면 각 요인의 가중치의 비율은 4 : 6 : 3 : 8이 됨을 알 수 있다. 물론 여기서 요인 ①과 ③은 직접 비교를 하지 않았고, 다른 요인들 간의 비교에 의해 그 중요도가 4 대 3이라는 결과를 간접적으로 유도해 낸 것이다. 만약 요인 ①과 요인 ③의 중요도 비율이 4 대 3이 아니라면, 다시 처음으로 돌아가 일관성 있는 비율이 도출될 때까지 이 과정을 반복해야 할 것이다.

만약 4:6:3:8의 비율이 어느 정도 현실성이 있다면, 이를 이용하여 각 입지의 총점수 S를 다음과 같이 계산할 수 있으며,

$$S_A=(4)(16)+(6)(14)+(3)(30)+(8)(16) = 366$$

$$S_B=(4)(14)+(6)(16)+(3)(16)+(8)(20) = 360$$

S_C=(4)(18)+(6)(20)+(3)(14)+(8)(12) = 330

이에 따라 최적입지는 A가 됨을 알 수 있다.

4) 부하-거리 분석법

입지를 평가하기 위한 부하-거리 방법은 어떤 지점(공장)에서 다른 지점(판매장소)으로 오가는 부하와 거리를 최소화하는 계량적인 방법이다. 이동거리를 최소화시키는 방법을 측정하는 방법에는 ① 실제거리, ② 유클리드(euclidean distance), ③ 직각거리의 3가지 측정방법이 있다.

5) 수송계획법에 의한 입지선정

수송계획법은 m개의 공장(또는 출발지)으로부터 n개의 창고(또는 목적지)로 제품을 수송하는 비용을 최소화하는 할당 패턴을 정하기 위한 반복적 절차이다. 이러한 방법에는 북서모퉁이법(North-West Corner), 징검다리법(Stepping-Stone), 수정배분법(MODI)이 있으나 여기에서는 최소비용법을 설명해 본다. 이것은 다수생산시설 입지문제를 풀기위한 보다 정확한 방법이다. 여기에서는 출발지가 공장이고 목적지가 창고인 다수생산시설 입지문제에 대해 이를 적용하여 보자.

한 가지 알아두어야 할 것은 수송계획법이 다수생산시설 입지문제의 모든 측면을 최적으로 해결해 주는 것은 아니라는 점이다. 단지 주어진 공장위치와 주어진 생산능력하에서 공장과 창고 간의 최적의 수송형태만을 찾아 줄 뿐이다.

다음의 예를 설명하면서 문제를 해결하여 보자.

서울에 있는 K회사는 국내의 도시에 팔리게 될 전화기를 만드는 공장을 구미에 갖고 있다. 사업은 번창하여 현재 공장의 생산능력의 400단위를 초과하고 있다. 세 군데의 주요 창고에서 추정한 수요는 각각 200, 400, 300단위이다. 경영자는 500단위의 생산능력을 가진 공장을 수원에 건설하였다. 이 결과 구미에서 각 창고로 물건을 보내는 단위당 비용은 각각 500원, 600원, 540원이고, 수원에서는 각각 700원, 460원, 660원이 든다. 경영자는 수원에서의 수송량과 두 공장의 각각 400단위, 500단위인 생산능력을 어떻게 할당할 것인지를 알고자 한다.

도표 4-4 수송표

공 장	창 고			생산능력
	1	2	3	
구 미	500	600	540	400
수 원	700	460	660	500
요구량	200	400	300	900 / 900

수송표가 작성되면 가장 비용이 적은 수송량 할당 형태는 수작업에 의해서 풀 수도 있지만, 대개는 컴퓨터를 이용하여 풀게 될 것이다. 어느 경우에나 초기수송표가 일련의 반복 작업을 거치면서 변형되어 가는데 최적수송표를 얻을 때까지 반복된다. 최적수송표는 수송비용을 최소로 하기 위해 각 공장에서 각 창고로 얼마나 수송하여야 할지를 보여 준다. 〈도표 4-5〉는 최소비용법에 의한 최적수송배분을 도표로 나타냈다.

도표 4-5 최적수송표

공 장	창 고			생산능력
	1	2	3	
구 미	500 200	600	540 200	400
수 원	700	460 400	660 100	500
요구량	200	400	300	900 / 900

$$Z = (500 \times 200) + (460 \times 400) + (540 \times 200) + (660 \times 100) = 458{,}000\text{원}$$

구미에서는 창고 1과 3으로 가고, 수원에서는 각각 창고 2와 창고 3으로 가면 최적의 할당이 된다.

설비배치

설비의 배치문제는 입지를 결정한 뒤에 나타난다. 공장입지를 정한 다음이나 공장을 이전하거나 확장하는 경우에 나타나는 문제이다. 특히 우리나라는 토지가 협소한 관계로 공장의 배치문제를 효율적으로 다룸으로써 경제적인 효과를 얻을 수가 있다.

바람직한 설비배치란, 불필요한 운반을 지양하고 공간을 최대한 활용하면서 적은 노력으로 빠른 시간에 목적하는 제품을 경제적으로 생산할 수 있도록 설비를 배치하는 것이라 할 수 있다. 이러한 설비배치의 일반적인 6가지 원칙을 살펴보면 ① 종합적인 조화의 원칙, ② 최단운반거리의 원칙, ③ 원활한 흐름의 원칙, ④ 공간활용의 원칙, ⑤ 작업자의 안전도와 만족감의 원칙, ⑥ 융통성의 원칙 등이 있다.

1. 설비배치의 유형

설비배치의 분류는 기본적으로 제품별 배치, 공정별 배치 그리고 위치고정형 배치로 분류하나, 이러한 기본배치를 응용한 혼합형 배치형태로 G.T, Celleur, U자형 배치 등이 있다.

1) 제품별 배치

제품별 배치는 흐름생산방식으로서 어떤 특정 제품을 연속적으로 대량 생산하는 **소품종 다량생산**의 작업장이다. 그러므로 이에 따른 제품들을 효율적으로 생산하기 위해 설비인 기계, 공구를 특정 제품만을 생산하기에 적합하도록 설계하고 배치한다. 즉, 기계를 어떤 특정 제품을 생산하는 일련의 고정된 순서에 의해서 배치하는 제품별 배치의 형태를 취한다.

제품별 배치는 라인별 배치라고도 하며 자동차 조립회사, 정유공장 등 연속적인 흐름으로서 완제품이 형성되는 과정이다. 호텔의 뷔페식 음식도 라인별 배치이다. 음식들이 일정한 순서로 배치되어 있어 고객이 라인을 따라 가면서 원하는 음식을 고르기 때문이다.

제품별 배치는 공정별 배치와는 달리 공정과 바로 다음 공정이 서로 연결되어 있기 때문에 생산시간이 짧고, 재공품이 거의 없다. 그러나 완제품 재고는 비교적 많은 편이다. 제품별 배치는 표준화된 제품을 대량생산하는 데 적합한 배치이므로 작업자들의 기술수준도 높지 않다.

제품별 배치로 설계할 때에는 각 작업장에서의 작업시간을 균일하게 하는 것이 상당히 중요하다. 애로공정을 만들어서는 안 된다. 애로공정은 다른 공정에 비해 작업시간이 많이 걸리는 작업장이다. 애로공정은 다른 공정들의 작업을 지연시키고, 결과적으로 공장의 생산시간을 길게 한다. 또한 작업자가 한두 가지 작업만을 계속적으로 반복하기 때문에 작업자의 학습능률이 증진되는 학습곡선현상(공수체감현상)이 발생한다.

〈도표 4-6〉에서 볼 수 있듯이, 제품별 배치는 제품의 유형에 관계없이 생산순서에 의해서 설비를 배치한다. 라인 A에 들어가는 제품들은 전부 공정①-공정②-공정③-공정④의 고정된 순서에 의하여 생산이 이루어진다. 그리고 라인 B에 속하는 모든 제품들은 공정⑪-공정⑫-공정⑬-공정⑭의 순서에 의하여 생산이 이루어진다.

제품별 배치는 설비규모가 크고 비용이 많이 투자되므로 초기에 정확한 배치가 생산성에 중요한 영향을 미친다. 재배치비용이 크기 때문에 쉽사리 재배치를 하기도 어렵고 각각의 공정이 전체 공정과 연결되어 있기 때문에 제품별 배치는 초기에 상당히 신중하게 모든 가능성을 고려하여 결정하여야 한다. 일단 배치가 만들어지면, 다시 배치의 형태를 변경하기가 어렵다.

도표 4-6 제품별 배치의 예

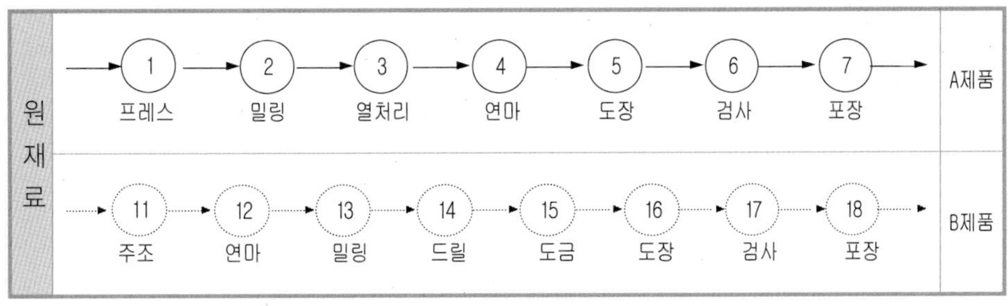

다음 〈도표 4-7〉은 제품별 배치의 장·단점을 분석하였다.

도표 4-7 제품별 배치의 장·단점

장 점	단 점
① 대량생산으로 단위당 생산코스트가 낮다. ② 운반거리가 짧고 가공물의 흐름이 빠르다. ③ 기계와 작업자의 이용률이 높다. ④ 기계와 재공품이 적어 저장 면적이 작다. ⑤ 일정계획이 단순하며 관리가 용이하다. ⑥ 작업이 단순하여 작업자의 훈련 및 감독이 용이하다.	① 변화(수요변화·제품·생산방법의 변경 등)에 대한 유연성이 떨어진다. ② 전용설비의 투자와 배치에 돈이 많이 든다. ③ 기계고장·재료부족·작업자 결근 등은 전체공정에 큰 영향을 미친다. ④ 고정비가 차지하는 비중이 크다. ⑤ 작업이 단조로워 직무만족이 떨어진다.

(1) 제품별 배치와 라인밸런싱

제품별 배치에 의해 제품을 생산하고자 할 때는 각 공정이 갖고 있는 능력을 최대한 발휘하면서 전체공정이 원활히 진행되도록 각 공정의 능력을 균형되게 하는 것이 가장 중요하다. 각 공정의 소요시간이 균형되도록 작업장이나 작업순서를 배열해야 한다.

제품별 배치에 있어서 공정별 작업량이 모두 같을 수가 없기 때문에 공정에 따라 유휴시간 내지 과부하시간이 발생하게 된다. 이때 가장 큰 작업량을 가진 공정을 **애로공정(bottle neck : 병목현상)**이라 하며 이는 시간이 가장 많이 지연되는 공정으로서, 애로공정의 제거가 제품별 배치에서 중요한 관건이다.

일반적으로 공정지연현상은 다음과 같은 경우에 발생하며 이들의 제거가 생산라인의 흐름을 원활하게 한다.

① 각 공정 간이 평형화되어 있지 않기 때문이다.
② 일시적인 여력의 불평형 때문이다.
③ 여러 병렬공정으로부터 흘러들어올 때 발생한다.
④ 전후공정의 로트의 크기가 다르거나 작업시간이 다를 때 발생한다.
⑤ 주문의 변경에 의하여 발생한다.
⑥ 한 라인이 빨리 조립이 완성되었을 때 발생한다.

이러한 지연시간으로 발생되는 애로공정을 없애는 방법으로 라인밸런싱 기법이 활용된다. **라인밸런싱**은 작업장의 유휴시간을 최소화시키고 각 작업장의 부하가 균등하게 되도록 라인에 균형을 잡아 주는 것이다.

(2) 라인밸런싱

흐름라인에서는 어느 공정에서건 유휴시간이 전혀 발생되지 않는 상황, 즉 공정균형손실이 없는 경우는 이론상 존재할 뿐이지 현실적으로는 불가능하다. 따라서 각 공정 간의 실제 부하량은 차이가 있게 마련이며 능력과 부하와의 관계에서 여력이 나타나게 된다.

이 관계를 〈도표 4-8〉에 나타내 보면 (a)는 이상적인 공정이며, (b)는 현실상의 공정이다. 이때 (b)의 2번 공정을 애로공정이라고 하며 이 공정의 소요시간에 의해 생산능력이 좌우된다.

도표 4-8 완전공정균형(a)과 불완전공정(b)

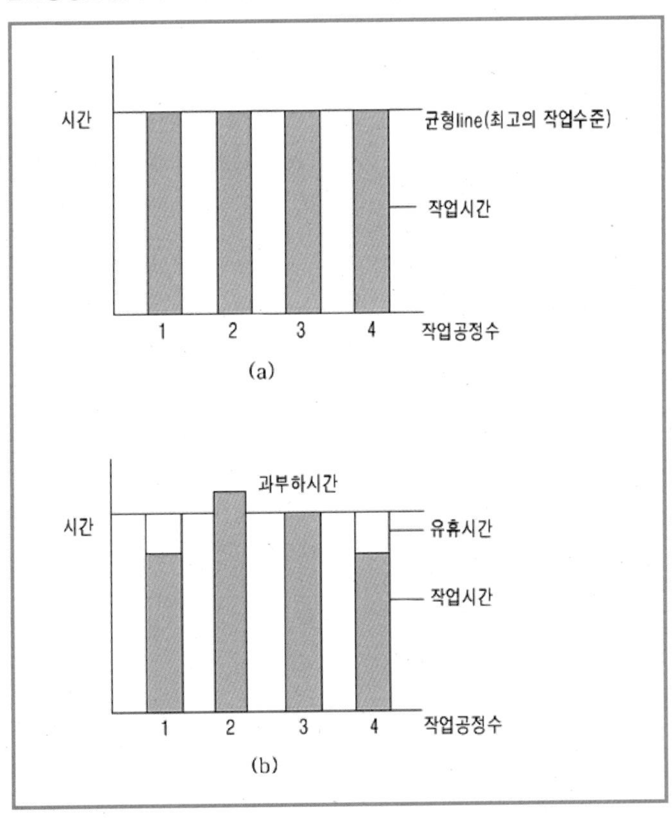

예를 들면 3번 공정만큼 2번 공정의 소요시간을 낮출 수(개선) 있다면 그 차이만큼 생산능력은 증대될 것이다. 이때 이러한 공정의 효율을 측정하는 것을 라인밸런싱 효율이라고 한다. **라인밸런싱 효율**은 흐름라인의 종류에 따라 다르겠으나 대개 75%를 한

도로 그 이하는 비경제적이며 적어도 80% 이상은 되어야 한다.

$$E_b = \frac{\sum ti}{n \times t_{\max}} \times 100$$

$$E_{ub}(\text{라인손실률}) = \frac{n \times t_{\max} - \sum ti}{n \times t_{\max}}$$

E_b : 라인밸런스 효율

$\sum ti$: 각 작업의 소요시간 합계

$t_{\max}$: 애로공정의 생산주기로서 C(cycle time)로도 표시한다.

n : 작업자 수 또는 공정 수

① 작업분할이 가능한 경우

이는 흐름라인의 각 공정의 작업내용이 작업자 투입에 의해 비례적으로 시간이 분할된 경우이다. 즉, 1명이 작업할 경우 10분이 걸린다면 2명이 작업할 경우 5분이 걸린다는 뜻이다. 이것을 작업분할이라고 한다.

어떤 조립작업에 있어서 일일 실제작업시간을 400분, 각 공정에 작업자를 한 명씩 배치하고 있을 때 라인밸런스의 효율을 최대화시키는 방법을 분석해 보자.

도표 4-9 라인밸런싱 분석표

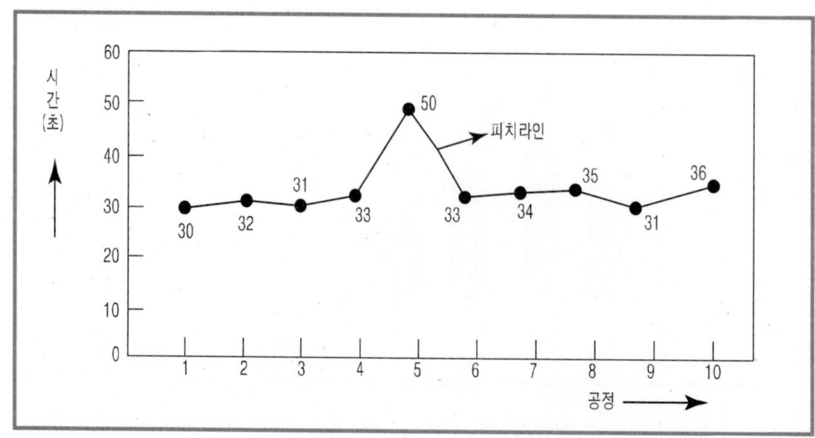

ⓐ 현상분석

애로공정은 5공정(50초)이며 $\sum ti = 345$초

i) 일일 생산량 $= \frac{400 \times 60}{50} = 480$ 개

ii) 작업자 수 = 10명

iii) 유휴시간 = (50×10 −345) = 155초

iv) $E_b = \frac{\sum ti}{n \times t_{max}} = \frac{345}{10 \times 50} = 69.0\%$

ⓑ 1회 작업분할

제5공정에 작업자 2명이 되며 소요시간은 25초로 나누어지므로 애로공정은 10공정(36초)으로 바뀐다.

i) 일일 생산량 $= \frac{400 \times 60}{36} = 666.7$개

ii) 작업자 수 = 11명

iii) 유휴시간 = (36×11−345) = 51초

iv) $E_b = \frac{345}{11 \times 36} = 87\%$, [라인손실률 100(%) − 87.1(%) = 12.9(%)]

ⓒ 2회 작업분할

1회 분할시 E_b가 87.1%로 만족할 만한 수준이지만 확인을 위해 재분할을 시도하여 본다. 이때 애로공정은 8공정(35초)으로 바뀐다.

i) 일일 생산량$= \frac{400 \times 60}{35} = 686$개

ii) 작업자 수 = 12명

iii) 유휴시간 = (35×12−345) = 75초

iv) $E_b = \frac{345}{35 \times 12} = 82.1\%$, 라인손실률 = 17.9(%)

이상에서 보는 것과 같이 최대 라인밸런스 효율은 1회 분할시 87.1%가 된다. 그러나 작업자 수가 증가할 때마다 일일 생산량은 증가하지만, 라인밸런싱 효율은 증가만 하는 것은 아니다. 따라서 작업자 수와 일일 생산량, 라인밸런싱 효율 등을 고려하여 개선안을 종합적으로 분석 검토하여 결정하여야 한다.

② **작업분할이 불가능한 경우**

작업을 분석하기가 어렵거나 작업분할이 무의미한 경우에 이용되는 방법이다. 여기에서는 생략한다.

■ **사이클 타임(time)의 결정방법**

ⓐ 각 단위작업에서 가장 긴 시간이 사이클 타임이다. 사이클 타임 = $\max(t_i)$

ⓑ 생산시간을 주어진 생산량으로 나눈다.

$c = \frac{1}{r}$ c : cycle 타임 r : 생산량

③ **이론적인 최소작업장 수를 구한다.**

$$\text{최소작업장 수} = \frac{\text{한 단위를 생산하는 데 걸리는 총작업시간}(\sum ti)}{\text{사이클 타임}(t_{\max})}$$

④ **최소작업장 수만큼 작업장을 만든다.**

ⓐ 작업시간이 긴 작업장부터 작업을 배정한다.

ⓑ 2개 이상의 작업장을 합할 경우 사이클 타임($t_{\max}$)을 초과하지 않게 배정한다.

⑤ **유휴시간 및 라인밸런싱을 구한다.**

ⓐ 유휴시간 = $nc - \sum ti$

ⓑ $\frac{\sum t}{nc} \times 100$

n : 작업장 수

c : 생산소요시간

다음 〈도표 4-10〉을 이용하여 위와 같이 라인밸런싱 문제를 살펴보자.

도표 4-10 조립작업장 수에 의한 라인밸런싱의 예

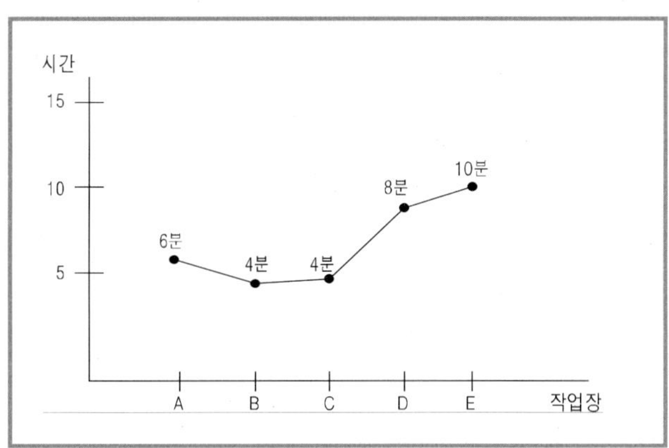

① 1일 50개의 제품을 생산할 예정이다. 1일 작업시간이 8시간일 경우 1일 50개의 제품이 생산 가능한가 분석하여라.

$$c = \frac{1}{r} \ , \quad \frac{1}{50} \times 60 \times 8 = 9.6\text{분}$$

50개의 제품을 생산하기 위한 사이클 타임(t_{max})은 9.6분이다. 허나 E번째 작업의 작업시간이 10분이므로, 1일 50개의 제품생산은 불가능하다. 현재 사이클 타임(t_{max})이 10분이므로, 1일 최대생산량은 $\frac{8 \times 60}{10} = 48$개다.

② 이론적으로 가능한 최소작업장 수는 1단위를 생산하는 데 필요한 총작업시간을 사이클 타임(t_{max})으로 나눈 값이다.

$$\frac{\text{총 작업시간}}{t_{max}} = \frac{32}{10} = 3.2$$

즉, 4개의 작업장을 필요로 한다.

③ 최소의 작업장(4개)으로 묶어라.

작업장을 최소화하기 위해서 B와 C의 작업장을 묶으면 4개로 최소화시킬 수 있다. 〈도표 4-11〉은 최소작업장 수를 보여주고 있다.

도표 4-11 최소작업장 수

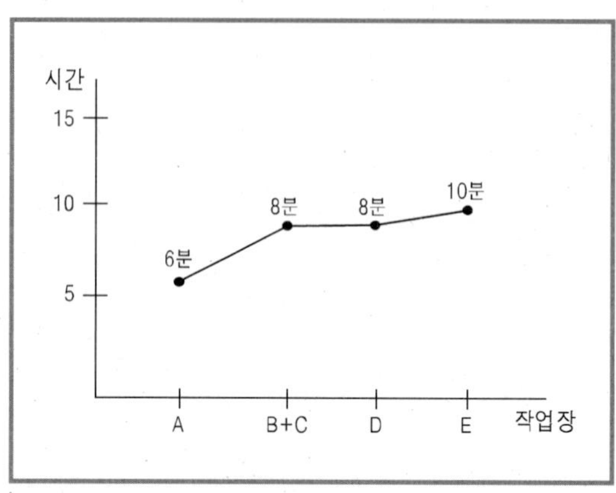

④ 유휴시간과 라인밸런싱을 구하라.

$nc-\sum t_i = (4\times 10) - 32 = 8$분

라인밸런싱 효율= $\dfrac{\Sigma ti}{n\cdot t_{\max}} \times 100 = 80(\%)$

(4) 학습곡선 현상(공수체감 현상)의 발생

학습곡선 현상이란 작업자가 어떠한 작업을 행할 경우 처음보다는 두 번째, 두 번째보다는 세 번째, 세 번째보다는 네 번째로 반복해서 작업을 할 경우 최초에 걸린 시간보다 반복되면 될수록 작업시간이 빨라진다는 개념이다.

여기에서는 단순 조립작업에서 발생하는 학습곡선을 설명한다.

예를 들어 첫 번째 부품의 제조 소요시간이 100시간이고 학습률이 80%라고 하면, 생산량의 두 배인 두 번째를 생산할 때 소요시간의 100×0.8=80시간이 소요되며 그에 대한 두 배인 네 번째 생산할 때는 80×0.8=64시간이 소요된다는 논리를 말한다. 이런 학습률은 대상 공정에 따라 상이하며 비행기나 배의 조립작업에는 70~80%, 용접작업에는 80~90%, 선반작업에서는 90~95%라고 알려져 있는데 손으로 작업하는 시간이 많으면 개선율은 크고 기계가공시간이 많으면 개선율은 적다.

이러한 현상을 수학적으로 표시한 것이 공수체감곡선 또는 학습곡선(learning curve)이라고 한다. 이를 나타낸 것이 〈도표 4-12〉이다.

도표 4-12 학습곡선(공수체감곡선)의 예

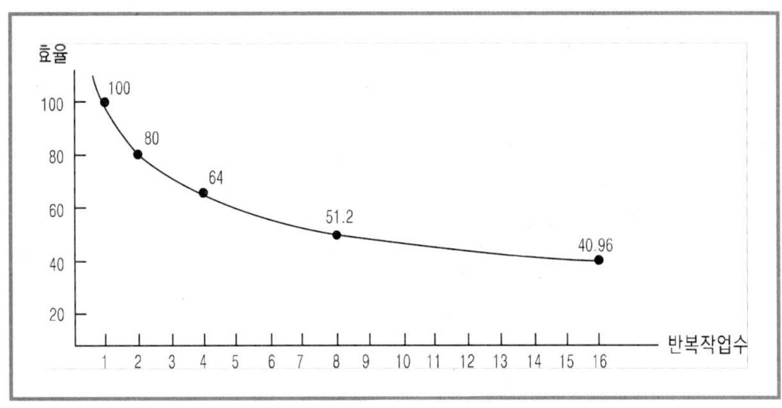

① 학습률

학습곡선은 생산량이 두 배로 증가할 때마다 적합시간이 일정률로 감소되는 것을 가정한 모델이며, 이는 대수 선형 공수체감곡선으로 $Y = AX^B$로 표현될 수 있다.

이 곡선은 log−log 도표상에서는 직선으로 나타나며, 몇 %(예 80%)라는 일정률로 공수가 체감되어 가는 비율을 학습률, 경사율 또는 PI(progress index)라고 부른다.

$Y = AX^B$은 B가 0과 −1사이의 음의 상수이기 때문에 독립변수(X)가 증가함에 따라 종속변수(Y)는 감소하는 역함수 곡선이다.

Y : 단위시간(또는 원가)

X : 누적생산량

A : 최초의 제조시간(또는 조립 시간)

B : 경사율 또는 학습률에 의한 음의 상수

$Y = AX^B$ 양변을 대수로 표시하면

$$\log Y = \log AX^B$$

이것은 logY = logA + BlogX로 표현되며 X의 비례적 증가에 대하여 Y의 비례적 감소는 주어진 B에 대하여 일정한 것을 의미한다.

B의 값은 학습률(경사율)에 의해 계산되는데 이는 $Y = AX^B$에서 X가 1일 때와 X가 2일 때(두 배)를 비교하면

X=(2)일 때 $Y = A(2)^B$

X=(1)일 때 $Y = A(1)^B$ 이므로

$$\text{학습률} = \frac{Y = A(2)^B}{Y = A(1)^B} = \frac{(2)^B}{(1)^B} = \frac{(2)^B}{1}$$

$\therefore$ 학습률 $= (2)^B$

양변에 대수를 취하면

log(학습률)=B log(2)

$\therefore\ B = \dfrac{\log(\text{경사율})}{\log(2)}$ 로 표시된다.

㉠ 학습률 80%일 때의 B의 계산

$$B = \frac{log(0.8)}{log(2)} = \frac{-0.0969}{0.3010} = -0.3219$$

㉠ 위 값에서 최초 제조시간이 100시간일 때 8번째 소요공수는

$$Y = AX^B$$

$$Y = 100(0.8)^{-0.3219} = 51.203$$

따라서 앞 〈도표 4-12〉와 일치한다.

2) 공정별 배치

공정별 배치는 다양한 제품이나 서비스 등을 동시에 취급할 수 있도록 하기 위한 배치이다. 이의 전형적인 예가 **다품종 소량생산**의 작업장인데 이는 제품별로 다양한 작업순서에 의해 다양한 제품을 생산한다. 공정별 배치는 기능별 배치(functional layout) 또는 기계식 배치라고도 한다.

다음 〈도표 4-13〉은 두 제품의 생산과정을 그림으로 나타낸 것이다. 공정별 배치의 또 다른 보기로는 병원이나 진료소를 들 수 있다. 병원을 찾는 환자들마다 기록실, 실험실, 치료실, 중환자실, 조제실, 간호사 대기실 등을 통과하는 다양한 경로를 필요로 한다.

도표 4-13 공정별 배치형태의 예

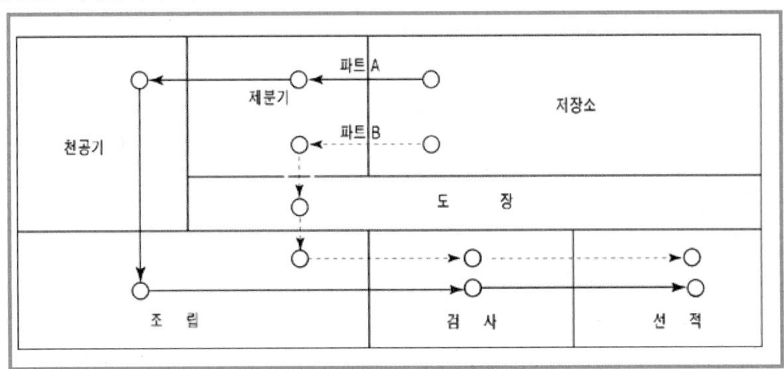

공정별 배치의 계획에 있어서 가장 보편적인 방법은 각 부서나 작업장의 거리를 최소화하도록 배치하는 것이다. 공장에서 최적의 배치라 함은 운반비를 최소화시키는 것을 의미한다. 여기에서 운반비는 다음 두 가지로 결정된다.

① 부서 i와 j 사이에서 일정기간 이동되는 사람이나 제품의 수
② 각 부서 간의 거리에 관련되는 비용, 이것을 함수로 나타내면 다음과 같다.

$$\text{최소화 운반비용} = \sum_{i=1}^{m} \sum_{j=1}^{n} X_{ij} C_{ij}$$

m,n : 작업장이나 부서의 총수 i, j : 개별 부서
X_{ij} : i부서에서 j부서까지 이동되는 제품의 양
C_{ij} : i부서에서 j부서 사이의 제품을 운반하는 데 소요되는 비용

〈도표 4-14〉는 공정별 배치의 장·단점을 분석하였다.

도표 4-14 공정별 배치의 장·단점

장 점	단 점
① 변화(수요변화·제품 및 작업순서의 변경 등)에 대한 유연성이 크다. ② 범용설비로 인하여 설비투자에 돈이 적게 든다. ③ 기계고장·재료부족·작업자 결근 등에도 생산량 유지가 용이하다. ④ 소량제조시 제품별 배치보다 유리하다. ⑤ 다양한 작업으로 직무만족을 증진시킨다.	① 대량 생산 시 제품별 배치보다 불리하다. ② 운반거리가 길고 운반능률이 떨어진다. ③ 물자의 흐름이 늦어 재고나 재공품이 많아 저장면적이 많이 소요된다. ④ 설비와 작업자의 이용률이 낮다. ⑤ 주문별로 절차계획, 일정계획 등이 다르므로 관리가 쉽지 않다.

(1) 유입 유출표

이러한 공정별 배치는 제품의 종류는 많고 생산량이 적으므로 각 공정 간에 이동을 최소화시키는 것이 경제적이므로 이동거리를 최소화시키는 도표인(유입 유출표를 cross chart라고도 불리운다) 유입 유출표(from-to chart)를 이용한다.

도표 4-15 유입 유출표(이동거리 분석표)의 예

	검 사 ①	창 고 ②	절 단 ③	프레스 ④	선 반 ⑤	도 장 ⑥	창 고 ⑦
검 사 ①	□	○		△			
창 고 ②			☆				
절 단 ③	□				□		
프레스 ④			☆		☆		○
선 반 ⑤		○		△		△	△
도 장 ⑥							
창 고 ⑦					☆ □		

현업 실무를 도와주는 스토리텔링 생산경영 사례 연구

■ 공정별 배치의 꽃 – 백화점의 배치시스템

실제로 매장의 배치가 매출에 영향을 미치는 것으로 조사되고 있다. 코렐의 오 차장은 "매장 디자인을 다시 하고 나서 매출이 10% 정도 늘었고, 세일이나 프로모션 기간에는 매출이 20% 정도 늘었다."고 말한 바 있다. 따라서 매장 디자인 담당자는 어떻게 배치하면 더 구매를 유도할 것인가를 고려할 수밖에 없을 것이다. 가령 시간가는 지도 모르게 쇼핑하라고, 백화점에 창문과 시계가 없다는 것은 잘 알려져 있다. 엘리베이터 대신 에스컬레이터를 타고 가면서 상품과 매장을 많이 보게 하기도 한다. 저층부에 여성 고객을 위한 매장을 두고 남성 고객을 위한 매장을 고층부에 두는 것은 남성과 여성의 차이 때문이다. 남성은 구매목적이 분명해 매장으로 직행하는 반면, 상대적으로 여성은 층마다 매장을 돌아다니며 정보를 구한다. 각 층마다 에스컬레이터와 가까운 진입구에는 넥타이 등 상대적으로 가격이

싼 잡화를 놓는다. 처음부터 가격이 비싼 물건을 보게 되면 가격 장벽을 느낄 수 있기 때문이다.

백화점에는 유난히 유리나 거울이 많다. 남녀노소 누구나 거울 앞을 지날 때면 무의식적으로 거울에 비친 자신의 모습을 들여다보는 습관이 있기 때문에 걷는 속도가 느려지는 경향이 있다. 그러므로 거울 앞에 선 사람은 그냥 스쳐 지나갈 수도 있는 주위 진열대에 무의식적으로 좀더 관심을 보이게 되며 거울에 비친 반대편 물건에 시선이 끌릴 수도 있다. 백화점의 거울은 고객의 시선을 한 번이라도 더 제품에 끌리게 만드는 중요한 수단인 것이다.

반면 백화점에는 벽시계와 창문이 없다. 어느 건물이든 넘치는 게 시계고, 창문 없는 건물이 없건만 백화점은 예외다. 이것은 시간가는 줄 모르고 쇼핑을 하라는 백화점 측의 확실한 배려다.

지하 식품 코너에는 어떤 배치 상술이 숨어 있을까? 지하 식품 코너에서 가장 많이 팔리는 물건들은 주로 가장자리에 위치해 있다. 카트를 끌고 매장 안으로 들어가면 오른쪽 벽면에는 과일과 야채가 놓여 있고 안쪽 벽면에는 고기와 생선을 팔며 왼쪽에서는 음료수를 판다. 과자나 그 밖에 필요한 생필품들은 가운데 위치해 있다. 안쪽에는 그들의 고개를 왼쪽으로 돌리게 하려는 매장 직원의 아줌마들이 공짜시식 코너를 앞세워 그들을 유인한다. 손님들이 가장자리만 돌다 계산대로 직행하는 것을 막기 위해 시식코너는 안쪽으로 갈수록 많다. 일단 들어오면 나가기 어렵게 만든 상술의 배치가 최대로 적용되는 곳이다.

3) 고정형 배치

위치고정형 배치라고도 불리우는 **고정형 배치**는 작업이 수행되는 작업현장으로 작업자, 원자재 및 설비 등이 이동하는 배치형태이다.

대형 항공기와 같이 제품이 매우 크고 복잡한 경우에는 제품을 움직이는 대신 제품 생산에 필요한 원자재·기계설비·작업자 등을 제품의 생산장소에 근접시키는 것이 유리하다. 대형선박이나 토목건축 공사장에서 볼 수 있는 배치유형으로 제품이나 공사구조물은 한 장소에 고정되고, 그 대신 자재와 기계설비를 현장에 옮겨서 생산하는 형태이다.

〈도표 4-16〉에 고정형 배치의 장·단점을 분석하였다.

도표 4-16 고정형 배치의 장·단점

장 점	단 점
① 생산물의 이동을 최소한으로 줄일 수 있다. ② 다양한 제품(작업)을 신축성 있게 제조할 수 있다. ③ 크고 복잡한 제품(구조물)생산에 적합하다.	① 제조현장까지 자재와 기계설비를 옮기려면 많은 노력·시간·비용이 소요된다. ② 기계설비의 이용률이 낮다. ③ 고도의 숙련을 요하는 작업이 많다.

도표 4-17 고정형 배치의 예

4) 혼합형 배치

제품별 배치의 장점과 공정별 배치의 장점을 이용한 배치형태를 **혼합형 배치** 또는 **그룹별 배치**라고 한다.

제품별 배치는 코스트는 저렴하나 소비자의 다양한 기호에 맞추지 못하는 반면에, 공정별 배치는 소비자의 기호에 맞출 수 있으나 코스트가 비싸다는 대표적인 단점들이 있다. 이러한 단점을 극복하고 장점을 살리기 위한 배치가 혼합형 배치이다.

여기에는 유연생산시스템(FMS), GT 배치, 셀룰러 배치 그리고 Moduler 배치 등이 있다.

(1) 유연생산시스템(FMS)

유연생산시스템(flexible manufacturing system)이란 다양한 작업장에서 NC프로그램의 제어하에 여러 개의 다른 종류의 부품을 동시에 가공할 수 있는 생산시스템이다. 현대 산업에 있어서 추세는 제품은 다양화되고 제품의 수명은 점점 짧아져 가고 있다. 이러한 추세에 대처하기 위하여 유연성을 가지면서 높은 생산성을 유지하는 자동화 기계들과 컴퓨터로 구성된 유연생산시스템이 요구되고 있다.

유연생산시스템은 가공작업장, 물자취급과 저장 그리고 컴퓨터 통제시스템으로 이루어져 있다.

① 가공작업장

유연생산시스템 작업장들은 여러 종류의 부품들을 가공하는 기계장비들과 로봇으로 구성되어져 있다. 이외에 유연생산시스템 작업장에는 검사장소, 조립작업장, 판금 프레스 작업을 포함하는 다양한 종류의 가공장비들도 포함되어진다.

② 물자취급과 저장

다양한 종류의 자동물류장비는 부품과 반제품을 다른 가공장소로 옮기는 역할을 한다. 때로는 저장을 이 기능에 포함시키기도 한다.

③ 컴퓨터통제시스템

유연생산시스템의 운영과 통제는 주로 컴퓨터에 의하여 이루어진다. 컴퓨터통제센터는 각 가공작업들의 생산가공을 통제하고, 가공작업장에 필요한 자재나 부품의 운송, 이들의 입출고 및 생산된 제품의 검사 등을 제어하는 통제기능을 수행한다.

(2) GT 배치

GT(group technology)는 다품종 소량생산의 효율을 높이기 위해 생산과정에서 부품의 형상·치수 및 공작법 등의 유사성에 유의하여 공작물을 분류하고, 각 그룹에 대하여 최적의 공작기계를 배치하는 방법이다. 다품종 소량생산 방식의 형태를 취하면서 소품종 다량생산 방식의 이점을 취하는 방식이다.

이 기법을 이용하면, 비록 작은 규모의 생산을 하는 경우라도 대량생산에서와 같은 작업과정과 생산비의 혜택을 받게 되어 원가절감이 가능해진다. 말하자면, 유사성에 의하여 분류된 각 공작물의 유사한 그룹들을 모아 한꺼번에 만들어 내는 것이다. 예컨대, 철판을 원료로 하는 3가지의 생산물이 모두 비슷한 크기의 원판을 재료로 한다면, 이 3가지 생산물이 필요로 하는 원판을 한 공정에서 생산하는 것과 같다.

즉, GT란 부품 및 제품을 설계하고 제조하는 데 있어서 설계상 또는 가공상 형태나 공정경로가 비슷한 부품들을 그룹화하여, 그 집단의 유사성의 장점을 취하는 생산방식이다. 이렇게 그룹화한 유사한 부품들은 하나의 부품군(product family)을 형성한다.

5) 배치형태

배치형태의 기본이 되는 3가지를 요약하면 〈도표 4-18〉과 같다.

도표 4-18 배치유형의 분석

특 징	제품별 배치	공정별 배치	고정형 배치
제품 특징	표준화된 제품을 위한 배치 소품종 대량생산	일반적인 기능의 수행을 필요로 하는 다양한 제품생산을 위한 설계 다품종 소량생산	소량생산, 종종 한 개의 제품만을 생산
생산 흐름 및 배치분석	제품의 직선흐름 각 단위의 공통된 생산순서 라인 밸런싱	다양한 흐름 패턴 작업장거리	흐름이 적거나 없다. 장비와 인력자원이 작업장으로 조달된다. 일정관리
인 력	강제적인 작업 페이스 반복 작업 전문화된 작업 기술	기본기술에 능한 숙련공. 적극적 감독이 불필요한 작업 수행도. 알맞은 적응기술	고도의 숙련공, 유연한 작업 기술, 특별한 작업배정과 세부적인 다양성
공간 활용 및 설비 이용률	공간의 효율적 활용 단위 공간당 높은 생산율 설비이용률 높다.	공간의 비효율적 사용 많은 재공품 유지 및 낮은 생산율 설비이용률 낮다.	설비와 작업자의 이동으로 많은 시간과 비용이 소요됨
자본 및 설비	각각 특수기능을 위한 설비와 공정에의 자본 투자 전용 설비	일반목적의 장비와 공정·범용설비	움직일 수 있는 일반 목적의 장비와 공정. 범용설비
생산비	비교적 높은 고정비 적은 직접노무비와 재료비	비교적 낮은 고정비, 높은 직접노무비와 재료비	높은 노무비와 재료비, 비교적 낮은 고정비

2. 체계적설비배치계획(SLP)

도표 4-19 SLP의 총체적 흐름

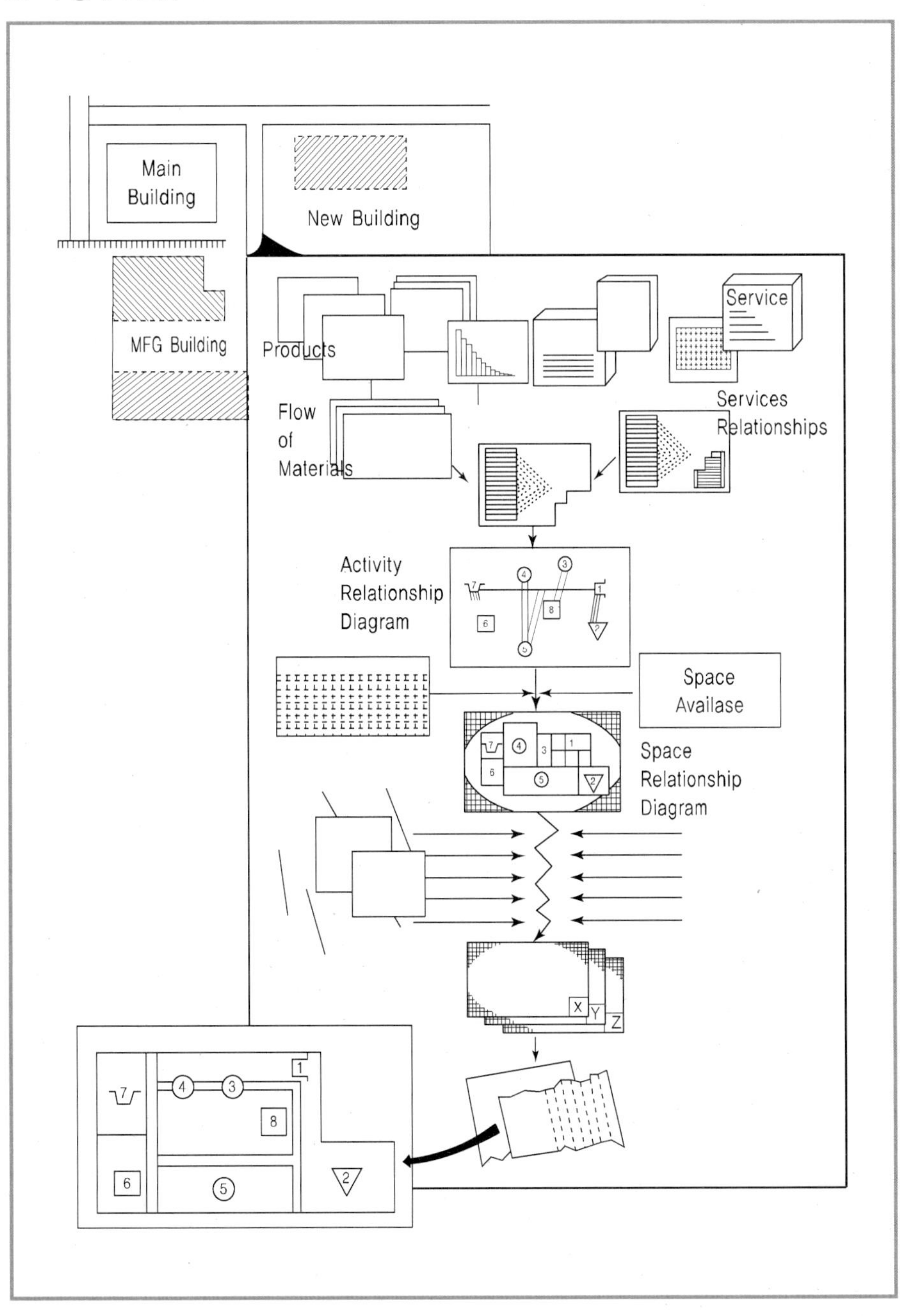

설비배치를 어떤 방법으로 만들 것인가에 관해서는 많은 학자들이 여러 가지 대안을 연구하였다. 그러나 1961년 리차드 머더에 의하여 제안된 체계적 설비배치 계획(systematic layout planning)이 가장 유용하게 사용되고 있다. 이는 공장위치선정, 건물배치계획, 부서배치계획 및 설비배치 계획단계로 실시된다. SLP를 한 눈에 볼 수 있도록 〈도표 4-19〉에 나타냈다.

(1) P-Q 분석

P-Q 분석은 어떠한 형태의 배치를 결정할 것인가를 찾아내기 위해서 제품의 종류 P와 수량 Q의 관계를 분석하는 공장배치의 계획수립 시 최초로 분석하는 기법이다.

도표 4-20 P-Q 분석(생산량과 제품의 관계)

제품의 종류	생산량
A	65
B	8
C	8
D	8
E	2
F	2
G	2
H	2
I	1
J	1
K	1
합계	100

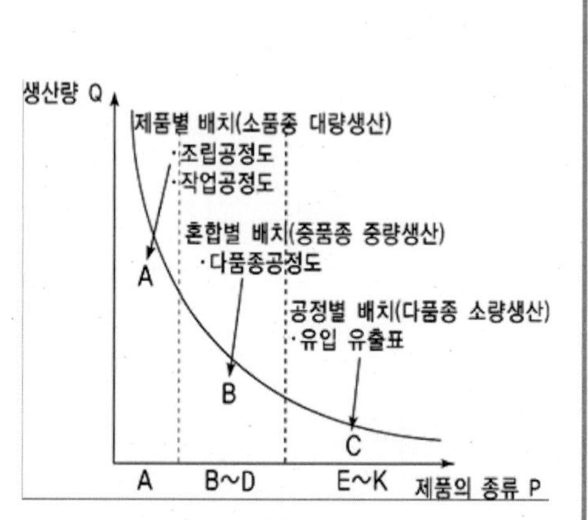

① 제품별 배치(product layout)

〈도표 4-20〉에서 보는 바와 같이 소품종 대량생산 방식으로 제품의 종류는 극소수이고 생산량은 많은 경우에 택하는 배치방식이다.

② 공정별 배치(process layout)

생산량 Q에 비하여 제품의 종류 P가 많은 다품종 소량생산의 경우에 택하는 배치형태이다.

③ 혼합형 배치(group layout)

제품의 종류 P와 생산량 Q가 ①과 ②의 중간인 경우에 택하는 배치형태이다.

(2) 자재흐름분석

P-Q 분석에 의하여 A급, B급, C급의 분류가 결정되면 그 분류 내에 있는 제품들에 대하여 다음과 같이 개별적인 자재흐름분석을 행한다.

㉠ A분류
- 작업(단순작업)공정도
- 조립공정도

㉡ B분류
- 다품종공정도

㉢ C분류
- 유입 유출표(크로스차트, 이동거리분석표)

① 작업공정도

작업공정도에는 자재가 공정으로 들어오는 지점과 공정에서 행하여지는 검사와 작업이 도식적으로 표시된다. 또한 필요에 따라 검사나 작업에 소요되는 시간이나 위치 등의 정보가 기입되기도 한다.

도표 4-21 작업공정도

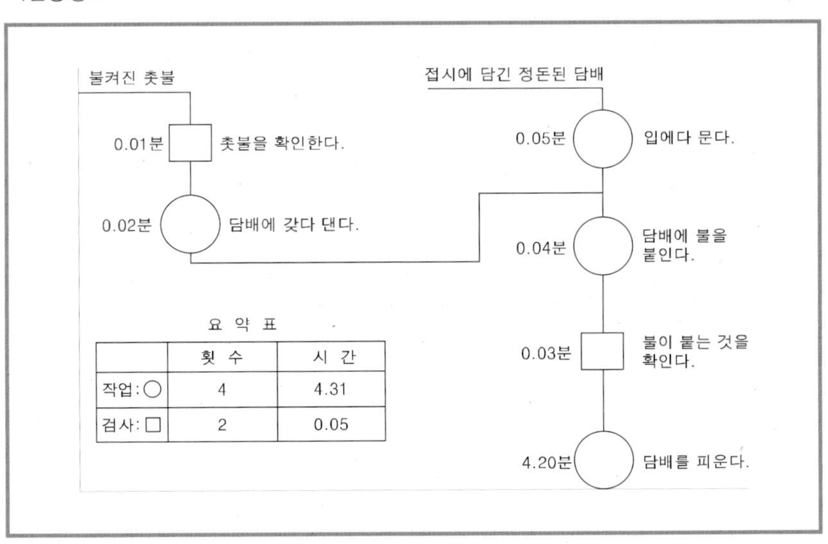

	횟 수	시 간
작업:○	4	4.31
검사:□	2	0.05

이 공정도는 ○와 □의 두 가지 기호가 수직선에 연결되어 표시되며 ○는 작업, □는 검사를 나타낸다.

② 조립공정도

조립공정도는 많은 부품 또는 원재료를 조립에 의해 생산하는 제품의 공정을 나타내는 데 사용된다.

③ 다품종공정도

다품종의 제품(6~10개 정도)에 대한 분석에 적합하며, 다품종의 제품공정은 〈도표 4-22〉와 같이 나타낼 수 있다.

이는 다품종의 제품 경로를 한 도표에 나타내 줌으로써 그들 상호 간의 관계, 공통 이용설비, 각 기계설비에 걸리는 작업량 등을 쉽게 파악할 수 있으며 아울러 흐름의 역행을 최소화하도록 배치를 유도할 수 있다.

도표 4-22 다품종 공정도

부품 \ 작업	프레스 50톤	프레스 70톤	선 반	드 릴	쉐 파	절곡기	연마기	X X X
A	②	①		③			④	
B			②	③		①		④
C	①	②		③	④		⑤	
D			①	②			③	
E	②	①				③		
F			①	②	③		④	
G	①				②	③		④

④ 유입 유출표

유입 유출표는 다품종 소량생산에 있어서 부품의 이동경로를 손쉽게 파악할 수 있도록 각 기계와 부품 간의 이동경로를 나타낸 표이다.

도표 4-23 유입 유출표

FROM \ TO	선반 ①	절단 ②	드릴 ③	선삭 ④	후라이스 ⑤	열처리 ⑥	브라스트 ⑦
선반 ①		a1	bd2				
절단 ②				c1	a1		
드릴 ③					b1	d1	
선삭 ④				c1	c1		
후라이스 ⑤		a1				a1	
열처리 ⑥			bd2				ad2
브라스트 ⑦							

(3) 활동 상호관계 분석

공장 내에서 생산활동에 직접 또는 간접적으로 기여하는 모든 활동 간의 관계, 즉 가까이 있어야 할 부서와 멀리 있어야 할 부서의 내용 관계를 접근도·접근이유 등으로 파악한 도표이다.

도표 4-24 근접도 기호의 표시 및 예시

모음 기호	가중값	도시 방법	근접도	예 시	이 유
A	4	// //	절대적으로 인접해 있어야 된다.	최종 검사장－포장	하자 발생 방지
E	3	// /	인접해 있는 것이 대단히 중요하다.	주차장－접견실	편의성
I	2	//	인접해 있는 것이 중요하다.	중간조립부서－주조립부서	물량이 많음
O	1	/	인접의 필요성이 보통이다.	사무실－우편발송실	접촉이 빈번
U	0		인접하든 안 하든 상관없다.	기술부서－제품 출하	접촉이 별로 없음
X	-1		인접해 있는 것이 바람직하지 않다.	사무실－보일러실	연기
XX	-2, -3 -4		인접해서는 절대로 안 된다.	용접－페인트	화재 발생

〈도표 4-25〉는 활동 상호 관계 분석표이고, 〈도표 4-26〉은 활동 상호 부문관계를 나타낸 도표이다.

도표 4-25 부문 상호 관계표

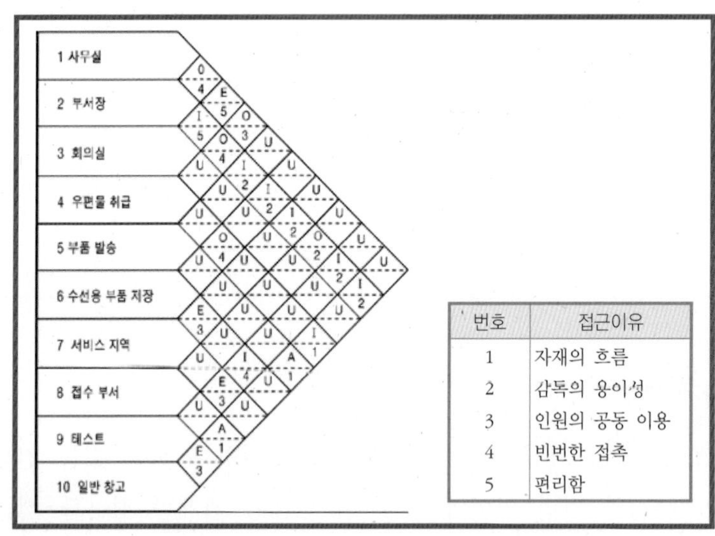

(4) 흐름-활동 상호 관계도

활동 상호 관계 분석표가 작성되면 그 내용에 따라 실제로 각 활동들을 배치하는 작업이 따르게 되는데 지금까지 수집·분석해 온 자료들을 최초로 결합하는 과정으로서 눈으로 볼 수 있는 최초의 개략적인 배치단계가 된다. 즉, 자재흐름분석과 활동 상호 관계분석이 끝난 후, 두 가지를 결합하여 흐름-활동 상호 관계도를 만든다.

이는 활동 상호 관계 분석도에 있는 각 활동 간의 접근도에 따라 모든 활동의 상대적인 위치를 도면에 표시함으로써 이상적인 배치를 추구하게 된다. 〈도표 4-26〉은 흐름-활동 상호 관계들이다.

도표 4-26 흐름-활동 상호 관계도

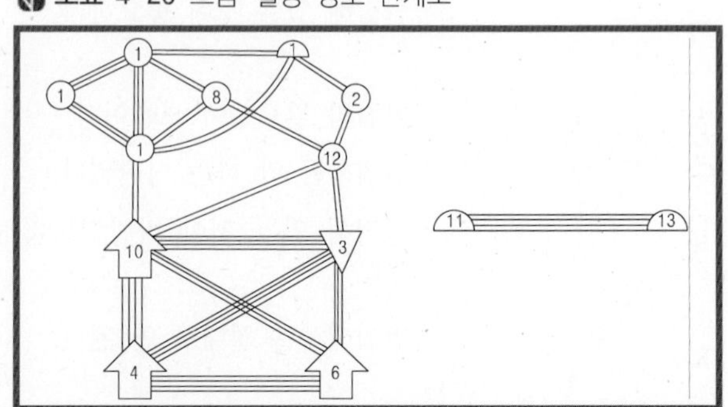

(5) 면적 상호 관계 분석도

면적 상호 관계 분석도(배치도)는 흐름-활동 상호 관계 분석도의 각 활동을 그 소요면적만큼씩 확대시킨 것으로서 공장배치 안에 상당히 접근해 있는 것으로 공장의 배치윤곽을 결정되게 하는 것이다. 또한 각 배치물이 필요한 면적도 계산하게 된다.

도표 4-27 면적 상호 관계도의 예

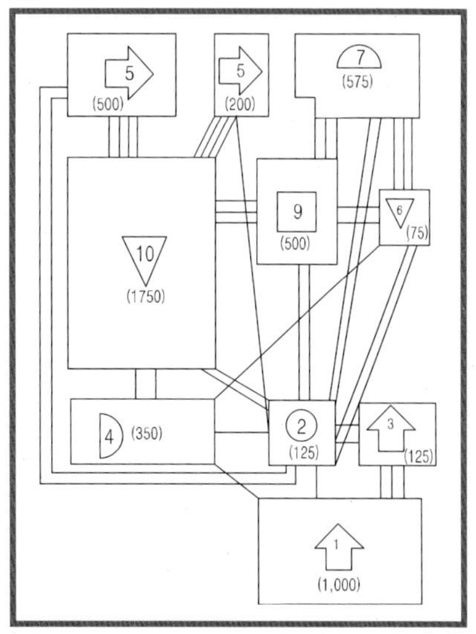

4장 연습문제

1. 산업입지조건에 해당되지 않는 것은?

㉮ 경제적 요인　㉯ 자연적 요인
㉰ 물리적 요인　㉱ 사회적 요인

2. 다음 중 Weber의 산업입지론의 골자가 아닌 것은?

㉮ 입지 중량이 큰 것은 원료 산지 지향적이다.
㉯ 입지 중량이 작은 것은 소비자 지향적이다.
㉰ 순수 원료 산지의 공업입지란 없다.
㉱ 공기·물과 같이 어디나 존재하는 보통 원료도 공업입지에 영향을 준다.

3. 뢰쉬의 산업입지론의 핵심은?

㉮ 비용　㉯ 노동력　㉰ 수요　㉱ 수송

4. Weber의 산업입지론의 핵심은?

㉮ 최소비용　㉯ 이익　㉰ 노동력　㉱ 원료비

5. 단속생산과 연속생산의 특징 비교가 잘못 되어진 것은?

㉮ 다품종 소량생산 – 소품종 대량생산　㉯ 생산속도 느림 – 생산속도 빠름
㉰ 설비투자액 적다. – 설비투자액 많다.　㉱ 예측생산 – 주문생산

6. 다음의 설비배치유형에 대한 설명 중에서 그 내용이 잘못된 것은?

㉮ 공정별 배치는 수요변동에 대한 신축성이 크다.
㉯ 공정별 배치는 기계고장, 재고부족, 작업자의 결근 등이 발생하면 생산유지가 매우 어렵다.
㉰ 제품별 배치는 수요변동에 적응하기가 어렵다.
㉱ 제품고정배치는 기계설비의 이용도가 낮다.

7. 7개의 공정 중 1공정 5분, 2공정 6분, 3공정 10분, 4공정 12분, 5공정 10분, 6공정 8분, 7공정 10분 걸리고 각 공정을 한 명의 작업자가 작업을 하고 있을 때 라인효율을 얼마인가?

㉮ 55% ㉯ 68%
㉰ 73% ㉱ 76%

8. 가공의 유사성에 의하여 부분품을 집단화하고 가공 로트를 크게 하여 생산능률을 향상시키고자 하는 기법은?

㉮ group dynamics ㉯ group technology
㉰ group economy ㉱ group innovation

9. 다음의 수송계획법을 최소비용법으로 풀 것.

공 장	창 고			생산능력
	A	B	C	
충 주	100	180	150	2,000
인 천	300	200	130	1,500
강 릉	250	350	170	3,500
	2,200	3,000	1,800	7,000

10. 제품별 배치 및 공정별 배치의 장·단점을 쓸 것.

11. 다음을 P-Q 분석한 후 그림을 그리고, 그래프에 있어서 각각 어느 부분의 생산방식에 어떤 배치가 유리한지를 분석하고, 각각의 배치에 어떤 자재흐름분석이 필요한가를 분석하라.

품종	수량
A	60
B	10
C	10
D	10
E	2
F	2
G	2
H	2
I	1
J	1

12. 어떤 흐름작업의 소요시간이 다음과 같을 때 최대 라인 밸런싱 효율은 몇 회 분할 때인가? (현재 각 공정에 1인의 작업자)

공 정	1	2	3	4	5
소요시간	5	9	10	5	6

제5장

필요할 때, 필요한 것만큼만 적시에 생산해 내는

TPS 생산방식

TPS 생산현장

01 TPS 생산방식

1. TPS 시스템

도요타 생산시스템(Toyota Production System)은 기업의 모든 활동에서 낭비와 지연을 제거하여 부가가치를 극대화하며 린(lean)하게 만들어 내는 생산시스템이다. 린이라는 용어는 1990년 미국 MIT대학의 워맥 교수가 일본의 제조업체 경쟁력을 분석하면서 TPS 생산방식을 일체의 낭비를 허용하지 않는 생산방식인 Lean-시스템이라고 명명하였다. Lean이란 뜻은 기름기가 하나도 없는 순 살코기를 의미하는 말로서 도요타 생산시스템은 낭비가 전혀 없는 낭비 제로 시스템이라는 단어를 찾은 데서 유래된 것이다. 낭비가 전혀 없는 시스템이란 필요한 때에 필요한 물건을 필요한 양만큼만 만들어 내는 시스템이다.

이와 같이 린 시스템의 의미를 잘 이해하고 설계된 시스템이 바로 도요타 생산방식의 JIT 시스템인 것이다.

적시생산시스템(just-in-time : JIT)은 일본의 Taiichi Ohno가 개발한 Toyota 생산시스템을 의미하는데, 이는 오늘날 가장 효율적인 제조시스템의 하나라고 인정받고 있다. JIT라는 용어는 미국의 경영인들이 도요타를 방문하고 이들이 채택한 생산방식을 보고 붙인 이름이며 일본인이 만든 용어는 아니다. 사실 일본에서는 도요타가 채택한 생산방식을 글자 그대로 도요타 생산방식(TPS)이라고 불러 왔다.

도요타 생산방식의 기본사상은 철저한 낭비의 배제, 즉 낭비, 무리, 불균형을 배제하려는 것이다. 그러기 위해서는 필요한 때에 필요한 물건을 필요한 양만큼만 만들어야 한다. 결국 보다 좋게, 보다 빨리, 보다 짧은 리드타임으로 소로트 생산을 하는 흐름방식을 취하게 된 것이다. 도요타에서는 이것을 실천하기 위한 수단으로서 칸반을 사용하며 칸반시스템은 도요타식 생산시스템의 하나인 서브시스템이 된다.

한마디로 **JIT시스템**은 생산과정에서 필요할 때, 필요한 만큼만 적시에 생산함으로써 생산시간을 단축하고 재고를 최소화하여 낭비를 없애는 시스템으로 정의된다. TPS는 생산시스템의 낭비요소를 7가지 범주로 분류하고 있다. 다음 〈도표 5-1〉는 JIT 생산방식의 7가지 낭비를 나타내고 있다.

도표 5-1 도요타 생산방식(JIT)의 7가지 낭비요소

7가지의 낭비	내 용
① 과잉생산의 낭비	불필요한 것을, 불필요한 때에 만드는 것
② 작업자 대기의 낭비	전 공정 대기나 감시 작업
③ 운반의 낭비	물건의 이동이나 다시 쌓기
④ 가공 그 자체의 낭비	불필요한 공정이나 작업이 필요한 것처럼 실시되고 있다.
⑤ 재고의 낭비	물건이 정체하고 있는 상태나 보관, 공정 간의 재공품
⑥ 동작의 낭비	불필요한 움직임, 부가가치가 없는 움직임, 더디거나 빠른 움직임
⑦ 불량을 만드는 낭비	수정이나 반품 등 생산성을 떨어뜨리는 자재부적합이나 가공부적합

이와 같은 낭비요소들을 제거하게 되면 생산에 필요한 인력, 공간, 재고, 시간과 부적합품 등이 최소화될 것이다.

현업 실무를 도와주는 **스토리텔링 생산경영** 사례 연구

■ JIT가 추구하는 기본원리는 무엇인가?

① 품질개선에 돈이 들지는 않는다.

품질을 향상시키려면 돈이 많이 든다는 것은 잘못된 생각이다. 첫 번에 제대로 할 수 있다면 재작업과 폐기물을 줄이고 고객의 불만을 미연에 막을 수 있어 오히려 총비용은 줄어든다.

② 현장 작업자들이야말로 전문가이고 엔지니어와 각종 지원부서는 이들을 돕기 위해 있다.

첫 번에 잘하기 위해서는 현장 작업자들을 통해서만 가능하다. 현장의 많은 문제점을 잘 이해하고 파악하고 있는 이들 전문가들을 제대로 활용하기 위해서는 이들에게 문제해결방법에 대해 조언해 주고 어려운 문제를 같이 생각해 줄 수 있는 지속적인 학습과 개선을 장려하는 조직분위기의 구축이 필요하다. 즉, "근로자들의 능력범위와 지식수준이 설비나 기계보다 훨씬 더 중요하다."는 것을 인식하고 인간이라는 자산에 지속적인 투자를 계획한다. 현장의 전문가들의 능력이 증대될수록 간접지원부문의 필요성은 줄어들고 신축성 있고 신속한 결정이 가능해진다. 현장의 작업자들도 남는 시간에는 지원 스태프들이 하던 많은 일들을 직접 처리하게 된다.

③ 실수는 개선의 보고이다.

실수와 오류의 분석을 통하지 않고서는 개선이 불가능하다. 모든 부적합과 하자의 원인을

샅샅이 뒤져 조금씩 공정을 개선해 간다. 무결점이란 단순히 목표가 아니라 실수의 지속적인 분석을 통해 실현할 수 있는 표준이다. 이를 위해서 조직의 모든 구성원들이 개선이라는 활동이 습관처럼 몸에 베야 한다.

④ 재고는 모든 말썽의 근원이다.

재고는 현장에서 일어나는 모든 문제를 깊숙이 감추어 버리는 나쁜 역할을 한다. 물의 재고이고 돌이나 바위는 공정 내의 수많은 문제점이나 불완전한 요소를 의미한다. 물은 흐름을 더 빠르고 깨끗이 하기 위해서는 돌이나 바위 같은 장애물요소를 없애야 하며 이것들이 어디에 숨어있는지 알아내기 위해서는 무엇보다도 수위가 낮아져야 한다. 물속에 잠긴 상태, 즉 수위가 높을 때는 아무리 좋은 도구라도 제대로 돌이나 바위를 제거하기 힘들며 설사 제거했다 하더라도 강가에서 더 많은 바위나 쓰레기가 굴러 들어갈 수 있기 때문이다.

재고의 축소는 수위를 낮추게 하여 얼마 안가서 배가 바위에 부딪히게 된다. 이는 곧 제조공정에서의 수많은 문제 중의 하나와 맞부딪히게 된다는 것이다. 의식적으로 재고수준을 낮추어 문제점을 노출하여 작업자, 감독자, 엔지니어들이 합심하여 노력하지 않을 수 없도록 한다. 물론 적시생산시스템이 완전히 정착된 기업이라고 해서 전혀 재고 없이 모든 공정을 운영할 수는 없다. 그러나 병목 작업장을 식별하여 생산능력을 고르게 하고 부적합품의 발생을 미연에 예방함으로써 작업장과 작업장 사이의 자재흐름을 원활히 하면 재공품 재고는 자연히 줄어든다.

⑤ 로트의 크기는 작을수록 좋다.

가장 이상적인 로트의 크기는 Q=1이다. 로트의 크기, 즉 1회 생산량이 필요 이상으로 크면 당장 긴급히 공급해야 하는 물량이 적더라도 많이 만들어야 하므로 고객의 수요를 충족시키는 데 걸리는 시간이 필요 이상으로 길어진다. 또한 다른 품목들의 로트 크기도 크므로 작업장마다 상당시간을 대기해야만 그 품목의 작업을 시작할 수 있다.

⑥ 품질 부적합 제로에 도전한다.

작업흐름의 속도가 높아지기 위해서는 무엇보다도 품질이 뒷받침해 줄 수 있어야 한다. 부적합품이 양산되면 아무리 빨리 생산해 보았자 재작업, 폐기처분, 검사 등을 하다 보면 양품의 공급 자체는 늦어진다. 품질이 높아지면 공장 내의 흐름속도를 높일 수 있다.

2. JIT 시스템의 기본요소

JIT 시스템을 구축하기 위한 기본요소로서는 칸반시스템, 자재흐름방식(pull방식), 설비배치방식, 소규모 로트생산, 생산의 평준화, 작업자의 다기능공화, 그리고 공급자와의 관계 등을 들 수 있다.

(1) 칸반 시스템

칸반(kanban)이란 도요타 생산시스템의 주축이라 할 JIT를 실현시키기 위한 관리도구이다. 사각의 비닐봉지 속에 작은 종이쪽지를 넣은 것이 많이 사용되고 있으며 그 종이쪽지에는 무엇을 얼마만큼 인수하는가, 또는 무엇을 어떻게 만들 것인가가 명시되어 있다. 이러한 칸반 시스템은 후공정이 전공정에 필요한 물품을 필요한 때에 필요한 양만큼 인수해 가며 전공정은 그 인수해 간 양만큼만 제조해서 보충하는 것이 칸반 생산시스템인 것이다. 이 경우 후공정이 전공정에 인수해 가는 사이에 인수정보 또는 운반지시정보로 연결되며, 그 내용을 명시한 칸반을 이동 칸반 또는 운반 칸반이라 한다. 이것이 칸반의 첫 번째 중요한 역할이며 다른 한 가지는 현재의 전 공정이 인수된 분량만을 제조하기 위해 생산을 지시하는 공정 내 생산칸반이 있다.

이 두 가지의 칸반이 협력체제가 되어 도요타 자동차 공장 내 각 공정 간, 도요타 자동차와 협력기업 간, 각 협력기업 내의 각 공정 간에 연결이 되어 칸반은 회전하고 있다. 따라서 칸반은 생산량에 대한 정보가 들어 있는 것이다.

도표 5-2 이동 칸반 카드 및 생산 칸반 카드의 형태

이동칸반

부품 번호 : 부품명 :

17395-74A Rocker Arm

컨테이너 용량	컨테이너 유형	발행번호
20	pallet container	4/8

선행 작업장 : 선반 작업장 A-1
후속 작업장 : 천공 작업장 A-2

생산칸반

부품 번호 : 부품명 :

17395-74A Rocker Arm

컨테이너 용량	컨테이너 유형	공 정
20	pallet container	선 반

저장 장소 : A-1 OP

현업 실무를 도와주는 **스토리텔링 생산경영** 사례 연구

'칸반'은 일본어로 '간판'을 의미하면서 영어로는 카드라고 이해하면 된다. 이 시스템은 개별번호를 지닌 부품들을 표준화된 양만큼 보관하고 있는 컨테이너에 카드(칸반)를 부착하는 것이다. 칸반 카드에는 이동카드와 생산카드 두 가지가 있다.

생산자가 부품의 컨테이너를 사용하기 시작하면 컨테이너에 부탁된 이동카드는 제거되고 앞에 있는 혹은 공급하는 작업센터(대부분의 경우 이는 공급업체이다)에 보내지거나 작업센터에 의해 선택된다. 이것이 바로 현재 사용하고 있는 컨테이너를 대신할, 또 다른 부품의 컨테이너를 보내 달라고 하는 작업센터에 보내는 신호 혹은 사인이 된다. 교체된 컨테이너에는 보내기 전에 이동카드를 대신해서 생산카드가 부착되어 있다. 그러면 생산카드는 작업센터로 하여금 또 다른 부품의 컨테이너를 만들게 한다. 이러한 카드들은 작업센터 내에서나 작업센터 간에 혹은 공급업체와 조립공장 간 내에서 각각 순환하게 된다.

칸반 시스템이 효과적으로 이루어지기 위해서는 다음과 같은 사항이 준수되어야 한다.

1. 한 번에 오직 하나의 카드만이 컨테이너에 부착될 수 있다.
2. 사용하고 있는 (혹은 뒤에 있는) 작업센터는 공급하는 (혹은 앞에 있는) 작업센터로부터 부품의 이동을 시작해야 한다.
3. 생산카드 없이는 어떠한 경우에도 부품을 조립해서는 안 된다.
4. 칸반에 명시된 양 이외에는 절대로 이동시켜서도 생산해서도 안 된다.
5. 칸반은 선입선출법에 근거하여 다루어져야 한다.
6. 완제품은 칸반 카드에 명시된 지점에 반드시 위치시켜야 한다.

각각 칸반은 생산과정에서 사용되거나 생산되고 있는 제품의 표준화된 수를 나타내기 때문에 공장에 있는 카드의 수를 통제함으로써 반제품의 재고량을 쉽게 통제할 수 있다. 일본의 관리자들은 단순히 카드를 한두 개 제거함으로써, 시스템을 시험하거나 억제할 수 있고 병목현상을 쉽게 드러낼 수 있다. 그리고 문제가 발생하면 스스로 그 문제를 파고 들 수가 있는 것이다. 이는 생산성을 향상시킬 수 있는 기회이자 칸반 시스템의 근본적인 목적이라고 할 수 있다.

(2) 자재의 흐름방식(pull system)

자재의 흐름은 풀 시스템(pull system)과 푸시 시스템(push system)으로 나눌 수 있다. **푸시 시스템**은 전통적인 생산시스템에서 흔히 볼 수 있는 자재흐름의 원리로서, 선공정이 후공정의 필요에 관계없이 선공정의 일정계획에 따라 자재를 생산하여 후공정으로 밀어보내는 것과 같은 형태로 자재를 인도하는 시스템이다. MRP시스템은 진보된 형태의 푸시 시스템이라고 할 수 있다.

맥도널드 햄버거의 예를 들어 보면 고객의 주문에 관계없이 항상 일정량의 햄버거를 만들어 재고를 보충한다. 물론 재고수준은 항상 낮게 유지되어야 한다. 왜냐하면 햄버거는 일정한 시간이 지나면 맛이 변하기 때문이다. 이것이 푸시 시스템이다. 이와 반대로 버거킹의 햄버거는 고객의 주문에 의해서 햄버거를 만든다. 즉, 후공정의 필요에 따라서 햄버거를 만들게 된다. 이와 같은 방식이 **풀 시스템**이다.

① **푸시 시스템** : 햄버거를 고객의 주문에 관계없이 항상 일정량은 만들어 재고를 보충하는 방법

② **풀 시스템** : 햄버거를 고객의 주문에 의해서 만든다. 후공정의 필요에 따라서 선공정으로 가서 물품을 가져온다.

제조업에서는 자재흐름의 두 방식이 모두 널리 행해지고 있다. JIT 시스템을 사용하는 회사는 풀 방식을 이용한다. 풀 방식은 재고필요량과 작업장에서의 생산량 간의 긴밀한 통제를 가능하게 하기 때문이다.

도표 5-3 푸시 시스템과 풀 시스템

푸시 시스템 : 햄버거를 고객의 주문에 관계없이 항상 일정량을 만들어
재고를 보충하는 방법(대부분의 Fast Food)
풀 시스템 : 햄버거를 고객의 주문에 의해서 만든다. 후공정의 필요에 따라서
선공정으로 가서 물품을 가져온다(Subway Fast Food).

(3) 소규모 로트생산

JIT 시스템에서는 될 수 있는 대로 로트 크기를 줄이려고 하며, 이상적으로는 로트 크기는 1로 생산하고자 한다. 로트 크기를 축소하기 위해서는 고정비의 성격을 가진 생산준비비용을 줄여야 한다. 이를 위해 JIT 시스템에서는 생산준비시간을 최대한(이상적으로는 0까지) 줄인다. 생산준비시간이 단축되면 경제적 로트 크기와 생산소요시간이 줄어들며, 이에 따라 재고수준도 줄어들게 된다. 이와 같이 기계의 생산준비시간의 단축은 JIT 시스템의 성공에 필수적인 요소이다.

(4) 작업자의 다기능공화

JIT 시스템에서는 신속한 생산 교체와 소로트를 위해 다기능 작업자가 요구된다. 작업자를 기계 간에 전환 배치하고 작업자 스스로 기계의 가동준비와 정비를 할 수 있도록 작업자를 여러 분야에 걸쳐 교육시킨다. 즉, JIT 시스템은 전통적인 재고방식에 비해 작업자에게 보다 넓은 범위의 기술을 요구한다. JIT 시스템에서는 문제를 채워 줄 수 있는 재고가 없기 때문에 JIT 시스템은 작업자에게 다양한 기술뿐만 아니라 보다 강한 팀워크와 조정을 요구한다. 따라서 JIT 시스템에서는 생산시스템 전체가 작업자에 의해 조정되어야 한다.

(5) 설비배치방식

JIT 시스템에서는 재고를 공정 사이의 저장실에 보관하지 않고 현장 바닥에 두기 때문에 공장의 설비배치가 상당히 다르다. 재고는 다음 공정이 쉽게 이용할 수 있도록 바로 현장에 놓여진다. JIT 시스템에서는 재고수준이(단지 몇 시간 정도) 낮기 때문에 필요한 저장공간이 줄어들고 따라서 공장의 크기도 작아지게 된다. 제조 공정에서 부하를 균일하게 유지하려면 품종 구성과 생산량을 비슷하게 하여 작업장의 일별 수요를 균일하게 하여야 한다. 병목작업장의 생산용량제약을 알 수 있게 해주는 생산용량계획과 라인밸런싱을 이용하여 기준생산계획을 수립한다. **JIT 시스템**(TPS)은 **혼류생산방식**을 취하고 있기 때문에 생산부하를 평준화할 때 **헤이준카**(heijunka : **평준화**)라는 방식을 택한다. 헤이준카란 물량 조절과 제품 혼합을 모두 사용하여 생산부하를 평준화하는 방법을 가리킨다. 이 접근을 따르면 고객들의 주문에 따라 매번 제품을 생산하는 것이 아니라, 일정 기간 동안 모든 주문 물량을 취합한 다음 평준화하여 매일 동일한 제품들과 물량을 생산하는 방식이다.

도표 5-4 JIT의 구성요소

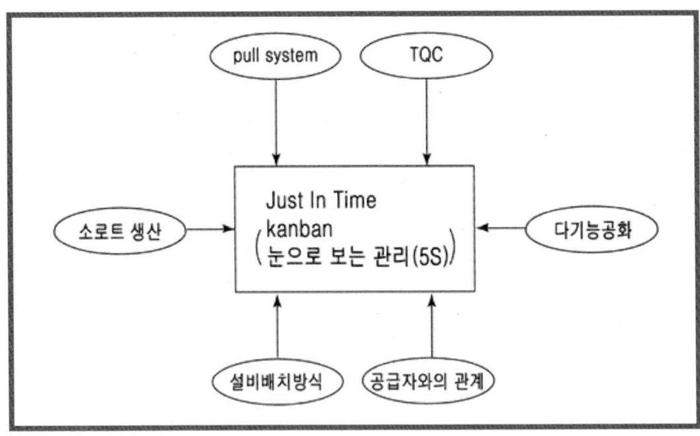

(6) TQC

품질은 JIT 시스템에 있어서 절대적으로 중요한 요소이다. 부적합은 낭비를 초래할 뿐만 아니라 생산 공정을 중단시킨다. 실수를 채워 줄 재고가 없기 때문에 JIT 시스템은 완전한 품질을 요구한다. 부적합은 다음 공정에서 발견되므로 JIT는 부적합의 발생이 제로상태이다. 문제가 발생하면 생산라인이 중단되고 부적합은 그 발생장소에서 즉시 고치는 것이다. 작업자는 자기 작업의 품질을 스스로 검사하여 부적합품은 후속 프로세스에 결코 내려 보내지 않아야 한다. 무언가 문제가 발생하면 자동적으로 프로세스를 정지하고 그 현장에서 바로 고치는 제도를 **지도카**(jidoka)라고 부른다. 이 외에 일본말로 **포카요케**(Poka-yoke)라는 방법이 있는데, 이것은 실수방지 방법으로 그 목표는 고장이 발생할 경우 시스템이 자동으로 정지하도록 설계하여 인간의 실수를 막거나 최소화할 수 있도록 하는 방법이다.

(7) 공급업자와의 관계

JIT 시스템은 공급업자와의 관계를 근본적으로 변화시킨다. 공급업자들은 완전한 품질의 부품을 생산라인에 자주(하루에 4번 정도) 배달해야 한다. 이를 위해 공급업자들은 모기업의 공장 근처에 입지해야 하며, 공장 내 작업장과 마찬가지로 칸반과 컨테이너를 받는다. 한마디로 JIT 시스템에서는 공급업자를 본 회사의 연장으로 생각한다. 즉, 공급업자를 적대관계가 아닌 우호관계로 생각한다.

현업 실무를 도와주는 **스토리텔링 생산경영** 사례 연구

■ 명품 오토바이의 대명사

– 할리 데이비슨의 JIT 시스템 –

미국 내에서 유일하게 큰 규모를 가진 오토바이 회사인 할리 데이비슨은 라이벌 기업들을 제압하기 위해서 1980년대 초에 종합적 품질경영(TQM)을 도입하였다. 할리 데이비슨보다 품질 면에서 우수하다는 평을 듣고 있는 혼다와 야마하 두 기업과의 치열한 경쟁으로 인해 할리 데이비슨은 거의 파산위기에 직면해 있었다. 품질을 강화하기 위해 할리 데이비슨은 지속적인 개선에 중점을 두는 JIT 시스템을 도입하였다.

JIT 프로그램을 도입하면서 할리 데이비슨은 모든 제품과 생산과정을 개선해야 하는 영역으로 간주하였다. 할리 데이비슨은 CAD를 사용해서 전체적인 생산과정을 재구조화하였고, 도색 및 판금과 같은 영역에서의 처리 개선과 새로운 장비 도입에 투자를 하였다. 또한 비슷한 작업끼리 묶는 작업 조를 편성하여 생산과정을 재구조화하였다. 자재부서에서는 공급업체수를 500여개에서 200개로 줄이는 작업을 하였다. 적은 수의 공급업체에 기반을 둠으로써 품질개선을 수행하는 데 관리가 더욱 용이해졌고, 품질에 있어서의 문제를 발견하고 추적하고 해결하는 것이 수월해졌다. 그 밖에 자재부서에서는 공급업체와 같이 적은 양으로 부적합이 없는 부품과 구성품을 생산라인에 직접 투입하는 작업을 하였다. 이러한 작업은 공급업체를 발전시키고 개선하고자 하는 많은 노력이 필요했다. 그 이후로 할리 데이비슨은 공급업체를 발전시키는 데 있어서 매우 훌륭하다는 명성을 얻게 되었고, 공급업체들에게 양질의 부품을 조달받음으로써 최고의 품질로 거듭나게 되었다.

5장 연 습 문 제

1. 제품생산에 요구되는 부품 등 자재를 필요한 시기에 필요한 수량만큼 적시에 조달하여 낭비적 요소를 근본적으로 제거하려는 생산시스템을 무엇이라고 하는가?

㉮ JIT ㉯ MRP
㉰ VE ㉱ PERT

2. JIT 시스템이 작업자에게 미치는 영향이라고 볼 수 없는 것은?

㉮ JIT 시스템이 잘 운영되기 위해서는 전문분야에 숙련된 작업자의 존재가 필요하다.
㉯ 융통성 있는 작업인력으로 만들어 주기 위해서는 기존의 연공서열에 따르는 급여체계와는 달리 새로운 급여체계가 필요하다.
㉰ 작업환경에서 모든 구성원들이 문제해결활동에 적극적인 참여를 할 수 있도록 한다.
㉱ 품질관리서클과 제안제도를 활용하고 있다.

3. JIT시스템에 핵을 이루는 정보시스템으로서 JIT 생산에서 어떤 부품이 언제 얼마나 필요한가를 알려주는 역할을 하는 것은?

㉮ Kanban ㉯ MRP
㉰ Fish Bone ㉱ Q. C. Circle

4. 부품을 사용하는 작업장이 요구할 때까지 부품을 공급하는 작업장에서 어떤 부품도 생산해서는 안 되는 당기기(pull)식 생산방식을 무엇이라고 하는가?

㉮ 칸반생산방식 ㉯ 장치생산방식
㉰ 조별생산방식 ㉱ 개별생산방식

5. JIT 시스템이란 무엇인가?

6. 도요타 생산방식에 있어서 7가지 낭비란 무엇인가?

7. JIT에서 Kanban이란 무엇인가?

제6장

과잉재고와 재고부족의 최소화를 위한

수요예측

예측은 수많은 데이터(빅 데이터)만 있으면 마이너리티 리포트처럼 초능력자가 아니라도 쉽게 예측할 수 있다.

01 수요예측

예측(forecast)은 미래의 사건에 대한 예상이다. 자동차 판매대수를 결정한다든가, 판매제품의 시장성을 분석하는 것 등이다. 예를 들면 음식점의 경영자가 적절한 양의 음식을 준비하고 필요한 점원의 수를 정하기 위해 하루 중 시간대별 고객수와 제품수요에 대한 예측이 필요하다. 생산경영자가 고객의 주문에 대응하여 얼마만큼의 재고를 확보해야 하는가 등에도 예측이 필요하다. 그러므로 기업이 정확한 예측을 한다면 재고도 없앨 뿐만 아니라 재고품절로 인한 기회이익의 손실도 막아낼 수가 있다.

현업 실무를 도와주는 스토리텔링 생산경영 사례 연구

■ 수많은 자료만 있다면 예측으로 미래의 범죄도 막아 낼 수 있는가.

Big Data만 있으면 모든 예측은 가능한가?

범죄가 일어나기 전 범죄를 예측해 범죄자를 잡아내는 최첨단 치안시스템 프리크라임(precrime)은 시민들의 안전을 지켜주는 삼삼한 존재이다. 프리크라임은 범죄가 일어날 시간과 장소, 범행을 저지를 사람을 미리 예측해 내고, 이를 바탕으로 미래의 범죄자들을 체포한다. 프리크라임 팀장인 톰 크루즈는 천부적인 감각으로 미래의 범죄자를 추적해 내는 능력을 인정받고 있다. 톰 크루즈가 프리크라임에 최대한의 열정을 기울이는 것은, 6년 전 자신의 아들을 잃은 아픈 기억을 다른 사람에게만은 물려주고 싶지 않기 때문이다.

2054년 워싱턴. 영화의 시작은 한 남자의 우발적 살인을 예지자가 예측하는 장면에서 시작된다. 예상 살인범으로 지목된 남자는 부인의 외도사실을 직감하고 출근하는 척을 하고 밖에서 기다린다. 잠시 후 집에 낯선 남자가 출입하는 것을 목격하고 집안에서 부인의 외도를 직접 목격하게 된다. 열을 왕창 받은 남자는 손에 들고 있던 가위를 높게 드는데! 그 순간 예방국의 경찰들이 들이닥쳐 미리 일어날 살인을 막는다.

살인을 예측하여 미리 막아 낸 것은 미래의 범죄를 예측할 수 있는 프리크라임 시스템이 작동했기 때문이다. 영화에서는 범죄를 미리 알아내는 DNA를 지닌 초능력자의 예측을 활용한다. 현실에서도 이와 같이 예측할 수 있는 방법이 있다. 수많은 데이터 분석을 통해 소비자의 소비성향과 경제동향을 예측하여 마케팅에 활용되는데 이것을 예측의 과학, 또는 예지의 과학(predictive science)이라고 한다. 2009년 오바마 정부가 미국의 경제 활성화를 위하여 노후차량 보상프로그램을 실시했다가 형편없는 예측으로 망신을 왕창 당했다.

노후차량 보상프로그램이란 연비가 나쁘고, 대기오염의 주범인 노후차량을 자동차 소유자가 폐기하고 새 차를 구입할 때, 정부가 차종에 따라 4,500달러까지를 무상으로 지급하는 제도이다. 정부는 이산화탄소를 배출하는 차량을 없앰으로써 환경도 개선되고, 이와 동시에 자동차의 구매수요를 일으켜 경제위기에 처한 자동차 업계에 활력을 불어 넣으려는 것이 주목적이었다.

이 당시 노후차량에 드는 비용을 경제학자 및 통계전문가들의 예측의견을 들어 10억 달러면 충분하다는 예측에 따라 향후 4개월 동안을 시행기간으로 잡고 10억 달러의 예산을 투입하였다. 그러나 예측의 결과는 엉망이 되어버렸다. 커다란 혼란이 일어난 것은 자명한 일이다.

오바마 정부는 노후차량 보상에 대한 과거의 자료가 없었기 때문이었다고 해명하였다. 실제적으로 과거의 자료가 없으면 수요예측은 상당히 어렵다. 그러나 조금 더 생각해보면, 예측의 과학을 이해했다면 예측했을 수도 있었을 것이다. 구글이나 아마존닷컴의 검색창의 검색어에 있어서 '노후차량 보상프로그램'을 실시간으로 분석해 보았으면 예측이 가능했던 것이다. 얼마나 많은 사람들이 검색엔진에 진입했는지를 추적했다면 가능했다는 얘기다. 진입한 검색 수에서 허수(많은 통계자료에서 몇 %가 허수인가를 분석할 수 있다)를 빼면 대략적인 값을 알아낼 수 있을 것이다.

개개인의 검색은 큰 의미가 없지만 수십만, 수백만명의 패턴을 분석하면 전체적인 사회집단의 동향을 알아 낼 수가 있다. 수많은 사람들의 사고패턴이 집합되어 우리가 예측할 수 있는 예측이 완성되는 것이다. 즉, Big Data만 있으면 보통 사람들도 손쉽게 예측을 할 수 있다는 것이다. 그러나 우리는 Big Data의 위험도 생각하고 있어야 한다.

1. 예측의 정의

시장예측은 기업이 매출액에 영향을 주는 여러 요인을 발견·측정하여, 경영활동에 대해 시장 지향적인 방향을 제공하려는 방법이다.

시장예측은 수요예측과 판매예측으로 이루어진다. 판매예측은 수요예측을 전제로 한다. 수요예측에는 과거의 판매실적을 분석하여 미래의 예측을 도출하는 방법과, 각종 자료의 종합적 검토로 수요를 추론하는 방법이 있다. 전자는 시계열 데이터와 같이 미래의 수요를 과거의 자료로 파악하는데, 이동평균법·최소자승법·회귀분석 등이 사용된다. 후자로는 델파이법, 시장조사법, 전문가 의견예측법 등이 있다. 수요예측으로 얻은 내용을 일정기간(예 1년)과 관련시킨 것을 판매예측이라 한다.

1) 수요에 변동을 주는 요인

제품이나 서비스에 대한 수요의 패턴은 시계열로 관찰된다. **시계열(time series)**이란 같은 현상의 반복적인 관찰치를 발생 순서대로 나열한 것이다. 즉, 과거자료의 패턴을 말하는 것이다. 대부분의 시계열의 다섯 가지 주요 구성요인은 순환요인, 추세요인, 계절적 요인, 불규칙요인, 확률적 오차요인이다. 순환은 제품 및 서비스의 증감을 나타낸 것이다. 추세는 시간에 따른 평균의 구조적인 증가나 감소를 말한다. 계절적 요인은 계절별 또는 연간수요의 시간대별 증가 혹은 감소를 의미한다.

불규칙요인은 예측이 불가능한 요인이다. 예측자가 변동주기를 알 수 없기 때문이다. 왜냐하면 불규칙요인은 9.11 같은 정치적 혼란 등의 사건들이기 때문이다.

수요의 네 가지 요인(순환, 추세, 계절적, 불규칙)은 서로 조합을 이루어 제품이나 서비스의 수요형태를 결정한다. 마지막 다섯 번째의 요인인 확률적 오차는 예측을 했어도 예측이 맞지 않는 만큼의 오차로 이야기할 수 있다. 다음 〈도표 6-1〉은 수요에 변동을 주는 요인이다.

도표 6-1 수요에 변동을 주는 요인

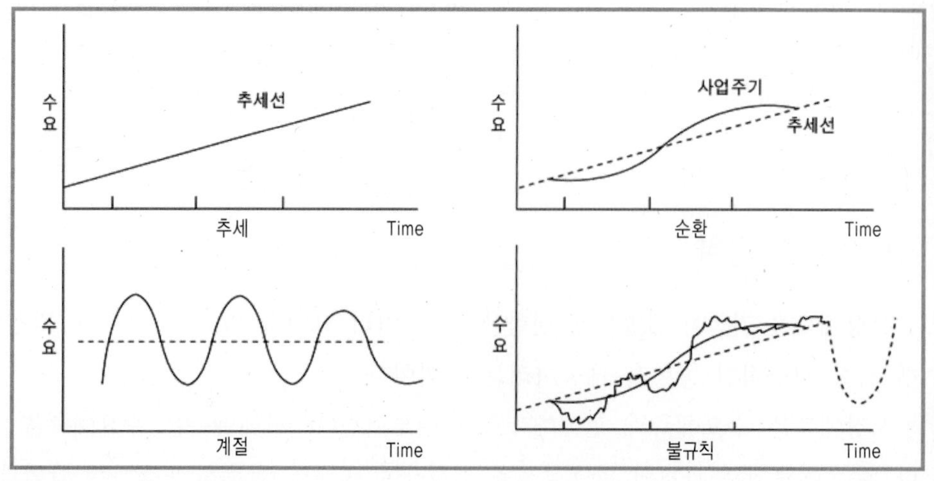

예측모형 : $\hat{Y}=T \cdot S \cdot C \cdot I$

- **추세요인(T : trend)** : 제품 및 서비스 수요에 대한 단기적인 혹은 중기적인 증감을 나타내는 요인으로서 추세는 선형(linear) 혹은 비선형(nonlinear)일 수도 있다.

- **계절요인(S : seasonal)** : 한 계절 혹은 1년 동안의 제품 및 서비스 수요의 증감을 나타내는 단기적 순환이다.
- **순환요인(C : cyclic)** : 제품 및 서비스 수요의 증감을 나타내는 순환이다. 제품 및 서비스 수요의 현 상태를 알기 위하여 사업주기는 일반적으로 네 단계(불경기, 회복기, 번영기, 쇠퇴기)로 구분되어 이용된다.
- **불규칙요인(I : irregular)** : 불규칙한 사건의 발생으로 나타나는 변동요인으로 예측에 활용하기가 쉽지 않다. 데이터의 요인으로서 요인이 큰 데이터는 예측에 활용하기가 어렵다.

2) 예측절차의 단계

1. 예측의 목적을 결정하라. 예측을 언제 어떤 목적으로 활용할 것인가? 필요한 예측 정확도의 수준이 결정되어야 한다.
2. 예측 시야를 설정하라. 예측 시야가 멀어짐에 따라 예측의 정확도가 떨어지므로 시간을 정해야 한다.
3. 예측기법을 선정하라.
4. 적절한 자료를 수집하고 정리하고 분석하라.
5. 예측을 실행하라.
6. 예측을 피드백하라. 예측이 만족스런 방법으로 수행되는지를 판단하기 위해 예측을 피드백하여야 한다. 만약 예측이 만족스럽지 못하다면 방법, 가정, 자료의 타당성 등을 재검토하고 필요한 변경을 하며 수정된 예측을 제시해야 한다.

02 예측기법의 종류

수요는 여러 가지 다양한 특성을 보이므로, 여러 가지 예측기법이 필요하다. 예측의 목적은 현재의 정보를 이용하여 가장 유용한 예측을 하는 것이다.

수요예측기법과 특징을 정리하면 〈도표 6-2〉과 같다.

도표 6-2 수요예측의 기법과 특징

구분	기법	특징
정성적 기법들	델파이법	신제품 개발, 신시장 개척 등의 수요대상에 대하여 전문가나 담당자들이 관련된 정보를 수집해 가며 예측을 하는 방법, 이때 전문가를 한 자리에 모으지 않고 투표형식으로 예측을 하며 동일할 때까지 반복하여 예측 평균값을 찾아내는 것이다.
	시장조사법	실제 시장에 대하여 조사하려는 내용에 대한 가설설정과 조사실험을 실시한다.
	판매원 의견예측법	각 지역을 담당하고 있는 판매원들이 소비자의 형태를 분석하여 종합정리하는 기법이다.
	전문가 의견예측법	전문가들이나 최고경영자들이 하나의 팀을 구성하여 서로의 의사를 제시하고, 예측하는 방법(bandwagon이 발생할 수 있다)
	라이프사이클 유추법	전문가의 도움이나 경영자의 경험으로 제품의 라이프사이클을 판단하여 예측하는 방법(비슷한 제품의 성립과정을 비교 또는 유추해서 예측결정)
시계열분석 기법들	이동평균법	시계열 자료를 일정 기간을 대상으로 산술평균 또는 가중평균치를 구하며 계절 및 불규칙요인을 제거하는 기법으로 평균은 이동식으로 산출된다(계절변동에 이용). $\mathrm{MA} = \frac{\text{과거 모든 기간의 수요합}}{\text{총 기간의 수}}$
	지수평활법	가중평균의 일종으로 최근 수요에 더 많은 가중을 두어 평활시키는 방법으로서 α 값이 클수록 수요변동의 폭이 크다. 즉, 수요가 안정될수록 α 값을 작게 한다(단기의 불규칙변동에 이용). $F_t = F_{t-1} + \alpha(A_{t-1} - F_{t-1})$ 또는 $F_t = \alpha A_{t-1} + (1-\alpha)F_{t-1}$
	최소자승법	관측치와 추세치의 편차자승의 총합계가 최소가 되도록 추세 평균선을 만들어 예측하는 방법(추세변동에 이용) 짝수일 때 $Y = a + bx$ $b = \frac{n\sum xy - (\sum x \times \sum y)}{n\sum x^2 - (\sum x)^2}$ $a = \frac{(\sum y \times b\sum x^2) - (\sum x \times \sum xy)}{n\sum x^2 - (\sum x)^2}$ 홀수일 때 간편법 $\sum x = 0$일 때 $b = \frac{\sum xy}{\sum x^2}, a = \frac{\sum y}{n}$
	박슨 젠킨스법	지수평활법의 일종으로서 시계열 자료의 사용으로 인한 예측오류가 최소화되도록 매개변수를 추정 사용한다. 계산이 많으나 정확함.
	X-11기법	미국 인구통계국에서 개발되었고 시계열을 계절, 추세, 순환, 불규칙 요인으로 나누어 예측하는 방법, 다른 기법과 함께 쓰며 중기 예측에 매우 좋다.
인과형 기법들	회귀분석기법	두 변수 사이의 선형관계를 가정하여 회귀선 주위에 있는 점들의 수직편차자승합을 최소화하는 선형방정식을 구하는 기법이다(최소자승법과 같다).
	선도지표방법	어떤 경제활동이 특정 방향에서 타 경제활동에 앞서가는 경우 전자를 선도지표로 보고 예측에 이용하는 기법

1. 정성적 기법

시계열분석이나 인과형 기법을 통한 예측에는 많은 과거자료를 필요로 한다. 그러나 기업이 신제품에 대한 예측, 새로운 시장의 개척 등에는 과거의 자료가 거의 없다. 이러한 과거의 자료가 없는 경우에 주로 사용하는 것이 **정성적 기법**이다.

1) 델파이법

델파이법(Delphi Method)은 1950년 Rand사의 달키(N. C. Dalkey)에 의해 개발되어, 오늘날 주요 기업의 예측방법으로 사용되고 있다.

델파이법은 예측안건에 대해 전문가 그룹을 이용하여 합의에 이르도록 하는 기법이다. 이것은 한 개인 전문가보다는 전문가 그룹에 의한 해결방안이 더 좋을 것이라는 데 기본을 두고 있다. 이 방법은 어떠한 상황에도 이용될 수 있으나, 주관적이거나 혹은 판단에 의한 예측이 필요한 상황에 더욱 적합하다. 델파이법은 일반적으로 다음과 같은 단계를 따른다.

- 1단계 : 예측을 수행할 전문가 그룹을 선택한다. 그들은 예측사안에 대한 실무지식과 전문성이 있어야 한다. 의사소통 중 발생할 수 있는 편견을 없애기 위하여 전문가들 간에 익명이 유지되어야 한다.
- 2단계 : 전문가 그룹의 각 개인에게 예측사안에 대한 설문지를 보낸다. 설문지는 예측에 필요한 모든 정보를 기재한다.
- 3단계 : 각 전문가로부터 온 설문지에 대한 응답을 통계량으로 표현한다. 통계량(평균, 분산 등)은 전문가들이 예측에 대한 합의를 이루는 데 도움을 준다. 예를 들면, 평균적인 예측으로부터 많이 벗어난 의견을 제공한 전문가에게 그 이유를 물을 수 있다.
- 4단계 : 설문에 의해서 나타난 새로운 예측치가 포함된 보고서를 다시 각 전문가에게 주어 그들이 이전에 제시한 예측을 바꿀 의향이 있는지 알아본다. 일반적으로, 예측의 평균통계량은 각 전문가로 하여금 그들의 예측을 전체 평균값으로 이동시키는 효과가 있다.
- 5단계 : 특정한 예측안건에 대하여 전문가들의 의견이 일치될 때까지 4단계가 되풀

이된다. 전문가들이 하나의 의견에 도달할 수 없는 경우에는 평균값으로부터 먼 의견을 무시하고 새로운 평균값을 구한다.

2) 시장조사법

시장조사법(market research)이란 시장의 상황에 대한 자료를 수집하기 위해서 소비자 패널을 사용하거나 설문지, 서베이(survey) 등을 사용하여 예측하는 방법이다. 이 조사방법을 사용하려면 상당한 수준의 통계학적 지식과 기술이 필요하며, 특히 설문지를 설계하는 데 세심한 주의가 요구된다.

비록 시장조사가 많은 효과를 준다고 해도 몇 가지 단점이 있다. 예를 들면 시장조사 결과가 "우리의 조사에 의하면 새로운 다이어트 버거가 고객들로부터 좋은 반응을 얻었다. 그러나 경쟁사의 제품이 나타났을 때의 반응은 확인할 수 없었다." 등과 같을 수 있다. 또 다른 단점은 조사를 준비하고, 자료를 수집하고, 분석하는 데 걸리는 시간이다. 단기의 예측에 시장조사가 뛰어난 결과를 준다고 하더라도, 조사과정이 잘 개발되어 있지 않다면 좋은 결과를 기대할 수 없다.

3) 전문가 의견예측법

전문가들이나 최고경영자들이 하나의 팀을 구성하여 서로의 의사를 제시하고 토론하여 예측하는 것이다. 한 사람의 전문가가 범할 수 있는 오류를 방지하기 위한 방법이므로 참가한 모든 전문가들의 의견일치를 보았을 때 비로소 결정된다. 그러나 어느 한 사람이 영향력을 발휘하게 될 경우, 그 사람의 견해로 집약되거나 대세에 편승하는 경향(bandwagon effect)에 따른 오류가 발생된다. 이 방법은 비용이 저렴한 반면에 정확도는 떨어진다.

4) 판매원 의견예측법

각 지역을 담당하고 있는 판매원들이 담당지역의 소비자들을 가장 잘 알고 있어, 이들로 하여금 담당지역의 수요를 예측하게 하여 정리하는 방법이다.

이는 비교적 단기간 내에 저렴한 비용으로 쉽게 수행할 수 있는 것이 장점이다. 그러나 판매원들이 예측할 때 최근 동향에 지나치게 영향을 받을 가능성이 크다는 단점이 있다.

5) 라이프사이클 유추법

이용해야 할 자료가 없을 경우 비슷한 제품이나 상황의 자료를 이용하여 결과를 유추하는 방법이다. 일반적으로 제품의 수요는 도입·성장·성숙 및 쇠퇴의 단계를 거친다. 기존의 유사제품의 수명주기를 관찰하고 분석하면 신제품의 미래도 짐작할 수 있게 된다. 이 방법은 비용이 적게 드는 반면, 여러 해에 걸친 자료를 요구하게 된다. 중·장기 수요예측에 많이 이용되고 있다.

2. 시계열분석 기법

계량적 예측방법은 과거의 자료를 기초로 미래의 예측치를 구하는 방법이다. 이에는 시계열분석(time series analysis)과 인과형 기법에 의한 방법으로 나눌 수 있다. 시계열이란 어떤 현상(㉮ 수요량·매출액 또는 특정 사건의 발생건수 등)에 대한 계량적 자료가 일정 시간간격(㉮ 월·분기·반기·년 등)마다 주어져 있는 자료의 집합을 말하며, 이를 기초로 미래의 예측치를 구하고자 하는 것이 **시계열분석**이다.

1) 이동평균법

이동평균법(moving average method)은 일정기간 동안의 자료값의 평균치로 다음 분기의 값을 예측하는 방법이다. 이동평균법에는 단순이동평균법과 가중이동평균법이 있다.

① 단순이동평균법

단순이동평균법(simple moving average)은 시장수요가 일정기간 안정적인 환경이 지속될 수 있다는 가정이 성립될 때 가장 유용한 예측수단으로 채택할 수 있다. 가령 4개월 이동평균치를 구해야 한다면, 시계열 통계량 중 순서대로 4개월 동안의 수요량을 합계한 다음 4로 나누어 구한다.

$$\hat{Y}_t(\text{이동평균}) = \frac{\Sigma \text{ 그 이전 } n \text{ 기간의 수요량}}{n}$$

└── (이동평균에서 기간의 수, 예컨대 n=4, 5, 6이라면 4, 5, 6개월을 순서대로 평균함)

예제

다음은 학교매점의 필기구 판매자료이다. 다음 자료를 토대로 10월의 수요예측을 하여라.

월	수요량
5	300
6	250
7	350
8	400
9	450

(1) 3개월 이동평균을 구하시오.

(2) 4개월 이동평균을 구하시오.

풀이

· 여기서 자료의 개수는 7월 · 8월 · 9월의 3개이고, 10월의 예측치는

$$(10월의\ 예측치):\ Y_{10} = \frac{(A_9 + A_8 + A_7)}{3} = \frac{(450 + 400 + 350)}{3} = 400$$

∴ 3개월 이동평균법에 의한 10월의 예측치는 약 400개이다.

· 4개월 이동평균법의 경우는

$$(10월의\ 예측치):\ Y_{10} = \frac{(A_9 + A_8 + A_7 + A_6)}{4} = \frac{(450 + 400 + 350 + 250)}{4} = 362.5$$

∴ 4개월 이동평균법에 의한 10월의 예측치는 약 362.5개이다.

② 가중이동평균법

가중이동평균법(weighted moving average method)은 수요를 일으키는 중요한 실제치에 높은 가중치를 부여하는 방법이다. 자료 속에 패턴이 있을 때에는 최근의 자료에 높은 가중치를 부여함으로써 수요의 변화에 빨리 대응하도록 하는 기법이다.

$$\hat{Y}'_t = \sum WY$$

여기서

$\hat{Y}'_t$ = 기간 t의 수요예측치

W= 그 기간에 부여된 가중치

Y= 그 기간의 실제치

예제

공기정화기를 제조·판매하는 회사의 지난 5개월 동안의 판매자료이다. 4개월간의 자료에 가중치를 부여하여 다음 달의 수요를 예측하라. (단, 가중치는 가장 최근 기간부터 0.4, 0.3, 0.2, 0.1로 부여한다.)

월	1	2	3	4	5
판매량	900	700	800	850	820

풀이

(6월의 수요치) :

(0.4 × 824) + (0.3 × 850) + (0.2 × 800) + (0.1 × 700)

= 328 + 255 + 160 + 70 = 813

∴ 6월에는 813개의 판매량을 기대할 수 있다.

2) 지수평활법

지수평활법(exponential smoothing method)은 가중이동평균법을 발전시킨 기법으로서 가중치는 과거로 거슬러 올라갈수록 지수함수적으로 감소하게 되어 결과적으로 최근의 값에 큰 가중치를 부여하게 되는 기법이다.

지수평활법은 사용하기 쉽고, 컴퓨터로 처리할 때 효율적인 예측법이다. 일종의 이동평균법이지만, 이동평균법만큼 많은 자료를 요구하지는 않는다. 계산식은 다음과 같다.

신예측치 = 전기예측치 + α(전기 실적치-전기 예측치)
→ (여기서 신예측치란 차기예측치를 의미함)

여기서 α는 가중치, 즉 평활상수(smoothing constant)이고, 0과 1 사이의 값을 취한다. 이것을 수식으로 표시하면

$$\text{신예측치 } (F_t) = F_{(t-1)} + \alpha(A_{t-1} - F_{t-1})$$

($F_{(t-1)}$: 전기예측치, A_{t-1}: 전기실제수요, α: 평활상수)

① 평활상수의 결정문제

평활상수 α는 '0'과 '1' 사이의 값을 갖는다. α의 값은 생활필수품일 경우에는 작게 주고, 고가품이나 유행 등에는 α값을 크게 준다. 왜냐하면 α값이 클수록 탄력성이 커

지기 때문이다.

평활상수 α는 최근의 자료에 더 많은 가중치를 부여하여 수정시킬 수 있다. 이와 같은 가중치를 구하기 위해 위에서 연구된 지수평활법 일반식을 다음과 같이 재정리할 수 있다. 즉,

$$F_t = \alpha(A_{t-1}) + \alpha(1-\alpha)A_{t-2} + \alpha(1-\alpha)^2 A_{t-3} + \alpha(1-\alpha)^3 A_{t-4} + \ldots \alpha(1-\alpha)^n A_{t-n}$$

이 식을 이용하여 α=0.5와 α = 0.1의 값을 적용하여, 각 항별 평활상수를 정리하면 다음과 같다.

평활 상수	가 중 할 당 치				
	가장최근의 기간(α)	제2회 최근의 기간$\alpha(1-\alpha)$	제3회 최근의 기간$\alpha(1-\alpha)^2$	제4회 최근의 기간$\alpha(1-\alpha)^3$	제5회 최근의 기간$\alpha(1-\alpha)^4$
α=0.1	0.1	0.09	0.081	0.073	0.066
α=0.5	0.5	0.25	0.125	0.063	0.031

예제

H자동차 판매상은 1월에 2월 중 H차가 100대 판매될 것으로 예측했다. 2월의 실질 수요는 120대였다. α = 0.2의 평활상수를 사용할 때 3월의 판매량은 얼마나 될까?

풀이

신예측치 (3월 수요) = 100 + 0.2(120 − 100) = 104

3월의 H 차 수요 예측치는 약 104대임을 알 수 있다.

3) 최소자승법

최소자승법은 인과형 기법의 선형회귀분석과 같은 방법이므로 수리적인 방법은 인과형 기법에서 살펴보기로 하고, 여기서는 최소자승법의 의미에 관해서 공부하기로 한다.

최소자승법은 추세선(trend)의 변화를 구하여 예측을 하는 형태인데 이러한 추세선을 구하는 방법에는 ① 목측법(freehand method), ② 이동평균법(moving average), ③ 최소자승법(least square method) 등이 있다.

① 최소자승법의 의미

실제로 시계열에 의한 어떤 자료들의 관측값은 직선으로 나타내기가 어렵다. 곡선으

로 나타내기 어려운 관측값을 하나의 선형(직선)으로 표시해서 추세치를 예측하는 것이 최소자승법의 원리이다.

〈도표 6-3〉을 살펴보면 실제 어떤 자료의 관측치가 이 선보다 윗쪽에 있는 일도 있을 것이고, 아래쪽에 있는 일도 있을 것이다. 이때 실제의 관측치로부터 이 직선에 수선을 그어 본다. 수선의 길이가 편차(잔차)이다. 이 편차자승의 합이 최소가 되도록 결정한 직선을 가지고 경향선으로 만드는 것이 **최소자승법**이다.

최소자승법에 의해서 얻어진 직선은 평균치와 같은 것이며, 이 직선의 윗쪽에 있는 편차의 합은 아래쪽에 있는 편차의 합과 같다.

도표 6-3 직선과 편차의 관계

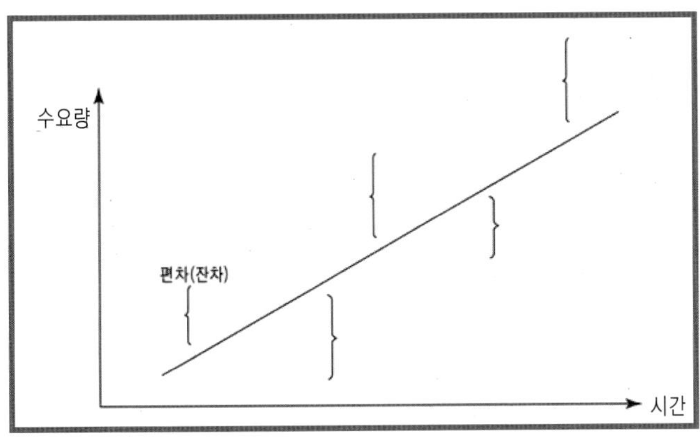

② 최소자승법에서 경향선 구하기

최소자승법에 의해 추세선을 구하기 위해서는 먼저 회귀직선(least square line, regression line)을 알아야 한다.

회귀직선은 절편(intercept)과 기울기(slope)로 표시된다. 만약 우리가 절편과 기울기를 계산할 수 있다면 직선은 다음과 같은 방정식으로 표시할 수 있다.

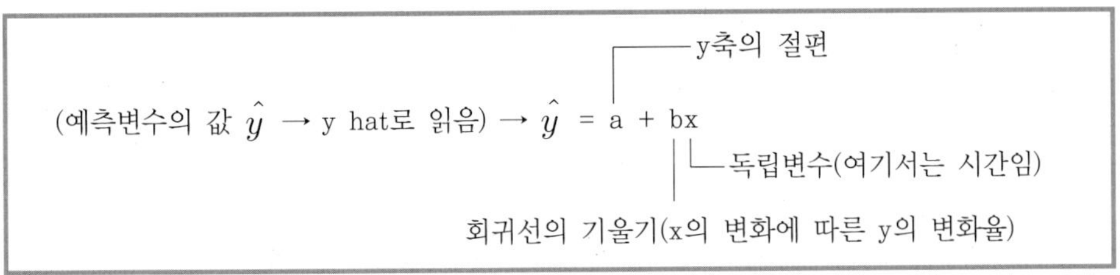

3. 인과형 기법

여름철에 온도변화는 음료수나 맥주 판매량에 민감하게 작용한다. 맥주 판매량은 흐린 날에는 평소의 92%로 줄고 맑은 날에는 1℃가 올라갈 때마다 20% 정도 더 팔린다는 보고도 있다. 수요의 발생과정은 인과관계인 원인과 결과의 관계로 파악하는 것이 효과적이다.

인과형 기법이란 제품 또는 서비스의 수요의 변동에 영향을 주는 요인을 찾아, 이들 요인과 수요와의 관계를 분석하는 기법이다.

① 회귀분석의 종류

회귀분석은 단순회귀분석과 중회귀분석으로 나눈다. 가장 간단한 단순회귀분석은 수요는 단 하나의 독립변수와 관계가 있다고 보는 것이다.

앞서 제시한 예에서 음료수나 맥주의 수요를 예측하는 가장 중요한 인자로서 온도를 꼽을 수 있다.

- 단순선형 회귀분석 : y=a+bx
- 단순지수형 회귀분석 : $y=ab^x$
- 단순포물선형 회귀분석 : $y=a+bx+cx^2$ 등이 있다.

중회귀분석이란 단순회귀분석이 단순하고 계산이 간편한 대신에 예측치의 신뢰도는 높지 못한 약점을 보완하기 위해 만든 것이다. 상황을 보다 충실히 나타낼 수 있도록 종속변수에 영향을 주는 여러 인자들, 즉 여러 개의 독립변수를 첨가시킨 것이 중회귀분석이다.

가령 에어컨의 수요변화와 관계있는 주요 인자로는 신주택 입주 외에도 연간 가처분소득·결혼율·가격·광고 등이 있는 것으로, 이를 중회귀분석으로 제시하면 다음과 같이 나타낼 수가 있다.

$$y = a + b_1x_1 + b_2x_2 + \cdots\cdots$$

② 단순선형 회귀분석

가장 간단하고 광범위하게 사용되는 회귀적 형태는 두 변수 사이의 선형관계를 가정한 선형관계식이다. 단순선형 회귀분석의 목적은 회귀선 주위에 있는 점들의 편차자승합을 최소화하는 최소제곱공식을 이용한다. 단순회귀방정식의 선형으로는 Y=a+bx, 지수 함수적으로는 $Y=ab^x$ 그리고 포물선으로는 $Y=a+bx+cx^2$으로 표현할 수 있으나 여기서는 단순선형 회귀분석을 설명한다.

회귀분석에서 사용되는 모형 중 가장 간단한 형태의 것은 다음과 같은 일차식의 형태를 취한다.

$$Y = a + bx$$

여기서 Y는 예측하고자 하는 변수로 종속변수라 부르며, X는 예측하고자 하는 변수인 Y에 영향을 준다고 생각되는 변수로 독립변수라 한다. 일단 회귀식이 설정되면 과거 자료를 이용하여 a(절편)와 b(기울기)값을 추정하고, X의 새로운 값을 결정한 뒤, 이를 회귀분석식에 대입하여 수요 예측치를 계산하게 된다.

도표 6-4 단순선형 회귀직선

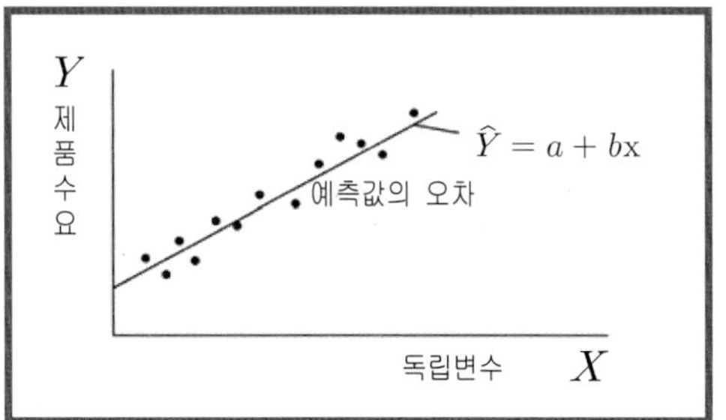

■ 선형회귀선

$\hat{Y} = a + bx$

$\Sigma Y = n \cdot a + b\Sigma X$ ①

$\Sigma XY = a\Sigma X + b\Sigma X^2$ ②

여기서, Y = 예측되는 종속변수　　X = 예측에 사용되는 독립변수

b = 회귀선의 기울기　　a = Y값의 절편

①과 ②를 연립방정식으로 풀면 a와 b를 구하는 식이 나온다.

• a와 b를 구하는 식

$$b = \frac{n(\sum XY) - (\sum X)(\sum Y)}{n(\sum X^2) - (\sum X)^2}$$

$$a = \frac{\sum Y - b\sum X}{n}$$

삼삼한 전자 평면 TV의 매출액과 이익과의 관계는 다음과 같다.

매출액	700	200	600	400	1400	1500	1600	1200	1400	2000	2500	700
이 익	15	10	13	15	25	27	24	20	27	44	34	17

이 자료를 토대로 매출액과 이익 간의 선형식을 구하고 매출액이 10(백만)일 경우 예상되는 이익을 구하시오.

회귀식을 유도하기 위한 데이터를 다음과 같이 계산한다.
(계산을 간단히 하기 위해 단 자리 숫자로 계산한다.)

데이터	X	Y	XY	X^2	Y^2
1	7	15	105	49	225
2	2	10	20	4	100
3	6	13	78	36	169
4	4	15	60	16	225
5	14	25	350	196	625
6	15	27	405	225	729
7	16	24	384	256	576
8	12	20	240	144	400
9	14	27	378	196	729
10	20	44	880	400	1936
11	15	34	510	225	1156
12	7	17	119	49	289
합계	132	271	3529	1796	7159

$$= \frac{n(\sum XY) - (\sum X)(\sum Y)}{n(\sum X^2) - (\sum X)^2} = \frac{12(3529) - (132)(271)}{12(1796) - (132)(132)} = 1.593$$

$$a = \frac{\sum Y - b\sum X}{n} = \frac{271 - 1.593(132)}{12} = 5.060$$

따라서, 구하는 회귀식은 $\hat{Y}$ = 5.060 + 1.593X이다. 매출액이 100만원이라면, 즉 X =10일 경우 예상되는 이익은 $\hat{Y}$ = 5.060 + 1.593(10) = 2,099만원이 된다.

- 자료가 홀수일 경우에는 간편법에 의해서 계산할 수도 있다. 다음의 예로 간편법을 구해보자.

연 도	판매량
2011	436
2012	470
2013	519
2014	578
2015	639

→

연 도	Y	X	X^2	XY
2011	436	-2	4	-872
2012	470	-1	1	-470
2013	519	0	0	0
2014	578	1	1	578
2015	639	2	4	1278
합 계	2641	0	10	514

간편법의 공식은 $\Sigma X=0$ 으로 만들어 놓은 후

$$a=\frac{\Sigma Y}{n}, b=\frac{\Sigma XY}{\Sigma X^2}$$

$\hat{Y}=a+bx$에 대입하면,

$\hat{Y}=528.2+51.4(3)$

$\hat{Y}=682.4$ (2016년도의 예측치)

현업 실무를 도와주는 스토리텔링 생산경영 사례 연구

■ 상관분석과 회귀분석 무엇이 다른가?

상관분석과 회귀분석의 기본을 이해하면 더욱 쉽게 회귀분석을 이해할 수가 있다. 수능성적과 대학성적의 관계, 수능성적이 좋으면 대학성적이 좋은가?

흡연량과 폐암의 발생률의 관계, 담배는 많이 피면 폐암에 걸릴 확률이 높은가?

온도와 맥주 판매량의 관계, 온도가 올라갈 때마다 맥주 판매량이 늘어날까?

이와 같이 두 변수 사이의 관계를 알아볼 때 가장 먼저 생각해 보는 것이 산점도이다. 산점도란 두 변수의 관계를 알아보기 위하여 두 변수 간에 값을 도표로 나타낸 것을 말하고, 상관계수란 두 개의 변수 사이에 직선적인 관련 정도를 측정하기 위한 통계량이다.

〈상관관계를 보여주고 있는 산점도〉

위 산점도와 상관계수는 둘 다 변수 간에 선형적 관계를 알아보기 위한 것이지만, 산점도는 그림으로 그려서 눈으로 보기 때문에 정확하지가 않을 수도 있기 때문에 이를 보완하기 위하여 통계량인 상관계수의 값을 구하는 것이다. 상관계수(r)의 값은 -1.00에서 +1.00까지이며, +1.00의 상관계수는 독립변수가 기간에 따라 변화(증가 혹은 감소)하면 종속변수도 항상 같은 방향으로 변화한다는 의미이다. 반면 r값이 -1.00이면 독립변수가 감소하면 종속변수는 항상 증가하고, 반대로 독립변수가 증가하면 종속변수는 항상 감소한다는 의미이다. r

〈상관관계를 보여주고 있는 산점도〉

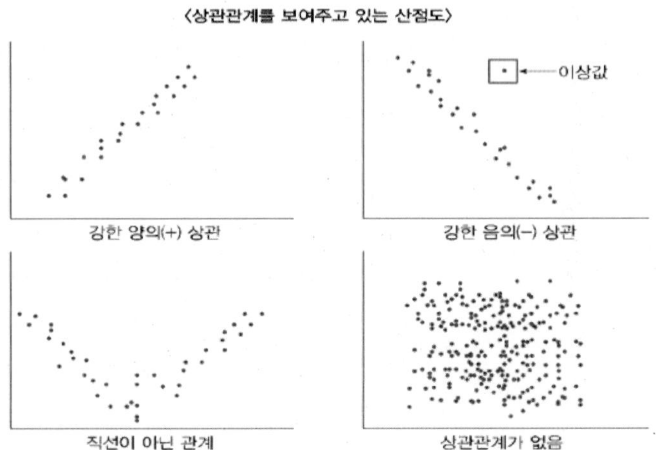

값이 0이면 변수들 간에 아무런 관계도 없다는 의미이다. r값이 ±1.00에 가까우면 가까울수록 회귀선은 자료에 적합하다는 의미이다.

상관분석에는 두 변수 사이의 관계가 있고 없음을 나타내는 것이 주된 목적이고, 구체적으로 어떤 함수관계가 있는지를 파악하려는 것은 아니다.

$$r = \frac{\sum(x_i - \overline{x})(y_i - \overline{y})}{\sqrt{\sum(x_i - \overline{x})^2} \times \sqrt{\sum(y_i - \overline{y})^2}} = \frac{S(xy)}{\sqrt{S(xy)} \times \sqrt{S(xy)}}$$

일반적으로 상관계수는 항상

$$-1 \leqq r \leqq 1$$

그러나 한 변수의 값으로부터 다른 변수의 값에 대한 예측을 필요로 하는 경우가 흔히 있다. 예를 들어 수능성적으로부터 대학성적을 예측한다든가, 온도와 맥주 판매량을 예측하고자 하는 경우는 흔히 있다.

이러한 경우에는 한 변수에 대한 다른 변수의 변환을 함수관계로 나타내면 편리하다.

일반적으로 한 변수에 대한 다른 변수의 변화를 예측하려고 할 때, 그 관계를 함수관계로 분석하는 것을 회귀분석이라 한다.

〈회귀직선의 기여율〉

$$r^2 = \frac{SSR}{SST} = \frac{[S(xy)]^2}{S(xx) \times S(xy)}$$

SSR은 SST보다 항상 같거나 작으므로 언제나

$$0 \leqq r^2 \leqq 1$$

기여율 r^2의 계산 공식에서 알 수 있듯이 기여율 r^2은 시료 상관계수의 제곱이다. 즉 r^2이 1에 가까울수록, 반응변수와 설명변수 사이에 직선관계가 강하게 나타나는 것이다.

• 회귀(regression:回歸)란 다시 옛날 상태로 돌아간다는 뜻이다. 영국의 유전학자 프란시스 갈

턴(Francis Galton)이 부모의 키와 자식들의 키에 대한 분석을 한 결과, 부모와 자녀의 키 사이에는 선형적인 관계가 있고, 부모보다 키가 커지거나 작아지는 것보다 전체의 키(아들세대의 평균)로 돌아가려는 경향이 있다는 것을 발견하였다. 갈턴은 이러한 현상을 평균으로 돌아가려는 회귀라고 하였고, 이를 분석하는 방법을 회귀분석이라고 하였다. 즉, 아버지의 키가 아무리 크거나 작더라도 아들의 키는 아들세대의 평균으로 회귀하려는 경향이 있다는 것이다. 프로야구 리그에서 루키(신인)가 첫해에 높은 타율을 보이고 이듬해에 죽을 쑤는 경우도, 루키가 본인의 원래 실력인 평균타율을 유지하기 위하여, 본인의 평균타율로 회귀하는 것으로 보면 될 것이다.

• 신인왕을 받은 선수가 이듬해(프로 2년차)에 죽을 쑤는 이유는 무얼까?

동전던지기 도박을 한다고 가정하자. 동전던지기의 앞면과 뒷면이 나올 확률은 1/2이다. 10번을 던져서 누가 많이 맞출 수 있나 하는 게임이다. 물론 많이 맞춘 사람이 돈을 가진다. 7번을 던졌는데 모두 앞면이 나왔다. 그럼 8회 째는 뒷면이 나올까? 아니면 적어도 나머지 2~3번은 뒷면이 나온다고 할 수 있나? 절대로 그렇지 않다. 동전은 스스로 동전이 앞면이 나왔는지 뒷면이 나왔는지를 모른다. 즉, 앞의 앞면이 나온 것에 전혀 영향을 안 받는다. 이때 도박사가 이젠 뒷면이 나올 차례다 하고 뒷면에 돈을 거는 것을 '도박사의 오류'라고 한다. 물론 동전을 반복해서 계속 던지면 앞, 뒷면의 확률은 1/2이 된다. 즉, 데이터가 많아야 확률 값에 근접하게 된다는 이야기다. 이것을 우리는 대수의 법칙이라고 하고, 앞에 이야기한 10번의 동전던지기 도박은 소규모 표본이므로 모집단의 특성을 대표할 수 없기 때문에 '소수의 법칙'이라고 한다. 대수의 법칙이나 소수의 법칙을 전제로 하면 우리가 평소에 자주 듣던 '2년차 징크스'에 대한 수수께끼도 쉽게 풀 수 있다. 2년차 징크스는 프로세계에서 자주 사용되는 용어다. 입단 첫해에 눈부시게 활약한 선수는 2년차에 실적이 부진해진다는 징크스다.

첫해에 활약한 신인선수 중에는 간혹 자신이 지닌 역량 이상의 힘을 발휘한 사람이 있다. 그러나 이를 앞서 나온 동전게임에 비교한다면 처음에 앞면만 연속해서 나온 경우라고 할 수 있다.

분명히 평균 이상의 힘을 발휘한 신인선수의 실력은 대단하지만 대수의 법칙을 생각해 보면, 결국 그의 성적은 자신이 지니고 있는 평균역량으로 되돌아갈 것이다. 즉, '평균으로의 회귀(regression to the mean)'인 것이다. 첫해에 활약한 신인선수가 2년차에 부진에 허덕이는 것처럼 보이는 것은 별 일이 아니다. 그저 자신의 본래 실력으로 되돌아가기 위한 것에 불과하다. 첫해의 활약이 너무나 인상적이었기 때문에 2년차의 성적이 더욱 불쌍해 보인 것뿐이다. 전문용어로는 이것을 '회귀의 과소평가'라고 한다.

이런 현상에 대해 사람들은 한창 잘난 척하다가 성적이 떨어졌다, 이제는 투수가 약점을 찾아냈다, 연습을 게을리 했다, 연애를 했기 때문이라는 등 선수의 2년차 징크스에 빠진 원인을 줄줄 늘어놓는다. 이처럼 우리는 때때로 평균치로 회귀한 현상을 두고도 신인선수에 대해 이것저것 복잡한 인과관계를 주장하는 '회귀의 오류'에 빠지기도 한다.

03 수요예측의 정확성 판정

예측에서 중요한 것 중의 하나가 예측에 따른 오차의 크기다. 예측오차는 실제치에서 예측치를 뺀 것이다. 예측기법들 중에서 어느 한 기법을 선택할 경우 사용 중인 기법의 정확성을 평가할 때 평가의 방법으로 예측오차가 기준이 된다. 여기서는 시간의 흐름에 따른 예측오차의 측정방법과 이 정보가 예측기법의 선정에 어떻게 적용되는가를 알아본다. 그리고 사용 중인 예측기법의 성과를 평가하고 통제하는 방법도 살펴보자.

일반적으로 많이 쓰이는 오차계산방식은 다음과 같은 것을 들 수 있다.

① 제곱평균오차(MSE) = 오차제곱의 합/기간 수
② 절대평균오차(MAD) = 절대오차의 합/기간 수
③ 추적지표(TS) = 누적예측오차의 합/MAD

D사의 예측부서는 예측평가자료를 만들기 위하여 실측치와 예측치를 다음과 같이 정리해 보았다.

연 도	1	2	3	4	5	6	7
실제판매(단위 1000)	27	35	29	33	37	41	35
예측판매(단위 1000)	23	25	31	30	32	34	38

상기의 자료를 이용해 다음 사항을 계산하려고 한다.

① 오차(bias)
② 평균편차(mean bias)
③ 제곱평균오차(mean squared error)
④ 표준편차(standard error)
⑤ 절대평균오차(mean absolute deviation)
⑥ 절대평균율오차(mean percentage error)
⑦ 추적지표(tracking signal)

(1) 연도	(2) 실제 판매	(3) 예측판매	(4) 오차	(5) 제곱오차	(6) 절대오차	(7) 절대백분율오차
1	27	23	4	16	4	14.8
2	35	25	10	100	10	28.6
3	29	31	-2	4	2	-6.89
4	33	30	3	9	3	9.09
5	37	32	5	25	5	13.5
6	41	34	7	49	7	17.1
7	35	38	-3	9	3	-8.57
Σ			24	212	34	67.63

① 편차(오차) = 27 −23=4

② 평균오차 = Σ오차/n = 24/7 = 3.429

③ MSE = Σ(오차)/n = 212/7 =30.285

④ SE = $\sqrt{\text{평방평균오차}} = \sqrt{30.285} = 5.5$

⑤ MAD = Σ | 오차 | /n = $\frac{34}{7}$ = 4.857

⑥ MPE = $\frac{\Sigma}{n}$ 절대평균율오차 = $\frac{67.63}{7}$ = 9.66(%)

⑦ TS = $\frac{24}{4.857}$ = 4.94

예측의 정확도를 알아내는 지표를 추적지표라고 하며, 추적지표(tracking signal)란 누적예측오차(cumulative forecast error)와 그에 대응되는 절대평균오차(MAD)의 비이다.

추적지표(TS)는 예측의 정확도를 나타내 주는 신호로서 이 값이 음수(−)의 값을 나타내면 예측치가 실제치보다 크고, 양수(+)의 값을 나타내면 예측값이 실제치보다 낮은 것을 의미한다. 따라서 누적오차값이 0에 가까울수록 보다 정확한 예측이 이루어졌음을 나타내준다.

6장

연 습 문 제

1. 시계열분석에 있어 변동의 요인 네 가지 구성요소에 해당하지 않는 것은?

㉮ 추세요인 ㉯ 순환요인

㉰ 불규칙요인 ㉱ 규칙적 요인

2. 예측을 하기 위해서 전문가를 한 곳에 모으지 않고 전문가별로 설문지를 연속적으로 보내서 되돌아온 설문지를 반복해서 분석하는 기법은 무엇인가? (이러한 기법은 다수의 의견의 횡포도 막을 수 있고, 모든 참가자들에게 정보를 공유할 수 있는 장점이 있는 방법이다.)

㉮ 역사적 유추법 ㉯ 지수평활법

㉰ 델파이법 ㉱ 시장조사법

3. 다음 중 수요예측이 가장 중요하게 다루어지는 생산형태는?

㉮ 소품종 대량생산 ㉯ 다품종 소량생산

㉰ 대규모 1회 프로젝트 ㉱ 주문생산

4. D상사에서는 라면에 대하여 매주 판매 예측량을 예측하고 있다. 지난주의 라면에 대한 예측치는 22,600상자였으나, 실제로는 21,000상자가 판매되었다. 지수평활계수 $\alpha = 0.1$일 때 이번 주의 판매 예측량은?

㉮ 21,900 ㉯ 22,100

㉰ 22,400 ㉱ 22,440

5. 어느 제품의 월별 판매량은 다음과 같다. 지수평활법에 의한 11월의 예측치를 계산하시오. (10월의 예측치는 395, α = 0.2)

월	1	2	3	4	5	6	7	8	9	10	11
실제판매량	386	408	333	463	432	419	329	392	385	421	?

6. 아래 표를 보고 최소자승법에 의한 방법으로 2005년도의 수요를 예측하시오. (간편법을 이용할 것)

연 도	판매량
2010	1081
2011	1747
2012	1772
2013	1890
2014	2010

제 7 장

생산자원의 적정배분과 비용을 최소화시키는

총괄생산계획

버스 몇 대, 트럭 몇 대, 승용차 몇 대 등 수요예측이 확정되고 나면 생산계획에 따라 작업을 진행하면 된다.
초기의 현대자동차와 2013년도의 현대자동차

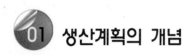

01 생산계획의 개념

생산계획이란 판매예측을 생산활동계획으로 전환시키는 기술체계이다. 이러한 목적을 달성하기 위하여 생산개시에 앞서 생산되어야 할 제품의 종류, 수량, 가격, 생산방법 및 생산기간에 대해 합리적인 계획을 확정하는 것이 생산계획이다. 생산계획은 장기적인 수요관리에 대비하기 위한 생산능력계획, 중기적인 수요관리로서 총괄생산계획, 대일정계획, 그리고 단기적인 수요관리로서 세부일정계획으로 나눈다.

1. 장기생산계획

생산계획기간의 길이에 대한 범위는 없지만 장기계획은 일반적으로 5년 이상을 말한다. 이것은 새로운 건물이나 기계장치, 건설, 설치를 위한 디자인의 완성시간 및 새로운 설비가 가동될 때까지의 시간을 포함한다.

장기생산계획은 주로 일반경제 및 인구통계의 추정과 그 추정치들이 생산활동에 미치는 예상 효과에 의하여 수립된다. 동시에 경영자는 경쟁자의 기술개발 양상뿐만 아니라 정치적·사회적인 변화의 가능성에도 유의하여야 한다.

2. 중기생산계획

장기생산계획에 의하여 확립된 체계 안에서 1개월에서 12개월의 계획기간을 갖는 것이 중기계획 또는 총괄생산계획이라 한다. 총괄생산계획은 연간, 월별 수요의 추정 및 기존 생산자원에 따라 수립된다.

3. 단기생산계획

기간이 1개월 이하일 때 총괄생산계획의 범위 내에서 생산계획을 수립하는 것이다.

현업 실무를 도와주는 **스토리텔링 생산경영** 사례 연구

■ 계획을 바꾸지 않은 CEO의 결단이 한국의 성장 신화를 만들었다.

– 현대의 자동차, 삼성의 반도체의 장기계획

결정적인 순간, 경영자의 결단 하나가 기업을 살리고 죽인다. 시장의 흐름과 미래를 읽는 안목과 과감한 결단이 만날 때 기업은 성장의 계기를 잡는다. 그런 성공이 모여 시장의 지형도 바꿔 놓는다. 나아가 우리 경제의 향배를 좌우하기도 한다. 한국 경제사의 굽이굽이에는 시장을 바꾸고 우리 경제의 물줄기를 돌려 놓은 CEO의 장기적인 미래계획이 있다.

현대그룹의 모태가 건설이었다면 그 성장의 미래계획은 자동차 산업이었다. 국산 고유 모델의 자동차 생산은 세계 자동차 산업에 있어서 정주영 명예회장의 전설이다.

1960년대 정주영 회장은 건설업으로 회사를 키워 나가면서도 언젠간 자동차 산업에 진입하고 싶은 미련이 남아 있었다. 청년 시절 자동차 수리 공장 '아도서비스' 자동차와 맺었던 인연은 결국 1967년 12월 자동차 산업 진출로 이어졌다.

'자동차는 달리는 국기'라고 본 그의 생각은 정확했지만 여건은 불리했다. 울산 앞바다의 매서운 바람, 주위의 우려와 만류, 합작사인 포드 자동차로부터 받은 설움, 그러나 마침내 1976년 1월, 현대차는 숙원의 고유 모델 1호인 '포니'를 탄생시켰다.

그 후 32년, 현대차는 세계에서, 특히 미국과 유럽, 세계 톱 클래스인 GM, Ford, 도요타, 폭스바겐, 벤츠 등과 한판 승부를 벌이고 있다.

삼성그룹의 오늘을 있게 한 반도체는 경영자의 결단과 기업문화 시스템의 합작품이었다. 출발은 이병철 회장의 미래계획이었다. '사카린 밀수 사건' 등의 과오도 있었지만 돈을 버는 감각만큼은 출중했던 이 회장은 1983년 2·8 도쿄 구상 끝에 반도체 산업 본격 진출의 결단을 내렸다.

그러나 사업추진을 본격화하자 기업 안팎에서는 우려의 목소리를 내놓았다. 투자 규모와 사업성격에 비추어 위험 부담이 높다는 이유였다. '잘못하면 그룹 전체를 태평양으로 끌고 들어가는 것은 아닌가' 하는 말이 나올 정도였다.

그러나 '반도체 산업을 계기로 선진기업으로 도약하겠다'는 이 회장과 최고경영진의 목표는 확고했다. 오너의 선택을 뒷받쳐 준 것이 기업문화였다. 핵심 기술인력에 대한 과감한 투자, 삼성의 강점인 교육·훈련을 통한 인재양성 등이 있었기에 지금의 반도체 1위(메모리)라는 신화가 가능했던 것이다.

정주영

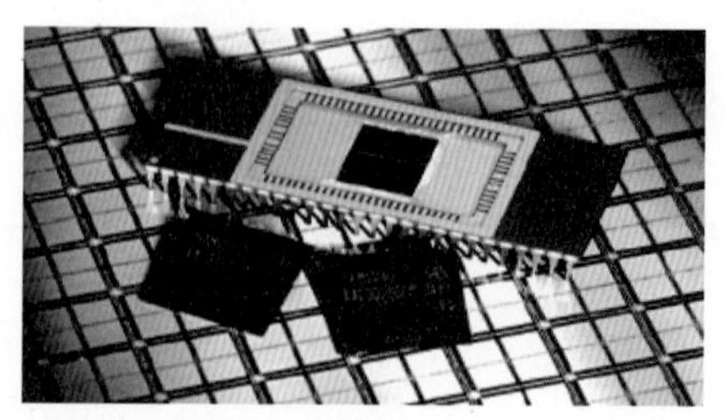

4. 생산능력

생산능력이란 작업자, 기계, 작업장, 공장 등 조직이 단위시간당 얼마만큼의 산출물을 생산할 수 있는가를 알아내는 것이다.

예를 들면, 소수의 제품을 생산하는 한 공정의 생산능력은 일반적으로 단위시간당 산출률(output rate)로 나타낸다. 예를 들면, 맥주공장은 하루에 생산하는 맥주의 상자수로 산출률을 측정할 수 있다. 발전소는 연간 생산된 전력의 메가와트(megawatts)로 측정할 수 있다.

생산능력은 다음과 같이 3가지로 분류할 수 있다.

- **설계능력**(design capacity) : 현재의 제품설계, 인력, 시설 및 장비를 일정기간 동안에 사용가능한 최대생산량(최대산출률).
- **유효능력**(effective capacity) : 주어진 여건(제품혼합, 기계보전, 점심시간, 유휴시간, 일정계획의 어려움, 품질요소 등)하에서 일정기간 동안에 가능한 최대생산량
- **실제능력**(actual capacity) : 일정기간 동안 실제로 달성한 생산량

■ 생산능력에 있어 시설능력이 너무 작을 경우

① 시장수요를 충족시켜주지 못하고 고객을 잃어버릴 수 있다.
② 공급부족으로 업계에 호황이 나타나면, 경쟁업체의 시장참여를 허용한다.
③ 고객이 원하는 서비스를 적시에 제공할 수 없다.

■ 생산능력에 있어 시설능력이 너무 클 경우

① 공급과잉으로 가격이 하락할 수 있다.

② 시설투자에 따른 자금압박과 고정비의 과잉이라는 문제가 나타난다.

③ 유휴시설이 발생한다.

총괄생산계획(aggregate production planning)

기업에서 수요·예측을 통하여 생산할 생산품목이 결정되면 다음으로 행하여야 할 문제는 품목별 생산수량의 결정문제이다. 생산자원의 적정배분과 비용의 최소화를 목적으로 일정기간 동안에 생산율 및 고용수준, 재고수준, 그리고 잔업 및 하청 등을 중심으로 하는 생산계획을 수립해야 한다. 이와 같은 생산계획을 생산수량계획 또는 **총괄생산계획**이라고 한다.

1. 총괄생산계획의 전략

총괄생산계획을 위한 전략을 살펴보면 다음 4가지 전략이 이용된다.

① **노동력의 규모를 조정하는 전략** : 이것은 월간 생산요구량에 따라 노동력의 규모를 조정시키는 전략으로 추적전략이라고도 한다.
이러한 방법의 단점으로는

ⓐ 수요의 변동에 따라 노동력의 규모가 변화하기 때문에 고용과 해고 등에 소요되는 직접비용의 발생이 크다.

ⓑ 신규채용 작업자에 대한 교육, 훈련비와 같은 간접비용의 발생이 커진다.

ⓒ 필요로 하는 숙련도가 항상 확보가능한 것은 아니다.

ⓓ 감원에 대한 노동조합과 지역사회의 반발이 있을 수 있다.

② **노동력의 이용률을 조정하는 전략** : 이 전략은 노동력 규모는 일정하게 유지하되, 이용률을 조정하여 수요의 변동에 대비하는 것이다. 이 전략의 가장 큰 이점은 첫 번째 전략의 단점인 빈번한 고용과 해고로 인한 부작용을 없앨 수 있다는 점이다. 반면에, 초과조업으로 인한 추가비용의 발생과 종업원의 피로누적으로 인한

부 적합품이 발생할 수도 있다.

③ **재고수준을 조정하는 전략** : 이 전략은 수요의 변동성을 극복하기 위하여 완제품의 재고를 가지는 것으로 평준화전략이라고도 한다. 일정수준 이상의 조업을 유지함으로써 수요 변동폭을 극복하는 전략이다. 이 전략의 장점은 안정된 고용수준을 유지할 수 있고, 유휴시간과 초과조업비를 최소화할 수 있다. 단점으로는 완성품 재고로 인한 재고유지비를 발생시킨다.

④ **외주를 이용하는 전략** : 이 전략은 완제품, 중간조립품, 부품 등의 공급을 다른 기업에 의뢰하는 것이다.

이러한 전략을 수립해 나가는 데 있어서 각 기업의 형편에 따라서, 수요와 생산능력만 맞출 것인가(추적전략), 일정한 생산물을 유지할 것인가(평준화전략), 이 두 전략을 혼합할 것인가(혼합전략)를 결정해야 하는데 대부분 기업에서는 혼합전략을 이용하고 있다.

각 전략에 관해서 간단하게 설명하면 다음과 같다.

추적전략(chase strategy)이란 각 총괄생산계획 기간마다 그 기간 중의 수요에 맞추어 산출률을 조정해 나가는 전략이다. 즉, 정규시간, 초과근무 및 조업단축, 그리고 외주 등으로 수요에 맞춰나간다.

평준화전략(level strategy)이란 모든 총괄생산계획 기간에 일정한 생산율을 유지해 나가는 전략이다. 정규시간만 일하고 초과근무나 조업단축이 없다. 대신에 외주와 재고를 이용하여 수요를 맞춰나간다.

혼합전략(mixed strategy)은 추적전략과 평준화전략을 혼합한 것으로, 생산능력 조정변수인 정규시간, 초과근무, 외주 및 재고를 이용하여 수요변화에 대응해 나간다.

2. 총괄생산계획기법의 종류

총괄생산계획기법은 시행착오법 및 도해법, 수리적 최적화기법 그리고 휴리스틱기법들로 나눈다.

1) 시행착오법

시행착오법(trial-and-error approach)은 개념적으로 단순하고 보편적인 총괄생산계획 기법이다. 과거의 경험, 간단한 자료 및 직관 등에 의해서 계획을 세우는 기법이다.

2) 도해법

생산할 품목의 종류가 많지 않거나 제품공정이 별로 많지 않은 경우에 계절적인 수요에 대처해서 수립하는 생산계획에 주로 이용된다. 도해법은 이해하기 쉽고 사용방법이 간편하다는 장점이 있는 반면에, 도해에서 나타나는 모델이 정적이며 여러 가지 계획안 중에서 최적안을 제시할 수 없다는 단점이 있다.

3) 수리적 모형

시행착오 및 도해법은 최적생산수량계획을 수립하는 데 한계점이 있으므로 이를 극복하기 위하여 경영과학기법인 수리적 최적화기법을 응용하여 사용한다.

(1) 수리적 최적화기법(mathematical optimization method)

① 선형계획법(linear programming : LP)
② 수송계획법(transportation method)
③ 동적계획법(dynamic programming : DP)
④ 목적계획법(goal programming : GP)
⑤ 선형결정기법(linear decision rule : LDR)

① 선형계획법

선형계획법(Linear Programming)은 최적조건을 만족시키는 단일 목적함수의 값을 극대화 또는 극소화하는 방법이다. 선형계획법의 해(solution)는 주어진 계약조건하에서만 구할 수 있다. 이 방법은 노동시간, 기계가동시간, 원자재 등 대부분의 제조업이나 서비스업의 생산계획에서 사용되는 자원제약을 모델화하기 위해 일련의 수식을 사용한다. 이 방법은 1960년대 미국에서 섬유공장의 일정계획 작성을 위해 사용되었다.

② 수송계획법

수송계획법(transportation method)은 선형계획법의 특수한 형태로서 주로 다수의 공급원에서 다수의 수요원으로 제품과 서비스를 배분하는 기법으로 사용된다. 수송계획 모델은 운송산업에서 여러 트럭터미널에서 트럭의 임대를 위한 최적트럭 임대수요를 결정하기 위해 사용되었다.

③ 동적계획법

의사결정 중에는 그 효과가 여러 기간에 걸쳐서 일어나는 것이 많이 있는데, **동적계획법**(dynamic programming)은 이러한 연속적이고 상호 관련을 지닌 다단계 의사결정의 문제해결을 위해 사용되는 수리적 계획기법이다. 동적계획법의 목적은 여러 기간에 걸쳐서 일어나는 상호 관련된 의사결정 문제를 하나로 결합하여 전체적인 최적해를 찾아내는 것이다.

동적계획법은 시간이 지남에 따라 일련의 의사결정이 이루어지는 경우뿐만 아니라 일련의 의사결정이 한 시점에서 동시에 이루어져야 하는 경우에도 적용할 수가 있다. 즉, 일정한 광고비를 가지고 여러 가지 광고매체에 가장 효과적인 방법으로 광고비를 배분하고자 하는 경우가 이에 해당된다.

④ 목적계획법

선형계획법은 그 특징이 최적조건을 만족시키는 단일한 목적함수의 값을 최대화 또는 최소화하는 데 있었다. 다시 말하면 L.P.문제는 단일차원의 목적을 전제로 한 결정변수의 값을 찾는 데 그 특징이 있는 것이다. 그러나 경영상의 많은 문제들은 같은 제약조건을 전제로 하고, 상호 이해가 상충된 여러 개의 목적을 동시에 만족하는 해를 얻어내는 문제에 관련되어 있다. 이러한 상충된 다수의 목적을 동시에 달성하는 일은 일반적인 선형계획법으로는 불가능하므로 이와 같이 현실적으로 당면하는 문제를 해결하는 기법으로서 L.P.를 발전적으로 개발한 것이 **목적계획법**(goal programming)이다.

목적계획법은 처음으로 차네스(A. Charnes)와 쿠퍼(W. W. Cooper)에 의하여 소개된 이후 여러 사람에 의하여 계속해서 발전되어 왔으며 많은 경영상의 문제를 해결하는 데 이용되어 왔다.

⑤ 선형결정기법

선형결정기법(linear decision rule)은 주로 기업의 생산계획을 수립하기 위하여 고안된 것으로 임금수준, 고용수준 등 4개의 2차 비용함수를 선형이 되도록 만든 기법이다. 이 기법의 비용곡선에 대한 모델을 〈도표 7-1〉로써 나타낼 수 있다.

LDR기법의 장점을 보면, 첫째 생산율과 작업자 수에 대한 2개의 결정율이 구해지므로 그 적용이 용이하고, 둘째 전 생산계획기간의 예측이 가능할 경우 동태적인 총괄계획을 작성할 수 있다.

도표 7-1 선형결정기법의 비용곡선

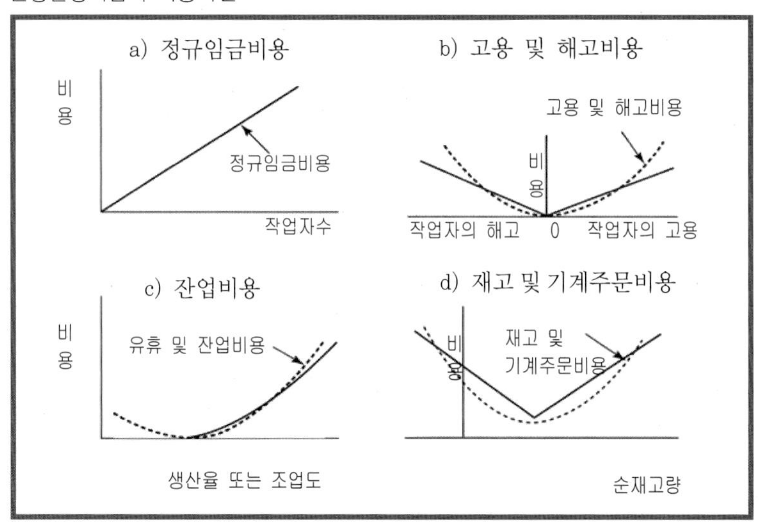

이에 대한 단점으로는, 첫째 비용자료에 관한 정확한 정보를 얻기가 곤란하고, 둘째 2차식으로 비용함수를 나타내기 때문에 실제 적용이 제약되고 있다. 셋째로는 작업자, 재고 등의 크기에 제한을 두지 않기 때문에 생산율 및 작업자 수가 (−)로 나타나는 경우가 있다.

(2) 휴리스틱기법(heuristic programming method)

최적화모델에 대한 대안으로는 1960년대 후반부터 컴퓨터를 사용한 휴리스틱기법이 등장하기 시작했다. **휴리스틱기법**(heuristic methods)이란 총괄계획을 위한 최선의 변수 배합을 시행착오(trial and error)를 통해 찾아가는 방법이다. 휴리스틱기법과 선형계획법 등 최적화기법에 관한 적용성과를 검토한 논문에서는 휴리스틱기법이 우위성을 입증하고 있다. 이러한 방법에는 다음 4가지가 있다.

① 경영계수이론(management coefficient theory)

② 매개변수 생산계획법(parametric production planning)

③ 생산전환 탐색법(production switching heuristic)

④ 탐색결정기법(search decision rule : SDR)

현업 실무를 도와주는 **스토리텔링 생산경영** 사례 연구

■ 의사결정에서 자주 이야기하는 휴리스틱 이야기

–휴리스틱과 이용가능 휴리스틱이란 무엇인가?

휴리스틱이란 의사결정 과정을 단순화하는 것이다. 기업이나 개인이 당면한 복잡한 문제들을 해결하기 위해선 많은 정보와 시간이 필요하다. 우리가 어떠한 문제를 해결하는 데 많은 정보와 많은 시간을 들인다고 최고의 최적해를 찾아낼 수 있는가?

설령 최고의 최적해를 찾아냈다고 하더라도 그간 들어간 돈과 시간을 생각하면 무의미하다고 느낄 수도 있다. 이 경우 한두 개의 정보를 갖고 짧은 시간에 '감'으로서 최적해를 찾아내는 것이 훨씬 유리할 수도 있다. 이와 같은 결정을 휴리스틱 의사결정이라고 한다.

예를 들면, 안나푸르나 정상에 올라간 느낌을 적어 제출하라고 한다면, 가장 좋은 방법은 안나푸르나 정상을 정복하고 느낌을 적는 것이다. 이것은 정상의 느낌을 찾는 최적해이지만, 돈과 시간 그리고 본인의 체력이라는 변수 때문에 불가능하다. 이때 안나푸르나까지 안 가고 한라산 정도의 정상만 올라가서 한라산 정도의 느낌에 알파를 첨가해서 안나푸르나 정상의 느낌을 생각해 낼 수 있다. 즉, 한라산 정도의 정상만 올라가도 통박으로 안나푸르나 정상의 느낌을 알 수가 있다.

즉, 최적해를 찾는 데 꼭 그곳에 가야만 최적해를 찾는 것이 아니라 다른 곳에서도 최적해를 알아낼 수가 있는 것이다. 바로 이것이 휴리스틱이다. 굳이 휴리스틱 방정식을 만들라고 한다면, '휴리스틱 = 에이 이 정도면 됐지'라고 할 수 있다.

휴리스틱의 종류 중 이용가능한 휴리스틱이란 머리에 떠오르기 쉬운 정보를 토대로 판단하는 경향이다. 어떤 사건이 일어날 확률은 그 사건을 얼마만큼 머릿속에 떠올리느냐에 따라 달라진다는 것이 휴리스틱이다. 사람들은 머릿속으로 쉽게 떠올릴 수 있는 사례를 우선적으로 해서 그 가능성을 판단하는 경향이 강하다. 생각이 머릿속에 떠오르기 쉬운 경우는 친근하게 느껴지는 일, 중요하다고 판단되는 일, 개인적으로 관련된 일, 비교적 최근에 일어난 일, 검색이 쉬운 일 등이다. 우리가 어떤 주제를 검색할 때 우선순위가 앞에 있는 사이트를 검색하는 경향이 이용가능한 휴리스틱이라고 한다면 딱 맞는 말이다.

① 경영계수이론

E. H. 바우먼의 **경영계수이론**(management coefficient theory)이란 경영자가 항상 접하는 변수에 민감하다는 가정 아래 과거의 경영자의 행동을 회귀분석하여 경영계수를 결정함으로써 최적에 가까운 의사결정을 할 수 있다는 이론이다.

실제로 경영자는 경영환경에 접하는 과정에서 무의식적으로나마 그 나름대로의 고유한 의사결정룰을 갖게 되며, 이러한 직관적인 의사결정룰은 커다란 환경의 변화가 없는 한 실제 행동으로 옮기는 데는 계속성이 있다는 것이다. 경영계수이론은 과거의 경영실적자료에서 회귀분석에 의해 의사결정룰을 얻어냄으로써 비용을 줄일 수 있는 경제적 효과를 가져다준다.

② 매개변수 생산계획법

매개변수 생산계획법(parametric production planning)은 존스(C. H. Johnes)가 1960년대 말에 제안한 것으로서 작업자 수 및 생산율에 대한 두 가지 결정법을 찾아내는 모형이다.

③ 생산전환 탐색법

생산전환 탐색법(production switching heuristic)이란 차기의 생산량은 현 재고수준에 의해서 결정된다는 것처럼, 수요예측 내지 재고수준을 토대로 하여 생산율이나 고용수준을 탐색절차에 의해 결정하는 방법이다.

④ 탐색결정기법

탐색결정기법(search decision rule : SDR)은 1967년 타우버트(W. H. Taubert)가 개

도표 7-2 총괄생산계획의 비교·분석

방 법	가 정	해결과정	이 점	한계성
시행착오법 (Trial & Error)	선형적 비용관계	최적생산계획 보장 없음	직관적인 것이기 때문에 이해나 사용이 용이	관리자의 판단 또는 분석자의 분석방법에 크게 의존 : 일관성이 없음
선형결정기법 (Linear Decision Rule : LDR)	정규급여를 제외한 모든 비용이 2차 방정식 관계	최적생산계획 수립 가능	비용 매개변수가 추정되고 결정법칙이 유용하면 사용이 용이	가정의 설정이 매우 어려움 : 비용관계상 2차 함수적인 가정이 비현실적이고 실수하기 쉬움
탐색결정기법 (Search Decision Rule : SDR)	매우 유동적	최적생산계획 수립 불가 : 생산 대안을 평가하는 데에 컴퓨터의 도움	아주 복잡한 비용관계에 사용 가능 : 민감도 분석이 가능하며 새로운 제품, 기계 등으로 인한 변화에 따라 계획조정 가능	조직의 비용구조를 나타내는데, 최저 생산비 생산계획의 수립을 위한 기술이 요구됨

발한 것인데, 이것은 총괄생산계획 문제를 컴퓨터를 이용해서 최적해를 구하는 방법으로 가장 최근에 나온 기법이다.

SDR은 현실적인 이익과 비용모델을 컴퓨터에 대입해서 분석하고, 사용해서 주어진 결정변수의 값에 관련된 비용을 계산할 수 있도록 하는 것이다.

〈도표 7-2〉는 총괄생산계획 종류를 비교·분석한 것이다.

03 대일정계획(master production schedule)

생산계획이 현장에서 적용되기 위해서는 총괄생산계획의 분해가 필요하다. 총괄생산계획의 분해란 생산계획을 추진하는 데 필요한 노동력이나 자재의 양, 재고소요량 등을 결정하기 위하여 총괄생산계획을 보다 구체적으로 분해하는 것을 의미한다.

총괄생산계획에서 산출된 총괄적 단위는 실제로 생산되거나 서비스되어야 할 제품단위로 변환되어야 한다. 이와 같은 총괄생산계획의 분해 결과를 **대일정계획(master production schedule : MPS)**이라고 한다.

총괄생산계획의 분해에 관한 개념은 〈도표 7-3〉과 〈도표 7-4〉에 잘 나타나 있다. 이 표는 분해의 개념을 제시하기 위하여 간단하게 예시한 것이다.

도표 7-3 총괄생산계획의 월별 계획생산량 (단위 : 총괄생산대수)

1월	2월	3월	4월	5월
200	300	400	400	500

도표 7-4 대일정계획의 월별 계획생산량 (단위 : 실제생산대수)

	1월	2월	3월
산악자전거 A	100	100	100
산악자전거 B	75	150	200
산악자전거 C	25	50	100
합 계	200	300	400

세부일정계획

앞에서는 중기계획인 총괄생산계획, 대일정계획의 생산계획을 공부하였으나 여기에서는 1개월 미만이 되는 단기적인 관리계획에 있어서 생산활동의 계획과 통제에 관해 공부를 한다.

세부일정계획이란 대일정계획을 더욱 구체화시킨 주간계획을 의미한다. 학자에 따라서 이러한 활동을 공정관리라고도 한다.

도표 7-5 생산기간의 구성

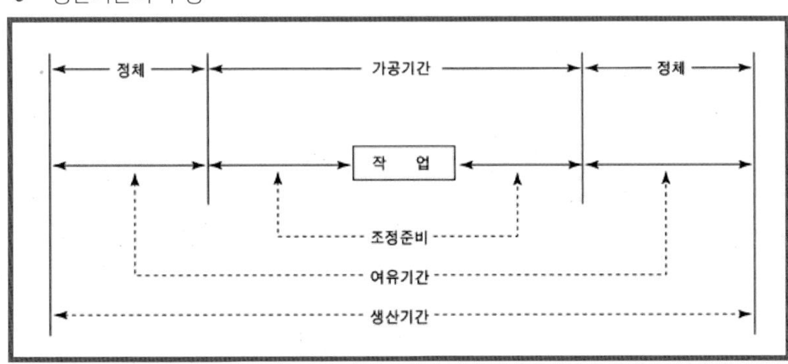

1. 세부일정계획

주문에 의해서 생산하는 주문공장은 주문에 따라서 다양한 작업을 수행해야 한다. 이 경우 각 작업은 작업방식과 작업순서에 의해서 다르게 진행된다. 이러한 경우의 일정계획을 세부일정계획 또는 job-shop scheduling이라고 한다.

2. 작업순서의 결정

개별 생산공장에서 기계나 작업장의 효율은 높이고 납기를 지키기 위해서는 주어진 기계에서 어떤 순서로 일감을 처리해야 하는가를 결정하는 것이 중요하다. 대부분의 주문생산방식인 job-shop 생산방식에 있어서 생산이 다양하므로 기계나 작업의 순서가 일(job)에 따라 다르게 움직이기 때문이다.

작업순서를 결정하는 기법에는 여러 가지가 있으나 여기에서는 한 개의 작업장에 여러 작업이 들어왔을 때 어떤 작업을 먼저 해야 하는지의 작업순서를 결정하는 우선순위규칙(priority sequencing rule)과 두 개 또는 세 개의 작업장에 작업이 들어왔을 때 여러 작업 중 어느 작업을 먼저 처리해야 하는지를 결정하는 존슨의 규칙(johnson's rule), 그리고 존슨의 법칙을 확장한 잭슨의 규칙(jackson's rule)을 살펴보기로 한다.

(1) 우선순위규칙

우선순위규칙은 작업시간, 납기, 작업의 도착시간 등에 의해서 작업의 우선순위를 정하는 방법이다.

다음의 '예'를 갖고 우선순위규칙에 관해서 공부하여 보자.

- First Come, First Service(FCFS) : 선착순
- Shortest Processing Time(SPT) : 가장 짧은 시간의 작업부터 처리
- Longest Processing Time(LPT) : 가장 긴 시간의 작업부터 처리
- Early Date Due(EDD) : 납기일이 가장 빠른 작업부터 처리
- Slack(S) : 납기일까지 남아 있는 여유시간이 적은 순서대로 처리
- Critical Ratio(CR) : 긴급률이란 작업을 완성할 수 있는 시간과 납품시점과의 비율에 의해서 결정하는 방법으로 긴급률이 작은 순서대로 작업의 순서를 결정한다.

$$\text{긴급률(CR)} = \frac{\text{납기일까지 남아있는 기간}}{\text{작업완료까지 필요한 시간}} = \frac{\text{(납기일)} - \text{(현재 일자)}}{\text{(작업완료 소요시간)}}$$

CR > 1	일정보다 빨리 생산이 가능하다.
CR = 1	일정에 맞는 생산이 가능하다.
CR < 1	작업이 긴급촉진이 되어야 일정에 맞출 수 있다.

① 평가기준에 따른 작업순서의 효율성

- $\text{평균완료시간} = \dfrac{\text{총흐름시간}}{\text{작업수}}$
- $\text{평균납기지연} = \dfrac{\text{총납기지연}}{\text{작업수}}$
- 납기지연시간 = 흐름시간 − 납기시간
- $\text{평균작업수} = \dfrac{\text{총흐름시간}}{\text{총작업시간}}$

② 작업순서의 평가기준

우선순위규칙을 활용하여 작업순서를 결정한 다음에는 결정된 값을 평가할 기준이 필요하다. 작업순서의 평가기준은 다음과 같이 평가할 수 있다.

ⓐ 총완료시간 : 총완료시간이란 모든 작업이 완료되는 시간(즉, 최종작업이 완료되는 시간)을 말하며, 총완료시간은 짧을수록 좋다.

ⓑ 평균완료시간 : 평균완료시간은 짧을수록 좋다.

ⓒ 시스템 내 평균작업수 : 작업장 내에 머무는 작업의 수가 많을수록 보관장소 가 많이 필요하고 작업장 내부가 혼잡해지기 때문에 효율성이 떨어진다. 따라서 시스템 내 평균작업수는 적을수록 좋다.

ⓓ 평균납기지연시간 : 평균납기지연시간은 작을수록 좋다.

ⓔ 유휴시간 : 작업장, 기계 또는 작업자의 유휴시간은 짧을수록 좋다.

도표 7-6 우선순위규칙의 예

㈎ 'A' 작업장에 5가지의 작업의 도착순서, 작업시간 그리고 납기시간이 다음과 같다.

작업	도착순서	작업시간	납기시간
A	1	8	22
B	2	4	10
C	3	6	16
D	4	12	24
E	5	10	18
계		40	

① FCFS : A-B-C-D-E　　② SPT : B-C-A-E-D

③ LPT : D-E-A-C-B　　④ EDD : B-C-E-A-D

작 업	여유시간	긴급률
A	22-8 = 14	22/8=2.75
B	10-4 = 6	10/4=2.5
C	16-6 = 10	16/6=2.66
D	24-12 = 12	24/12=2
E	18-10 = 8	18/10=1.8

⑤ S : B-E-C-D-A　　⑥ CR : E-D-B-C-A

■ FCFS에 의한 작업순서의 효율성

작업순서	작업시간	시 간	납기시간	납기지연
A	8	0+8=8	22	0
B	4	8+4=12	10	2
C	6	12+6=18	16	2
D	12	18+12=30	24	6
E	10	30+10=40	18	22
계	40	108		32

총흐름시간 = 8 + 12 + 18 + 30 + 40 = 108

평균완료시간 = 108 / 5 = 21.6

평균납기지연시간 = 32 / 5 = 6.4

평균작업수 = 108 / 40 = 2.7

■ SPT에 의한 작업순서의 효율성

작업순서	작업시간	시 간	납기시간	납기지연
B	4	0+4=4	10	0
C	6	4+6=10	16	0
A	8	10+8=18	22	0
E	10	18+10=28	18	10
D	12	28+12=40	24	16
계	40	100		26

총소요시간 = 4 + 10 + 18 + 28 + 40 = 100

평균완료시간 = 100 / 5 = 20

평균납기지연시간 = 26 / 5 = 5.2

평균작업수 = 100 / 40 = 2.5

■ EDD에 의한 작업순서의 효율성

작업순서	작업시간	시 간	납기시간	납기지연
B	4	0+4=4	10	0
C	6	4+6=10	16	0
E	10	10+10=20	18	2
A	8	20+8=28	22	6
D	12	28+12=40	24	16
계	40	102		24

총소요시간 = 4 + 10 + 20 + 28 + 40 = 102

평균완료시간 = 102 / 5 = 20.4

평균납기지연시간 = 24 / 5 = 4.8

평균작업수 = 102 / 40 = 2.55

■ Slack에 의한 작업순서의 효율성

작업순서	작업시간	시 간	납기시간	납기지연
B	4	0 + 4 = 4	10	0
E	10	4 + 10 = 14	18	0
C	6	14 + 6 = 20	16	4
D	12	20 + 12 = 32	24	8
A	8	32 + 8 = 40	22	18
계	40	110		30

총소요시간 = 4 + 14 + 20 + 32 + 40 = 110

평균완료시간 = 110 / 5 = 22

평균납기지연시간 = 30 / 5 = 6

평균작업수 = 110 / 40 = 2.75

■ CR에 의한 작업순서의 효율성

작업순서	작업시간	시 간	납기시간	납기지연
E	10	0 + 10 = 10	18	0
D	12	10 + 12 = 22	24	0
B	4	22 + 4 = 26	10	16
C	6	26 + 6 = 32	16	16
A	8	32 + 8 = 40	22	18
계	40	130		50

총소요시간 = 10 + 22 + 26 + 32 + 40 = 130

평균완료시간 = 130 / 5 = 26

평균납기지연시간 = 50 / 5 = 10

평균작업수 = 130 / 40 = 3.25

도표 7-7 각 우선순위규칙에 따른 작업순서의 평가결과표

평가기준 / 규칙	총소요시간	평균완료시간	평균납기 지연시간	시스템 내 평균작업수
FCFS	108	21.6	6.4	2.7
SPT	100	20	5.2	2.5
EDD	102	20.4	4.8	2.55
S	110	22	6	2.75
CR	130	26	10	3.25

(2) 존슨의 규칙

앞서 공부한 것은 단일 작업장에 다수의 작업이 도착했을 때의 우선순위를 결정하는 것인 데 반하여, **존슨의 규칙**(Johnson's rule)은 다수의 작업이 2개 또는 3개의 작업장을 거쳐서 처리될 때의 우선순위를 정하는 방식이다.

도표 7-8 존슨의 규칙의 예

■ 2개의 작업장인 경우

작업 / 작업장	A	B	C	D	E
기계 Ⅰ	5	8	7	11	6
기계 Ⅱ	4	9	5	10	9

① 기계 Ⅰ, Ⅱ 중 가장 짧은 작업시간(주문시간)을 찾은 다음 이 작업시간이 앞 공정(기계Ⅰ)에 있으면 제일 먼저 작업을 착수하고, 이 작업시간이 뒷 공정(기계Ⅱ)에 있으면 가장 늦게 진행시킨다. 작업 A의 기계Ⅱ가 가장 짧은 작업이고, 뒷 공정에 있으므로 작업 A가 맨 뒤로 간다. 이와 같은 순서로 계속 진행한다.

○ - ○ - ○ - ○ - Ⓐ

② 그 다음 짧은 작업은 5이므로 이것도 맨 마지막 다음으로 간다.

○ - ○ - ○ - Ⓒ - Ⓐ

③ 다음으로 짧은 작업시간은 6인데 이것은 앞 공정(기계Ⅰ)에 있으므로 맨 앞으로 간다.

Ⓔ－○－○－Ⓒ－Ⓐ

④ 이와 같은 방식으로 진행시키면 다음과 같다.

Ⓔ－Ⓑ－Ⓓ－Ⓒ－Ⓐ

■ 3개의 작업장인 경우

작업장 \ 작업	A	B	C	D
기계 Ⅰ	3	5	2	10
기계 Ⅱ	8	4	1	8
기계 Ⅲ	2	9	10	9

① 작업장이 3개인 경우에는 기계 Ⅱ의 작업장을 기계Ⅰ과 기계 Ⅲ의 작업장으로 각각 합산해 준다. 즉, 기계 Ⅱ의 작업장은 없애서 작업장을 2개로 만든다.

작업장 \ 작업	A	B	C	D
기계 Ⅰ	11	9	3	18
기계 Ⅲ	10	13	11	17

② 다음에는 작업장이 2개인 경우의 방법과 똑같은 순서로 진행된다. 그 결과는 다음과 같다.

Ⓒ-Ⓑ-Ⓓ-Ⓐ

(3) 잭슨의 규칙

잭슨의 규칙(Jackson's rule)은 존슨의 규칙을 확장한 것으로 작업장을 거치는 순서가 서로 다른 경우에 적용하는 방법이다. 이는 작업장의 Ⅰ과 Ⅱ로 나누어서 Ⅰ은 존슨의 방법대로 하고, Ⅱ는 존슨의 방법의 역순으로 처리하는 방법이다.

도표 7-9 잭슨의 규칙의 예

작업번호	작업유형	작업시간	
		기계 1	기계 2
A	1	3	8
B	1	4	1
C	1	7	7
D	2	4	3
E	2	5	2
F	2	1	3

작업 유형 '1'은 ABC 순위를 존슨의 알고리즘에 의해서 결정하면 ACB가 된다. 그 다음 작업 유형 '2'인 DEF의 작업순위를 존슨의 알고리즘을 역으로 이용해서 구하면 EDF가 된다. 이를 합하면 (ACB EDF)을 얻을 수 있다.

7장 연 습 문 제

1. 생산수량계획이라고 불리는 총괄생산계획은 생산자원의 적정배분과 비용의 최소화를 목적으로 다음과 같은 것들을 중심으로 하는 생산계획이다. 여기에 속하지 않는 것은?

㉮ 생산율 및 고용수준 ㉯ 재고수준
㉰ 잔업 및 하청수준 ㉱ 예측에 따른 변동수준

2. 의사결정은 경영자가 경영자 나름대로 직관적인 의사결정룰이 있다는 인식 아래 경영자의 행동을 회귀분석하여 최적화를 찾는 기법은?

㉮ 경영계수이론 ㉯ 매개변수 생산계획법
㉰ SDR ㉱ LDR

3. 생산계획을 수립하기 위한 LDR의 2차 비용함수에 속하지 않는 것은?

㉮ 정상 임금비용 ㉯ 고용 및 해고비용
㉰ 유휴 및 잔업비용 ㉱ 재고 및 추가관리비용

4. 총괄생산계획기법 중 가장 우수한 기법으로서 컴퓨터를 이용하여 최적해를 구하는 방법은?

㉮ 시행착오법 ㉯ LP
㉰ DP ㉱ SDR

5. 3개의 작업장에 5개의 주문에 대한 처리시간은 다음과 같다. 이때 존슨의 규칙에 의한 작업순서를 결정하시오.

작업장 \ 작업	가	나	다	라	마
M 1	4	5	5	6	7
M 2	1	3	1	4	1
M 3	6	8	7	7	6

㉮ 가-나-다-라-마 ㉯ 가-다-나-라-마
㉰ 가-나-라-다-마 ㉱ 가-다-마-라-나

6. 총괄생산계획의 정의와 전략 4가지를 쓸 것.

7. LDR의 비용함수 4가지를 쓸 것.

8. job shop에서 잭슨의 규칙에 의해서 다음 작업들의 우선순위를 결정하라.

작업번호	작업유형	작업시간	
		설비 1	설비 2
A	1 → 2	3	8
B	1 → 2	4	1
C	2 → 1	3	7
D	2 → 1	4	2

9. 다음 표를 우선순위규칙에 의한 작업배정을 실시하고자 한다. 아래 물음에 답하라.

작 업	도착순서	작업시간	납기시간
A	1	6	8
B	2	4	7
C	3	1	2
D	4	3	3
E	5	2	4

① FCFS
② SPT
③ LPT
④ EDD
⑤ S
⑥ CR
⑦ 평균완료시간
⑧ 평균납기지연
⑨ 평균작업수

제8장

비반복적인 일정계획을 수립하는

프로젝트 관리

청계천 정비작업처럼 프로젝트 관리는 한정된 시간에 비반복적인 일회성 프로젝트 계획이다.

01 프로젝트 관리

프로젝트란 1988년 서울올림픽이나 2002년 한·일 월드컵처럼 시간이 한정되어 있는 일회적인 생산활동을 말한다.

이 활동들은 특정한 순서에 따라 행해져야 하며, 명백한 시작과 종료를 갖는 활동이다. 다른 계획기능과 프로젝트의 계획기능이 다른 점은 프로젝트는 매일, 매주 혹은 매월 수행되는 것이 아니라, 단 한번 수행된다는 점이다. 즉, 비반복적인 사업인 것이다.

한마디로 요약하면 **프로젝트 관리**(Project Management)란 한정된 기간 동안의 목적을 수행하기 위한 일회적이며 비반복적인 일정계획을 말한다.

현업 실무를 도와주는 **스토리텔링 생산경영** 사례 연구

■ 프로젝트 계획

① PERT/CPM에 관한 2012년 런던 올림픽

당신은 2012년 런던에서 거행되는 올림픽의 화려함과 치열한 경쟁을 보았을 것이다. 올림픽은 아주 복잡한 대형 프로젝트의 한 예이다. 올림픽이 시작되기 전, 올림픽 기간 중, 그리고 올림픽이 끝난 후에 수립되는 계획들을 상상해 보라. 런던 시는 올림픽 조직위원회와 함께 여러 행사를 치루기 위한 건물을 건설했고, 선수의 숙소 및 안전을 확보하고, 수많은 관람객을 수송하고, 모든 경기를 진행하는 등 상당히 다양한 계획을 수립하였다. 이러한 많은 일들 중 대부분은 논리적인 순서를 따르나, 일부는 전통적인 관례에 따라 진행되기도 한다. 예를 들어 15일간의 올림픽기간 중 2,000회 이상의 경기일정을 수립하여야 하는데 이때 준결승전이 결승전 이전에 열려야 한다든가, 두 경기가 같은 장소에서 동시에 펼쳐질 수 없다든가 하는 논리적인 제약들이 계획과정을 복잡하게 한다. 또한 마라톤 경기는 마지막 날에 거행된다든가, 수영 및 필드 경

기는 같은 시간에 벌어질 수 없다는 등의 전통적인 관례도 고려되어야 한다. 국제적인 방송사들도 자국 내 인기종목의 경기를 자국의 주요 시간대에 배치해 달라는 등의 조건을 내세우기도 한다. 물론 각 나라별 시차와 종목선호의 차이로 인해 모든 경기를 방송국에서 요구하는 시간대에 배치할 수는 없다. 그럼에도 불구하고 이들은 철저한 프로젝트 일정계획 및 관리를 통해 경기들을 정확한 시간에 개최하였고 경기를 적절히 진행하는 데 필요한 자원을 확보했다.

이러한 프로젝트 사업에 필요한 계획이 PERT/CPM인 것이다.

② POSCO의 죽기살기식의 '철' 생산 프로젝트 계획

1968년 초여름, 포항 영일만 모래벌판에 몇 명의 사내들이 바닷바람을 맞으며 서 있었다. 그들은 남들이 모두 '무모하다'고 하는 일에 한판 승부를 벌이고 도전장을 내밀려고 하고 있었다. 박태준 포철사장과 10명의 건설요원들이다. 다음은 강철왕 카네기보다 한수 위인 세계적인 철강 왕 박태준 회장의 회고록의 일부분이다.

"모두 우향우!"

1968년 6월 15일 새벽 4시. 비상소집된 포항제철 건설요원들은 긴장한 표정이었다. 수평선 너머로 붉은 태양이 막 솟아오르고, 건설사무소 오른쪽 아래로는 영일만의 짙푸른 파도가 일렁거리고 있었다. 나는 이렇게 외쳤다.

"우리 선조들의 피의 대가인 대일청구권 자금으로 짓는 제철소요. 실패하면 역사와 국민 앞에 씻을 수 없는 죄를 짓는 것입니다. 그때는 우리 모두 저 영일만에 몸을 던져야 할 것이오."

소나무가 듬성듬성 서 있는 포항 모래벌판에 종합제철소를 세운다는 무모한 도전은 이렇게 시작됐다. 우리는 일을 그르칠 경우 전부 오른쪽에 보이는 영일만에 빠져 죽겠다는 각오를 '우향우 정신'이라고 표현했다. 어떠한 일이 있어도 물러서지 않겠다는 의지로 현장사무소를 '롬멜 하우스'라고 이름지었다. 롬멜은 제2차 세계대전 때 사막의 전차 기동전을 이끌었던 독일의 장군이다.

당시 현장풍경을 포항제철 30년사는 이렇게 기술하고 있다.

"바다 바람이 어찌나 거세게 부는지 모래가 휘날려 모래 안경을 써야 했다. 입·코·귀에 모래가 들어가서 서걱서걱해서 도무지 견딜 수 없을 지경이었다. 국제부흥개발은행(IBRD)까지도 '안 될 일'이라고 등을 돌린 제철소였다."

그해 11월, 박정희 대통령이 헬기를 타고 처음으로 포항 현장에 내려왔다. 모래 바람에 눈을 비비면서 허허 벌판을 직접 본 박 대통령은 혀를 찼다.

“여보게 박 사장, 이거 어디 되겠나?” 나를 믿고 내려 보냈고, 언제나 자신에 차 있던 그의 한숨에 내 가슴도 철렁 내려앉았다.

그러나 나는 군대에서 단련된 ‘하면 된다’, ‘안 되면 되게 하라’는 정신으로 밀어붙였다. 롬멜 하우스 옥상에 ‘건설’, ‘증산’, ‘수출’이란 간판을 큼지막하게 세워놓고, 하루 종일 현장을 돌아다니며 다그쳤다. 나는 그 당시 내 부하도 아닌 다른 회사 임원까지 혼쭐을 내기도 했다.

박태준

도로 포장이 공기를 제대로 못 맞췄을 때에는 포철 담당 부장과 함께 대림건설 담당 부장에게도 엎드려 뻗쳐를 시켰다. 아마 당시 현장요원들 가운데 나에게 지휘봉으로 배를 찔리거나 정강이를 걷어차이지 않은 사람은 없을 것이다. 자금과 기술이 부족한 상황이라 정신력과 몸뚱이로 버틸 수밖에 없는 상황이었다.

사람은 미치광이라는 말을 들을 정도가 아니면 아무 것도 이룰 수 없다. 죽어도 공장만은 지어야 한다는 절대 절명의 사명감으로 우리는 뭉쳐 있었다.

그후 1973년 6월 9일 첫 번째 쇳물을 쏟아낸 뒤 포철은 현재 세계 철강기업으로 성장했고 한국경제성장사에 신화를 만들었다.

1. 프로젝트 관리의 발전과정

프로젝트 관리의 변천과정을 살펴보면 다음과 같이 발전되어 왔다.

1) 간트 차트

20세기 초반에는 생산시스템 분석가를 능률전문가(Efficiency Expert)라고 불렀고, 이런 전문가들의 한 사람인 헨리 간트가 생산활동에 있어서 획기적인 일정표를 고안해냈다. 이러한 일정표는 헨리 간트의 이름을 따서 간트 차트(Gantt Chart)라고 불리우며 널리 이용되었다.

간트 차트는 종축에 공사 종목별로 각 공사명을 작업순서에 따라 배열하고, 횡축에 날짜를 표기한 다음 공사명별 공사의 시작과 끝을 횡선의 길이로서 소요시간에 대응시켜 단순하게 만든 그래프이다.

간트 차트의 ‘예’는 〈도표 8-1〉에 나타나 있다.

도표 8-1 간트 차트에 의한 일정계획

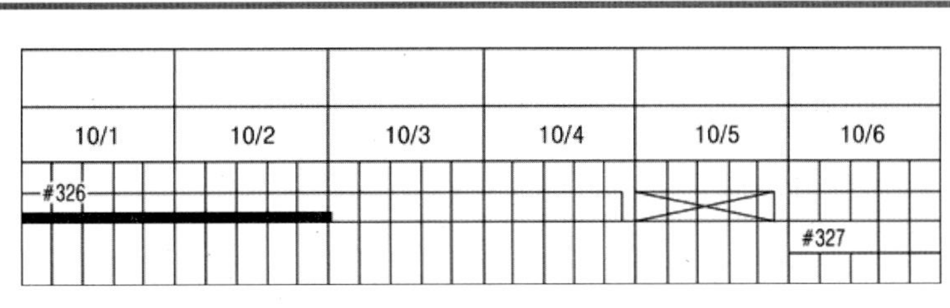

┌ : 활동의 시작 및 완료시간

┐ : 작업은 완료하기 위한 예정된 시간

▃ : 굵은 실선은 이미 완료된 작업을 나타냄

V : 현재 날짜를 표시함

⊠ : 작업지연을 회복하기 위한 예정된 시간

간트 차트는 항목별 작업 또는 활동계획과 실적을 일목요연하게 알 수 있게 해주며, 전체적으로 진행상황을 쉽게 알게 해준다. 그러나 이와 같은 간트 차트의 실제 적용에 있어서는 많은 단점들이 나타나고 있다. 간트 차트가 오랜 동안 일정관리 및 계획, 통제에 사용되어 오면서 발견된 단점들은 다음과 같다.

① 계획의 변화, 변경에 약하다.

② 일정계획에 있어서 정밀성을 기대하기가 어렵다.

③ 작업 상호 간에 유기적인 관계가 명확치 못하다.

2) PERT

1950년대에 미국 해군 군수국(bureau of ordnance)의 특별기획실의 계획평가부문에 의해 폴라리스 탄도 미사일 계획의 개발과정에 따르는 일정의 계측, 제어의 기술로 개발되었다. 초기에는 단순한 일정만을 계획, 관리하는 기법으로 이용되었다.

3) CPM

CPM은 1957년 Dupont사 공무부(engineering service division)의 워커(Morgen R. Walker)와 레밍톤 랜드사의 켈리(James E. Kelley) 등에 의해 설비 예방보전기법으로 개발되었다.

2. PERT/CPM의 개요

1950년대에 대형 프로젝트 관리에 있어서 간트 도표의 한계를 극복하기 위해 PERT(program evaluation and review technique)와 CPM(critical path method)이라고 하는 두 가지 네트워크 계획모형이 개발되었다. 이러한 모형(PERT/CPM)은 프로젝트를 효과적으로 수행할 수 있도록 네트워크를 이용하여 프로젝트를 계획하고 관리하는 기법으로 발전되었다.

PERT/CPM의 초기 차이점은 시간추정치와 관련된 것이었다. PERT는 미 해군의 폴라리스 미사일 계획 프로젝트를 위해 개발되었다. 이 프로젝트의 단위활동 중 대부분이 이전에 수행된 적이 없기 때문에 이러한 불확실한 시간추정치를 찾아내려고 PERT가 개발되었다.

폴라리스 미사일은 약 20만개의 부품과 약 3천개의 부품 납품회사가 관계된 대단히 복잡한 시스템이었다. 이 경우 각 부품의 개발과 부품조달 및 조립에 관한 일정계획을 관리하고 통제하지 못하면 정해진 시간에 프로젝트를 완수할 수 없으므로 정확한 시간의 계획과 단축을 목적으로 PERT가 개발되었다. 그러나 후에 PERT 기법을 사용하면서도 비용을 줄이는 측면이 중요해져서 비용절감을 위한 PERT 기법도 개발되었다. 이렇게 되자 이들을 구별하기 위하여 시간을 고려하는 경우를 PERT/time, 그리고 비용을 고려하는 경우를 PERT/cost라고 명명하였다.

CPM(critical path method)은 1957년 미국의 듀퐁(Dupont)사에 의하여 개발되었다. 듀퐁사는 미국의 대규모 화학회사로서 주 사업인 중화학분야는 막대한 투자액 때문에 설비의 가동률을 높여야 할 필요가 있는 분야였다. 하지만 중화학분야의 공장들은 매년 설비보전을 위하여 공장의 가동을 중지해야 하는 특성을 가지고 있다. 그러므로 설비보전에 들어가는 시간을 최소화시키는 것이 대단히 중요해진다. 이러한 이유 때문에 듀퐁사의 엔지니어링 서비스 부서의 워커(M. R. Walker)는 CPS(Critical Path Scheduling)라는 기법을 개발하였다. 이 기법을 설비보전에 적용한 결과 평균 125시간이 소요되는 설비보전을 73시간으로 단축시켜서 100만 달러의 원가절감을 달성하였다. 듀퐁사는 이 기법을 공장건설에도 적용하였으며 이 기법의 이름을 CPM으로 바꾸었다. CPM의 특징은 그 대상이 기존에 있었던 임무, 예를 들면 설비보전이나 공장건설과 같은 과거의 경험이 있는 프로젝트들이라는 점이다. 그러므로 CPM은 프로젝트의 완성시간이 문제가 되는 것이 아니라 어떻게 하면 가장 최소의 비용으로 프로젝트를 완성하는가에 그 목적이 있게 되었다.

PERT의 목적은 시간의 통제를 목적으로 개발된 반면에, CPM은 각 작업활동의 비용 감소를 목적으로 개발되었다. 그러나 PERT도 후에는 PERT/cost와 같이 CPM에서 달성하려는 목적을 추구하는 등 두 기법의 차이가 없게 되었다. 그러므로 후에 두 기법을 통합하여 PERT/CPM으로 부르고 있다.

3. PERT/CPM의 차이점

프로젝트 관리에 유용하게 이용되고 있는 PERT와 CPM은 같은 목적을 위해 이용되어 왔지만 운영에 있어서는 약간의 차이점을 가지고 있다. PERT는 작업활동의 완료일이 불확실한 경우의 프로젝트에 대한 일정계획을 수립하기 위하여 개발되었고, CPM은 업무나 활동시간을 확정적으로 알고 있는 경우의 프로젝트를 통제하기 위하여 개발된 기법이다.

도표 8-2 PERT와 CPM의 비교

구 분	PERT	CPM
주목적	공기단축(Time)	원가절감(Cost)
탄생배경	NASA의 폴라리스 미사일 일정계획사업 목적	듀퐁사의 설비보전비용의 원가절감 목적
모 형	확률적 모형	확정적 모형
대상프로젝트	신규사업, 비반복사업, 경험이 없는 사업	반복사업, 경험이 있는 사업
시간추정	3점 시간 견적, β 분포 $Te = \frac{Ta + 4Tm + Tb}{6}$ Ta = Optimistic Time 낙관치 Tb = Pessimistic Time 비관치	1점 시간 견적 $Te = Tm$ Te = Expected Time 기대치 Tm = Most Likely Time 정상치
일정계산	Event 중심의 일정계산 일정계산이 복잡하다.	Activity 중심의 일정계산 일정계산이 자세하고 작업 간 조정이 용이
주 공 정	TL − TE = 0	TF − FF = 0
최소비용	특별한 이론이 없다.	CPM의 핵심 이론

현업 실무를 도와주는 **스토리텔링 생산경영** 사례 연구

■ PERT/CPM 어떻게 개발되어 어떻게 사용되고 있나?

미국의 듀퐁사는 일 년 중 1개월 동안은 공장 가동을 중지하고 설비보전을 해야 하는 문제가 있었다. 이러한 문제를 해결하기 위해서 1977년 3월 CPS(critical path scheduling) 기법을 개발하였다. 기술자 6명을 선발하여 40시간 교육을 통해서 기법을 완전히 습득하게 했다. 이를 예방정비에 적용한 결과 예방정비에 소요되는 평균 127시간을 93시간으로, 최종적으로는 73시간으로 단축시키고 종래의 176건의 납기문제를 7건으로 감소시켜 혁신적인 원가절감을 이루었다.

듀퐁사는 이러한 성공에 힘입어 설비예방기법을 정비계획에 그치지 않고 건설회사의 프로젝트에도 이용하게 하였으며, 기법의 이름도 자연스럽게 CPS에서 현재의 이름인 CPM으로 바꾸었다.

CPM과 유사한 기법으로 PERT(program evaluation review technique)라는 기법이 있는데 CPM이 민간기업에서 개발된 반면, PERT는 군사전략차원에서 개발되었다. 미국 해군은 1956년 폴라리스(Polaris) 잠수함 건조계획을 착수할 목적으로 특수사업국을 신설하였다.

최초의 PERT는 비용문제를 생각하지 않고 오직 개발기간의 단축만을 고려하는 PERT/time으로 개발되었으나, 1960년 6월 해군과 육군의 합작으로 Management System사에 의해 PERT/cost 기법이 개발됨으로써 비용을 고려하는 PERT 기법이 개발되었다.

듀퐁사에서 설비예방 보전기법으로 개발된 CPM과 군사 목적의 연구개발기간 단축용으로 개발된 PERT는 1962년이 돼서야 통일된 경영혁신 네트워크 기법으로 발전되었다.

우리나라에 최초로 PERT/CPM 기법을 도입한 것은 광주 미군 활주로 공사를 담당한 피셔사로 알려져 있다. 그 당시 피셔사는 200만 달러 규모의 미군 비행장 활주로 공사를 대림산업에 하청을 주었다. 활주로 공사의 일정계획의 모델을 PERT 기법의 일종인 PEST(progress evaluation and surveillance technique)로 작성하라고 하고 이에 대한 샘플을 제시하였다.

그 후 이러한 일정관리기법이 건설업체를 중심으로 보급되었다. 1968년 현대건설과 삼환기업이 공동으로 시공한 조선호텔 공사에서 성공을 거두었다.

1978년에는 경부 고속도로 건설에서도 활용하였다. 이러한 성공을 계기로 현재는 건설업체에서 일정계획관리 기법으로 활용하고 있다.

4. PERT를 이용한 프로젝트 관리

프로젝트의 관리를 위해서는 필요한 모든 활동을 밝히고 각 활동을 언제 시작하고 끝낼 것인가를 결정하여야 한다. 이러한 목표를 달성하기 위해 프로젝트 관리자는 상호 관련된 활동과 인력의 네트워크를 구성하여야 한다. 네트워크 모형에 의해 관리되는 프로젝트는 대개 다음과 같은 순서를 밟는다.

1) 프로젝트 활동단계의 결정 및 기대시간 값

2) 활동시간의 추정 및 분산

3) 네트워크 도표 작성

4) 일정계산

① Event에 의한 일정계산

② Activity에 의한 일정계산

5) 주공정 결정

6) 프로젝트에 있어서 Te와 Tl의 계산

7) 주어진 기간 내에 프로젝트 완성확률 계산

8) 시간과 비용의 관리(MCX)

상기의 절차에 따라 프로젝트를 완성해 가는 과정을 분석해 보기로 한다.

1) 프로젝트 활동단계의 결정 및 기대시간 값

프로젝트 관리자는 우선 프로젝트에 참가하는 모든 사람이 이해할 수 있도록 프로젝트를 기술하여야 한다. 이때 프로젝트의 최종목표를 명확히 하고 필요한 모든 활동과 그들 간의 선후관계를 명시하여야 한다.

활동이란 프로젝트를 완료하는 데 있어서 시간과 자원을 필요로 하는 세부작업을 의미한다. 그리고 활동들의 상호관계를 다음과 같은 사항을 중심으로 규명해야 한다.

① 선행활동과 후속활동 : 활동들 간에는 관리적·기술적 제약조건 때문에 반드시 선·후가 있다. 이러한 관계를 명확히 파악해야 일의 순서에 차질이 없다.

② 직렬활동과 병행활동 : 어떤 활동들은 선·후 관계가 명확히 구분되는가 하면, 어떤

활동들은 서로 병행해서 동시에 이루어질 수도 있다. 특히 업무수행 담당부서가 서로 다르고 직접적인 관련이 없는 활동들은 대부분이 동시에 처리가 가능하다. 예를 들면, 아파트 건설 프로젝트의 경우, 건설현장의 업무와 분양사무실의 업무는 서로 동시에 진행될 수 있는 병행활동이다.

프로젝트에 걸리는 시간을 보다 정확히 추정하기 위하여 PERT라는 기법을 이용하는 것이다. 프로젝트를 구성하는 과업들의 소요시간을 추정하는 방법으로는 크게 2가지를 들 수 있다. 첫째는 그 과업의 불확실성이 없기 때문에 단일값으로 추정하는 방법이다. 둘째는 불확실성이 있기 때문에 3개의 값으로 추정하는 방법이다. 이때 사용되는 세 개의 값은 낙관적 소요시간, 정상적 소요시간, 비관적 소요시간이다.

일반적인 시공 프로젝트처럼 과업시간의 추정치가 상당히 높은 확실성을 가지고 있는 경우에는 단일 값 추정방법을 사용하고, 소요기간의 예측이 매우 불확실한 경우에는 3개의 추정 값을 사용한다. 3개의 추정 값을 사용하는 경우에는 먼저 기댓값을 계산한 후, 그 기댓값을 단일 값으로 전환하기 때문에 추가적인 계산작업이 필요하다. 여기서는 3개의 추정값을 중심으로 시간을 추정하는 방법을 살펴보자.

a : 낙관적 추정치(optimistic estimate) : 모든 일들이 예정보다 순조롭게 진행된 경우에 소요시간을 가장 낙관적으로 짧게 추정한 값

m : 정상적 추정치(most likely estimate) : 모든 일들이 예정과 별 차이 없이 진행된 경우에 소요시간을 가장 현실적으로 추정한 값

b : 비관적 추정치(pessimistic estimate) : 모든 일들이 예정보다 어렵게 진행된 경우에 소요시간을 가장 비관적으로 길게 추정한 값

추정값은 각 과업의 책임자들이 가장 정확하게 예측할 수 있으므로, 프로젝트 관리자는 각 과업의 책임자들로부터 추정치 정보를 수집하여 PERT 분석을 하게 된다.

일단 세 가지 추정값들이 정해지면, 그 다음에는 가중평균을 통해 기댓값을 계산한다. 이 기댓값이 곧 그 과업에 걸리는 시간의 추정치로 사용된다. 기댓값(t_e)은 다음과 같은 공식에 의해 계산된다.

$$t_e = \frac{a + 4m + b}{6}$$

위의 식은 과업의 소요시간이 확률적으로 베타분포(beta distribution)를 따른다는 가정에 근거를 두고 있다. 베타분포를 가정하는 이유는, 현장의 많은 프로젝트들의 소요시간이 실제로 베타분포에 가까운 분포를 하고 있고 또 베타분포를 가정하면 위의 식처럼 간단한 공식으로 기댓값을 계산할 수 있기 때문이다.

다음으로는 분산값(σ^2)을 계산한다. 분산값은 프로젝트가 원래 계획된 시간 내에 완료될 시간을 평가하는 데 반드시 필요한 정보이다. 베타분포를 가정한 경우, 분산값은 다음과 같은 식으로 간단히 구할 수 있다. 식에서 알 수 있듯이 분산값은 낙관적 소요시간과 비관적 소요시간 값의 차이가 클수록 커지는 속성을 지닌다.

$$\sigma^2 = (\frac{b-a}{6})^2$$

2) 활동시간의 추정 및 분산

프로젝트 매니저가 '교량 일정계획 설비'에 관한 활동시간에 관한 추정을 한다고 가정하여 보자. 비슷한 활동의 과거 경험을 기초로 하여 그는 설계 가능 시간을 8일이라 결정했다. 그리고 만약 다른 문제가 없다면 5일 내에 끝마칠 수도 있으며, 문제가 생기면 17일까지 걸릴 수 있다고 본다. 그의 시간 추정은 5일에서 17일까지의 전 영역에서 가능하다.

각 시간에 대한 발생정도를 살펴보면 〈도표 8-3〉에서 보는 바와 같이 〈발생가능 기간 분포〉 그래프에 의해서 나타낼 수 있다. 그래프의 막대 높이는 발생의 상대적인 비율을 나타낸다. 8일이 걸릴 확률이 가장 높다. 즉, 8일이 최빈치이다. 8일의 좌우로는 가능성이 낮아지며 5일 이전이나 17일 이후로는 고려대상에서 제외된다.

도표 8-3 발생분포 및 베타분포를 가정한 a, m, b 및 t_e의 위치

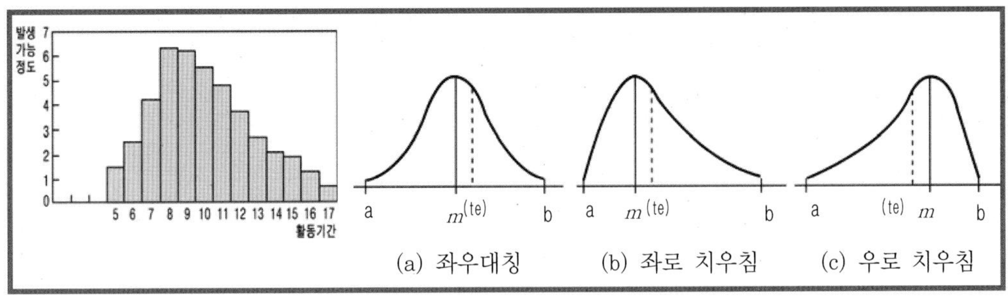

프로젝트는 그 속성상 비반복적이며, 따라서 여러 활동의 작업시간에 대한 정확한 분포를 파악하는 것은 쉬운 일이 아니다. 그러나 활동들이 확정되면 최악의 경우, 가장 이상적인 경우, 그리고 정상적인 상황하에 작업시간이 얼마나 걸릴지를 추정하는 것이 중요하다. 그러므로 작업시간의 추정치는 최대치, 최소치, 그리고 최빈치의 세 개의 모수에 의하여 그 분포의 형태가 결정되는 베타분포를 작업시간의 확률분포로 가정한다.

PERT 공식에 의해서 근사적으로 사용하는 활동시간의 추정은,

$$Te = \frac{a+4m+b}{6} = \frac{5+4\times 8+17}{6} = 9\text{일}$$

- 변동 : 계산에 의한 기대시간(평균시간)이 얼마나 믿을 만한지 알아보는 척도. 만일 매우 변동적이라면(측정치의 범위가 매우 넓다면) 계산해 낸 평균치의 신뢰성이 떨어지게 된다.

앞의 교량 일정계획 설계의 예를 통해 계산하면

$V=\left(\frac{17-5}{6}\right)^2=4 \quad St = \sqrt{V} = 2$ 이다.

분산의 값이 1에 가까울수록 정확성이 높다는 의미가 된다.

3) 네트워크 도표 작성

네트워크 도표 간 활동들 사이의 관계를 원과 화살표로 나타낸 그림이다. 프로젝트를 네트워크로 표현하려면 활동 간의 선후관계를 정해야 한다. 선후관계는 연관된 활동들의 순서를 말한다. 선행 활동이 완료되지 않으면 다음 활동을 시작할 수 없음을 나타낸다. 예를 들면 워드 작업을 완료하기 전까지는 프린트를 할 수 없다는 것이다. 즉, 활동 A는 활동 B에 선행되어 있어야 한다는 말이다.

대규모 프로젝트에서 이 과정이 필수적인 이유는 선후관계가 부정확하거나 누락되면 값비싼 지연이 발생하기 때문이다. 선후관계는 네트워크 도표로 표현된다.

기호		의미
마디		원 모양으로 사건(event)을 나타낸다. 시건은 하나의 시점을 의미하는 것으로 네트워크상에서 과업을 구분짓고, 과업의 시작과 끝의 기준이 된다.
가지		화살표 모양으로 나타나며, 하나의 화살표가 프로젝트를 구성하는 과업 중의 하나를 의미한다. 화살표의 길이는 아무런 의미를 갖지 않는다.
		점선으로 표시된 화살표는 가상과업(dummy task)을 표현하며 단지 과업들 간의 선후관계만을 의미한다. 이들은 실제 과업이 아니기 때문에 과업 소요시간은 '0'이 된다.

네트워크 작성상의 일반원칙

① 화살선은 역진 혹은 우회곡선을 사용하지 말 것

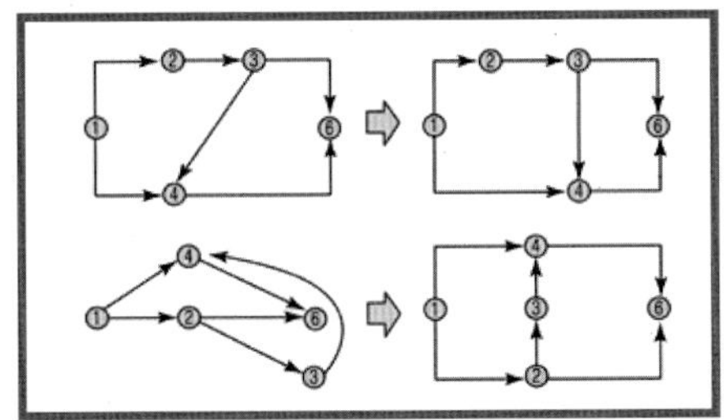

② 가능한 한 요소작업 상호 간의 교차를 피할 것

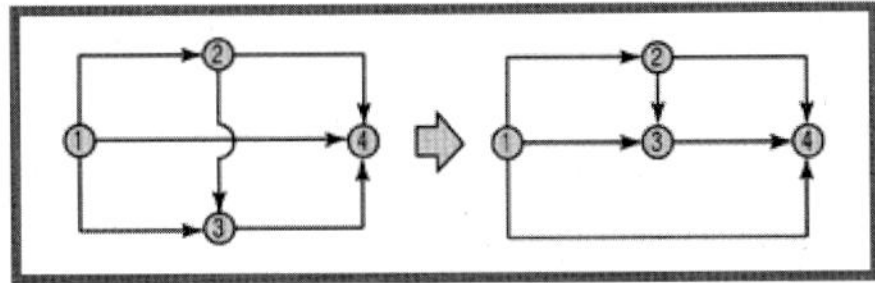

③ 무의미한 가상작업(dummy)은 피할 것

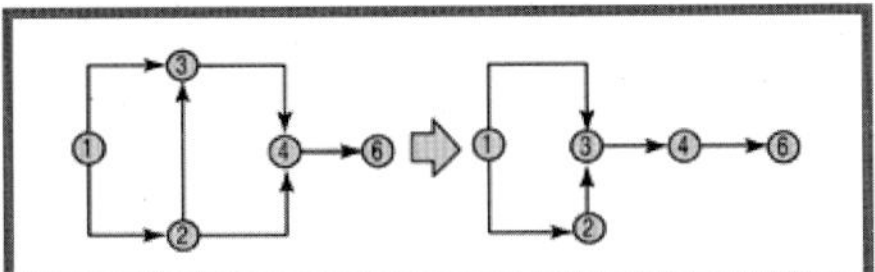

④ 알아보기 쉽고, 자료를 기입하기 편리하게 그릴 것

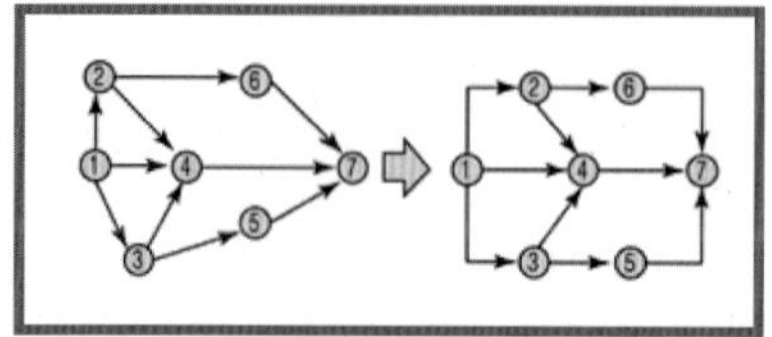

4) 일정계산

① event에 의한 일정계산

ⓐ 표시방법

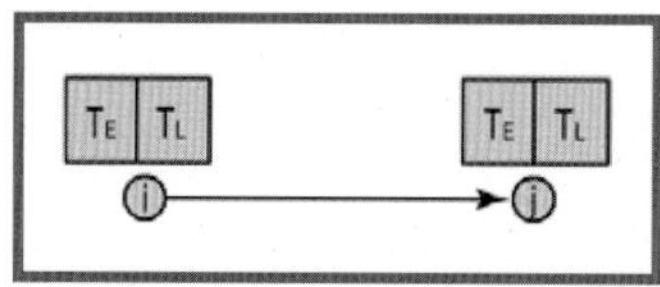

- **TE(earliest expected time ; 최초시각)** : 어떤 event에 이르는 여러 경로 중 제일 긴 경로를 거쳐 가장 빨리 도달하고 또한 가장 빨리 시작할 수 있는 시각
- **TL(latest allowable time ; 최지시각)** : 프로젝트를 예정기일에 완료시키기 위한 각 event에서의 가장 늦은 개시 혹은 완료시각

ⓑ 전진계산법(forward computation) : TE의 계산

전진계산법은 가능한 한 작업의 선후관계를 만족하는 조건하에서 빨리 시작하여 빨리 끝내는 계산방식이다.

- 첫 번째 event의 TE는 0
- 어떤 event의 TE는 선행단계의 TE와 해당 단계에 이르는 activity의 기대시간의 합
- 어떤 event까지 2개 이상의 activity가 연결될 때는 그 중에서 가장 긴 activity의 공기를 취함

ⓒ 후진계산법(backward computation) : TL의 계산

후진계산법은 전체작업의 완성시간을 어기지 않으면서 각 작업을 가능한 한 늦게 시작하는 계산방법이다.

- 마지막 event의 TL은 마지막 event의 TE 값을 갖는다.

- 어떤 event의 TL은 후속 event의 TL에서 해당 activity의 기대시간을 감한 것임
- 어떤 event에서 2개 이상의 activity가 발생하는 경우 가장 적은 수치를 택하여 계산

ⓓ EVENT에 의한 여유시간 계산

- **S(slack ; 단계여유)**

  최종단계에 있어서 완료기일을 변경하지 않는 범위 내에서 각 단계에 허용할 수 있는 시간적 여유

$$S = TL - TE$$

구 분	식	의 미
영 여유(zero slack)	S = 0	자원이 최적 배분되고 있는 상태를 나타낸다.
정 여유(positive slack)	S > 0	자원의 과잉을 의미한다.
부 여유(negative slack)	S < 0	자원의 부족을 의미한다.*

* PRERT/CPM에서는 자원의 부족을 전제하지 않으므로 정상적인 문제에서 부의 여유는 존재하지 않는다.

② activity에 의한 일정계산

ⓐ 표시방법

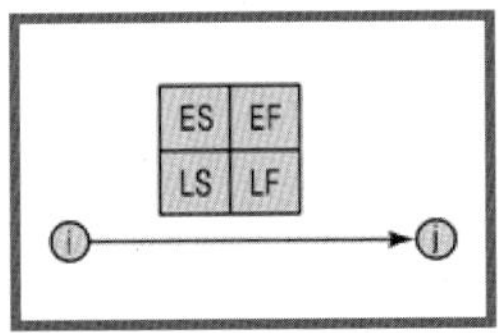

- ES(earliest start time ; 최조개시시간) : 작업을 시작할 수 있는 가장 빠른 시간

  ES = TE
- EF(earliest finish time ; 최조완료시간) : 작업을 종료할 수 있는 가장 빠른 시간

  EF = ES + TE
- LF(latest finish time ; 최지완료시간) : 어떤 활동을 늦어도 완료해야 할 한계시간으로서 TL과 같다.
- LS(latest start time ; 최지개시시간) : 전체 작업일정에 영향을 주지 않는 한도 내에서 시작하여야 할 가장 늦은 한계시간

  LS = LF - TE

ⓑ activity에 의한 여유시간 계산

- **TF(total float ; 총여유)** : 어떤 작업이 그 전체 공사의 최종 완료일에 영향을 주지 않고 지연될 수 있는 최대한의 여유시간. 즉, TF = LF - EF 또는 LS - ES
- **FF(free float ; 자유여유)** : 모든 후속작업이 가능한 한 빨리 개시될 때(ES) 이용가능한 여유시간

5) 주공정 결정

주공정은 여유가 없는 공정으로 프로젝트 관리는 결국 주공정의 철저한 관리가 가장 중요하다. 프로젝트 관리는 네트워크를 작성한 후 주공정을 찾아낸다.

- 주공정(critical path ; CP) : 가장 작업시간이 긴 공정(애로공정)

(1) 개 요

주공정이란 네트워크의 개시단계에서 종료단계에 이르는 여러 경로 중 최장경로를 말하며, 크리티컬 패스(critical path) 혹은 CP로 표시한다.

- 이 경로상의 작업 소요시간이 조금이라도 늦어지면 공기가 늦어지므로, 이와 같은 작업들을 중점적으로 관리함으로써 공기의 지연을 막을 수 있다.
- 공기를 단축하는 것은 대부분 주공정상의 공기단축, 작업개선을 고려하는 것으로 목적을 달성할 수 있게 된다.

(2) 주공정 계산방법

종료단계에서 TF와 FF가 최소인 작업을 개시단계까지 취하는 것에 의해 구한다. 즉, TF와 FF가 0인 작업을 취한다. 즉, 여유가 없는 공정을 연결한 작업이다.

다음의 예제를 갖고 주공정, 기대시간, 분산 그리고 표준편차를 구해 보자.

예제

화살표 위의 숫자들은 순서적으로 Ta(낙관치), Tm(정상치), Tb(비관치)를 나타낸다.

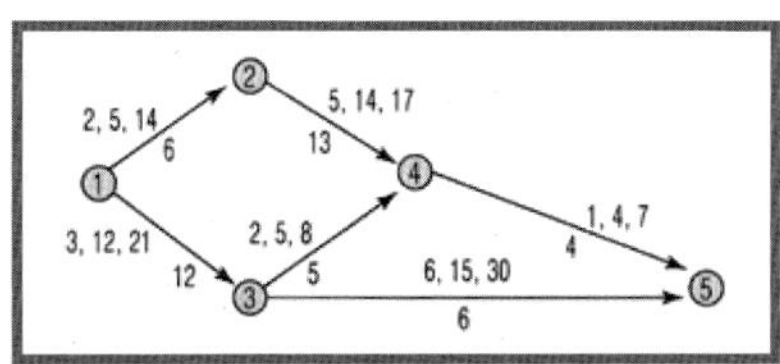

작업활동	$Te = \frac{Ta + 4Tm + Tp}{6}$	표준편차 $St = \frac{Tb - Ta}{6}$	분산 $Vt = \left(\frac{Tb - Ta}{6}\right)^2$
*①－②	6	2	4
①－③	12	3	9
*②－④	13	2	4
③－④	5	1	1
*④－⑤	4	1	1
③－⑤	6	4	16

풀이

주공정은 ①→②→④→⑤
기대시간 Te = 23
분산 Vt = 9
표준편차 St = 3

PERT와 관련 기법들의 주요 특징 중 하나는 주요 프로젝트 활동들과 그들 간의 선후관계를 기술하는 네트워크도 또는 선후관계도를 사용한다는 것이다. 네트워크도를 작성하는 데 있어 2개의 다른 네트워크 표시방법이 있다. 하나는 활동이 화살표에 표시되는 경우(AOA)가 있고 또 다른 것은 활동이 노드에 표시되는 경우(AON)가 있다. 활동은 자원과 시간을 소비한다. AOA에서 노드는 사건으로 불리어지는 활동들의 시작과 완료점을 나타낸다. AON에서는 노드가 활동을 나타낸다.

두 가지 방법을 〈도표 8-3〉은 나타나 있다. 둘을 비교하면, AOA에서는 화살표가 활동을 나타내며 활동들이 수행되는 순서를 보여준다. AON에서는 화살표는 단지 순서만을 나타내며 노드가 활동을 표시한다. AOA에서 활동은 그것이 시작되고 끝나는 점에 의해 표시되는 경우와 화살표에 할당되는 문자에 의해 표시되는 경우의 두 가지로 표시될 수 있다. AON에서 활동은 노드에 할당된 문자에 의해 표시되게 된다.

도표 8-4 네트워크도를 활용한 일정계획 예

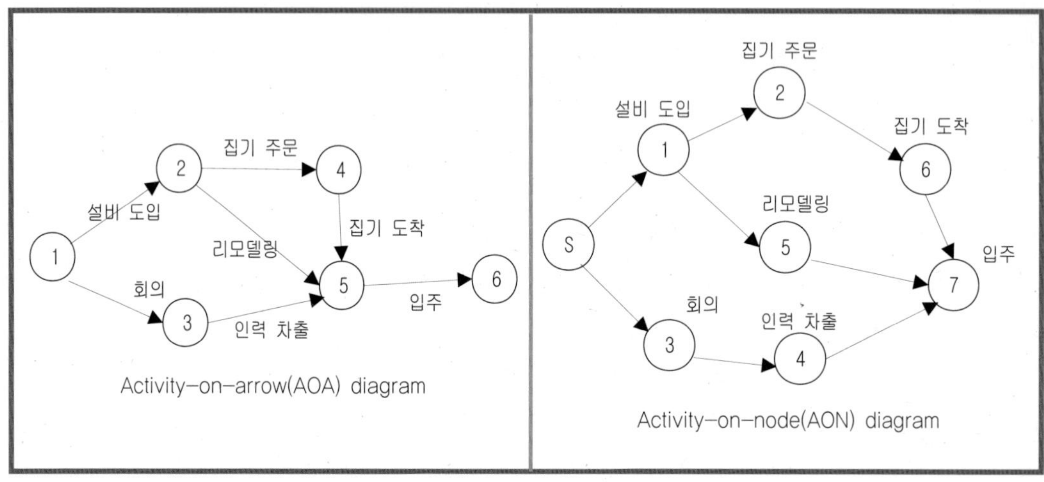

프로젝트 매니저에게 중요한 것은 네트워크도에 있는 경로들이다. 경로는 시작 노드로부터 끝 노드에 이르는 연속적인 활동을 말한다. 예를 들어, AOA 그림에서 1-2-4-5-6이 하나의 경로이고, AON 그림에서는 S-1-2-6-7이 하나의 경로가 된다. 두 그림을 보면 세 개의 경로가 나오는데 경로가 중요한 첫 번째 이유는 활동들의 선후관계를 알 수 있게 해준다는 것이다. 연속선상에 있는 한 활동이 지연되거나 부정확하게 수행된다면 후속 활동의 시작도 연속적으로 지연되게 된다.

경로에서 또 다른 중요한 점은 하나의 연속된 활동을 수행하는데 시간이 얼마나 걸리는가를 알아내는 것이다. 경로의 길이는 그 경로에 있는 활동들의 기대시간의 총합으로 계산된다. 가장 긴 경로가 프로젝트 완료시점을 결정한다. 길이가 긴 경로에서 지연이 있게 되면 프로젝트 완료시점도 그만큼 늦어지게 된다. 프로젝트의 빠른 수행을 가능하게 하려면 긴 시간이 걸리는 경로를 집중관리해야 한다. 이 긴 시간이 걸리는 경로의 영향력 때문에 길이가 긴 경로는 주공정 또는 애로공정이라고 불린다.

주공정보다 짧은 경로들은 어느 정도의 시간적 지연이 허용될 수 있고, 전체적인 프로젝트와 주공정에 별 영향을 미치지 않는다. 이와 같이 약간의 지연이 허락되는 경로를 여유경로라고 부른다. 그리고 이것은 주공정과 그렇지 않은 경로의 다른 점을 보여준다. 주공정에 대해서는 여유가 존재하지 않는다.

도표 8-5 네트워크 그리는 예

활동이 화살표에 표시되는 경우(AOA)	해석	활동이 노드에 표시되는 경우 (AON)
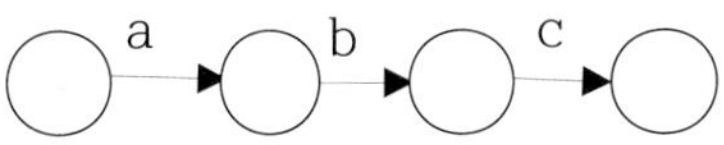	활동들은 순서대로 완료되어야 함, a가 먼저, 그리고 나서 b 그리고 c	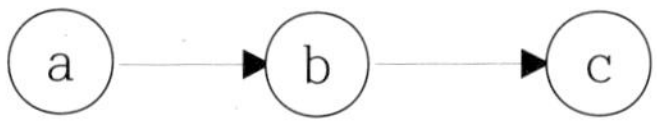
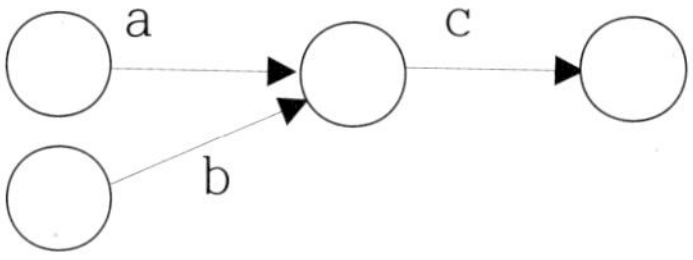	a와 b는 c가 시작되기 전에 완료되어야 함	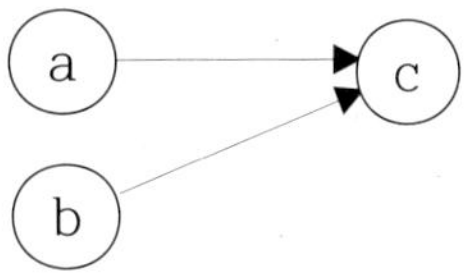
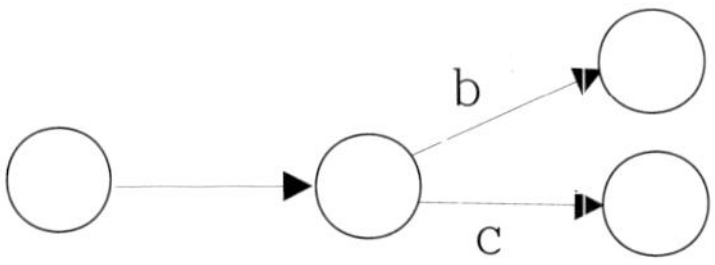	a는 b나 c가 시작되기 전에 완료되어야 함	
더미 활동	관계를 명확히 하기 위해 더미 활동이 추가됨	더미가 필요 없음
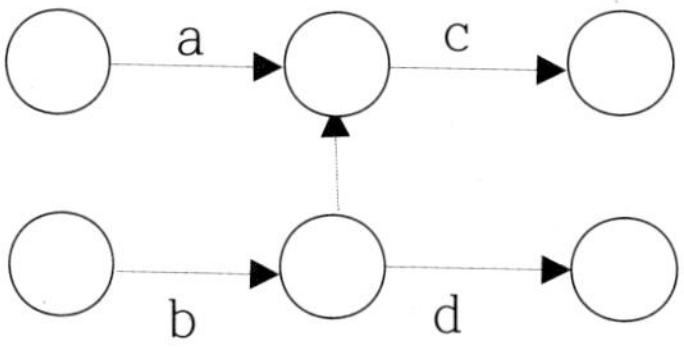		

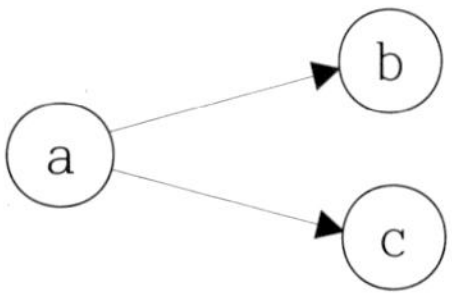

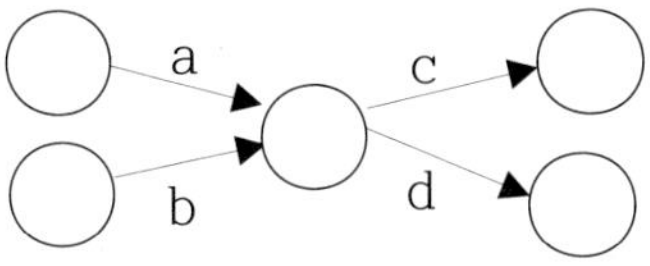

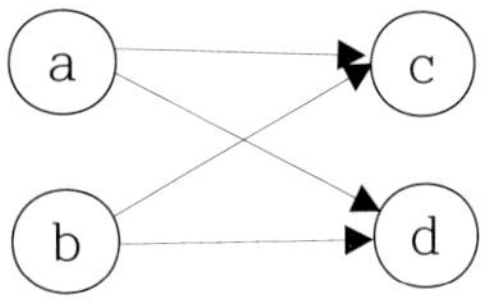

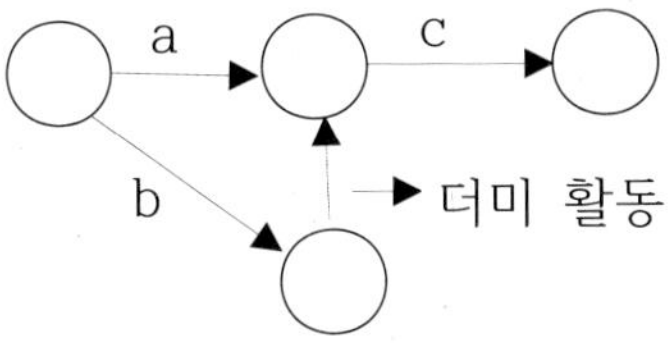

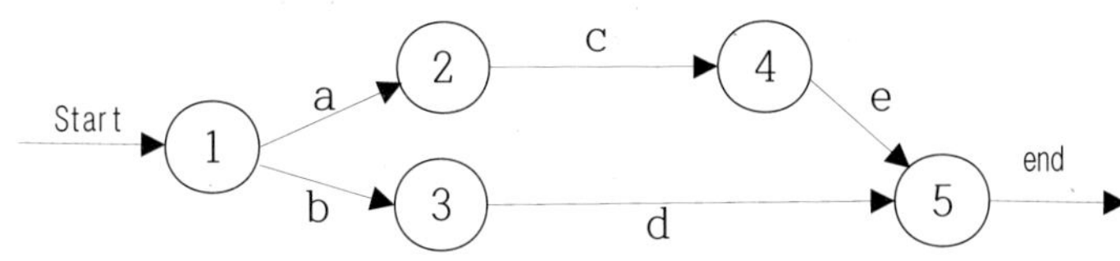

경우에 따라서는 시작 화살표와 끝 화살표는 좀 더 명확한 네트워크를 개발하기 위해서 사용된다.

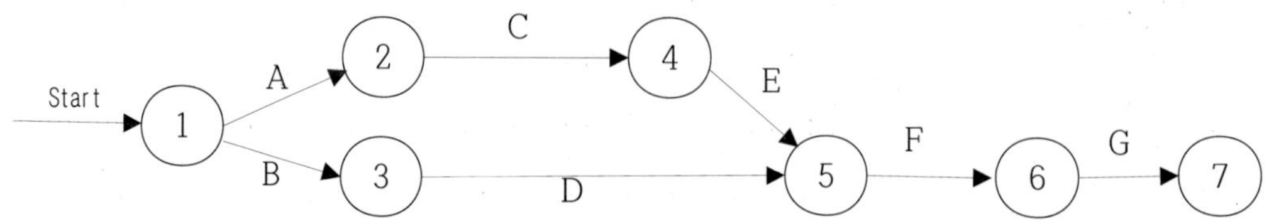

	활동 내용	활동시간			선행활동
		a	b	c	
A	월드컵 출전 준비	7	10	19	
B	선수 선발	7	16	19	
C	선수 선발 완료	10	15	20	A
D	연습	8	11	14	C
E	연습 경기	6	15	24	B
F	월드컵 출전	2	2	2	D, E
G	시합	6	8	10	F

여기서 활동시간의 추정치인 $Te = \dfrac{a+4m+b}{6}$ 이고, 분산은 $\sigma^2 = \left(\dfrac{b-a}{6}\right)^2$ 이므로

		활동내용	활동시간			Te	σ^2
			a	m	b		
①-②	A	월드컵 출전 준비	7	10	19	11	4
①-③	B	선수 선발	7	16	19	15	4
②-④	C	선수 선발 완료	10	15	20	15	2.77
③-⑤	D	연습	8	11	14	11	1
④-⑤	E	연습 경기	6	15	24	15	9
⑤-⑥	F	월드컵 출전	2	2	2	2	0
⑥-⑦	G	시합	6	8	10	8	0.44

본 프로젝트는 7개의 활동에 7개의 단계가 나타나고 있다. 이 프로젝트는 완성하려면 77일이 필요하다. 허나 실제로는 활동 B와 E는 활동 A, C 그리고 D와 동시에 실행할 수 있다. 즉, 프로젝트 완성에 걸리는 시간은 각 활동을 더해서 가장 많이 걸리는 시간을 수행하게 되면 그 외 나머지 활동들은 자동으로 완수된다. 그러므로 가장 많이 걸리는 시간이 주공정이 되고, 주경로를 다 더하게 되면 프로젝트 완성시간이 되는 것이다.

프로젝트 완성시간 = A + C + D + F + G = 11 + 15 + 11 + 2 + 8 = 47

프로젝트 중 가장 많이 걸리는 시간은 주공정(critical path)이라고 부르고, 이 주공정만 완성하게 되면 나머지 공정들은 동시에 진행된다고 가정하기 때문에 프로젝트 완성에 있어서 우선적으로 찾아야 하는 것이 바로 주공정이다. 이 주공정은 애로공정이라고 부르기도 한다.

6) 프로젝트에 있어서 Te와 Tl의 계산

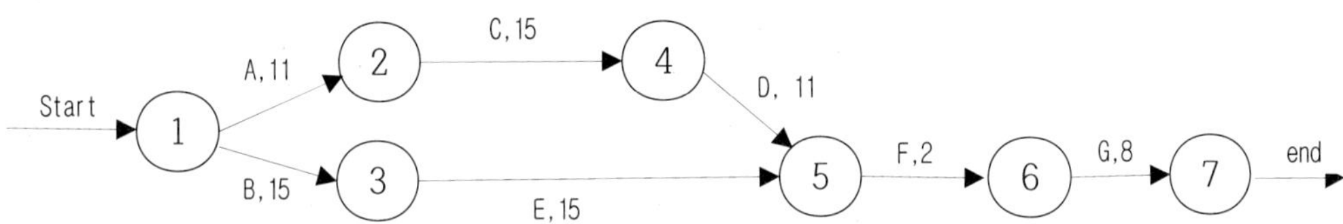

활동단계	Te	Tl	여유시간
A	0	0	0
B	11	11	0
C	15	20	5
D	26	26	0
E	37	37	0
F	39	39	0
G	47	47	0

'Tl −Te=0'이 나오는 값(즉, 여유시간이 0인 공정)이 주공정이 된다. 주공정을 그리면 다음과 같다.

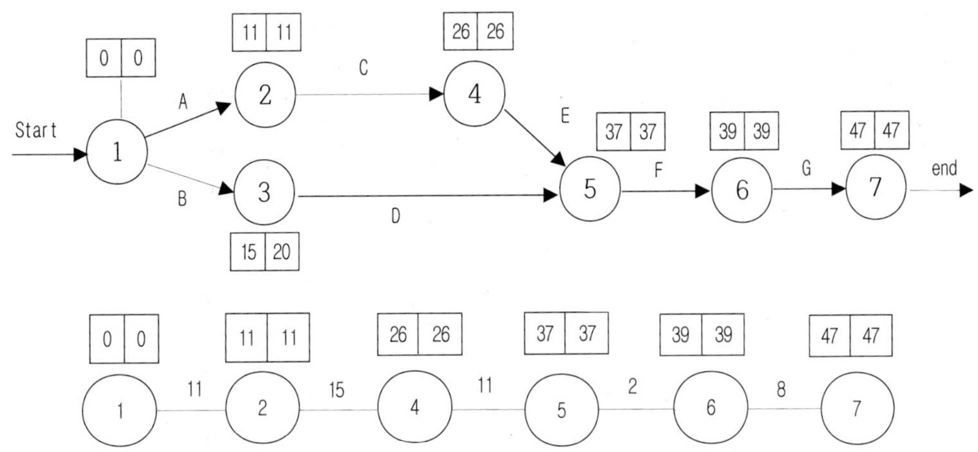

7) 주어진 기간 내에 프로젝트 완성확률 계산

PERT는 지금까지 해 본 적이 없는 프로젝트의 완성시간을 단축시키기 위해서 개발된 관리방법이다. PERT에서는 개별 활동의 시간이 확률적이기 때문에 프로젝트의 완성시간도 확률적이다. 전체 프로젝트의 완성시간을 T라고 한다면 T의 추정치(즉, 평균)는 개별 활동의 평균추정시간의 합으로 나타낸다. T의 기댓값을 E_T라고 한다면

E_T = 주공정에 속한 활동들의 평균활동시간의 합

σ_T^2 = 주공정에 속한 활동들의 분산의 합

이 된다. 프로젝트 A에 속한 개별 활동의 평균추정시간(ET)과 분산(σ^2)을 구하면 다음과 같다.

	활동	ET	σ^2
①-②	월드컵 출전준비	11	4
③-④	선수선발완료	15	2.77
④-⑤	연습	11	1
⑤-⑥	월드컵 출전	2	0
⑥-⑦	시합	8	0.44

$$E_T = 11 + 15 + 11 + 2 + 8 = 47$$

$$\sigma_T^2 = 4 + 2.77 + 1 + 0 + 0.44 = 8.21$$

프로젝트의 완료시간은 애로공정상에 있는 활동시간들의 합이 된다. 이때 프로젝트의 완료시간이 독립적인 확률변수의 합이므로 중심극한정리에 의하여 정규분포를 하며 그 평균은 애로공정의 평균활동시간의 합(E_T)이 되고, 애로공정의 활동시간의 분산을 합한 값(σ_T^2)이 된다. 그럼 프로젝트를 50일 만에 끝낼 확률을 계산해 보자.

확률값 $Z = \frac{X - Te}{\sigma}$ 로 나타낸다.

- 기대치가 가지는 특성 = {정규분포곡선} 을 따른다.
  - 하나의 최대수치를 중심으로 하여 대칭형이며,

- 평균치와 표준편차에 의해서 설명될 수 있다.

  1st(표준편차) = 0.68

  2st(표준편차) = 0.95

  3st(표준편차) = 0.99

이때 정규분포는 평균을 중심으로 $\pm 1\sigma$ 표준편차 범위 내에 있을 확률이 68%이고 $\pm 2\sigma$ 표준편차 이내에 있을 확률이 95% 이상이며, 기간이 $\pm 3\sigma$ 표준편차 안에 있을 확률은 99.7%로 확실하다는 성질을 갖고 있다.

$$Z = \frac{50-47}{\sqrt{8.21}}$$

Z = 1.05

정규분포를 이용하여 찾아보면 85.31이 나온다. 따라서 50일 안에 이 프로젝트를 완성할 확률은 85%라는 것이다.

예제

다음 네트워크를 갖고 프로젝트를 완성할 확률을 구하라.

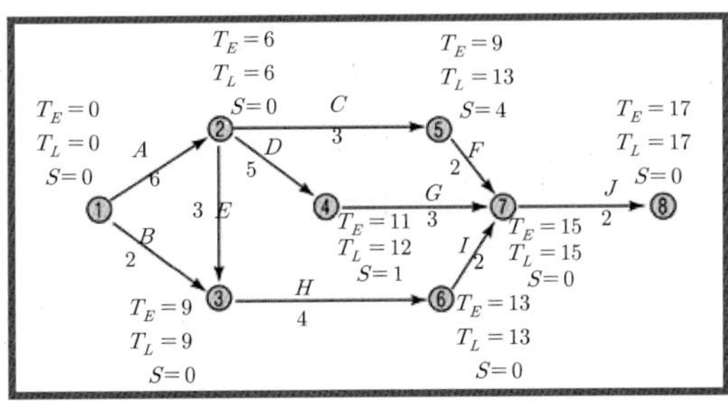

풀이

기대시간 $T_E = 6+3+4+2+2 = 17$(주)이며,

분산 $\sigma^2 = 1.78+0.11+0.69+0.03+0.11 = 2.72$이다.

따라서 표준편차 $\sigma = \sqrt{2.72} = 1.65$이다.

이는 기대시간이 17주이며 표준편차가 1.65주인 정규분포임을 뜻한다.

여기서 예를 들면 이 프로젝트를 20주에 완료할 확률을 계산할 수 있다.

$Z = \dfrac{X - T_E}{\sigma}$ (X는 프로젝트의 특정완료기간)

즉, $Z = \dfrac{20-17}{1.65} = 1.82$이다.

부표에 있는 정규분포표를 이용하여 20주 내에 프로젝트를 완료할 확률은 0.4656+0.5000=0.9656이다.

따라서 20주 이후에 완료할 확률은 0.0344이다.

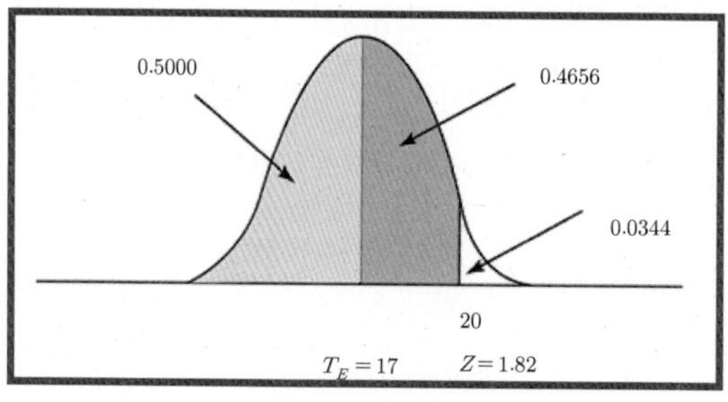

	.00	.01	.02	.03	.04	.05	.06	.07	.08	.09
.0	.5000	.5040	.5080	.5210	.5160	.5199	.5239	.5279	.5319	.5359
.1	.5398	.5438	.5478	.5517	.5557	.5596	.5636	.5675	.5714	.5753
.2	.5793	.5832	.5871	.5910	.5948	.5987	.6026	.6064	.6103	.6141
.3	.6179	.6217	.6255	.6293	.6331	.6368	.6406	.6443	.6480	.6517
.4	.6554	.6591	.6628	.6664	.6700	.6736	.6772	.6808	.6844	.6879
.5	.6915	.6950	.6985	.7019	.7054	.7088	.7123	.7157	.7190	.7224
.6	.7257	.7291	.7324	.7357	.7389	.7422	.7454	.7486	.7517	.7549
.7	.7580	.7611	.7642	.7673	.7704	.7734	.7764	.7794	.7823	.7852
.8	.7881	.7916	.7939	.7967	.7995	.8023	.8051	.8078	.8106	.8133
.9	.8159	.8186	.8212	.8238	.8264	.8289	.8315	.8340	.8365	.8389
1.0	.8413	.8438	.8461	.8485	.8508	.8531	.8554	.8577	.8599	.8621
1.1	.8643	.8665	.8686	.8708	.8729	.8749	.8770	.8790	.8810	.8830
1.2	.8849	.8869	.8888	.8907	.8925	.8944	.8962	.8980	.8997	.9015
1.3	.9032	.9049	.9066	.9082	.9099	.9115	.9131	.9147	.9162	.9177
1.4	.9192	.9207	.9222	.9236	.9251	.9265	.9279	.9292	.9306	.9319
1.5	.9332	.9345	.9357	.9370	.9382	.9394	.9406	.9418	.9429	.9441
1.6	.9452	.9463	.9474	.9484	.9495	.9505	.9515	.9525	.9535	.9545
1.7	.9554	.9564	.9573	.9582	.9591	.9599	.9608	.9616	.9625	.9633
1.8	.9641	.9649	.9656	.9664	.9671	.9678	.9686	.9693	.9699	.9706
1.9	.9713	.9719	.9726	.9732	.9738	.9744	.9750	.9756	.9761	.9767
2.0	.9772	.9778	.9783	.9788	.9793	.9798	.9803	.9808	.9812	.9817
2.1	.9821	.9826	.9830	.9834	.9838	.9842	.9846	.9850	.9854	.9857

현업 실무를 도와주는 **스토리텔링 생산경영** 사례 연구

■ 삼성의 계속되는 반도체 프로젝트 개발 계획 – 고든 무어의 법칙을 깨트린 황의 법칙

– 60나노 8기가의 새 플래시 메모리 시대를 열었다. –

삼성전자가 반도체의 새 주력으로 떠오르고 있는 플래시 메모리 부분에서 '60나노 8기가' 시대를 열었다. 휴대전화·MP3플레이어·디지털카메라 등의 저장장치로 쓰이는 플래시 메모리는 최근 사용이 급속히 늘고 있어 2006년에 D램 시장 규모를 넘어섰다.

'60나노'는 반도체에 들어 있는 회로선의 폭이 10억분의 60m라는 뜻이다. 60나노는 어른 머리카락의 2,000분의 1 굵기다. '8기가'란 트랜지스터 80억개를 반도체 하나에 집적해 놓았다는 의미이다.

황창규 삼성전자 반도체 총괄사장은 20일 서울 신라호텔에서 내외신 기자회견을 열고 "세계 최초로 60나노 8기가 비트급 플래시 메모리 개발에 성공했다."며 "내년 말 본격 양산에 나서 2008년에는 이 제품만으로 100억달러의 매출을 올릴 것"이라고 밝혔다.

이 제품은 지금까지 세계에서 나온 반도체 중 집적도가 가장 높다. 보통 반도체 16개를 결합하면 정보저장용 메모리카드를 만들 수 있는데, 이번에 개발한 반도체로 만들 메모리카드에는 신문 100여만장, MP3음악 파일 4,000곡을 저장할 수 있다. 현재 가장 많이 팔리는 512 메가바이트(MB)용량의 MP3플레이어는 120곡 정도 담을 수 있다.

삼성전자 관계자는 "마이크론·하이닉스 등은 현재 90나노 기술개발 수준에 머무르고 있다."며 이번 60나노 기술개발로 지금까지 6개월~1년 정도이던 경쟁업체들과의 기술 격차를 1년 이상으로 늘렸다고 설명했다.

황사장은 이날 회견에서 "작고 가벼운 플래시 메모리의 용량이 자꾸 커지면 지금까지 생각지도 못했던 디지털제품이 등장하게 될 것"이라고 예언했다. "현재 수출 1위인 반도체는 5년, 10년이 지나도 위상이 그대로일 것"이라고 자신했다. 올(2005년) 삼성전자 매출은 70조원(연결재무제표 기준)을 넘을 것으로 예상하고 있다.

삼성전자는 이날 8기가 플래시 메모리 외에 2기가 D램, 667MHz 모바일 CPU(중앙처리장치) 등의 개발에도 성공했다고 발표했다. 2기가 D램 역시 D램 부문에선 세계 최대 용량이며, 모바일 CPU는 세계 최고속이다. 2004년 삼성전자의 순익은 10조원이다. 1969년 순익이 400만원이었으나 창립한지 35년만에 250만배의 성장을 이루었다.

- 60나노 – 반도체에 쓰인 회로 선폭. 1나노미터는 10억분의 1m
- 8기가 – 반도체의 용량. 1기가는 10억비트(1비트는 정보처리 최소단위)

8기가비트 플래시 메모리로 만든 메모리카드(16GB)에는…

- MP3 음악파일 4,000곡
- 신문 100만장 이상
- 단행본 2만권 이상
- DVD급 고화질 영화 10편

ㅇ1983년 64K D램 개발(미국에 비해 4년 6개월 뒤짐)
ㅇ1990년 16메가 D램 개발(일본에 비해 1년 정도 뒤짐)
ㅇ1992년 64메가 D램 개발(일본과 거의 동시)
ㅇ1993년 메모리 시장 점유율 세계 1위 달성
ㅇ1994년 256메가 D램 개발(세계 최초)
ㅇ1996년 1기가 D램 개발(세계 최초)
ㅇ2001년 1기가 플래시 개발(100나노공정, 세계 최초, 경쟁사에 1년 앞섬)
ㅇ2004년 60나노 8기가 플래시 메모리 세계 첫 개발

▲ 플래시 메모리 = 전원을 꺼도 D램·S램과 달리 데이터가 없어지지 않는다. 여기에 정보의 입·출력이 자유로운 D램·S램의 장점도 지녀 쓰임새가 갈수록 커지는 반도체다. 데이터 저장용량이 큰 낸드형과 데이터 처리속도가 빠른 노어형이 있다. 낸드형은 삼성전자가, 노어형은 인텔이 주도권을 쥐고 있다. 과거에는 노어형의 시장이 훨씬 컸으나 최근 낸드형 시장이 매년 두 배씩 급성장하면서 삼성전자가 세계 1위 업체가 되었다.

▲ '황의 법칙' = 1970년대 반도체 전문가인 고든 무어는 "반도체의 용량은 18개월마다 두 배씩 증가한다."는 이른바 '무어의 법칙'을 발표했다. 이에 대해 황창규 사장은 2002년 국제 반도체학회 총회에서 "1년마다 두 배씩 용량이 늘어날 것"이라고 주장했다. 실제로 삼성전자는 1999년 256메가였던 플래시 메모리 용량을 1년마다 두 배씩 늘려 5년 만인 올해 2005년 8기가 제품 개발에 성공함으로써 '황의 법칙'이 정확하다는 것을 증명해 보였다.

8) 시간과 비용의 관리(MCX)

(1) MCX(최소비용촉진) 기법 개요

공기단축에서 가장 많이 쓰이는 방법은 프로젝트 완성까지의 소요기간과 투입되는 비용과의 관계를 조정하여 최소비용으로 프로젝트를 완성하는 것이다. 비용의 최적화 문제는 각 작업활동의 소요시간과 비용의 관계를 조사하여 시간-비용의 적정점을 구하는 것이다. 작업기간이 단축되면 간접비는 감소하지만, 직접비가 증가하게 되고, 작업기간이 늘어나면 직접비는 감소하지만, 간접비가 증가하게 된다. 따라서 이 두 비용을 함께 고려한 총비용이 최소가 되는 점을 찾는 것이다. 이러한 기법을 최소비용촉진 기법(Minimum Cost Expediting : MCX)이라 부르며, 최저특급비용이라고 부르기도 한다.

도표 8-5 비용구배

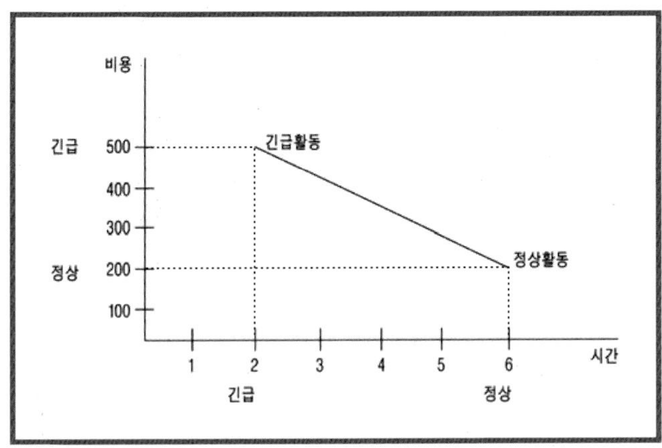

MCX(minimum cost expediting)란 전체 프로젝트의 비용을 절감하기 위해서 선정된 활동들의 일정을 단축시켜 나가는 것이다.

이때 가능하면 같은 단위시간을 단축시키더라도 저렴한 비용으로 단축시킬 수 있는 것이 바람직하다. 이러한 비용과 시간관계를 요약하면 다음과 같다.

① 정상시간(normal time : NT) : 정상적인 상황에서의 활동완료시간

② 정상비용(normal cost : NC) : 정상시간에 해당하는 비용

③ 긴급시간(crash time : CT) : 자원을 최대로 투입하였을 때 단축가능한 시간

④ 긴급비용(crash cost : CC) : 시간을 최대한 단축시킬 때 드는 비용

비용구배(cost slope, 비용기울기) : $K = \dfrac{\text{긴급비용} - \text{정상비용}}{\text{정상시간} - \text{긴급시간}}$

위 식의 기울기 K는 단위시간당 추가비용을 나타내고 있다. 예를 들어 다음의 표를 계산하여 보자.

	정상활동	긴급활동
시간(주)	6	2
비용(만원)	200	500

이 표에서 기울기 K, 즉 일정을 하루 감축시키는데 추가로 드는 비용은 $K = \dfrac{500-200}{6-2} = 75(\text{만원})$이 된다.

(2) 공기단축방법

공기단축 순서

① 주공정 발견

② 주공정상 비용구배가 최소인 작업 발견
③ 비용구배가 최소인 작업 단축
④ 일정계획의 재수립

5. PERT/CPM의 문제점

일정계획을 수립하는 데 있어서 Gantt Chart를 극복하기 위하여 개발된 PERT/CPM도 문제점이 있다. 이러한 문제점은 앞으로 PERT/CPM이 극복해야 할 문제라고 본다.

1) 네트워크 문제

PERT/CPM에서는 시작시점과 종료시점이 명쾌히 규정되는 활동을 규정할 수 있다는 가정을 전제로 한다. 그러나 이러한 가정은 때로 지나치게 제한적일 수 있다. 예를 들어 한 활동이 PERT/CPM 네트워크 도표에서 반드시 다른 활동에 선행하는 것으로 그려져야만 한다. 그런데 한 활동이 다른 활동에 반드시 선행되어야 하는 활동도 실제에 있어서는 특정시점까지 동시에 진행될 수 있는 것이다. 또한 프로젝트의 내용이 변할 수 있으며 이 경우 프로젝트의 초기에 설정한 네트워크 도표는 관리자가 변화된 상황을 처리하는 융통성을 제약할 수도 있다.

2) 시간추정치 문제

활동시간이 불확실한 경우는 베타분포를 가정하며, 프로젝트 소요시간의 분산은 주공정상의 분산의 합이라고 본다. PERT/CPM의 이 가정은 많은 비판을 받고 있는 부분이다. 첫째, 베타분포의 평균과 분산을 계산하는데 이용되는 공식은 단지 근사치일 뿐이며 오차의 가능성이 있다는 점이다. 대개 평균에 대하여 10%, 분산에 대하여 5% 정도의 오차가 발생할 수 있다. 이러한 오차로 인해 정확하지 못한 주 공정을 산출하게 된다. 둘째, 과거에 수행된 경험이 없는 활동의 소요시간에 대해 실제적으로는 하나의 추정도 쉽지가 않다는 것이다. 많은 프로젝트 관리자들이 정상추정시간 단 하나만 추정하는 쪽을 더욱 선호하고 있다. 그들은 대개 비관적 시간추정치가 낙관적 시간추정치보다 정상추정치로부터 멀리 떨어져 있다고 믿는다. 어떤 관리자들은 비관적 시간을 실패에 대한 변명의 목적으로 이용한다고 주장하기도 한다. 비관적 시간의 왜곡으로 인해 발생하는 가장 나쁜 결과는 기대시간을 왜곡시키는 것이며, 이에 따라 일정계획에는 실제 불필요한 여유시간이 생기는 것이다.

사실상 이러한 결점에도 불구하고 PERT/CPM은 광범위하게 이용되어 왔다. 네트워크 계획 모형이 불완전한 것이기는 하지만 세심한 주의를 기울여 이용할 경우 프로젝트 관리에 있어 상당한 도움이 될 수 있는 것이다.

8장 연 습 문 제

1. PERT의 사용에 관한 설명 중 옳은 것은?

㉮ 애로공정을 알아서 집중관리만 하면 된다.
㉯ 작업 예정완료시간을 알아서, 그 기간 내에 계획을 완성할 수 없으면 그 계획을 포기한다.
㉰ 애로공정을 알아서 작업 예정시간과 제한적인 비용을 배분한다.
㉱ 여유시간을 작업별로 파악하여 임금관리를 실시함에 목적이 있다.

2. PERT와 CPM의 가장 큰 차이점은?

㉮ PERT는 애로공정을 기준으로 하고, CPM은 그 반대이다.
㉯ PERT는 확률의 개념을 사용하나, CPM은 그렇지 않다.
㉰ CPM은 확률의 개념을 사용하나, PERT는 그렇지 않다.
㉱ PERT는 CPM보다 뒤떨어진 방법이다.

3. 다음 네트워크(network)에서 주공정(CP)은?

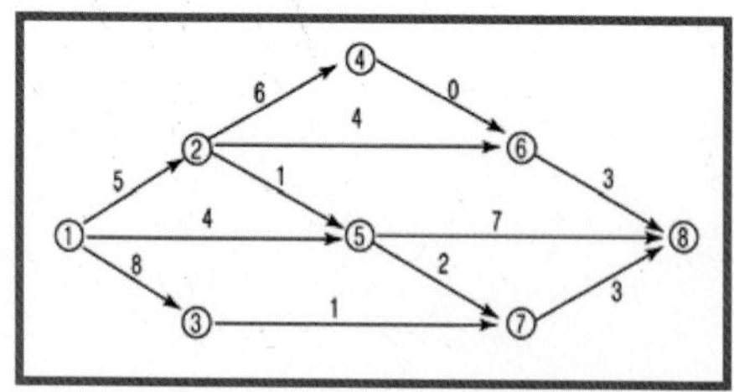

㉮ ①-②-④-⑥-⑧
㉯ ①-②-③-⑦-⑧
㉰ ①-②-③-⑧
㉱ ①-⑥-⑦-⑧

4. 다음 계획공정도표에서 단계 3의 가장 빠른 작업시간 T_E 및 가장 늦은 작업시간 T_L 은 각각 얼마이겠는가?

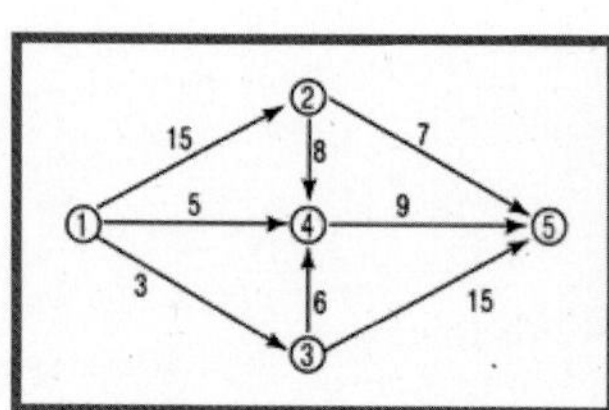

㉮ 0과 16
㉯ 3과 17
㉰ 0과 17
㉱ 3과 18

5. 다음의 PERT 네트워크에 답하라. 주공정의 분산(Variance)은?
단, (a, m, b)에서 (a = 낙관시간치, m = 정상시간치, b = 비관시간치)

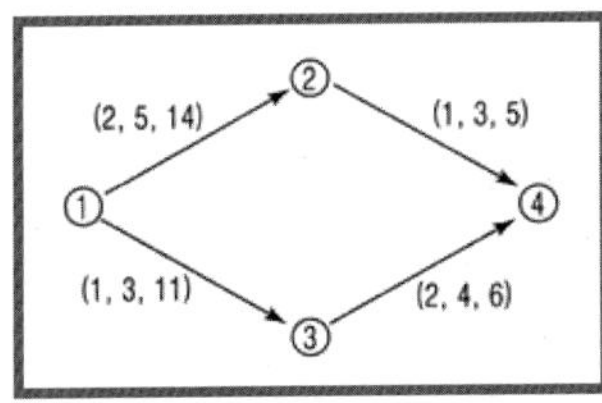

㉮ $4\frac{2}{9}$ ㉯ $4\frac{3}{9}$
㉰ $4\frac{4}{9}$ ㉱ $4\frac{5}{9}$

6. PERT의 탄생배경을 설명할 것.

7. PERT와 CPM의 차이점을 분석할 것.

8. 다음 그림과 같은 활동에 15일에서 13일로 단축할 때의 비용구배는 얼마인가?

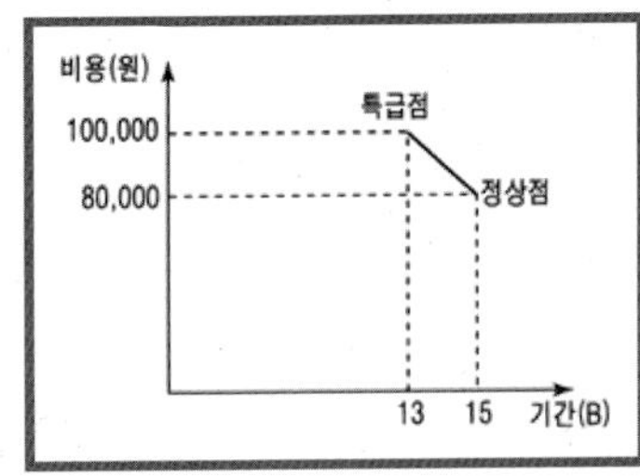

9. 다음 계획공정표의 각 활동 3점 시간 견적치 t_{α}, t_m ,t_b 가 차례로 주어져 있다. 아래 물음에 답하여라.

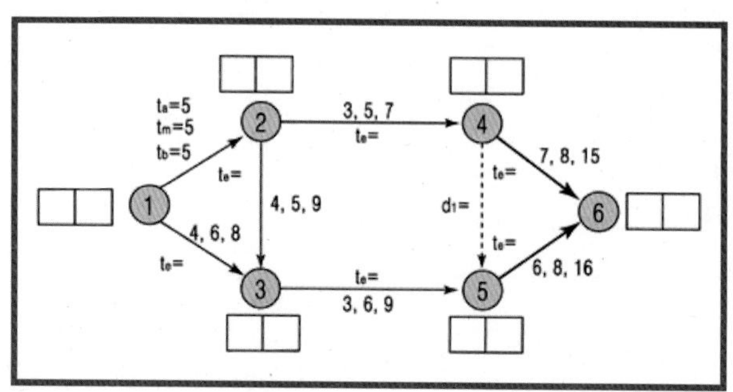

① 각 활동의 기대시간치(te)를 구하여 위의 계획공정표에 기입하라.

② 각 단계의 TE, TL을 구하여 위의 계획공정표에 표시하여라.

③ ③단계와 ④단계의 단계여유는 얼마인가?

④ 각 활동의 분산의 값을 구하라.

⑤ 주 공정(CP)은 어떤 path인가?

⑥ ⓐ 위의 공사를 28일 만에 끝낼 수 있는 확률은?

ⓑ 30일 만에 끝낼 수 있는 확률은?

제9장

작업연구 및 작업측정을 통한

작업관리 시스템

경제적인 작업방법을 확정한 후 스톱워치와 같은 측정기로 측정하여 합리적인 표준시간을 만드는 것이 작업관리의 목적이다. 생산현장에서 작업하는 모습.

작업관리

1. 작업관리의 정의

작업관리란 인간이 관여하는 작업을 전반적으로 검토하고 작업의 경제성과 효율성에 영향을 미치는 모든 요인을 체계적으로 조사 연구하여 작업경제성에 의한 표준시간을 설정하는 개선 활동이다. 이는 '작업연구와 작업측정'(동작연구와 시간연구)으로 구성되어 있다.

① 작업연구(보다 나은 작업방법을 발견하는 일)
작업연구(motion study)란 생산현장에서 가장 경제적인 작업방법을 찾아내는 일이다. 작업연구는 어떤 특정한 제품을 생산할 때 가장 경제적인 작업방법을 설계하는 것이다.

② 작업측정(특정한 작업을 수행하는 데 필요한 표준시간을 결정하는 일)
작업측정(time study)이란 작업자가 작업을 실행하는 데 소요되는 시간을 합리적으로 측정하여 표준시간을 만드는 일이다.

③ 작업관리
작업연구에 의해서 경제적인 작업방법을 발견하여 작업방법을 설계하고, 이렇게 설계된 작업방법의 소요시간이 얼마나 되는지를 작업측정을 통하여 합리적인 표준시간을 만들어 경제적인 작업시스템을 설계하는 것이다.

2. 작업관리의 역사

1900년경 미국 산업계는 기계공업의 발달에 따라 공장규모가 점차 대형화되었지만, 직장단위로 보면 여전히 소규모 공장의 관리상태를 벗어나지 못하고 작업방법도 재래식 방법이어서 낭비가 많았다. 또한 비합리적인 임금제도로 인해 생산성은 낮은 수준을 벗어나지 못하고 있었다.

이때 나타난 테일러(Frederick Winslow Taylor, 1856~1915)는 선반공으로부터 시작하여 직공으로서 생생하게 현장관리의 모순을 체험했다. 그리고 직장이 된 후 생산성 향상을 위해 차별적 성과급제를 도입하고, 작업을 과학화하기 위해서 불필요한 낭비 제거에 총력을 기울였다.

이 당시 임금제도는 어떤 표준량을 정해 놓고 이러한 표준량에 비례해서 임금이 상승되는 생산실적지불제도로 운영되었다. 작업자가 표준량보다 생산량이 높으면 높은 만큼 임금이 상승되어야 하나 실제는 그렇지가 못했다. 생산성이 계속 상승함에 따라 임금이 계속 상승하자 경영자측은 표준량이 잘못 되었다고 이야기하고 표준량을 늘렸다. 즉, 생산성 증가에 대해서 임금을 많이 받게 되면 표준량을 더욱 올려 임금이 떨어지는 현상이 나타났다. 그것은 당연히 직공들의 불신감을 일으켜 그들은 방어적으로 능률을 올리지 않게 되었다. 이런 악순환 가운데 생산성은 오르지 않고 노사관계도 더욱 불신감만 쌓여갔다.

테일러는 그 근본원인은 작업의 합리성 결여라고 생각하고 스톱워치에 의한 시간관측 데이터를 근거로 오늘날 말하는 '표준시간'을 도출하여 이른바 '공평한 1일 작업량'(a fair day's work)을 설정했다. 또 종래 단순한 생산실적지불제도를 차등생산실적지불제도로 고쳐 과업을 완수할 경우에는 보통 생산실적지불제도보다 10% 정도 증액하고, 과업에 조금이라도 미달될 경우에는 10% 정도 감액되는 자극이 강한 차별적 성과급제를 실시하였다.

테일러는 후에 공장관리기사(컨설턴트)가 되어 많은 공장을 지도하는 한편, 경험을 정리하여 '과학적 관리법(scientific management)'을 탄생시켰다. 이러한 과학적 관리법은 당시에는 노동조합의 강한 반대에 의해, 의회에서 청문회에 붙여졌지만, 실제 생산성에 많은 효과가 있다고 오히려 인정을 받게 되었다.

그 후 테일러의 기술을 이어가는 우수한 제자들과 공동 연구자에 의해 여러 가지 작업관리기법을 개발하였다.

작업관리는 현장관리의 상식이 있다면 대학 정도의 기초지식을 지니지 않더라도 비교적 단시일(50시간 내지 300시간)의 전문 과정에 참가함으로써 습득할 수 있기 때문에 작업관리 담당자뿐만 아니라 현장관리자(직장, 조장 등)를 포함한 라인관리자에게도 필수적인 자격요건으로 인정받게 되었다.

참고로 라인관리자가 실시하는 작업관리를 '현장 IE' 또는 '고전적 IE'라고 부르게 되었다. 그리고 이러한 고전적 I.E가 산업공학이라는 학문의 모태가 되어 대학에서 산업공학, 산업경영시스템 또는 경영공학이라는 학문으로 정립되었다.

3. 작업관리의 범위

작업관리(Motion and Time Study)는 고전적 I.E라고 불리며 산업공학에 있어서 기초·핵심적인 분야로 작업연구(motion study)와 작업측정(time study, work measurement)을 말한다. 즉, 길브레스(Gilbreth)에 의하여 개발된 동작분석을 기초로 한 작업연구와 테일러(Taylor)에 의해서 개발된 시간연구를 기초로 한 작업측정으로 구성되어 있다. 생산활동에 있어서 작업관리란 공장의 작업방법을 조사, 연구하여 보다 나은 작업방법을 발견하고, 특정한 작업을 수행하는 데 필요한 표준시간을 정하여 작업의 생산성 향상을 기하고자 하는 것이다. 작업관리의 목표는 작업생산성 향상에 두고 있으며, 인간이 관여하는 작업을 전체적으로 분석하고 작업의 효율성과 경제성에 영향을 미치는 작업요인을 연구하여 개선하는 것이다.

1) 작업관리의 총체적 범위

작업관리에 대한 총체적인 범위를 한 눈으로 파악할 수 있게 만든 총체적 작업관리의 범위가 〈도표 9-1〉이다.

도표 9-1 총체적 작업관리의 범위

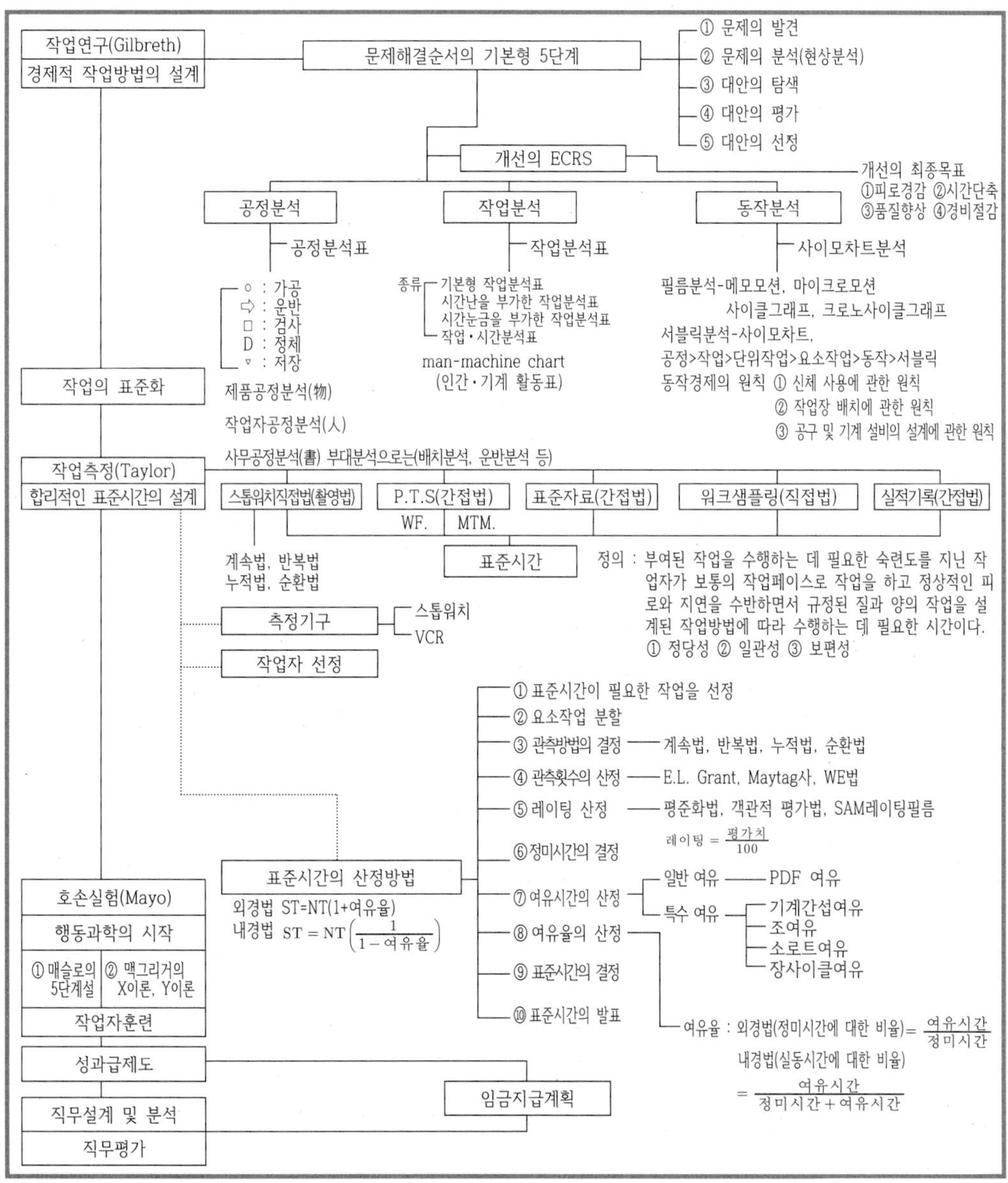

2) 작업관리에 의해서 절감할 수 있는 시간들

〈도표 9-2〉를 살펴보면 현대적인 관리방식이 도입된 현대기업이라도 실제로 현장작업자가 작업을 수행함에 있어서 많은 낭비가 있음을 볼 수 있다.

도표 9-2 작업관리에 의해서 단축될 수 있는 제조시간

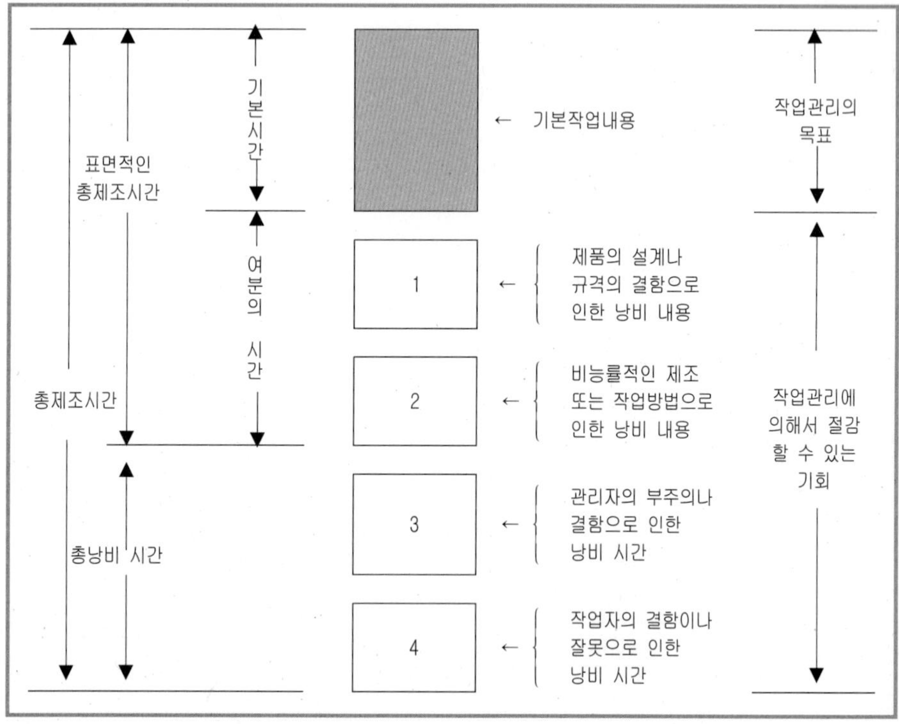

〈도표 9-2〉에서 보는 바와 같이 표면적인 제조시간 중에는 관리자의 부주의나 작업자의 잘못으로 인한 낭비내용이라든가, 외형상 실제 생산시간에 내포된 낭비의 시간 등 제품설계의 결함이나 비능률적인 작업방법 등으로 인한 시간들이 발생하는데, 이러한 것들은 대개 작업관리에 의해서 절감될 수 있는 시간들이다.

현업 실무를 도와주는 **스토리텔링 생산경영** 사례 연구

■ 코칭 도입 이유는? 성과 강화·수행문제 교정·팀 구축 순

'5 + 5 = 10', '3 + 2 = 10'

여러분은 위의 두 식에서 어떤 차이점을 발견하는가?

전통적인 스포츠 코치는 10을 만들기 위한 효과적인 방법으로 5 더하기 5를 제시한다. 그리고 선수들에게 그대로 할 것을 요구한다. 이것은 '지식은 전수되는 것이다.'라는 시절의 패러다임이다.

하지만 이제 힘과 정보는 더 이상 소수의 리더에게 집중돼 있지 않으며, 리더가 제시하는 하나의 정답보다는 여러 개의 해답 중에서 자신에게 맞는 선택을 하고자 하는 개인들이 늘어가고 있다. 21세기의 코치는 '당신은 무엇과 무엇을 더해서 10을 만들 때 가장 효과적이고 만족스럽습니까? 그 방법을 함께 찾아볼까요?'라고 질문한다. 모든 문제는 여러 개의 해답이 있을 수 있으며 개인은 자신에게 가장 만족스러운 해답을 선택할 때 가장 효과적일 수 있다는 패러다임이다.

전문적인 비즈니스 코칭은 1980년대 후반, 미국의 기업들이 코칭 방법론을 도입하면서 시작됐다. 1960년대와 1970년대에, 기업 내의 의사소통은 상의하달 방식으로 진행됐다. 최고경영자와 임원은 결정을 하고, 실무자는 실행하며, 중간 관리자는 실행을 지켜봤다. 하지만 1980년대에 접어들어서는 위계적인 질서보다는 조직원 개개인의 자발성과 창의성이 기업을 번창시키는 데 더 핵심적인 요소로 작용하게 됐다. 새로운 개념의 인재개발 방법론의 필요성이 대두됐고, 조직은 코칭에서 그 해답을 찾은 것이다.

미국에서는 2000년대 초반까지만 해도 여러 조직의 임원들이 리더십 포럼 등에서 만나면 "당신은 코칭을 받고 있습니까?"라고 서로 질문했었다고 한다. 하지만 1~2년 전부터는 "당신의 코치는 누구입니까? 그는 어떤 영역 전문인가요?"라고 질문한다고 한다. 그만큼 코칭이 일반화, 전문화됐음을 의미한다.

조직이 임원들에게 코칭을 받게 해야겠다는 결정을 내리는 것은 쉽지 않다. 비용도 비용이지만 6개월 혹은 그 이상 계속되는 장기 프로젝트라는 점, 그리고 무엇보다 코칭으로 무엇을 얻을 수 있는지에 대한 확신이 없기 때문이다. 그럼에도 불구하고 임원 코칭을 도입한 기업들은 도대체 어떤 목적을 가지고 있을까?

링키지(Linkage Inc.)가 코칭을 실시하고 있는 세계 19개국의 230여 조직을 대상으로 한 설문조사에 따르면 코칭을 도입하는 제1이유는 '현 성과의 강화(78%)' 다. 다음으로 '수행문제 교정(71%)', '팀 구축(45%)', '변화경영(45%)', '승계관리(37%)', '신규임원의 성공보장(32%)' 순으로 나타나고 있다.

코칭을 도입한 조직에서 변화는 개인 차원에서 먼저 일어난다. 코칭을 통해 문제해결력이 증가되고 성장하는 경험을 한 개인은 자신과 조직에 만족하게 되고, 만족한 개인들이 모여 팀을 이루었을 때 그 팀은 막강한 팀워크를 가지게 된다. 조직의 성과 향상은 바로 이 막강한 팀워크를 가진 팀이 이루어내는 것이다. 매출이 증대되고, 부적합률, 이직률이 줄어드는 등 가시적인 성과의 이면에는 자신과 일, 그리고 조직에 만족하는 개인이 있다.

어느 분야에서라도, 정상의 위치에서도 코치는 필요하다. 때문에 골프의 천재인 타이거 우즈도, 자신에게 조언을 하고 지원해 주는 코치를 두고 있는 것이다. 코치는 개인의 현재 모습을 진단하고, 의사결정에 힘을 실어주거나 문제를 해결할 수 있도록 지원한다. 특히 스스로는 파악하지 못한 부분에 대한 통찰력을 가지게 하고, 내면의 변화를 행동으로 이어지도록 만드는 과정에서 큰 역할을 할 수 있다.

작업의 능률도 코칭을 도입하면 생산성을 상당히 높일 수 있을 것이다.

4. 작업관리에 의한 문제해결 순서

어떠한 문제를 해결하기 위해선 어떤 분야이건 간에 문제를 해결하는 방식이 있다. 작업관리에서는 기본형 5단계에 의해서 문제를 해결한다. 작업관리에 의한 문제해결 순서는 〈도표 9-3〉에 나타냈다.

도표 9-3 문제해결 순서의 기본형 5단계

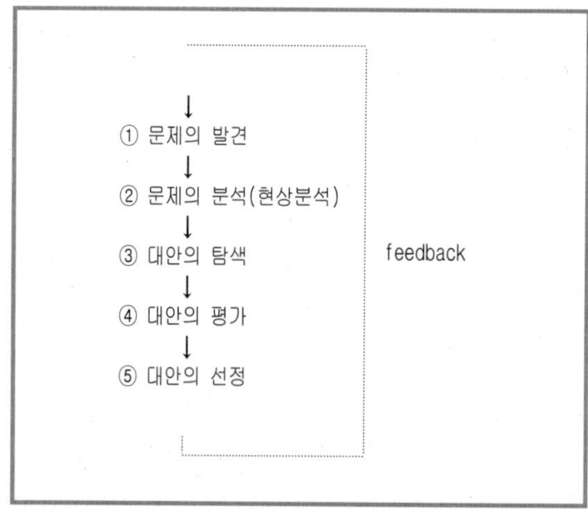

이 순서에 따라 문제가 전부 해결되는 것은 아니다. 하나의 중점적인 문제점이 해결되더라도 그 다음의 중점적 문제가 또 있으므로 그것도 해결해야 한다. 즉, 화살표는 다시 문제파악으로 되돌아가 위의 순서를 반복한다. 처음 설정한 목표는 달성했지만 다시 그 다음 목표를 설정하면 또다시 새로운 문제가 발생하므로 그 새로운 문제에 대해 다시 위와 같은 순서를 되풀이 하게 된다.

5. 개선의 ECRS

처음부터 유일한 최선책을 발견하는 것은 불가능하다. 문제에 따라 주어진 목적과 제약조건을 만족시키는 개선방법은 무한히 많다고 생각하는 것이 중요하다. 작업을 개선하기 위해서 가장 기본적으로 사용되는 개선의 ECRS의 내용은 다음과 같다.

① **불필요한 작업의 제거(E : eliminate)** : 그 업무 또는 작업은 없어도 되는가라는 물음에 따라 불필요한 일은 하지 않도록 한다. 이것이 실현된다면 모든 요소 가운데

가장 큰 개선 효과를 올릴 수 있다. 따라서 이 항목은 모든 개선에 있어 최우선적으로 실시되어야 한다.

② 작업의 결합과 분할(C : combine) : 제거할 수 없는 업무와 작업은 어떤 방법으로 하면 좋은지를 생각한다. 나아가 고정관념이나 편견에 사로잡히지 않은 채 검토하여 가능한 한 간단하게 결합과 분할로 재편성하여야 한다.

③ 작업순서의 변경(R : rearrange) : 어떤 순서로 하는 것이 좋은가, 어떻게 해야 작업이 수월해 지는가 등에 대해서 검토하는 것이다.

④ 작업의 단순화(S : simplification) : 모든 일이 간단명료해야 되듯이 작업도 간단하고, 단순하게 이루어져야 한다. 작업을 편리하고, 단순하게 하기 위하여 거리를 짧게, 중량을 가볍게 하는 것 등이다.

이러한 **개선의 최종목표는 ① 피로의 경감, ② 시간의 단축, ③ 품질의 향상, ④ 경비의 절감**이다. 또한 어떠한 문제를 해결하기 위해서 5W1H법도 자주 사용된다.

현업 실무를 도와주는 **스토리텔링 생산경영** 사례 연구

■ 공학의 역사와 작업관리와의 관계

공학의 역사는 1400년경부터 시작되었지만 현대공학으로서 체제를 갖추기 시작한 연도는 대략적으로 1750년으로 잡는다. 이렇게 1750년을 현대공학의 시초로 보는데는 2가지 이유가 있다.

① 18세기에 프랑스에서 처음으로 공학학교가 생겨났다.

② 1750년에 시민공학(Civil Engineering)이라는 용어가 처음으로 사용되었다.

초기공학의 원리들은 처음엔 군사학교에서 가르쳤으며 도로 및 교량공사와 방어진지의 구축에 관한 것들이었다. 이러한 공학을 군사공학이라고 불렀다. 군사공학의 원리들이 비군사적 목적에 이용되었을 때, 이것을 자연스럽게 시민공학(civil engineering = 토목공학)이라고 불렀다.

물리학과 수학분야에서의 서로 연관된 발전은 실제적인 기계적 원리들을 응용하는 데 기초가 되었다. 당시에 실용화될 수 있는 증기기관을 발명한 것은 중요한 발전이었다. 일단 증기기관 같은 기계적 원리들이 이용이 가능하게 되자 이에 유사한 많은 기계장치들이 발명되었

다. 이러한 발명들이 1800년대 초에 기계공학이라는 독특한 분야의 등장으로 발전하게 됐다. 이러한 발전의 또 하나의 예로는 18세기 후반에 전기와 자기에 관한 기본적인 연구가 실험된 것들을 들고 있다. 비록 그 이전의 과학자들이 자기와 정전기에 대해서 알고 있었지만, 이러한 현상들에 대한 이해는 1752년 Benjamin Franklin의 유명한 연날리기 실험에서 시작되었다. 최초의 전기에 대한 과학의 응용은 Samuel Morse에 의한 전신의 발명이었다. Thomas Edison에 의한 탄소-필라멘트 전구의 발명에 의하여 전기를 사용하여 빛을 밝히는 일이 대중화되었다. 이것은 다시 다양한 노동절감을 목적으로 전기에너지의 발생, 전송 및 이에 대한 사용을 빠르게 발전시키는 데 가속이 붙었다. 이러한 분야에서 전문인이 되기로 결정한 엔지니어들은 이러한 것을 전기공학이라고 불렀다.

기계공학과 전기공학에서의 기술발전과 더불어 근본물질과 그 성질에 관한 발전이 필요하게 되었다. 화학은 물질의 세계를 이해하는 것을 다루고 있으며 물질에 우리가 원하는 변화를 어떻게 일으킬 수 있는가를 연구하는 것이다. 그 당시에 새로 개발되던 내연기관에 연료가 필요하였다. 기계장치들의 사용에 윤활유가 필요하게 되었다. 주택, 금속제품, 선박 등에는 보호막이 필요하였다. 다양한 종류의 소비제품을 생산하는 데 염료가 필요하였다. 얼마 후에는 천연의 재료로서는 잘 되지 않거나 전혀 불가능한 기능을 수행할 수 있도록 합성재료들이 필요하게 되었다. 이 분야의 공학적 연구가 자연스럽게 화학공학으로 알려지게 되었다.

이러한 기본적인 4개의 분야(토목, 기계, 전기, 화학)가 1900년 이전에 형성된 공학계열이었다. 이러한 발전은 당시 세계적으로 일어났던 산업혁명의 일부였고, 현재도 계속되고 있는 기술혁명의 시작이 되었던 것이었다.

산업조직이 등장하여 급속도로 기술혁명에 관한 투자가 계속되자, 생산단위의 규모가 점점 커지고 매우 복잡하게 되었다. 즉, 대량생산체제에 돌입하게 된 것이다. 대량생산을 위해서 다음의 2가지 요소가 대량생산체제를 가능하게 하였다.

① 부품들의 호환성(상호 교환가능성)

② 노동의 전문화

대량생산을 통하여 소비재의 단가가 상당하게 내려가게 되었다. 이러한 움직임의 초기에, 조그만 가게나 농장에서 잘 들어맞던 기업 및 경영실무가 거대하고 복잡한 생산조직에는 적절하지 못하다는 사실을 깨닫게 되었다. 더 나은 과학적인 방법의 필요성이 I.E.라고 불리우는 작업관리의 학문을 탄생하게 되였다.

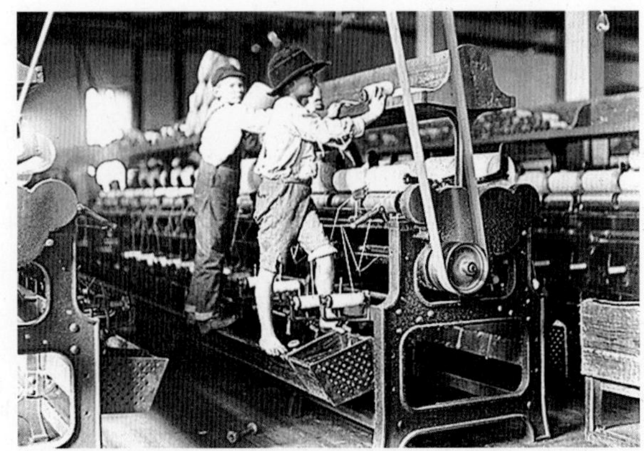

대량생산 방식으로 일하는 어린 작업자(기계 및 노동의 전문화)

02 작업연구(Motion Study)

작업연구란 가장 경제적인 작업방법을 찾아내는 과정을 연구하는 것이다.

1. 작업연구의 시조(길브레스 부부)

동작연구를 처음으로 실용화하여 빛나는 업적을 남긴 사람은 길브레스 부부이다.

동작연구는 크게 ① 공정분석, ② 작업분석, ③ 동작분석의 3가지로 나눌 수 있다. 이것은 〈도표 9-4〉에 나타나 있다.

도표 9-4 동작연구에 있어서 작업구분

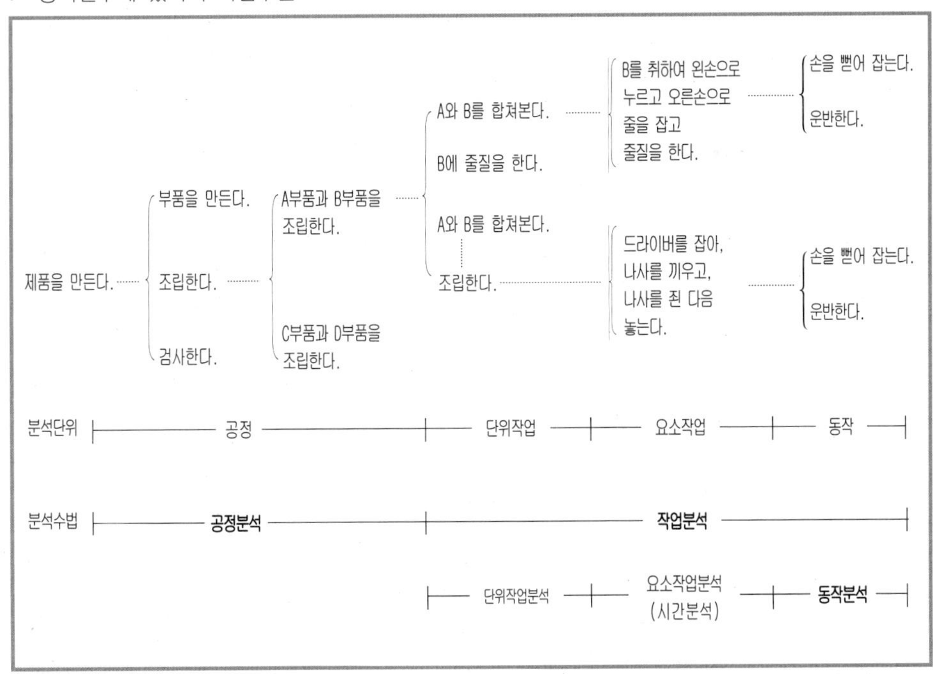

03 공정분석

공정분석(process)이란 공장에서 원료가 어떻게 가공, 조립되어 물건으로 만들어지는

가를 파악하기 위해 공정이라는 분석단위를 정하여 공정 내에서 원료가 투입되어 제품이 되기까지의 과정을 그림(공정도)과 기호(공정도시기호)로서 체계적으로 표시한 것이다.

어떤 하나의 일을 진행할 때 각 공정별로 세분하여 보면 가공, 검사, 운반, 정체, 그리고 이에 따른 계획 및 통제 등 상당히 복잡성을 띠고 있음을 알 수 있다. 공정분석은 공정순서에 따라서 이동되는 생산대상물의 공정순서와 내용을 파악하기 위한 기법이다.

1. 공정분석의 목적

① 공정 자체의 개선·설계 및 공정계열에 대한 포괄적인 정보파악
② 레이아웃의 개선·설계
③ 공정관리 시스템의 문제점 파악과 기초자료의 제공
④ 공정편성 및 운반방법의 개선·설계

등이 있고, 공정분석에 사용되는 공정도시기호와 공정분석표는 각각 〈도표 9-6〉와 〈도표 9-5〉에 나타나 있다.

2. 공정분석의 종류

공정분석은 주체분석과 부대분석으로 나눈다. 이중 제품공정분석, 작업자공정분석, 사무공정분석을 주체분석이라 하고, 이에 따른 부대분석으로는 제품분석, 흐름분석, 운반분석, 배치분석, 경로분석 등이 있다.

1) 제품공정분석표

소재가 제품화되는 과정을 분석·기록하기 위해 사용되며 제품화의 과정에서 일어나는 여러 가지 공정 내용을 5가지(작업, 운반, 저장, 정체, 검사) 기호를 사용하여 표시한다.

2) 작업자공정분석표

작업자가 한 장소에서 다른 장소로 이동하면서 수행하는 일련의 작업을 보통 가공, 검사의 두 개의 공정기호를 사용하여 체계적으로 표시한 것으로서, 창고계·보전계·운반계·감독자 등의 행동을 분석하여 업무범위와 경로 등을 개선하는 데 사용된다.

3) 사무공정분석표

사무실이나 공장에서 서류를 중심으로 한 사무제도나 수속을 사무분석기호를 사용하여 분석·기록한 것으로서 사무제도를 개선할 필요가 있을 때 사용된다.

도표 9-5 공정분석표에 사용되는 기호

KS 원용 기호				설 명
ASME 식		길브레스 식		
기 호	명 칭	기 호	명 칭	
○	작 업	○	가 공	원재료·부품 또는 제품이 변형·변질·조립·분해를 받는 상태, 또는 다음 공정을 위해서 준비되는 상태
⇨ →	운 반	○	운 반	원재료·부품 또는 제품이 어떤 위치에서 다른 위치로 이동해 가는 상태(○의 크기는 ○의 1/2~1/3 정도)
▽	저 장	△	원재료의 저 장	원재료·부품 또는 제품이 가공, 검사되는 일이 없이 저장되고 있는 상태 △은 원재료 창고 내의 저장, ▽은 제품 창고 내의 저장, 일반적으로는 △에서 시작해서 ▽로 끝난다.
		▽	제품의 저 장	
D	정 체	✡	(일시적) 정 체	원재료·부품 또는 제품이 가공, 검사됨이 없이 정지되고 있는 상태 ✡는 로트 중 일부가 가공되고 나머지는 정지되고 있는 상태, ▼는 로트 전부가 정체하고 있는 상태
		▼	(로트) 대 기	
□	검사	◇	질 검사	원재료·부품 또는 제품을 어떤 방법으로 조사 또는 측정하고 그 결과를 기준과 비교해서, 합격 또는 불합격을 판정하는 일 (◇질 검사, □ 양 검사, ⊠ 양과 질의 동시검사)
		□	양 검사	
		⊠	양과 질 검사 (량 우선)	
보조도시기호		관리구분		관리부문·책임구분 또는 공정구분을 나타낸다.
		담당구분		담당자 또는 작업자의 책임구분을 나타낸다.
		생 략		공정 계열의 일부를 생략함을 나타낸다.
		폐 기		원재료·부품 또는 제품의 일부를 폐기할 경우를 나타낸다.

04 작업분석

공정분석에서는 공정계열의 합리화를 위하여 공정개선에 주된 목표를 둔 반면, **작업분석(operations analysis)**은 작업자에 의해서 수행되는 개개의 작업내용에 개선점을 둔 분석이다.

작업분석에는 단위작업을 분석단위로 한다.

이러한 단위작업에 있어서 작업자의 양수(왼손, 오른손)만을 분석할 때를 양수동작분석표(또는 작업분석표 : operations chart)라고 하고, 작업자와 기계, 작업자와 작업자의 상호관계를 분석할 때는 다중활동분석표라고 한다.

1. 다중활동분석표

다중활동분석표(multi activity chart)란 공정분석이 전체작업의 과정을 분석하는 반면에, 다중활동분석은 한 개의 작업부서를 분석하기 위하여 사용된다.

다중활동분석표가 사용될 수 있는 작업부서는 병원의 외과수술 장면에서 볼 수 있듯이 의사, 간호사, 마취사 등 여러 명이 한 개의 조를 구성하여 작업을 행할 때, 한 명의 작업자가 한 대 또는 여러 대의 기계를 조작할 때, 용광로의 작업처럼 다수의 작업자가 한 대의 기계를 대상으로 작업할 때 등 매우 다양하다. 다중활동분석표는 작업자와 기계가 작업을 수행해 가는 과정을 관측하여 작업자 상호 간의 혹은 작업자-기계 간의 관계를 기호를 이용하여 구체적으로 표현한 도표이다.

다중활동분석표는 작업조의 재편성, 작업방법의 개선 등을 통하여 유휴시간을 단축시키고 작업자와 기계의 활용도를 높일 수가 있다.

① **작업자 - 기계 작업분석표(man machine chart)**

② **작업자 - 복수기계 작업분석표(man multi-machine chart)**

③ **복수작업자분석표(multi-man chart) 또는 조작업분석표, 연합작업분석표** : 두 사람 이상의 작업자가 조를 이루어 협동적으로 하나의 작업을 하는 경우에 그 상호 관련 상태를 기록하는 분석표로서 J. A. Aldridge가 고안, Gang Process Chart라고도 한다.

④ **복수작업자 – 기계 작업분석표(multi-man machine chart)**

⑤ **복수작업자 – 복수기계 작업분석표(multi-man multi-machine chart)**

2. 사용목적

다중활동분석표의 사용목적은 다음과 같다.

① 한 명의 작업자가 담당할 수 있는 기계대수의 산정

② 기계 혹은 작업자의 유휴시간 단축

③ 조작업의 작업현황 파악

④ 경제적인 작업조 편성

다중활동분석표는 〈도표 9-6〉과 〈도표 9-7〉에 나타나 있다.

도표 9-6 코팅된 직물절단 작업에 대한 인간–기계도표

(과거의 방법)

<table>
<tr><td colspan="6">작업내용 : 코팅된 직물의 절단</td><td colspan="3">작업번호 S46</td></tr>
<tr><td colspan="6">부품명칭 : 코팅된 직물</td><td colspan="3">부품번호 F261</td></tr>
<tr><td colspan="6">기계명칭 : 절단기(특수형)</td><td colspan="3">기계번호 S431</td></tr>
<tr><td colspan="6">작업자 성명 : 윌슨, 스미스(협조자)</td><td colspan="3">일 자 :</td></tr>
<tr><td colspan="6">과거방법 : 개선된 방법 :</td><td colspan="3">작성자: 윌슨</td></tr>
<tr><td>작업자</td><td colspan="2">시간*</td><td>협조자</td><td colspan="2">시간*</td><td>기 계</td><td colspan="2">시간*</td></tr>
<tr><td rowspan="2">기계가동</td><td rowspan="2">2.2</td><td rowspan="2"></td><td>감을 종이와 상표준비</td><td>.9</td><td></td><td rowspan="2">직물절단</td><td rowspan="2">2.2</td><td rowspan="2"></td></tr>
<tr><td>기계를 기다린다.</td><td>1.3</td><td></td></tr>
<tr><td>협조자를 기다린다.</td><td>.7</td><td></td><td rowspan="2">두루마리를 감는다.</td><td rowspan="2">.6</td><td rowspan="2"></td><td rowspan="5">비가동시간</td><td rowspan="5">3.0</td><td rowspan="5"></td></tr>
<tr><td>상표를 붙인다.</td><td>.6</td><td></td></tr>
<tr><td>와인더를 연다.</td><td>.3</td><td></td><td>작업자를 기다린다.</td><td>.7</td><td></td></tr>
<tr><td>협조자를 기다린다.</td><td>.8</td><td></td><td>두루마리를 들어낸다.</td><td>.8</td><td></td></tr>
<tr><td>기계가동개시</td><td>.6</td><td></td><td>skid 위에 놓는다.</td><td>.6</td><td></td></tr>
</table>

*시간(분)

요 약			
	작업자	협조자	기 계
유휴시간	1.5분	2.0분	3.0분
작업시간	3.7	3.2	2.2
총사이클시간	5.2	5.2	5.2
이용도(%)	작업자이용도 = 3.7/5.2 = 71%	협조자이용도 = 3.2/5.2 = 62%	기계이용도 = 2.2/5.2 = 42%

도표 9-7 코팅된 직물절단 작업에 대한 인간-기계도표

(개선된 방법)

작업내용 : 코팅된 직물의 절단				작업번호 S46	
부품명칭 : 코팅된 직물				부품번호 F261	
기계명칭 : 절단기(특수형)				기계번호 S431	
작업자 성명 : 윌슨, 스미스(협조자)				일 자 :	
과거방법 : 개선된 방법 :				작성자 : 윌슨	
작업자	시간*	협조자	시간*	기 계	시간*
기계가동	2.2	감는 작업을 계속	.3	직물절단	2.2
		상표를 붙인다.	.6		
		skid 위에 놓는다.	.5		
		감을 종이와 상표준비	.9		
와인더를 연다.	.3	작업자를 기다린다.	.2	비가동시간	1.4
두루마리를 들어낸다.	.5	두루마리를 들어 내리는 것을 돕는다.	.5		
기계가동개시	.6	두루마리를 감는다.	.6		

*시간(분)

요 약			
	작업자	협조자	기 계
유휴시간	0분	0.2분	1.4분
작업시간	3.6	3.4	2.2
총사이클시간	3.6	3.6	3.6
이용도(%)	작업자이용도 = 3.6/3.6 = 100%	협조자이용도 = 3.4/3.6 = 94.4%	기계이용도 = 2.2/3.6 = 61.1%

05 동작분석

공정분석에 의하여 전체공정의 배치나 작업순서 등이 개선되고 작업분석에 의하여 작업자의 동작과 효율성을 개선하고 나면, 보다 철저한 미세분석, 즉 동작 자체의 개선을 위한 동작분석을 해야 한다.

동작분석(motion analysis)은 작업을 수행하고 있는 신체 각 부위의 동작을 면밀히 분석하여, 비능률적인 동작을 줄이거나 제거하고 능률적인 동작이라 하더라도 보다 빠르고 쉽게 수행되도록 하는 데 있다.

1. 서블릭(Therblig)

동작분석을 행할 경우 서블릭(Therblig) 기호가 사용된다. 대부분의 작업들이 양손에 의해서 수행되므로 동작분석의 기호라기보다는 손동작 또는 동작의 요소를 분석하기 위한 기호들이다. 이러한 기호는 길브레스가 고안해 냈으므로 본인의 성인 Gilbreth를 거꾸로 써서 Therblig이라고 명명하였다. 작업동작은 인간이 행하는 모든 동작의 분해 가능한 최소한의 분석단위로 나누어 관측하는데 수(손)동작에서 18가지 기본적인 동작으로 만들어 놓은 것을 **서블릭**이라고 한다. 서블릭은 동작이 어떤 형태로 이루어지는가보다는 무슨 목적으로 동작이 일어나는가, 즉 동작내용보다는 동작목적에 의거하여 분류되었다.

원래 제안된 18개 서블릭 중 찾아냄(find : F)은 찾기(search : Sh)가 끝나면서 일어나는 순간적인 정신적 반응이며 움직이는 동작이 아니기 때문에 일반적으로 생략된다.

나머지 17개 서블릭은 효율적인 것과 비효율적인 것으로 분류될 수 있다. 효율적 서블릭은 작업의 진행과 직접적인 연관을 가지는 것으로서 이러한 서블릭은 그 소요시간을 단축시킬 수는 있으나 완전히 배제하는 것은 매우 어렵다. 비효율적 서블릭은 작업을 진행시키는 데 도움이 되지 못하는 동작으로서 작업분석과 동작경제원칙을 적용하여 제거하도록 한다.

경우에 따라서는 서블릭을 제1종의 기호, 제2종의 기호, 제3종의 기호로 나누고 분석한 후 **제3종의 기호가** 나타나면 작업을 지연시키는 동작이므로 제거시킨다. 즉, 3종의 기호는 무조건 제거시키고 나서 제2종의 동작의 개선을 실시하는 방법으로도 접근한다.

도표 9-8 서블릭 기호

번호	명 칭	문자기호	서블릭 기호		구체적 사례	서블릭 분류
			기호	설명		
1	찾는다 (Search)	Sh		물품을 찾는 눈의 형태	스패너가 어디에 있는지 찾는다.	2종의 동작들 (1종의 동작을 지연시킨다)
2	고른다 (Select)	St		고르는 물품을 가리키는 형태	몇 개 가운데서 1개의 스패너를 고른다.	
3	빈손 (Transport Empty)	TE		빈 접시형태	스패너에 손을 얹는다.	1종의 동작들
4	잡는다 (Grasp)	G		물품을 잡는 손의 형태	스패너를 잡는다.	
5	운반한다 (Transport Loaded)	TL		접시에 물건을 얹은 형태	스패너를 볼트 있는 곳으로 가지고 간다.	
6	위치결정 (Position)	P		물품을 손가락 끝에 놓은 형태	볼트의 머리위치에 맞춘다.	
7	조립 (Assemble)	A		물품을 조립시킨 형태	볼트의 머리에 스패너를 끼운다.	
8	사용 (Use)	U		Use의 U	스패너를 사용하여 볼트를 죈다.	
9	분리한다 (Disassemble)	DA		조립에서 1개 떼어 낸 형태	스패너를 볼트에서 이탈시킨다.	
10	놓는다 (Release Load)	RL		접시를 거꾸로 한 형태	스패너를 놓는다.	
11	조사한다 (Inspect)	I		렌즈의 형태	죄어 붙인 상태를 조사한다.	
12	준비한다 (Preposition)	PP		볼링핀 형태	사용하기 쉽도록 스패너의 자루를 고쳐 잡는다.	2종의 동작
13	확보한다 (Hold)	H		자석에 물품을 흡착시킨 형태	오른손으로 볼트를 죄고 있는 동안 왼손으로 제품을 유지한다.	3종의 동작들 (작업이 진행되지 않는 동작)
14	피할 수 없는 지연 (Unavoidable Delay)	UD		사람이 발에 채어 넘어진 형태	왼손이 미가공품을 운반하는 동안 오른손이 대기한다.	
15	휴식 (Rest)	R		사람이 의자에 앉아 있는 형태	지쳤기 때문에 손을 쉰다.	
16	피할 수 있는 지연 (Avoidable Delay)	AD		사람이 누워 있는 형태	완성품을 쓰다듬는다(개인적인 버릇으로).	
17	생각한다 (Plan)	Pn		머리에 손을 대고 생각하는 형태	도면을 보면서 다음 순서를 생각한다.	2종의 동작

2. 서블릭의 분류

서블릭은 동작이 어떤 형태로 이루어지는가보다는 무슨 목적으로 동작이 일어나는가. 즉, 동작내용보다는 동작목적에 의거하여 분류하고 있으며 이러한 분류는 Niebel이 효율적인 것과 비효율적인 것으로 분류하였다.

1) **효율적인 서블릭** : 작업의 진행과 직접적인 연관을 가지는 것으로서 그 소요시간을 단축시킬 수는 있으나 완전히 배제하는 것은 매우 어렵다.
2) **비효율적인 서블릭** : 작업을 진행시키는 데 도움이 되지 못하는 동작으로서 작업분석과 동작경제원칙을 적용하여 제거하도록 한다.

1) 효율적인 서블릭

① 기본동작 부문

① 빈손이동(TE :)	② 운반(TL :)
③ 쥐기(G : ∩)	④ 내려놓기(RL :)
⑤ 준비함(PP :)	

② 동작목적을 가지는 부문

① 사용(U : ∪)	② 조립(A : #)
③ 분해(DA : ++)	

2) 비효율적인 서블릭

① 정신적 또는 반정신적인 부문

① 찾기(Sh : ◯)	② 선택(St : →)
③ 바로 놓기(P : 9)	④ 검사(I : 0)
⑤ 계획(Pn :)	

② 정체적인 부문

① 불가피한 지연(UD :)	② 피할 수 있는 지연(AD :)
③ 휴식(R :)	④ 잡고 있기(H :)

06 동작경제의 원칙

길브레스는 수십 년 동안 작업현장에서 작업을 연구한 결과를 토대로 하여 작업현장에서는 누구나 이 원칙을 따르면 쉽고 경제적인 작업활동을 할 수 있도록 동작의 일반원칙을 만들었다. 이 원칙은 그 후 반즈(R. M. Barnes), 메이나드(H. B. Maynard)등이 이러한 일반원칙을 개선하여 **동작경제의 원칙**(the principles of motion economy)이라고 명명하였다.

동작경제의 원칙은 3가지 원칙으로 나누어져 있다.

(1) **신체사용에 관한 원칙**

(2) **작업장 배치에 관한 원칙**

(3) **공구 및 기계설비의 설계에 관한 원칙**

현업 실무를 도와주는 **스토리텔링 생산경영** 사례 연구

■ 누적적 외상증(CTD)과 작업설계

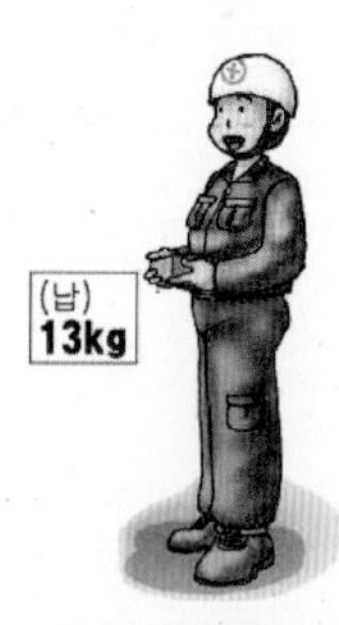

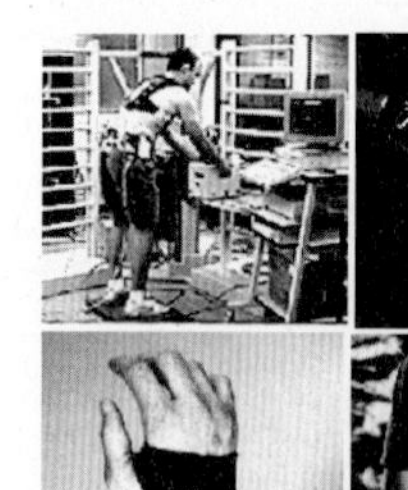

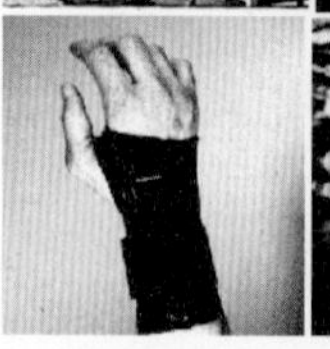

현장의 개선과 문제해결 노력이 효과적으로 진행되도록 하기 위하여 보통 인간공학자가 참여한다. 인간공학자는 개선 아이디어가 방향을 제대로 잡았는지 봐주고 전문가로서의 경험과 시야를 제시하며 전문성을 요하는 어려운 현안이나 측정 문제를 다룬다. 하지만 노력은 현장팀에 집중하여야 한다.

내부 인력이 인간공학 절차에 익숙해지면 굳이 본격적인 개선 절차를 거치지 않더라도 새로운 아이디어들이 자연스럽게 나타나는 것이 일반적이다. 하지만 고치기 힘든 문제들을 해결하기 위해서는 문제분석 양식을 작성한다든지 작업을 촬영하고 브레인스토밍을 수행하는 등 정식적인 문제해결 과정을 거치는 편이 훨씬 유리하다.

07 작업측정

작업관리 시스템을 크게 나누면 작업연구와 작업측정으로 나누어진다. 앞에서 다룬 것은 작업연구로서 작업자가 수행하는 작업방법을 개선하여 가장 경제적인 작업방법의 설계를 위한 여러 기법들을 연구하였다. 작업측정에서는 작업을 수행하는 데 가장 합리적인 표준시간을 만드는 방법을 연구하는 것이다.

작업자가 하루 8시간 작업을 할 경우 누구나가 인정할 수 있는 공정한 1일의 작업량은 얼마나 될까? 이에 대한 문제를 해결하기 위해 테일러는 표준시간을 생각해 냈고, 표준시간 설정이야말로 이러한 질문에 대한 해답을 줄 수가 있다고 생각하였다.

현업 실무를 도와주는 **스토리텔링 생산경영** 사례 연구

■ 공정성 이론(equity theory)

기업의 종업원들은 진공상태에서 작업을 수행하지는 않는다. 종업원들은 항상 타인들과 비교를 하면서 자신의 직무를 수행한다. 만일 어떤 기업에서 당신에게 대학졸업 후 매월 2백만원 임금을 주겠다는 제안을 하였다면, 아마도 당신은 그 제의를 수락하여 열심히 일을 수행하고 그리고 분명히 당신의 봉급에 대하여 만족했을 것이다.

그러나 만일 당신이 당신과 유사한 대학을 비슷한 성적으로 졸업을 하고 나이도 같은 동료 근로자가 매월 3백만원을 받는다면, 당신은 이에 대하여 어떻게 반응을 하겠는가? 아마도 당신은 당황할 것이다. 비록, 신입사원에게 있어서 매월 2백만원은 절대적인 액수에서는 많은 액수이다. 그러나 갑자기 타인의 대우에 대한 사실을 알고 난 후에는 봉급의 절대액은 문제가 되지 않는다. 이제 당신에게 있어서 문제는 상대적인 보상에 초점이 맞추어지고 당신이 믿는 것은 공정성이다. 종업원들은 그들의 직무에 대한 자신의 투입과 산출을 타인의 그것과 비교하고 만일 불균형이 존재하면 종업원들이 발휘하는 노력의 정도에 영향을 미친다는 증거가 있다.

아담스(J. Stacy Adams)에 의해서 개발된 공정이론은 종업원들은 직무에 투입한 것에 비하여 그로부터 얻은 것(산출)을 인지한 다음에 그들의 투입/산출의 비율을 타인들의 투입/산출의 비율과 비교한다. 그 비율이 타인들의 비율과 비교하여 동등하다고 인지되면, 공정성의 상태가 존재한다. 만일 그들의 비율이 동등하지 않으면, 불공정성이 존재한다. 종업원들은 불공정성을 느끼면 그런 불공정성을 줄이려는 방향으로 동기부여가 된다.

공정성 이론에 근거하여, 종업원들이 불공정성을 인지했을 때, 종업원들은 다음과 같은 행동을 한다. ① 그들 자신이나 타인의 투입이나 산출을 왜곡시킨다. ② 타인들의 투입과 산출을 변화시키도록 타인들에게 권유하는 어떤 행동을 취한다. ③ 그들 자신의 투입과 산출을 변화시키기 위한 어떤 행동을 한다. ④ 다른 비교대상을 선택한다. ⑤ 조직을 떠난다. 공정성 이론은 그들의 노력에 대한 절대적 보상뿐만 아니라 타인들이 받는 보상과의 관계에 대하여도 관심을 갖는다. 그들은 자신의 투입과 산출 그리고 타인과 산출의 관계에 관하여 판단을 한다. 노력, 교육, 경험, 그리고 능력과 같은 그들의 투입에 근거하여 봉급수준, 승진, 인정, 그리고 기타 요소와 같은 산출을 비교한다. 타인의 비율과 비교하여 불균형을 인지했을 때 그들은 긴장(tension)을 경험한다. 이러한 긴장이 그들이 공정하다고 인정하는 것을 위하여 노력하는 동기부여의 기초를 제공한다.

물론 공정성 이론이 문제점이 없는 것은 아니다. 공정성 이론은 아직도 몇 가지 중요한 문제가 불명확하다. 예를 들면, 종업원들이 투입과 산출을 어떻게 규정하는가? 요소들이 이 시간에 따라서 언제 어떻게 변화되는가? 이러한 문제에도 불구하고, 공정성 이론은 많은 지지를 받고 있으며 우리에게 종업원 동기에 대하여 몇 가지 중요한 통찰력을 제공한다.

경영자는 기업을 운영할 때 종업원들에 대한 보상의 절대적인 액수에도 관심을 가져야 하지만 항상 공정성의 원칙에 위배되지 않도록 해야 한다는 것이다. 비록 많은 임금을 지불하는 경우라도 임금지급의 공정성이 결여되어 있다면 종업원들을 동기부여하는 데 어려움이 있다. 따라서 종업원들의 성과에 대한 보상에 있어서 공정한 보상이 이루어져야 한다.

한편 경영자들은 종업원들이 그들의 비교대상을 어떻게 선택하는지에도 관심을 가져야 한다. 비교의 대상을 자신들보다 여러 가지 면에서 우월한 사람들을 선택한다면 종업원들은 항상 불공정성을 느끼게 되고, 종업원들에게 동기유발을 시키기는 어려울 것이다.

1. 작업측정의 시조(테일러)

산업공학과 경영학 등의 분야에서는 Frederick W. Taylor를 과학적 관리(scientific management)의 효시 또는 시간연구의 원조로 부르고 있다. Taylor는 미국 필라델피아의 독일인 촌에서 Quaker 집안의 법률가인 아버지와 청교도 혈통의 어머니 사이에서 출생하였다. 이러한 출생배경이 Taylor로 하여금 진실에 대한 추구, 사실의 관찰 및 분석능력을 갖게 했으며 낭비와 게으름을 죄악시하는 사고방식을 갖게 하였는지 모른다.

그는 Harvard 법과대학에 우등으로 입학하였으나 심각한 시력장애 때문에 학업을 중도에 포기하고 18살에 기계가공과 금형분야의 도제(Apprentice)가 되었다. 1878년 그가

22살 때 미국의 경제사정이 악화되어 Midvale철강회사의 일반노동자로 자리를 옮긴 후 기계공, 조장을 거쳐 31살에 공장장(chief engineer)이 되었다. 1883년에는 Stevens대학에서 기계공학사 학위를 취득하였고 이 시기에 금속절삭과 고속도강 분야에 많은 업적을 남겼다. 1890년 Midvale을 떠날 때까지의 12년간이 테일러의 공장관리(shopmanagement)의 기본개념을 형성한 시기이다. Midvale을 떠난 후 목재가공회사의 책임경영자로 일하다가 1893년부터 1901년까지 기술자문(Consultant Engineer) 용역사업을 했으며, 용역활동 동안에 쌓은 다양한 경험으로 Taylor System을 확립하였다.

2. 작업측정을 행하는 이유

작업측정을 행하는 일반적인 이유는 다음과 같다.

① 2개 이상의 작업방법의 우열을 비교한다.

② 생산성이 낮거나 유휴가 많다고 생각되는 설비기계나 작업자들의 가동 및 가동효율을 알아본다.

③ 가공비가 너무 높다고 생각되는 작업을 조사한다.

④ 공정 관리상 애로점으로 되어 있는 작업을 조사한다 등이다.

3. 작업측정의 제기법

표준시간을 산정하기 위해 작업을 측정하는 관측법에는 여러 가지가 있다. 사용되는 기법과 그 내용을 살펴보면 다음과 같다.

1) 시간연구법

(1) 스톱워치법

(2) 촬영법

2) PTS법

(1) MTM법

(2) WF법

3) 표준시간자료법

4) 워크샘플링(work sampling)법

5) 실적기록법

08 표준시간

1. 표준시간의 정의

표준시간이란 '부과된 작업을 올바르게 수행하는 데 필요한 숙련도를 지닌 작업자가 주어진 작업조건하에서 보통의 작업속도로 작업을 하고, 정상적인 피로와 지연을 수반하면서 규정된 질과 양의 작업을 규정된 작업방법에 따라 행하는 데 필요한 시간'이다.

2. 표준시간의 구성

표준시간이란 단지 시간 측정에 의한 시간값이 아니라 여러 가지 조건들을 조정하기 위하여 여러 지수를 추가한 것으로, 다음과 같이 나타낸다.

표준시간 = 관측값의 대표시간×레이팅 계수×(1+여유율)

도표 9-9 표준시간의 구성

- 표준시간 = 정미시간 + 여유시간
- 정미시간 = 관측평균시간(레이팅 계수)
- 레이팅 계수 $= \frac{\text{평가치}}{\text{기준속도}} \times 100$
- 여유시간 ┬ 일반여유
  └ 특수여유

3. 표준시간의 공식

표준시간의 공식은 여유율을 어떻게 반영하느냐에 따라 외경법과 내경법으로 나누어 진다.

표준시간(ST : standard time)

= 정미시간(NT : normal time) + 여유시간(AT : Allowance time)

1) 외경법

표준시간을 산출할 때 여유율을 정미시간으로 나누어 산정하는 방식으로 ILO에서도 이 방법에 따라 표준시간을 계산하고 있다. 이 방식은 정미시간이 명확히 설정되는 경우에 사용한다.

① 여유율(A : Allowance) $= \dfrac{\text{여유시간}(AT)}{\text{정미시간}(NT)} \times 10$

② 정미시간(NT) = 관측평균시간(AT) $\times \dfrac{\text{레이팅 계수}}{100}$ 가 된다.

③ 표준시간(ST) = 정미시간(NT) + 여유시간(AT)

= 정미시간(1 + 여유율)

2) 내경법

표준시간을 계산할 때에 여유율을 실동시간(정미시간+여유시간)을 기준으로 산출하는 방법으로 정미시간이 명확하지 않은 경우에 사용한다. 대표적인 예로는 워크샘플링법으로 표준시간을 구하는 경우이다.

① 여유율(A : Allowance) $= \dfrac{\text{여유시간}(AT)}{\text{정미시간}(NT) \times \text{여유시간}(AT)} \times 10$

② 정미시간(NT) = 평균시간(AT) $\times \dfrac{\text{레이팅 계수}}{100}$

③ 표준시간(ST) = 정미시간$\left(\dfrac{1}{1-\text{여유율}}\right)$

현업 실무를 도와주는 **스토리텔링 생산경영** 사례 연구

■ 표준시간이라는 논리의 함정에 빠지지 말자.

표준시간이 작업에 있어서 항상 표준이 되는 것인가?
표준시간대로 생산량이 확보되는 것인가?
합리적인 표준시간이라고 작업자와 경영자에게도 합리적일까?
다음의 우화를 읽고 생각해 보자.

If time study technicians set time standards too tight, labor is mad at them. If time study technicians set time standards too loose, management is mad at them. If time standards are perfect, everyone is mad at them.

시간연구자가 표준시간을 빡빡하게 만든다면 근로자는 이 빡빡한(tight) 표준시간 때문에 미칠 것이다. 시간연구자가 표준시간을 느슨하게 만든다면 이 느슨한(loose) 표준시간 때문에 경영자는 미칠 것이다. 그렇다면 모두에게 완벽한(perfect) 표준시간을 만든다면, 모두가 완벽한(perfect) 표준시간 때문에 미칠 것이다.

4. 레이팅 산정

레이팅(수행도평가 : rating)이란 시간관측 중 또는 직후에 작업자가 실시한 작업속도가 바람직한 척도(표준속도, 정상속도)와 비교해 어느 정도 일치했는가를 관측해 계수적으로 평가하는 것이다. 이것은 보통 빠른 작업자와 늦은 작업자의 속도 비율이 1 : 2 정도로 나타나므로 빠르게 작업을 수행한 작업자는 빠른 만큼 표준 조건을 편하게 해주어야 하기 때문이다. 따라서 관측대상자가 정상적인 속도로 작업하고 있는지의 여부를 명확하게 파악해서 이에 상응하는 인센티브를 주어야 한다. 이 과정을 정상화작업·수행도평가·레이팅·평준화 등으로 부르고 있다.

국제노동기구(International Labor Organization : ILO)에서는 **rating**을 '관측자가 표준페이스라고 마음속에 가지고 있는 페이스와 작업자의 작업페이스를 비교하는 것'으로 정의하고 있다. 레이팅에 의해 추정된 비율을 레이팅 계수라고 하며, 다음과 같이 정미시간(normal time)을 구하는 데 사용된다.

표준시간＝정미시간×(1＋여유율)＝(관측시간×레이팅치)×(1＋여유율)

$$레이팅 = \left(\frac{관측대상자의\ 작업속도 \times 100}{관측자의\ 머리속에\ 있는\ 표준작업속도} \right) = \left(\frac{평가치}{기준속도} \times 100 \right)$$

정미시간＝평균시간×레이팅

5. 정미시간의 산정

평균시간에 레이팅 값을 합산한 것이 **정미시간(순수작업시간)**이다.

$$정미시간 = 평균시간 \times \frac{작업자의\ 작업평가속도}{기준속도} \times 100$$

6. 여유시간의 산정

(1) 여유시간의 정의

여유시간(allowance time)이란 작업자가 작업을 수행함에 있어서 생리적 현상, 피로, 작업장의 불비(기계고장, 재료부족 등) 등으로 인한 소요시간을 보상해 주는 시간이다. 여유시간은 발생이 불규칙적이고 우발적이기 때문에 편의상 이들의 발생이나 평균시간 등을 조사하여 표준시간을 산출한다.

여유시간 산출공식은 다음의 2가지로 나눈다.

① 정미시간에 대한 비율로 산정할 때

$$외경법에\ 의한\ 여유시간 = \frac{여유시간}{정미시간} \times 100$$

② 실동시간에 대한 비율로 산정할 때

$$내경법에\ 의한\ 여유시간 = \frac{여유시간}{정미시간 + 여유시간} \times 100$$

(2) 여유시간의 분류

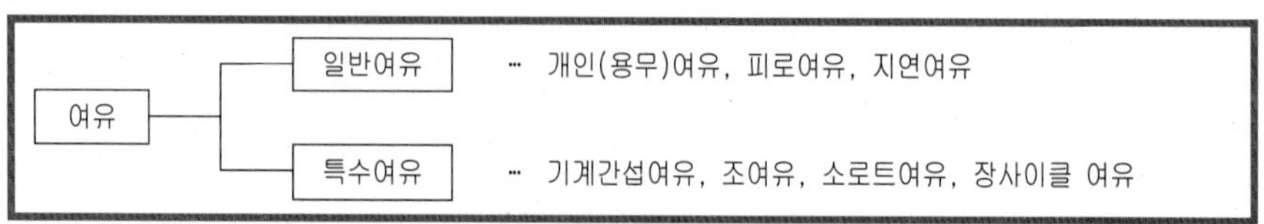

(3) 일반여유(PDF 여유)

어떤 작업에 대해서도 공통적으로 감안해 주는 기본적인 여유를 일반여유라고 한다.

① **개인여유**(personal allowance : **인적 여유, 용무여유**)

인체에 관해서 일어나는 여유로서 작업 중 작업자가 필요로 하는 화장실 가기, 물 마시기 등의 생리적 여유, 일반적으로 2~5%를 부여한다(경공업에서는 2~3% 정도. 작업 환경이 나쁜 경우의 육체노동에는 7% 이상, ILO에서는 남자 5%, 여자 7%).

② **피로여유**(fatigue allowance)

피로에 의한 작업의 지연을 보상하기 위한 여유이다. 일반적으로 중노동의 경우 20~30%, 경노동의 경우 5~10%를 부여한다. 피로발생은 ⓐ 작업강도, ⓑ 환경, ⓒ 육체적 근육노동, ⓓ 정신적 긴장에 기인한다.

③ **지연여유**(delay)

작업 중에 작업자의 의지와 관계없이 어쩔 수 없이 작업이 지연되는 여유를 말하며, 3~5(%)를 부여한다(작업 중 주유, 공구부족, 기계수리 등).

(4) 특수여유

작업의 특수성이나 작업조 편성 등의 특별한 사정으로 인하여 지연되는 부분을 보상해 주기 위한 여유이다.

7. 표준시간의 산정

① **외경법** : $ST=NT(1+\text{여유율})$

② **내경법** : $ST=NT\left(\dfrac{1}{1-\text{여유율}}\right)$

8. 표준시간의 발표

표준시간이 확정되면 곧이어 표준시간에 관계되는 관계자와 작업자들에게 표준시간이 만들어진 이유와 확정된 표준시간을 발표하여 이해시키도록 해야 한다.

09 PTS(예정시간 표준치)

1. PTS의 탄생배경

PTS가 나오게 된 배경은 종래의 stop-watch에 의한 표준시간 방법에 대해 노동조합에서 불신을 하였기 때문이었다. 왜냐하면 stop-watch에 의한 표준시간 작성 시에는 작업자의 작업속도를 관측하는 레이팅 값에 대하여 측정자들 간에 일관성이 결여되므로 작업자의 불만이 상당히 커졌다. 측정자들의 주관적 성향이 컸기 때문이었다.

이것에 관한 예를 들어보면 100명의 시간관측자에게 작업자가 볼트와 너트를 조립하는 간단한 작업을 보여주고 이것에 관한 레이팅 값을 만들도록 하였다. 이 결과 동일한 작업자가 동일한 작업을 하는 데에 있어서 100명의 시간관측자 중 최대와 최소의 차는 무려 61%란 커다란 차이를 보였다. 즉, 이것은 관측자의 주관적인 판단에 의해 행하여지는 레이팅 값에 일관성이 떨어진다는 실험이 되었다. 이러한 편차로 인하여 작업자들이 레이팅에 대한 불신이 커졌고, 이 결과 레이팅이 필요 없는 표준시간을 만들게 되었다. 이것이 PTS가 나타나게 된 이유인 것이다.

2. PTS의 개념

PTS(predetemineded time standard)란 인간이 행하는 작업 또는 작업방법을 기본적으로 분석하고, 각 기본동작에 대해 그 성질과 조건에 따라 이미 정해진 기초시간값을 적용하여 이를 집계하여 작업의 정미시간을 구하는 방법이다. 이렇게 정미시간을 표에서 찾아 여유율만 합산해 주면 표준시간이 되는 방법이다. 즉, '인간이 행하는 작업동작은 누가, 언제, 어디서 행하더라도 걸리는 소요시간은 거의 같다.'라는 생각이 **PTS의 개념**인 것이다.

이와 같은 사고가 1924년 세가(A. B. Segur)나 홈즈(W.G. Holmes)에 의해서 나타나게 되었다. 즉, 그들은 영화필름을 분석하여 동작의 유형을 분석하기 시작했다. 이 연구에서 인간의 근육동작을 기본동작으로 분석하면, 유사동작에는 같은 시간이 소요되고 있음을 알아냈다. 여기서 세가는 1927년에 동작시간의 법칙을 발표하게 되었으며, 이것이 유명한 「세가의 법칙」으로서 PTS법의 중요한 배경을 이루게 되었다.

이것이 최초의 PTS인 MTA(Motion Time Analysis)가 되었다. 이후 이것이 시초가 되어 각 회사에서 이와 유사한 여러 종류의 PTS를 개발하였고, 그중 대표적인 것이 WF(Work Factor)와 MTM(Method Time Measurement)이다.

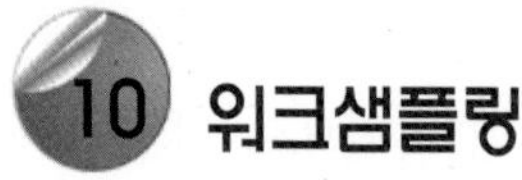

10 워크샘플링

1. W.S의 정의

WS(work sampling)법은 확률적 방법을 이용하여 작업자의 활동·기계의 활동, 물건의 시간적 추이 등의 상황을 통계적으로 파악하는 작업측정의 한 기법이다.

선반작업자의 하루 작업시간은 선반작업, 검사, 지그·공구교환, 자재운반, 문서작업, 청소, 휴식, 불가피한 지연사유에 의한 작업중단 등으로 구분될 수 있다. 이렇게 구분된 각 요소가 하루 작업시간 동안 어느 정도의 비율로 발생되는가는 WS법을 통해 파악된다.

이것이 나타나게 된 배경은 종래의 stop-watch에 의한 표준시간 설정은 직접 관측 방법이므로 관측대상자에게 많은 심리적인 부담을 가져다준다. 또한 PTS에 의한 표준시간 설정은 교육훈련 및 비용이 많이 소모되므로 비용이 적게 들면서 간단한 방법을 생각해 낸 것이다.

워크샘플링은 1934년 영국인 티펫(L.H.C. Tippet)이 순간관측법(snap reading technique)이란 명칭으로 섬유업계에 처음 적용하였으며, 미국에는 1940년경에 지연비율법(ratio delay)으로 알려져 작업의 지연을 일으키는 여러 가지 원인의 비율을 추정하는 데 사용되었다. 그후 작업을 관찰대상으로 한다고 해서 워크샘플링으로 불리게 되었다.

2. W.S의 관측방법

워크샘플링의 관측방법은 미리 랜덤한 시점에서 관측대상을 순간적으로 관측하여 대상이 처해 있는 상황을 항목별로 기록한다. 관측이 끝난 후 항목별 관측횟수를 총관측횟수로 나누면 그 항목이 관측기간 동안 차지한 비율을 추정할 수 있다.

가령 작업자의 휴무시간을 비율로 작업 중인가 휴무 중인가를 횟수(시간)로 측정하면 총관측횟수에 대해 휴무 중인 비율을 구하면 작업자의 1일 휴무 비율을 알 수 있다.

즉, $\text{항목시간비율} = \dfrac{\text{A항목에 관측된 횟수}}{\text{총관측횟수}} \times 10$

워크샘플링은 순간관측으로 관측방법이 아주 간단하고 소요되는 경비가 적다는 이점이 있으나, 작업의 세밀한 과정의 분석은 불가능하다.

11 직무설계

인간이 수행하는 작업은 보다 능률적이고 효율적으로 수행되도록 계속 개선하여야 한다. 이것은 일찍이 100여년 전에 Taylor의 과학적 관리법에 의해서 주창되어 왔다. 그러나 과학적 관리법은 인간에게 지루함을 주고, 인간화의 상실을 가져와 많은 문제점들을 노출하였다. 그래서 인간의 동기를 중요시하는 행동과학자들이 나와, 생산성은 종업원들에게 표준목표량을 강요하는 것보다는 동기를 부여하는 것이 훨씬 더 효과적이라고 하였다.

직무(job)란 종업원이 수행하는 모든 업무의 집합체 또는 일을 수행하는 데 필요한 모든 절차의 집합체를 말한다. 자동차공장에서 작업자가 문짝을 조립하는 것도 직무이고, 세차장에서 종업원이 세차를 하는 것도 직무이다.

1. 직무설계의 정의

직무설계(job design)란 조직에서 개인 또는 부서가 조직의 목표를 달성하기 위하여 수행하여야 할 직무의 내용과 방법을 결정하는 것이다. 즉, **직무설계**는 어떤 직무를,

누가, 어디에서, 어떻게 하여야 하는가를 결정하는 것이다. 또 공정설계는 제품 중심인데 비하여, 직무설계는 인간 중심이다.

한마디로 직무설계란 직무를 수행하는 데 필요한 직무의 내용과 직무에 필요한 종업원의 숙련도 및 교육훈련에 대한 명세서를 만드는 것이다.

2. 직무의 만족도

종업원의 자기의 직무에 대하여 만족감을 느끼는 것은 상당히 중요하다. 왜냐하면 만족도는 사기를 올려 종업원의 생산성을 더 향상시키기 때문이다. 인간은 다양한 욕구를 가지고 있으며, 심리적으로, 사회적으로 또 생물학적으로 상당히 복잡한 동물이다. 이러한 욕구가 충족되어야 인간은 만족감을 느낀다. 또 모든 인간들이 전부 똑같은 성과를 거두지 않는다. 동일한 능력을 가진 사람들이 동일한 조건에서 일을 하는데 그들의 업적은 항상 똑같지가 않다. 이러한 현상은 왜 발생할까? 이것은 일반적으로 동기부여와 관련성이 있다. 동기부여는 인간의 성과에 상당한 차이를 가져온다.

1) 직무전문화

직무전문화란 아담 스미스(Adam Smith)가 노동 경제적인 입장에서 분업이론을 제창한 이래 직무내용은 직무의 전문화가 중심을 이루어왔다. **직무전문화(job specialization)**란 인간이 하나의 일을 계속적으로 반복해 나가는 것을 의미한다. 직무나 작업을 전문화할 경우, 단순·반복작업으로 생산성이 높고, 작업자의 훈련이 용이하며 숙련공이 필요없이 노무비가 저렴하다는 이점이 있다.

그러나 이것은 기업의 극대이윤이라는 일방적인 목적을 위해서 설계된 것이다. 바꾸어 말해서 작업이 세분화 내지 전문화됨으로써 작업자는 기계적으로 단조로운 작업을 하게 되고 작업수행에 있어서 별로 만족을 느끼지 못하게 된다.

2) 직무확대

직무확대(job enlargement)는 직무의 수평적 범위를 확대하는 것이다. 수평적인 직무확대는 전체과업의 상당한 부분을 한 종업원이 수행하도록 과업의 수를 확대하는 것이다. 추가된 직무는 원래의 직무와 동일한 기술을 요하며, 책임도 동일하다.

3) 직무충실화

직무충실화(job enrichment)는 직무의 수직적인 범위를 확대하는 것이다. 수직적인 직무확대란 종업원이 수행하는 직무에 대한 계획과 검사 그리고 통제를 스스로 하도록 하여, 종업원들에게 자율성을 부여하는 것이다. 이러한 수직적인 직무확대를 직무충실화라고 부르기도 한다.

허즈버그(Herzberg)는 직무충실화를 직무의 수직적 확대라고 하였다. 직무의 수직적 확대는 종업원의 의사결정권한, 자율성, 계획에의 참여 등을 의미한다.

현업 실무를 도와주는 **스토리텔링 생산경영** 사례 연구

■ 작업과 인간 : 일을 할 때 인간은 어떤 생각을 갖게 되는가.

① 맥그리거의 X이론과 Y이론

맥그리거(D. McGreger)는 인간의 본성(nature of human being)에 대한 두 가지 구별되는 견해를 제시하였다. 인간의 본성에 대한 부정적인 관점인 X이론과 긍정적인 관점인 Y이론이 그것이다. 그는 경영자가 종업원을 취급하는 것을 관찰한 후에 인간의 본성에 관한 경영자의 관점을 일단의 가정에 기초를 두고 이들 가정에 따라서 종업원의 행동을 형성한다고 보았다.

X이론하에서 경영자가 가지고 있는 종업원에 대한 가정은 다음과 같다.

- 원래 종업원들은 일하기 싫어하며 가능하면 일하는 것을 피하려고 한다.
- 종업원들은 일하는 것을 싫어하므로 바람직한 목표를 달성하기 위해서는 통제되고 감독되어야 한다.
- 종업원은 책임을 회피하고 가능하면 공식적인 지시를 바란다.
- 대부분의 종업원은 작업과 관련된 모든 요소에 대하여 안전을 추구하며, 야심이 거의 없다.

이에 반하여 Y이론에서 경영자가 가지고 있는 종업원에 대한 가정은 다음과 같다.

- 종업원은 일하는 것을 놀이나 휴식과 동일한 것으로 볼 수 있다.
- 종업원은 조직의 목표에 관여하는 경우에 자기지향과 자기통제를 한다.
- 훌륭한 의사결정의 능력은 모든 사람이 가지고 있으며, 경영자만의 영역은 아니다.

동기부여에 관한 맥그리거의 분석은 매슬로에 의해 제시된 '욕구 5단계설'에 잘 표현되어 있다. X이론은 저차원 욕구가 개인을 지배하며, Y이론은 고차원 욕구가 개인을 지배한다고

가정을 한다.

맥그리거 자신은 Y이론의 가정이 X이론의 가정보다 타당하고 믿는다. 따라서 그는 의사결정, 책임, 그리고 도전적인 직무에 종업원들을 참여시키는 것은 직무동기를 극대화시킨다고 주장을 하였다.

② X이론과 Y이론의 이용

맥그리거의 X·Y이론은 경영자가 종업원을 통하여 조직의 목표를 달성하기 위하여 동기를 부여하는 방법에 있어서 우선 종업원의 본색에 대한 파악을 해야 한다는 것이다. 즉, 종업원들이 X이론적 인간들인가 또는 Y이론적인 인간들인가를 파악해야 한다는 것이다.

종업원들이 X이론적이라면, 이들을 통하여 조직의 목표를 달성하기 위해서는 강제·명령·처벌 및 위협의 방법을 이용해야 한다. 이들의 동기는 대체로 저차원 수준의 욕구, 즉 생리적 욕구와 안전의 욕구 수준에 머무르고 있다고 가정되기 때문에 이들에게는 이런 저차원 욕구를 충족시키는 방법을 이용하여 동기부여를 시키는 것이 효과적이다.

한편, 종업원이 Y이론적이라면 이들에게는 조직목표를 달성하는 데 경영자가 지원자적인 역할을 수행하는 것이 효과적이다. 그들은 일일이 명령과 통제를 받지 않더라도 자기지향과 자기통제를 행하기 때문이다. Y이론에 따르면, 인간의 동기는 대체로 저차원 수준의 욕구를 만족하고 있기 때문에 고차욕구를 충족시켜야만 동기부여가 된다. 따라서 경영자는 종업원들의 고차욕구를 충족시키는 방법을 모색하여야 한다.

③ 맥클랜드(D. McClelland)는 성취동기이론을 주장하였다. 그는 작업환경에는 세 가지 중요한 관련된 동기 또는 욕구가 있다고 주장하였다.

- 성취욕구 : 어려운 욕구를 성취하려는 것, 물질·인간·사상을 지배하고 조종하고 관리하려는 것, 그러한 일을 신속히 독자적으로 해내려는 것, 스스로의 능력을 성공적으로 발휘함으로써 자긍심을 높이려는 것 등에 관한 욕구라고 규정하고 있다. 이러한 성취욕구가 강한 사람은 성공에 대한 강한 욕구가 있다. 또 그들은 책임을 적극적으로 수용하며, 행동에 대한 즉각적인 피드백을 선호한다.
- 권력욕구 : 높은 권력욕구를 가지고 있는 사람은 리더가 되어 남을 통제하는 위치에 서는 것을 선호하며, 행동에 대한 즉각적인 피드백을 선호한다.
- 친화욕구 : 친화욕구가 높은 사람은 다른 사람과 좋은 관계를 유지하려고 노력하며 다른 사람에게 친절하고 동정심이 많고 다른 사람을 도우며 즐겁게 살려고 하는 경향이 크다.

맥클랜드의 성취동기이론을 매슬로의 '욕구 5단계설'과 비교해 보면 성취욕구와 권력욕구는 욕구단계설의 존경 및 자아실현욕구와 일맥상통하며 사회적 욕구는 친화욕구와 비슷하다고 할 수 있다. 물론 약간의 개념상의 차이는 있다.

맥클랜드는 세 가지 욕구 중에서 성취욕구의 중요성을 지적했는데, 성취욕구가 높은 사람을 다음과 같은 세 가지 특성으로 분류하여 이들에게 적절한 직무의 연결을 시도하였다.

맥클랜드는 높은 성취욕을 가진 사람을 더 일을 잘 하려는 그들의 희망에 의해서 다른 사람과 구별하였다. 그들은 다른 사람의 행동이나 우연에 의해서 결과가 나오는 것보다 성공이나 실패에 대하여 자신이 책임을 지는 도전적인 일을 선호한다. 중요한 것은 그들은 매우 쉽거나 어려운 과업이라고 인지하는 것은 회피하는 것이다.

맥클랜드의 성취동기이론은 세 가지 욕구의 분류에 따라서 종업원을 알맞은 직무에 배치함으로써 이용할 수 있다. 권력욕이 강한 사람은 다른 사람의 권력이 미치는 직무에 배치하는 것보다는 자기가 다른 사람의 행동을 통제하는 직무에 배치하는 것이 동기부여가 되고, 친화욕이 강한 사람은 독립적으로 직무를 수행하는 곳에 배치하는 것보다는 다른 사람과 밀접한 관계를 유지할 수 있는 직무에 배치하는 것이 동기부여의 효과가 있다.

성취욕이 강한 사람은 도전할 가치가 없거나 우연에 의해서 목표를 달성할 수 있는 직무보다는 개인에게 많은 책임과 권한이 주어지는 도전적인 직무에 배치하는 것이 동기부여가 된다.

9장 연습문제

1. 작업개선에 있어서 항상 검토할 착안사항과 관계가 없는 것은?

㉮ Eliminate
㉯ Combine
㉰ Rearrange
㉱ Standardization

2. 제품공정분석표(product process chart)에 대한 설명 중 틀린 것은?

㉮ 소재가 제품화되는 과정을 분석·기록하기 위해 사용된다.
㉯ 가공(operating), 검사(inspection), 정체(delay), 운반(transportation) 등과 기호를 사용한다.
㉰ 설비계획, 기계배치, 운반계획 등의 기초자료를 사용한다.
㉱ 작업자가 한 장소에서 다른 장소로 이동하면서 수행하는 것을 기호로서 체계적으로 표현하는 것이다.

3. 서블릭기호를 사용하여 동작분석을 하는 경우 작업진행이 안 되는 요소인 '제3종' 요소를 우선적으로 제거할 필요가 있는데, 다음의 '제3종' 요소가 아닌 것은?

㉮ 쉰다(rest for overcoming fatigue)
㉯ 잡고 있다(hold)
㉰ 찾는다(search)
㉱ 피할 수 없는 지연(unavoidable delay)

4. 동작경제의 원칙 세 가지에 해당되지 않는 것은?

㉮ 작업개선의 원칙
㉯ 신체사용에 관한 원칙
㉰ 작업장의 배치에 관한 원칙
㉱ 공구 및 기계설비의 설계에 관한 원칙

5. 직무의 수평적 범위를 확대하는 것으로 종업원이 과업의 수를 늘려서 작업을 행하는 것을 무엇이라 하나?

㉮ 직무전문화
㉯ 직무확대
㉰ 직무충실화
㉱ 직무만족화

6. 표준시간이란 부과된 작업을 올바르게 수행하는 데 필요한 (①)를 지닌 작업자가 주어진 (②)하에서 (③)의 작업페이스로 작업을 하고 정상적인 피로와 (④)을 수반하면서 (⑤) 질과 양의 작업을 규정된 (⑥)에 따라 행하는 데 필요한 시간이다.

ⓐ 작업방법	ⓑ 규정된	ⓒ 지연	ⓓ 작업조건
ⓔ 숙련도	ⓕ 보통	ⓖ 특정의	ⓗ 작업환경
ⓘ 경험	ⓙ 속도	ⓚ 임의의	

㉮ ①-ⓔ ②-ⓗ ③-ⓖ ④-ⓒ ⑤-ⓑ ⑥-ⓓ
㉯ ①-ⓘ ②-ⓓ ③-ⓖ ④-ⓙ ⑤-ⓚ ⑥-ⓗ
㉰ ①-ⓔ ②-ⓓ ③-ⓕ ④-ⓒ ⑤-ⓑ ⑥-ⓐ
㉱ ①-ⓘ ②-ⓗ ③-ⓕ ④-ⓙ ⑤-ⓚ ⑥-ⓓ

7. 다음 중 표준시간을 설정할 때 일반적인 순서가 옳은 것은?

① 여유율 결정	② 정미시간 산출	③ 요소작업 구분
④ 평균시간 산출	⑤ 표준시간 설정	

㉮ ①-②-③-④-⑤
㉯ ①-②-③-⑤-④
㉰ ②-③-①-⑤-④
㉱ ③-④-②-①-⑤

8. 레이팅이란?

㉮ 작업시간 중에 발생되는 피할 수 없는 지연 등의 여유시간이다.
㉯ 훈련도, 적성, 작업의욕 등 여러 측면의 평균적인 작업자의 표준작업방법에 따른 노력으로서 작업을 할 때의 페이스를 말한다.
㉰ 관측시간을 정미시간으로 변화하기 위해서 표준페이스와 관측대상으로 선정된 작업페이스를 비교한 것이다.
㉱ 작업의 관측시간을 말한다.

9. 종래의 stop watch에 의한 작업시간연구법의 결점을 보완하기 위한 기법으로 모든 작업을 구성하는 기본 동작으로 분해해서 미리 정해놓은 시간치를 부여하는 시간연구법은?

㉮ Stop-Watch
㉯ Work Sampling
㉰ PTS
㉱ 표준시간

10. 작업측정의 최종목표는 무엇인가?

11. 관측시간의 대표치가 100DM이고, 여유율이 20(%)일 때 외경법, 내경법의 표준시간을 구하라. (단, 레이팅 값은 120(%)이다.)

12. PTS의 탄생배경과정과 정의를 쓸 것. 최초의 PTS는 무엇이고 대표적인 PTS의 2가지를 쓰고 간략하게 설명하라.

제 10 장

적절한 시기에, 적절한 양을,
필요로 하는 장소에 신속하게 이동시키는

자재관리 및 물류관리

자재 및 물류관리가 기업의 원가에 미치는 영향은 상당히 높다. 기업은 적절한 자재관리와 수월한 물류관리를 함으로써 제품의 원가를 상당부분 낮출 수가 있다.

01 자재관리

자재관리는 재고관리와 약간의 차이가 있는데 자재관리가 재고관리보다 포괄적이며 자재관리는 자재를 조달하는 구매관리, 구입된 자재를 보관·불출하는 창고관리, 그리고 재고의 계획 및 통제를 수행하는 재고관리를 포함시킨다.

1. 자재관리의 개념 및 범위

자재(materials)란 원재료나 구성부품, 조립부품 등과 같이 제품이나 서비스를 생산하기 위해 직접 혹은 간접적으로 사용되는 상품을 말한다.

자재관리(materials)란 '기업에서 필요한 자재를, 적절한 시기에, 적절한 양을, 필요로 하는 장소에, 적정한 가격으로 구입하여 공급하고, 완성품에 이르기까지의 이동·보관을 수행하는 기능'을 말한다.

자재관리의 범위로는 광의의 자재관리(자재구입에서 소비자에까지 도달하는 전 과정 : 물류관리)와 협의의 자재관리(원재료 구입에서 완제품 재고까지)로 나누는데, 주로 협의의 자재관리를 말한다. 이것은 〈도표 10-1〉에 나타나 있다.

도표 10-1

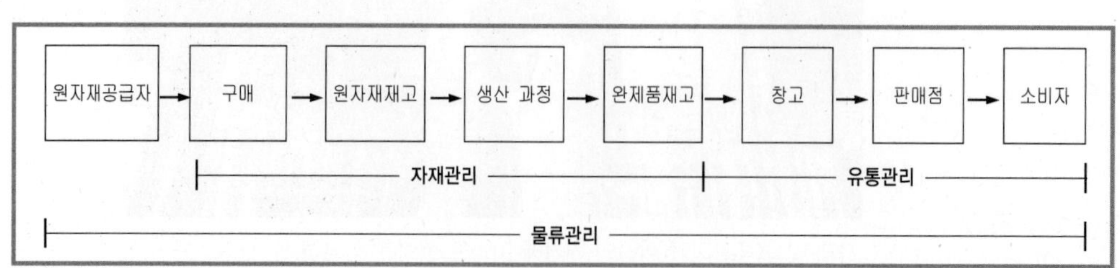

물류관리를 자재관리 내의 유통관리로 구분하기도 하지만, 자재관리와 유통관리는 서로 밀접한 연관성을 가지고 있으므로 이를 통합하여 관리하는 체계로 발전되고 있다. 따라서 기업 내외 자재흐름의 통합적 관리를 지향하는 물류관리(logistic management)의 필요성이 무엇보다도 강조되고 있다. 오늘날 물류관리는 공급업체와 고객에까지 확대시킨 개념, 즉 전체 공급체계 연결의 효율화를 추구하는 공급 사슬망 관리(SCM : supply chain management)의 개념으로 확대되고 있다.

현업 실무를 도와주는 **스토리텔링 생산경영** 사례 연구

■ SCM은 무엇인가 - 공급 사슬망 관리의 기본 개념 -

대부분의 기업에서는 여러 가지 다양한 혁신활동을 지속적으로 추진하여 왔지만 기업 혁신활동의 전형적인 현상은 "생산성은 증대되었지만, 수익성 향상은 없다."든지, "제조부문에서는 재고가 크게 감축되었으나 유통부문에서는 재고가 늘어 전체적인 효율성에서는 크게 변화가 없다."는 식이다. 이러한 현상은 혁신활동이 기업 내 일부만의 최적화를 목표로 했거나, 개별 기업 내에서만의 최적화를 목표로 했기 때문에 발생하는 현상의 사례이다. 기업 내의 부문별로 한정된 혁신 노력은 기업의 전체적인 활동과 연계되어 전체의 최적화가 되지 않으면 그 성과가 제한적이라는 얘기다. 이러한 것을 염두에 두고 SCM(supply chain management)에 대한 개념을 생각해 보자. 기존의 기업 내의 부문별 또는 개별 기업 내부에 한정된 혁신활동의 한계를 극복하기 위해서는 원재료 공급업체에서 출발하여 최종 소비자에게 제품이 전달되는 모든 공급망(supply chain) 전체를 보는 시야가 필요하다. 공급망에는 원재료 공급업체, 제조업체, 유통업체, 최종 소비자가 존재한다. 개별 기업들은 특정 공급 망에서 자신의 역할을 수행하게 된다. 물론 망의 형태는 제품이나 산업에 따라 다른 형태를 띠겠지만, 어느 경우에나 개별 기업 하나하나가 보유한 경쟁력만으로는 전체 경쟁력을 보장하지 못한다는 공통점을 가진다.

공급망 전체를 하나의 통합된 개체로 보고 이를 최적화하고자 하는 경영방식을 공급망 관리(supply chain management)라고 한다. SCM의 일반적인 목적은 기업 내 부문별 최적화나 개별 기업 단위에서 최적화에서 탈피하여 공급망 구성요소들 간에 이루어지는 전체 프로세스를 대상으로 전체의 최적화를 달성하는 것이 SCM의 목적이다.

SCM의 발전 단계

1단계 1970년대 이전	2단계 1970년대	3단계 1980년대	4단계 1990년대~2000년 이후
보관 및 수송	총비용관리	통합적 로지스틱스 관리	공급사슬관리
운영업무의 성과	운영비용 및 고객서비스의 최적화	전략적 로지스틱스 기획	공급사슬의 비전, 목적, 목표
기능의 분산	기능의 집중화	로지스틱스 기능의 통합화	파트너십, 가상조직

* **공급 사슬망 관리(Supply Chain Management : SCM)**란 공급자로부터 최종고객에 이르기까지의 전체적인 물자의 흐름을 관리하여 공급 사슬망 내의 전 구성원에게 최대의 수

익을 보장하고 고객에게는 양질의 서비스를 제공하는 데 목적이 있다.

<SCM과 과거의 방법과 비교>

구분	과거의 방법	공급 사슬망에 근거한 접근법
재고관리	개별적, 독립적으로 관리	supply chain상의 전체 재고를 동시에 관리
비용분석	개별 회사의 비용절감을 목표로 함	supply chain상의 전체 비용을 최소화하는 방향으로 접근
시간적 요인	단기	장기
정보공유	거래에 대한 정보요구에 제한됨	계획 및 검사 프로세스에 필요한 정보도 공유됨
결속력	거래에 기반을 둠	지속적으로 관계
회사/부서의 경영방침	비슷할 필요가 없다.	핵심적인 관계에 있어서는 비슷해야 함
의사소통의 리더십	필요없음	조정의 관점을 위해 필요함
위험과 보상의 공유	개별 회사 각자가 책임짐	위험과 보상이 장기에 걸쳐 공유됨
정보체계	독립적	회사들 사이에 서로 공유되어야 함
공급자의 범위	경쟁을 유발시키고 위험을 분산시키기 위해 커야 함	기업 간 조정을 위해서는 작아야 함

2. 자재의 분류원칙

자재를 분류한다는 것은 자재를 좀 더 간편하고 합리적으로 관리하기 위해서 많은 종류의 자재를 특성에 맞게끔 묶고, 분류하는 작업이다.

이와 같이 자재를 분류하는 원칙에는 다음의 4가지 원칙이 있다.

① **점진성** : 과학기술의 발전과 시장소비성향의 변동에 따라 상품은 다양화되기 마련이다. 이 다양화된 상품의 제조에 투입되는 자재도 필연적으로 다양화되며, 오늘날 활용품목이던 것이 내일은 폐기품목으로 전락되는 경우도 허다하다.

따라서 어떤 일정한 기준하에서 자재를 분류하였다 하더라도 새로이 취급되는 자재나 폐기되는 자재는 기존 분류에서 제거하거나 새로이 삽입하지 않으면 안 되기 때문에 이들 자재의 증감이 용이하게 융통성을 가지고 있어야 하는 것이 점진성이다.

② **포괄성** : 자재 분류를 행한 후, 어느 분류에도 속하지 않는 품목이 발견되어 이 품목을 위하여 새로운 분류기준을 설정할 수도 없는 노릇이기 때문에 모든 취급품

목을 하나도 빠짐없이 포괄시킬 수 있는 분류를 하는 것이 포괄성이다.

③ 상호 배제성 : 최 씨의 애인이면서 홍 씨의 애인도 될 수 있는 무질서한 애정관계가 되어서는 안 되는 것과 같이 한 자재의 분류항목이 둘이 되어서는 안 된다는 것이 상호 배제성이다.

④ 용이성 : 자재 분류는 현장, 창고, 생산부문 할 것 없이 전체적으로 적용되기 때문에 될 수 있는 대로 간편하고 기억하기 쉽게 분류해야 하는 것이 용이성이다.

3. 자재계획의 단계

자재계획은 자재를 적시에 적량을 적당한 가격에 공급하는 데 목적이 있으므로 이러한 목적을 달성하기 위해서 자재계획 단계의 순서를 정한다. 자재계획 단계의 순서는 ① 원단위 산정 → ② 사용계획 → ③ 재고계획 → ④ 구매계획 순으로 진행된다.

1) 원단위의 산정방법

원단위란 완성된 설계도를 기초로 하여 제품 또는 반제품의 단위당 기준재료 소요량을 말한다.

(1) 실적값에 의한 방법

과거 일정기간의 소비량과 생산량을 비교하면서 원단위의 소비량을 산정하는 것으로서 자재가 충분히 정비되어 있을 때 일반적으로 사용되며 다음과 같은 방법이 있다.

① 가장 양호한 실적과 부적합한 실적의 평균값

② 최근 3개월, 6개월 이상의 평균값

③ 양호한 실적의 평균값

④ 평균 이상의 평균값

(2) 이론값에 의한 방법

생산과정에서 일어나는 화학반응의 방정식이나 설계도면, 또는 제작도면으로부터 원단위를 이론적으로 산정하는 것으로서 화학, 전기공업에 많이 사용된다.

(3) 시험 분석값에 의한 방법

과거의 실적이 정비되어 있지 않을 때 사용하는 방법으로서 실제로 제품을 시작하여 그 결과로부터 원단위를 산정하는 방법이다.

2) 원단위 산정 시 고려해야 할 사항

① 부산물, 폐기물의 발생도 원료나 제품과 같이 표준량을 산정한다.
② 제품 규격을 정확히 그리고 합리적으로 설정한다.
③ 재료의 품질 및 종업원의 숙련도도 고려한다.

3) 표준자재소요량 산출

표준자재소요량은 자재 기준표에 표시된 기준량에 자재 예비량을 더한 것으로서 제품당 실제소요량을 말한다.

표준자재소요량 = 자재 기준량 + 자재 예비량

현업 실무를 도와주는 **스토리텔링 생산경영** 사례 연구

■ 반도체 산업에서의 수율 - 한국이 최고 - 수율이란 부적합률의 반대 개념이다.

한국이 미국은 물론, 일본보다 수율이 높은 이유는 「첨단 노가다 산업」이라는 반도체의 특성 때문. 단순히 첨단기계만으로 되지 않는, 사람의 손끝 솜씨가 작용하는 특수성 때문이다.

예를 들어 웨이퍼제조·회로설계·마스크제작·웨이퍼가공까지는 자동화된 작업이 많다. 하지만 이를 거쳐 완성품이 튀어나오는 조립 및 검사에는 인간의 손이 주로 작용한다. 특히 한국 젊은 여성들의 손끝이야말로 반도체 수율을 결정짓는 핵심 중 핵심이다.

S전자 기흥공장 R이사는 "일본인은 너무 원칙대로만 하는 바람에 수율이 더 높아지지 않고, 미국인 중 흑인이나 히스패닉들이 생산라인에 몰리면서 게을러서 한계가 있다.", "그러나 한국인은 일본인보다 다소 떨어지지만 정밀성도 좋고, 느낌으로 밀어붙이는 감각이 그만이어서 반도체 생산에 적합하다."고 말했다.

반도체는 일사불란한 팀워크가 필요하므로 공동체의식이 있어야 하고 섬세한 손끝 재주도 요구되므로 한국의 젓가락 문화가 큰 도움이 된다는 분석이다. 게다가 반도체는 청결산업인

데, 집에 들어갈 때 현관에서 신발을 벗고 들어가는 문화도 수율과 관계가 있다고 한다.

황경성 H전자 반도체 생산본부 부장은 "반도체 생산은 건설업의 「노가다」와 비슷해 돈과 인력을 쏟아 붓고 밀어붙이면 밀어붙이는 대로 거둬들이는 사업특성이 있다."며 이것은 한국인의 「하면 된다」는 측면과도 연관된다고 진단했다.

반도체 수율은 여직원의 생리 때마다 달라질 정도로 민감하다. 하지만 국내업체 반장들은 2~3년 근무하다 보면 누가 생리시기인지 눈치로 금방 파악할 정도라고 한다. 경력 6년째인 정보현 H전자 반도체 생산3부 조장은 "특히 방황하기 쉬운 경력인 1~2년 미만의 신입사원들과 정기 개별면담을 통해 고충을 미리 해결해 줘야 한다."고 말했다.

「젊음」도 반도체 수율을 올리는 결정적인 요인이다. 1만 5천여 여직원들이 근무하는 S전자의 경우 여직원들의 평균연령은 21세, 일본 업체들보다 10살 정도 젊다.

이들은 집중력이 뛰어난데다, 아직 결혼 걱정 없이 일에 전념할 수 있다.

수율(YIELD)이란 한마디로 「부적합률의 반대」다. 수율로 생산량이 결정되고, 회사능력이 좌우된다. 자동차는 일부에 문제가 있으면 그 부분만 교체하면 된다. 하지만 반도체는 그럴 수가 없다. 한 부분이라도 결함이 있으면 전체를 버려야 한다. 그래서 수율은 회사마다 극비 보안사항이다.

반도체 수율은 제조순서에 맞춰 웨이퍼가공(FAB)수율, 조립(ASS'Y)수율 등 4가지를 합친 누적(CUM)수율로 흔히 판단한다. 1백을 투입했을 때 처리과정을 거쳐 나오는 산출이 75%. 이 정도면 「좋다」는게 업계의 설명이다.

물류관리

1. 물류의 정의

상행위의 가장 기본은 물건을 한 장소에서 다른 장소로 이동하는 것인데, 이를 과학적으로 접근한 것을 물류관리라고 한다.

즉, 상품을 특정인으로부터 특정인에게 이동시키는 것을 "물류"라고 하는데 물류활동은 아주 오래전부터 있어 왔지만 체계화시키지를 못했기 때문에 물류관리라고 하지 못했다. 그러나 상행위가 폭발적으로 늘어나면서 이동에 관한 체계적인 관리가 필요하게 되었다. 이에 대한 정의 및 정리를 물류관리라고 한다.

물류의 정의는 생산자부터 소비자까지의 유통단계의 실시로, 유형의 재화와 무형의 서비스를 대상으로 포장, 수용, 하역 활동 등을 종합적으로 계획·통제하는 것이다.

2. 물류의 원칙

일반적으로 기업에 있어서 물류의 목표는 '필요한 물품을, 필요한 장소에, 필요한 시간에, 적절한 가격으로 전달하는 것'이라고 할 수 있는데, 이를 위해 '신속(speedy), 저렴(low), 안전(safety), 확실(surely)하게' 물품을 거래상대방에게 전달하는 3S1L 원칙으로 수행되어야 한다.

3S1L 원칙

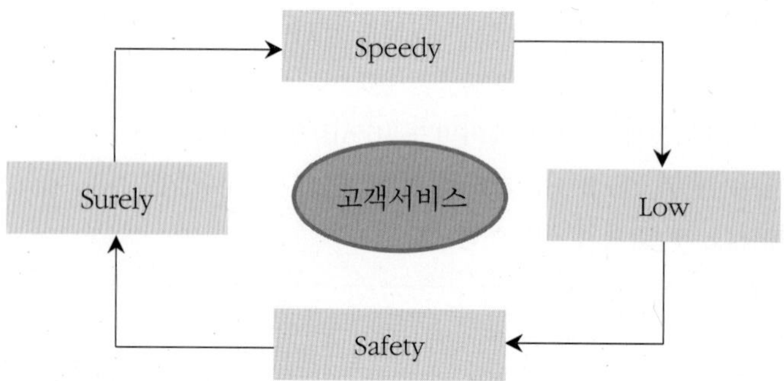

3. 물류의 종류

물류는 고객서비스 수준의 향상과 물류비의 절감을 목적으로 다양한 기능을 수행하고 있으며, 최근에 와서 물류활동이 보다 종합적·시스템적으로 그 범위를 확대시켜 나가고 있다. 물류는 일반적으로 조달물류, 생산물류, 판매물류의 3가지 분류를 기본으로 한다.

1) 조달물류

조달물류는 원자재 및 부품을 조달에서 자재창고에 입고시킬 때까지의 물류를 의미한다.

2) 생산물류

생산물류는 자재창고의 출고에서부터 생산공정으로의 운반, 하역, 제품창고의 입고까지를 의미한다.

3) 판매물류

판매물류는 물류의 마지막 단계로 물품을 소비자에게 전달하는 수송활동을 말한다.

4. 물류의 채찍효과

채찍효과(bullwhip effect)란 제품에 대한 최종소비자의 수요는 그 변동폭이 크지 않지만 소매상, 도매상, 완제품 제조업자, 부품제조업자 등 공급사슬을 거슬러 올라갈수록 변동폭이 크게 확대되는 현상이 발생하는데, 즉 소비자와 거리가 멀어질수록 수요 예측치와 실제 판매량 사이의 차이가 커지는 현상을 말한다. 이는 채찍처럼 손잡이(시장)에서 멀리 떨어질수록 정보가 왜곡돼 나타나는 현상을 말한다.

예를 들어보면,

① 하루에 햄버거를 200개 정도를 판매하는 철수네 햄버거 가게가 있다.
하루 200개를 팔지만 훨씬 많이 팔 경우를 대비해서 각종 재료를 230개 정도를 주문한다. (다른 햄버거 가게도 동일하게 주문한다고 가정한다.)

② 햄버거 재료를 공급하는 영희네 재료상은 철수네 외에 100군데의 햄버거 재료를 공급하고 있다. 영희네 재료상은 100군데의 주문에 대비하여 총 23,000개의 각종 햄버거 재료를 준비해야 된다. 그러나 만일을 대비해서 25,000개 정도를 준비해야 한다.

③ 슬기네 밀가루 공장에서는 25,000개의 밀가루를 준비해야 영희네 가게의 수요에 맞추어 줄 수가 있다. 그러나 만일에 대비해서 27,000개 정도의 밀가루를 준비한다. 가현이네 야채가게에서도 영희네 가게의 수요에 맞추기 위해서 27,000개 정도의 야채를 준비한다. 수지네 정육점에서도 영희네 수요에 맞추기 위해서 27,000개 정도의 고기를 준비한다.

④ 이러한 과정을 거치면서 불필요한 안전재고가 눈덩이처럼 불어나고 있다. 이를 채찍효과라고 한다.

그러면 이러한 과다한 수요를 해결하기 위한 방안이 무엇일까?

다양한 방법이 있겠지만 SCM에 의해서 손쉽게 해결할 수가 있다. 그러므로 기업도 물류에 있어서 SCM을 강조하고 있는 것이다.

5. 로지스틱스의 정의

로지스틱스(Logistics)란 원래 프랑스에서 유래한 군사 용어로, 전쟁의 수행에 필요한 군인, 무기, 탄약, 식량 등을 공급하는 후방지원활동 전체를 뜻한다. 제2차 세계대전 후 로지스틱스라는 용어를 군사 면에서만 한정하지 않고, 특정 현상의 목적달성을 위해 필요로 하는 지원활동에 응용하게 되었다.

10장 연습문제

1. 자재계획의 단계가 순서적으로 이루어진 것은?

㉮ 구매계획 – 사용계획 – 원단위 산정 – 재고계획
㉯ 구매계획 – 원단위산정 – 재고계획 – 사용계획
㉰ 원단위 산정 – 사용계획 – 재고계획 – 구매계획
㉱ 원단위 산정 – 구매계획 – 사용계획 – 재고계획

2. 원단위 산출법이 아닌 것은?

㉮ 시험 분석치에 의한 방법
㉯ 이론치에 의한 방법
㉰ 연속치에 의한 방법
㉱ 실적치에 의한 방법

3. 자재의 분류원칙에 속하지 않는 것은?

㉮ 점진성
㉯ 상호 배제성
㉰ 포괄성
㉱ 신속성

4. SCM이란 무엇인가?

5. 원단위의 정의를 쓸 것.

6. 물류의 종류 3가지를 쓸 것.

제 11 장

고객의 서비스 수준을 최대로 하며 재고비용을 최소화시키는

재고관리, MRP 및 ERP

재고가 쌓이면 재고의 쓰나미로 인하여 흑자도산을 하게 된다.

ERP로 모든 것을 통합하자.

01 재고관리

재고란 한마디로 정의하면 미래에 사용하기 위하여 보관하고 있는 모든 유휴자산이다. 재고는 모든 경제부문에서 발생하는 공통적인 문제이다. 제조업, 농업, 도·소매업, 병원과 같은 영리조직이든, 학교, 정부와 같은 비영리조직이든, 어떤 형태로든 재고를 보유하게 되므로 재고관리의 문제가 발생하게 된다.

만일 기업에서 반제품인 자재 및 부품이 떨어지고 없다면 그 시점에서 모든 생산활동은 중단되고 말 것이다. 또한 완제품 재고의 부족은 고객 요구를 충분히 충족시켜 주지 못하고, 기회이익을 놓친다. 이러한 재고부족에 따른 손실을 방지하려면, 많은 양의 재고를 보유하고 있어야 할 것이다. 그러나 지나치게 많은 재고는 자금을 묶어 놓음으로써 기업의 원활한 자금흐름을 막게 되고, 시장변화에 대한 대응력을 떨어뜨리며 흑자도산까지 이르게 된다.

따라서 **재고관리(inventory control)**란 첫째, 적시 적량의 재고로 고객에 대한 서비스 수준을 최대로 하며, 둘째, 이에 수반되는 제반 비용을 최소로 하는 것이라 할 수 있다.

1. 재고보유의 동기

재고보유의 동기에 관해서는 학자들에 따라 여러 이론이 있지만, 일반적으로 Arrow가 제시한 3가지 동기가 재고보유의 직접적인 동기로 받아들여지고 있다.

① 거래동기 : 거래상의 이유, 즉 수요는 매일 반복되지만 납기는 일정시점을 기준으로 한다. 예를 들면, 주문이 1달에 1번인 경우, 1개월 동안의 물량을 비축해 두어야 한다.

② 예방동기 : 주문량의 납기지연 및 예기치 않은 수요의 증가는 재고부족의 위험을 증가시킨다. 이러한 재고부족의 위험은 예상수요 이상의 재고를 보유함으로써 감소될 수 있다. 즉, 위험을 방지하기 위한 것이다.

③ 투기동기 : 기업이 실질적인 가격 상승에 대비하기 위하여 정상수준보다 더 많이 구매·생산하려고 함으로써 재고보유가 발생한다.

2. 재고관리의 목적

재고관리의 목적은 ① 고객의 서비스 수준을 최대화하고, ② 발생하는 비용을 최소화하려는 데 있다.

이들 두 목표는 일반적으로 서로 상반되는 뜻을 내포하고 있다. 높은 수준의 고객서비스는 높은 재고비용을 가져오며, 낮은 재고비용은 일반적으로 낮은 수준의 고객서비스를 초래한다. 결과적으로 대부분의 재고결정은 비용과 고객서비스 수준 간의 조화를 가져오는 상충관계이다.

이러한 목적을 달성하기 위한 문제는 과소재고뿐만 아니라 과잉재고를 피하기 위한 재고결정에 균형을 유지하는 것이다. 이 두 가지 기초적인 결정은 ① 재고주문시기와 ② 재고의 양에 의해서 결정된다.

3. 독립수요와 종속수요

재고관리가 이루어지고 있는 기업에 있어서의 주요한 구분은 재고품목에 대한 수요가 독립적이냐 종속적이냐의 문제이다. **종속수요 품목**은 최종제품의 생산에 사용될 구성부품 혹은 하위조립품 등을 일컫는다. 예컨대 새로운 산악자전거를 생산하는 데 대한 바퀴의 수요를 생각하여 보자. 만약 산악자전거가 2개의 바퀴를 필요로 한다면 생산기간 동안 소요될 바퀴의 총 수는 단순히 생산라인에서 생산될 자전거 수에 대한 함수로 표현된다. 100대의 산악자전거를 생산한다면 100×2=200개의 바퀴가 필요하게 된다는 것이다.

한편 **독립수요 품목**은 완제품 혹은 기타 최종품목이 이에 해당된다. 완제품은 시장의 수요가 불확실하므로 특정기간 동안 이 품목들이 얼마나 수요가 발생할 것인가를 정확하게 결정하는 것은 어렵다. 그러므로 독립수요의 수요파악은 주로 수요예측에 의존하는 반면에, 종속수요의 수요파악은 수요예측이 필요없게 된다.

4. 재고비용

재고와 관련되어 발생되는 비용은 재고유지비용, 재고주문비용 그리고 재고부족비용의 세 가지로 요약할 수 있다.

(1) 재고유지비용

재고유지비용(hold cost)은 일정수준의 재고를 보관, 유지하는 데 드는 비용이다. 유지비에는 보관비, 보험료, 세금, 감가상각비, 훼손에 따른 비용과 재고에 투입된 자금의 이자, 창고운영비, 재고의 변질 및 손상에 따른 비용 등이 포함된다.

유지비용 중 대부분은 회계상에 나타나지만 훼손의 3요소(도난, 진부화, 손상)에는 설명이 필요하다. 도난은 고객과 종업원에 의한 재고의 도난이다. 도난이 매출액의 상당한 부분을 차지하는 업체도 있음을 보여주기 때문이다. 진부화는 재고가 모델의 변경, 기계적 변경 또는 기대하지 않았던 수요의 감소에 의해 사용이 구식화되거나 팔리지 않은 것이다. 손상은 물리적인 결함이나 파손에 의한 손상이다.

(2) 재고주문비용

재고주문비용(setup cost, order cost)은 주문으로부터 인수하기까지의 과정에서 발생하는 비용이다. 예를 들면, 물품수송비, 통신비, 인수비, 관계자들의 임금 등이 여기에 포함된다. 만일 회사에서 부품을 자체 생산할 경우에는 이를 작업준비비(setup cost)라 한다.

(3) 재고부족비용

재고부족비용(shortage cost)은 재고부족, 즉 품절로 인해서 발생되는 손실이다.

품절비(stockouts cost)라고도 하며 재고의 부족량과 부족기간에 의해 결정된다. 일반적으로 재고부족 현상이 나타나면 기업은 판매의 기회를 놓치고, 고객을 잃고 그리고 명예도 실추된다. 따라서 부족비용은 이러한 손실에서 오는 기회손실을 말한다.

5. 재고모형의 종류

재고모형은 수요와 조달기간의 성격에 따라 확정적 모형과 확률적 모형으로 구분한다. 재고는 미래 수요를 만족시켜야 하기 때문에 수요예측이 중요하다. 만일 어떤 제품에 대한 연간수요량이 100개로서 일정하다면, 이는 확정적 수요라 할 수 있다. 그러나 수요량이 일정하지 않고 각 수요량이 발생할 확률이 다르게 되면, 이는 확률적 수요라 한다. 예를 들어 연간수요량이 100개일 확률은 10%, 200개일 확률은 20%, 그리고 300개일 확률은 30%라면, 이는 확률적 수요라 볼 수 있다.

조달기간이 일정하면 확정적 재고모형이고, 수요와 조달기간이 일정치 않으면 확률적 재고모형이다.

02 확정적 재고모형

시장의 수요와 조달기간이 일정하다고 가정할 때 주문량을 결정하는 것이 **확정적 재고모형**이다. 여기에서는 가장 대표적인 모형인 EOQ, EPQ 그리고 수량할인에 관해서 살펴보겠다.

1. 경제적 주문량

재고에 있어서 가장 기본적인 **경제적 주문량(economic order quantity : EOQ) 모형**은 가장 간단한 모형으로서 주문비용과 유지비용의 합을 최소화하는 것으로서 1915년 해리스(F. W. Harris)에 의해서 고안됐다. 이 모형은 전적으로 비현실적인 것은 아니지만 다소 이상적인 형태에 근거를 두고 있으므로 실제의 적용에는 다음과 같은 전제조건으로 인하여 어려움이 따른다.

EOQ 기본모형의 제 가정
• 단일제품만을 대상으로 한다. • 수요율이 일정하고 연간수요량은 확정적이다. • 조달기간은 일정하다고 본다. • 주문량은 전량 일시에 입고된다. • 수량할인(가격할인)은 없다. • 재고부족은 없다고 본다.

이러한 가정의 중요성은 〈도표 11-1〉의 재고사이클에 관한 그림에서 볼 수 있다.

도표 11-1 재고사이클(EOQ)

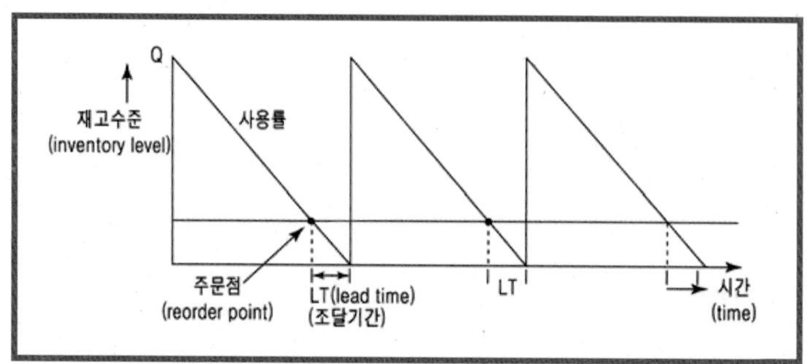

최적주문량은 재고유지비용과 재고주문비용 간의 상충관계에 의하여 구할 수 있다. 이것은 주문의 크기가 변함에 따라 유지비용은 증가하지만 주문비용은 감소하기 때문이다. 예를 들어 만약 주문의 크기가 상대적으로 작다면 평균재고와 유지비용이 낮아지지만, 주문의 빈도는 많아지게 되어서 연간주문비용이 높아지게 된다. 반대의 경우에는 한 번에 많은 양을 주문하게 되면 당연히 주문비용은 낮아지게 되지만 높은 평균재고수준으로 유지비용은 상승하게 된다. 〈도표 11-2〉와 〈도표 11-3〉은 이러한 내용을 보여주고 있다.

그러므로 가장 이상적인 주문량은 매우 많거나 적은 양이 아닌 중간수준의 주문량이 될 것이다. 주문량의 정확한 계산은 유지비용과 주문비용의 상대적 크기에 따라 달라진다.

도표 11-2 주문횟수에 따른 재고사이클 모형

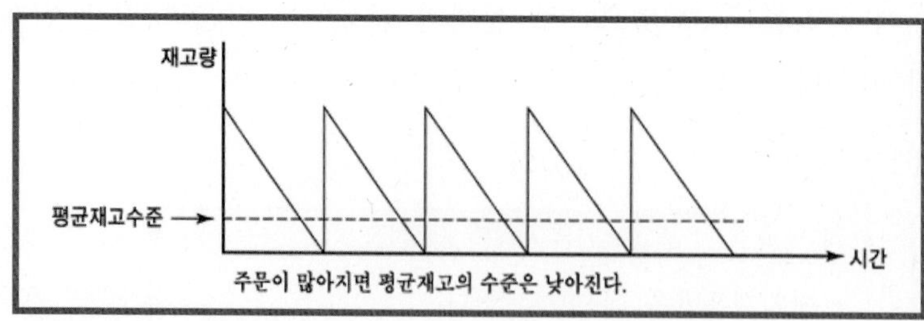

도표 11-3 주문횟수에 따른 평균재고수준

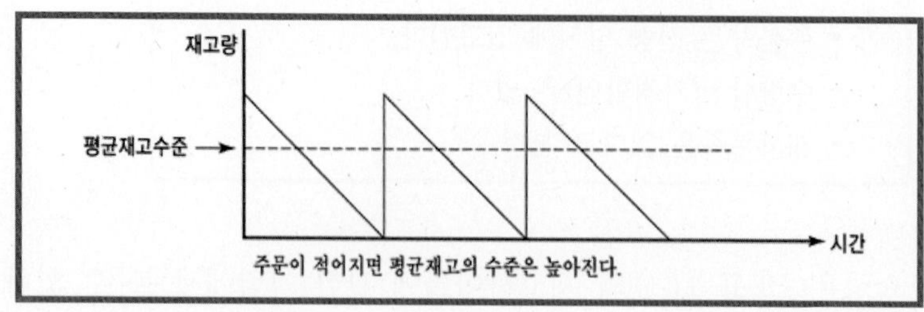

재고유지비용은 연간단위당 재고유지비용에 평균재고를 곱해서 계산한다. 여기에서 평균재고는 주문량의 반으로 간주한다. 이것은 재고수준이 Q에서 0까지 일정하게 감소할 경우 평균재고는 $(Q+0)/2$ 즉, $Q/2$가 되기 때문이다. 따라서 연간단위당 재고유지비용을 H로 나타내면, 평균재고량과 연간 총재고유지비용은 다음과 같다.

$$\text{평균재고량} = \frac{Q}{2} + (\text{안전재고량})$$

$$\text{연간 총재고유지비용} = \frac{Q}{2} \times H$$

여기에서 재고유지비용은 Q의 선형함수이므로 주문량의 변화에 직접 비례하여 증가하거나 감소함을 알 수 있다.

도표 11-4 재고유지비용

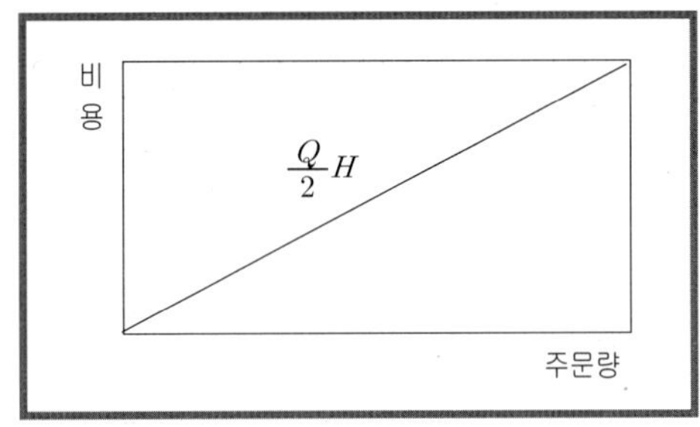

도표 11-5 재고주문비용

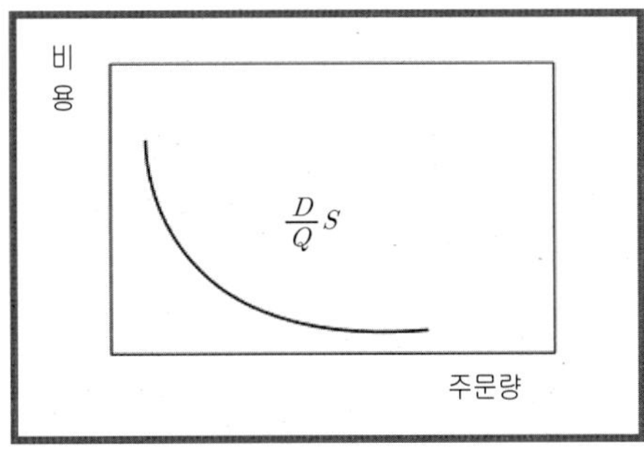

도표 11-6 총비용곡선

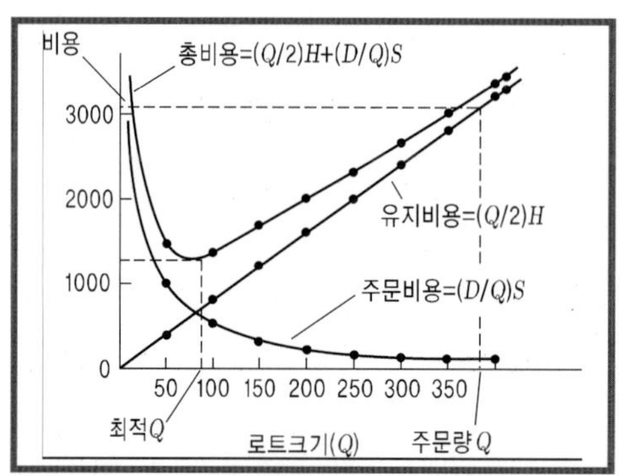

앞에서 설명한 바와 같이 1회 주문량이 증가함에 따라 연간 재고주문비용은 감소할 것이다. 왜냐하면 연간 수요량이 정해져 있으므로 1회 주문량이 커질수록 주문횟수는 줄어들기 때문이다. 예를 들어 연간 수요가 120로트(lot)이고 1회 주문량이 10로트라 하면, 1년 동안에 12회의 주문을 해야 한다. 이럴 경우 연간 재고주문비용이 많아지게 된다. 만일 주문횟수를 1회에 20로트씩 주문한다면 1년에 6회만 주문하면 되고, 이와 같은 경우에는 당연히 재고주문비용이 줄어들게 된다. 그러나 주문비용이 줄어드는 대신 재고유지비용은 늘어나게 된다. 그러므로 재고주문비용과 재고유지비용의 합이 최소가 되는 지점에서 재고의 양을 결정해야 최적주문량이 될 수가 있을 것이다. 이때 D를 연간 수요량, Q를 1회 주문량이라 하면 연간주문횟수는 D/Q가 되며, 연간주문횟수, 연간주문비용은 다음과 같이 계산된다.

$$\text{연간주문횟수} = \frac{D}{Q}, \qquad \text{연간주문비용} = \frac{D}{Q}S$$

결국 연간주문비용은 1회 주문량과 반비례 관계에 있음을 알 수 있다.

EOQ모형에서의 연간총재고비용은 연간재고유지비용과 연간재고주문비용의 합으로 나타낼 수 있다. 즉,

$$\text{연간총비용} = \text{연간재고유지비용} + \text{연간주문비용}$$

$$TC = \frac{Q}{2}H + \frac{D}{Q}S$$

TC = 총비용

D = 수요량(일반적으로 연간 단위량으로 표시)

Q = 주문량

S = 주문비용/주문

H = 연간재고유지비용/단위

〈도표 11-6〉에 나타난 바와 같이 총비용곡선이 가장 낮은 지점은 재고유지비용과 재고주문비용이 일치할 때 총비용이 최소가 된다. 즉,

$$\frac{Q}{2}H = \frac{D}{Q}S$$

$$Q^2 H = 2DS$$

$$Q^2 = \frac{2DS}{H}$$

$$\therefore Q^* = \sqrt{\frac{2DS}{H}}$$

$$\text{주문간격} = \frac{Q^*}{D}$$

$$\text{주문횟수} = \frac{D}{Q^*}$$

EOQ의 예

산악자전거 회사에서는 산악자전거 부품 '휠(wheel)'에 대해서 연간 4,000개가 필요하다. 부품들은 단위당 200원씩 구입하고 있으며, 1회 주문할 때마다 500원의 비용이 소요된다. 그리고 재고를 보관하는 데 소요되는 비용은 단위당 100원이 소요된다. 이 회사의 연간 생산 일수는 250일이다.

① '휠'부품의 경제적 주문량을 구하라.

② 연간 주문횟수와 주문간격을 구하라.

풀이

① $EOQ = \sqrt{\frac{2DS}{H}} = \sqrt{\frac{2(4,000)(500)}{100}} = 200$개

② $\frac{D}{Q^*} = \frac{4,000}{200} = 20$회, 주문 간격$= \frac{Q^*}{D} = \frac{200}{4,000} = 12.5$일

2. 경제적 생산량

EOQ모형에서는 주문량이 한 번에 모두 도착하는 것을 전제로 하였다. 그러나 기업이 자체 공장에서 어떤 품목을 생산하면서 동시에 소비하는 경우에 재고는 한 번에 확보되는 것이 아니라 일정한 생산기간 동안 점진적으로 쌓이게 된다. 이러한 경우 비용을 최소화하는 주문량을 **경제적 생산량(economic production quantity : EPQ)** 또는 **ELS(economic lot size)**라고 한다.

도표 11-7 EPQ 모형

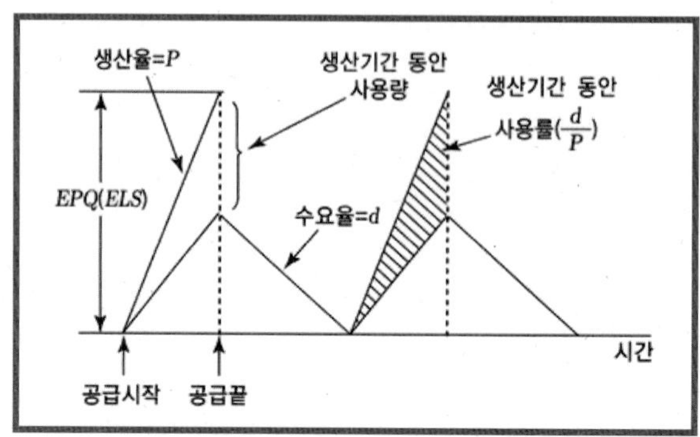

만일 자체 공장에서 생산에 필요한 만큼, 필요한 양을 조달한다면, 사용률과 생산율이 같아지므로 쌓이지도 않고, 생산로트의 크기 문제도 발생되지 않는다. 그러나 이러한 경우는 실제는 거의 없이 대부분이 생산율이 사용률보다 크게 나타난다. 이에 대한 모양이 〈도표 11-7〉에서 설명되고 있다. 생산율은 사용률보다 크므로 생산이 이루어지는 구간에서는 재고수준이 점점 증가하게 된다. 즉, 이 구간에서는 생산율과 사용률의 차이만큼 재고수준이 증가한다. 예를 들어 일일 생산율이 20단위이고 일일 소비률이 5단위라면 재고는 15단위씩 매일 증가하는 것이다. 이렇게 계속해서 증가하는 재고수준은 생산중단 시점에서 최고수준이 된 후, 계속 감소하다가 재고가 고갈되면 생산은 재개되고 이러한 주기가 반복되는 것이다.

EPQ에서도 EOQ모형의 이론이 그대로 적용되나, EOQ의 주문비용은 EPQ에서는 생산준비비용(작업준비비용)으로 대체된다. 기본적인 EPQ모형에서는 모든 주문품이 전량입고될 때 재고로 쌓였다가 수요율 d로 사용된다. 그러므로 재고유지비용은 EPQ 전량에 부과된다.

EOQ 방정식의 수정은 여기서는 준비비가 되는 주문비(S)나 총수요(D)에는 영향을 끼치지 않으며, 재고로 쌓이지 않는 생산량의 부분에 대해서는 보관비가 부과되지 않으므로 단지 재고유지비용(H)을 절감시키는 데만 영향을 끼치게 된다.

만약 생산량의 비율을 나타내는 것이면, 1-(d/p)는 재고로 쌓이는 생산량의 비율을 나타내는 것이다.

예컨대 D=80단위이고, P=100단위라면, D/P=80/100이 되므로 80%가 일일수요가 되고, 1 −0.80=0.20이다.

$$EOQ\text{의 연간 총비용} = \text{연간 생산준비비용} + \text{연간 재고유지비용}$$

$$\text{연간 생산준비비용} = \frac{D}{Q}S$$

연간 재고유지비용은 연간 재고로 유지하는 양, 즉 평균재고에 연간단위당 재고유지비용을 곱한 값이다.

생산기간은 $t = \frac{Q}{P}$가 된다.

생산기간 동안 재고는 $(P-d)$의 비율로 증가하므로 최대 재고수준은 다음과 같다.

$$\text{최대 재고수준} = (P-d)\frac{Q}{P}$$

평균 재고수준은 최대 재고수준의 $\frac{1}{2}$이므로,

$$\text{평균 재고수준} = \frac{1}{2}\cdot\frac{Q}{P}(P-d)$$

그러므로 연간 재고유지비용은 다음과 같다.

$$\text{연간 재고유지비용} = \frac{1}{2}\cdot\frac{Q}{P}(P-d)\cdot H$$

연간 총비용 TC는

연간 총비용=연간 생산준비비용+연간 재고유지비용이므로

$$TC = \frac{DS}{Q} + \frac{(P-d)QH}{2P}$$

경제적 생산량 Q_p를 구하는 방법은 EOQ모형에서와 같이 연간 생산준비비용과 연간 재고유지비용을 같게 놓고 EPQ에 대해 풀어보면 다음과 같다.

$$\frac{DS}{Q} = \frac{(P-d)QH}{2P}, \quad Q^2 = \frac{2DSP}{H(P-d)}$$

$$\therefore Q_p = \sqrt{\frac{2DS}{H}\left(\frac{P}{P-d}\right)}$$

또, 연간 총비용 = 재고유지비용 + 작업준비비

$$= \left(\frac{Imax}{2}\right)H + \left(\frac{D}{Q}\right)S$$

= I max : 최대재고량

EOQ와 EPQ의 차이를 살펴보면

① 재고의 입고가 EOQ에서는 순간적으로, EPQ에서는 점차적으로 이루어지고

② EPQ에서는 EOQ의 주문비용 대신에 생산준비비용(작업준비비용)이 된다.

3. 수량할인의 EOQ

수량할인이란 고객의 대량구입을 유도하기 위해 대량구입에 대한 가격을 낮추어 주는 것이다. 예를 들어 어느 의료기기회사가 〈도표 11-8〉에서와 같이 응급의료박스에 대한 가격표를 제시했다고 하자. 수량할인을 해주고 있으므로 한 박스당 가격은 주문량이 증가할수록 감소하고 있음을 알 수 있다.

도표 11-8 가격표

주문량	주문량 대비 주문가격
1~44	1,000원
45~69	800원
70 이상	600원

수량할인이 있는 경우, 고객은 구입가격의 하락으로 인한 잠재적 이익의 측면과 대량구입으로 인한 평균재고의 상승으로 재고유지비용이 증가하는 측면을 저울질하게 될 것이다. 고객의 입장에서 수량할인의 궁극적인 목표는 총구매비용이 최소가 되는 주문량을 결정하는 것이다. 여기에서 총비용은 재고유지비용과 주문비용, 구매비용의 합으로 구해진다.

즉, $TC = \text{재고유지비용} + \text{주문비용} + \text{구매비용}$

$$= \frac{Q}{2} \times H + \frac{D}{Q} \times S + PD$$

· P는 단위당 구매가격임

도표 11-9 수량할인의 경우 총비용곡선

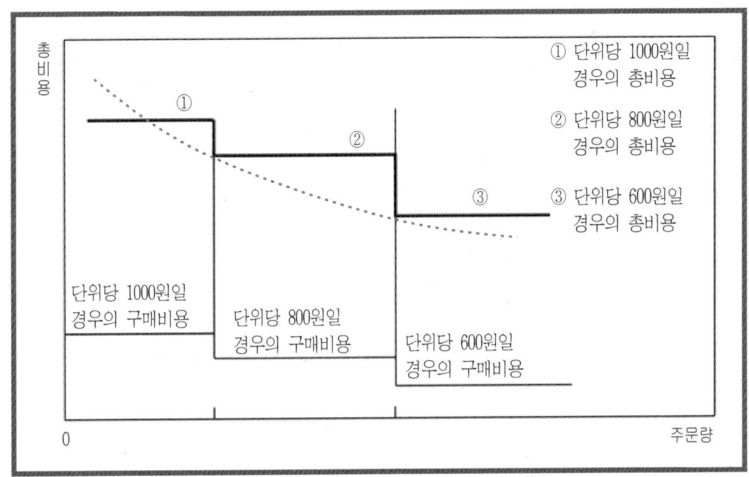

수량할인의 경우 응급의료박스에 대한 총비용곡선은 〈도표 11-9〉에 나타내 보았다. 수량할인이 있으면 총비용곡선이 각 단위당 가격마다 다르게 구분된다. 단위당 가격이 가장 높을 때의 총비용곡선은 맨 처음의 곡선이고, 그 다음으로 가격이 하락하면 다음 곡선이 되며, 총비용곡선의 절단부분은 가격할인을 받을 수 있는 최소량이 된다.

03 확률적 재고모형

확정적 재고모형에서는 수요가 확실하며, 일정하다고 가정했다. 그러나 현실에 있어서는 수요는 확정적이 아니며 확률적으로 발생한다. **확률적 재고모형**이란 수요와 조달기간이 일정치 않은 불확실한 수요에 대처하는 모형이다.

1. 정량발주모형

정량발주모형은 수요의 불확실성 때문에 안전재고를 어느 정도 확보하고, 언제 주문해야 할 것인가를 결정해야 한다.

안전재고는 서비스 수준에 의해 결정되어진다. 서비스 수준을 높이면 고객에게 만족감을 줄 수 있으나 안전재고량이 늘어나 재고유지비가 증가한다. 어느 제품에 대한 연간 수요가 100개인 경우에 재고를 100개 모두 가지고 있다면 서비스 수준은 100%가 된다. 그러나 90개를 가지고 있다면 서비스 수준은 90%가 되고, 품절될 확률은 10%가 된다. 즉, 서비스 수준이란 어느 품목이 조달기간 동안 품절되지 않을 확률이다.

정량발주모형에서는 재고수준이 재주문점(R)에 도달하면 주문을 한다. 일반적으로 R은 0보다 크므로 품절이 발생할 수 있는 기간은 조달기간뿐이다. 따라서 특정 서비스 수준을 만족시키는 R의 값을 결정하기 위해서는 조달기간 동안의 수요의 확률분포를 알아야 한다. 여기서는 조달기간 중의 수요가 정규분포를 이루는 것으로 가정한다.

〈도표 11-10〉은 조달기간 동안의 수요의 확률분포를 나타내고 있다. 이 그림에서 R은 조달기간 동안의 평균수요 μ에 안전재고 s를 더한 값이다. 조달기간 동안의 수요가 R보다 작거나 같을 확률, 즉 서비스 수준을 나타내는 확률이며, 빗금친 부분은 조달기간 동안의 수요가 R보다 클 확률, 즉 품절확률을 나타낸다.

재주문점 계산은 다음과 같다.

서비스 수준=100%－재고부족 위험수준

재주문점(ROP)=조달기간 동안의 평균수요＋안전재고

도표 11-10 조달기간의 수요가 정규분포를 이룰 경우의 ROP

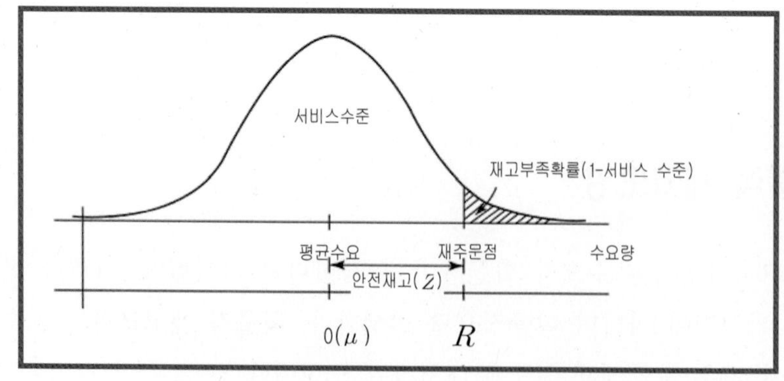

2. 확률적 정기주문모형

확률적 정량발주모형에서는 조달기간 동안에만 품절의 위험이 있는 반면에, 확률적 정기주문모형에서는 주문주기와 조달기간 전체에 걸쳐 품절의 위험이 발생한다.

04 재고관리의 모형(Q시스템, P시스템)

재고관리모형에는 정량발주모형과 정기발주모형의 두 가지 유형이 있다. 정량발주모형은 경제적 주문량 혹은 Q시스템이라고도 하며, 정기발주모형은 정기주문모형 혹은 P시스템이라고도 한다.

정량발주모형과 정기발주모형 간의 기본적인 차이는 전자는 '사건위주'이고, 후자는 '시간위주' 라는 점이다. 즉, 정량발주모형에서는 특정한 재주문점(reorder point : ROP)에 도달하는 '사건'이 발생하는 때에 주문을 시작한다. 이 사건은 품목에 대한 수요에 의하여 언제든지 일어날 수 있다. 이 모형은 주문량과 재주문점에 의해서 결정되기 때문에 EOQ/ROP시스템이라고도 한다.

반면에 정기발주모형에서는 사전에 결정된 기간이 지난 후에 주문이 이루어지므로 시간의 경과가 주요 요인이 된다.

1. Q 시스템

정량발주모형(Q)은 재고가 일정수준(ROP)에 이르면 주문하는 모형이다. 재주문점에 도달하는 시기는 재고품목의 수요에 따라 달라지므로 정량발주시스템에서는 주문간격이 일

도표 11-11 정량발주모형

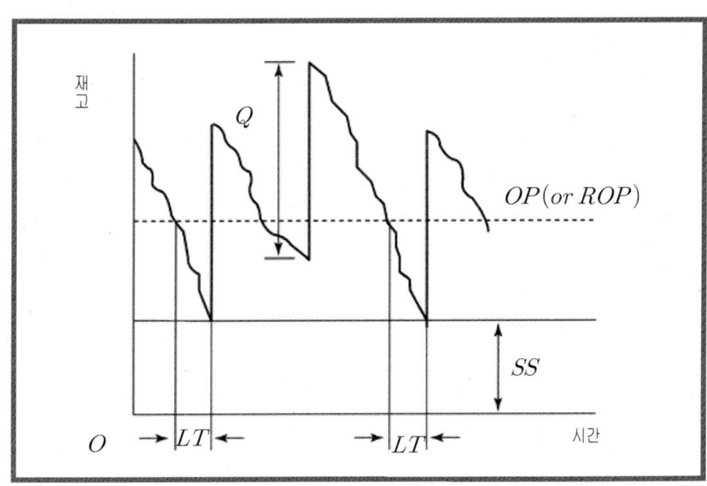

정하지 않다. 그리고 재고수준이 재주문점 R에 도달하였는지를 알기 위해서는 계속적으로 재고수준을 검토해 보아야 하므로 정량발주모형은 계속실사시스템(continuous review system)이라고도 불린다. 또한 정량발주모형에서는 주문간격은 일정하지 않지만 주문량이 매번 일정하기 때문에 Q(Quantity)시스템이라고도 한다.

2. P시스템

정기발주모형(P)은 일정시점이 되면 정기적으로 적당한 양을 주문하는 방식이다. 정기발주모형에서는 주문시점마다 필요한 양을 주문하는데, 보통은 목표재고수준 또는 재고보충수준을 미리 정해놓고 주문시점의 재고수준과 목표재고수준과의 차이만큼 주문한다. 따라서 수요변화에 따라 주문량은 매번 달라진다.

정기발주모형에서는 계속적으로 재고수준을 검토할 필요가 없으므로 정기실사시스템(periodic review system)이라고 불린다. 필요한 주문량을 정기적으로 주문하므로 정기모형 또는 P시스템(periodic system)이라고도 한다.

도표 11-12 정기발주모형

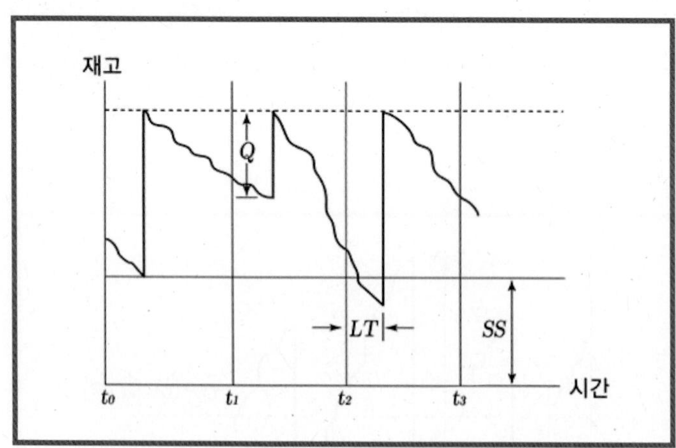

도표 11-13 Q시스템과 P시스템의 비교

구분 \ 시스템	Q시스템	P시스템
개 요	재고가 발주점에 이르면 정량발주	정기적으로 소요량을 발주
발주시기	부정기(발주점)	정기
발 주 량	정량(경제적 발주량)	부정량(기간 중의 소요량)
수요정보	과거의 실적으로 예측	정도가 높은 정보가 필요
안전재고	조달기간 동안의 수요변화에 대비	조달기간 동안과 주문주기 동안의 수요변화에 대비
적용품목	금액 및 중요도가 높지 않으며 수요변동이 작은 B급 품목, C급 품목	금액 및 중요도가 높고, 수요변동이 심한 품목(A급 품목)

3. 더블 빈 시스템(double-bin, two bin)

재고 저장공간을 품목별로 두 칸으로 나누고, 윗칸에는 안전재고를, 아래 칸에는 재주문점에 해당하는 재고를 쌓아둠으로써, 윗칸에 재고가 없으면 재주문점에 이르렀음을 시각적으로 파악하여 재고를 보충하는 시스템이다.

4. 단일기간 재고모형

단일기간 재고모형(single-period model)은 일회성이나 일정기간 동안에만 유효한 제품인 과일, 채소, 생선, 꽃 등과 같은 부패성 물질이나 신문, 잡지와 같은 품목을 말한다. 구운지 오래된 빵은 헐값에 팔아야 하고 기간이 지난 생선은 버려야 하며, 기간이 지난 잡지는 헐값에 헌책 가게에 팔아야 한다. 단일기간 재고모형 분석에는 재고부족비용과 재고과잉비용이 이용된다. 재고부족비용은 고객에 대한 신용의 상실과 판매손실의 기회비용으로 단위당 실현되지 않는 이익을 말한다.

이러한 상품들은 주문이 그 기간 동안 단 1회만 일어난다. 따라서 한 번의 최적 주문량을 어떻게 결정할 것인가가 중요한 문제가 된다. 주문량(생산량)이 수요량보다 적을 때는 품절로 인한 기회손실이 생기고, 반대일 경우에는 잉여재고로 인한 손실이 발생한다. 따라서 적정주문량의 문제가 발생하는데, 단일기간 재고모형에서는 주문이 단 1회만 이루어지기 때문에 주문비용이 크지 않고 재고기간이 짧기 때문에 EOQ 모형에서처럼 주문비용이나 재고유지비가 중요한 문제가 되지 않는다. 재고부족비용(shortage : C_s)과 재고과잉비용(excess : C_e)이 문제가 된다. 재고부족비용과 재고과잉비용의 합이 최소가 되는 주문량 내지 재고수준을 결정하는 것이 이 모형의 목적이다.

$$\text{재고부족비용} = \text{단위당 수익} - \text{단위당 비용}$$

$$\text{품절률} = \frac{\text{재고과잉비}}{\text{재고과잉비} + \text{재고부족비}}$$

$$\text{서비스 수준} = \frac{\text{재고부족비}}{\text{재고부족비} + \text{재고과잉비}}$$

현업 실무를 도와주는 **스토리텔링 생산경영** 사례 연구

■ 일상생활에 ABC 법칙(80 : 20의 법칙)

80 대 20 법칙의 발견은 이탈리아의 경제학자 빌프레도 파레토(Vilfredo Pareto : 1848~ 1932)가 처음 주창한 것으로 19세기 영국의 부와 소득의 유형을 연구하다가 발견한 부의 불균형한 현상으로 전 인구의 20%가 전체 부의 80%를 차지하고 있다는 사실이다. 그런데 어떤 시대, 어떤 나라를 분석해 보아도 이러한 부의 불균형 비율이 유사하게 존재한다. 다른 예로서,

- 20%의 운전자가 전체 교통위반의 80% 정도를 차지하며
- 20%의 범죄자가 80%의 범죄를 저지르고 있고,
- 20%의 조직원이 그 조직의 80%의 일을 수행하고 있으며
- 전체 상품 중 20%의 상품이 80%의 매출액을 차지할 뿐 아니라
- 전체 고객의 20%가 또한 전체 매출액의 80%에 기여하고 있다.
- 운동선수 중 20%가 전체 상금 80%를 싹쓸이한다.
- 전체 국민의 20%가 전체 소득의 80%를 차지한다.
- 전체 책의 20%를 80%의 사람이 읽는다.

기업에 있어서 대개 20%의 핵심제품이 80%의 이익을 가져다준다. 수익성이 좋은 부문은 계속해서 시간을 집중하여 수익성을 높여야 할 것이고 수익성이 낮은 부문은 과감하게 정리해야 할 것이다. 물론 무조건 없애는 것이 능사는 아닐 것이다. 수익성이 낮으면 그 원인을 분석하고 만약 수익성이 낮은 부문이 성장가능성이 높은 것으로 분석된다면 계속 유지해야

할 것이다.

제품의 판매나 마케팅에 있어서도 20:80의 법칙은 적용된다. 삼성카드 등 몇 개 회사의 매출을 분석해 20%의 핵심고객이 80%의 매출을 올려 주고 있다는 사실을 발견하고 20%의 우량고객(로열 고객)에 초점을 맞추어 정책을 펴 나감으로써 큰 성과를 얻은 바 있다. 바로 20%의 단골고객, 우량고객, 무슨 짓을 해서라도 그 20%의 고객은 붙들어 두어야 사업에 성공할 수 있다.

기업의 직원들에게도 20:80의 법칙은 적용된다, 잘 살펴보면 20%의 우수판매사원이 80%의 매출을 올리고 있다는 사실을 알 수 있다. 이 핵심적인 소수가 누구인지를 파악하여 그들의 탁월성을 인정해 주고 인센티브를 주어야 그 조직은 활기가 돌며 더 많은 성과를 낼 것이다.

시스템적인 사고방식으로 생각해 보면 80% 역시 전체에서 중요한 역할을 하고 있다. 20%가 20%일 수 있는 것은 80%가 제 역할을 나름대로 하고 있기 때문이다. 개미 사회에서 이런 걸 볼 수 있다. 같은 일개미 중에서도 열심히 일하는 놈들은 20% 정도밖에 안되는데 이 놈들을 따로 분리하면 그 부지런한 놈들 중에서도 다시 20:80 분파가 생긴다. 이게 하나의 시스템을 이루기 때문이다.

참여율을 극단적으로 100% 가까이 끌어올리는 것만도 좋은 것만은 아니다. 참여율을 100% 올리는 것 자체가 불가능한 것이다. 모범생만 모아 놓으면 그 가운데 날라리 학생이 생겨나고, 날라리들만 모아 놓으면 그 안에서 모범생이 생겨나는 원리도 이와 유사한 것이다. 어쨌거나 이 원리는 참 재미있고도 쓸모가 많다.

즉, 80%는 가난하고, 20%는 부자다?

현명한 사람은 일을 적게 하고 돈을 많이 거둔다. 우둔한 사람은 일을 많이 하고 돈을 적게 거둔다? 소수의 웃기는 정치인이 다수의 정치인을 이끌어 가고 또 이중 20%가 국민을 이끌어 간다! 백화점에 오는 손님 중 20%만 구매하고, 그 구매자의 20% 중 20%만 왕창 산다?

한 사람의 (일반적인) 하루를 보더라도 20/80 법칙이 적용되지 않을까? 그렇게 생각하고 보니 의미 없이 보내는 80%가 어쩌면 굉장히 중요한 것일 거라는 생각이 든다.

우리의 삶에 있어서도 20:80의 법칙은 적용된다.

직장에서 달성한 성과의 80%는 근무시간 중 집중력을 발휘한 20%의 시간에서 이루어진다. 말하자면 나머지 80%의 근무시간은 낭비되고 있는 셈이다. 일을 더 많이 하는 것만이 능사가 아니다. 언제나 무슨 일이든 하고 있어야 한다는 생각은 버려야 한다. 때때로 아무 일도 하지 않으면서 가만히 쉴 필요도 있다.

5. 재고(자재)의 중점관리방식(ABC 분석)

자재에 있어서 관리하고자 하는 대상의 수가 너무 많아서 전부를 똑같이 관리하기가 곤란한 경우에는 중점관리가 채용되기 마련인데 그 중점을 계수적으로 파악하는 유효한 방법이 바로 ABC 분석이다. 자재의 품목별 사용금액을 기준으로 하여 자재를 분류하고, 그 중요도에 따라 적절한 관리방식을 도입하여 자재의 관리효율을 높이는 방안이다. 즉, 자재의 소비금액이 큰 것의 순서로 나열하고, 누계곡선을 작성하고, 상위의 약 10%의 것을 A그룹, 다음의 20%에 해당하는 것을 B그룹, 나머지 70%를 C그룹으로 한다는 것이다.

이와 같은 중요도의 순서로 나누는 것을 **ABC 분석**, 또는 파레토 분석이라고도 한다. 또한 파레토 분석은 품질관리에서는 부적합원인에 대한 중요도의 분석에도 쓰이고 있다.

재고의 유동성 및 재고가 판매되는 속도를 반영하는 성과척도로서 사용되는 것이 **재고회전율**이다. 이러한 재고회전율을 갖고 ABC 분석에서 어떻게 분류하나를 살펴보면, 재고회전율은 일정기간의 총매출액을 평균재고액으로 나눈 것인데, 예를 들면 어느 기업의 총매출액이 1,000만원인데 평균재고액이 100만원이었다면 이 기업의 재고회전율은 10배가 된다.

재고회전율이 높을수록 평균적으로 각 품목이 재고로 머물러 있는 시간이 짧고, 재고가 유동적임을 의미한다. 오늘날 기업들은 재고의 투자를 줄이고 재고회전율을 높이고자 한다.

즉, 재고회전 횟수가 증가함에 따라 재고수준이 감소하는 것이다. 이 경우에 있어서 ABC 자재관리에 비유해 보면 A등급에 비하여 B, C등급으로 갈수록 재고회전율과 이익 공헌도가 떨어진다.

$$\text{재고회전율} = \frac{\text{총매출액}}{\text{평균재고액}}$$

다음 〈도표 11-14〉와 〈도표 11-15〉는 ABC 재고(자재)에 대한 구분비율과 관리방법을 잘 나타내 주고 있다.

도표 11-14 재고(자재)의 ABC 도표

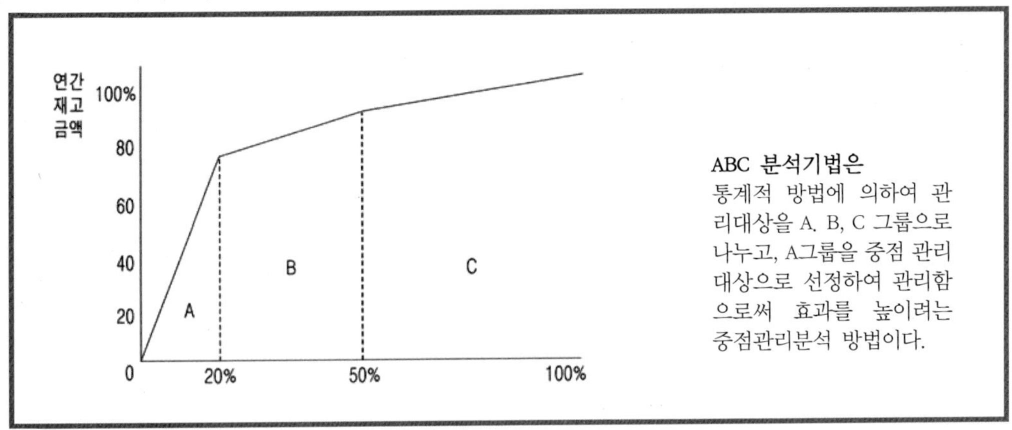
연간 재고 금액
100%
80
60
40
20
0
A
B
C
20%
50%
100%
ABC 분석기법은
통계적 방법에 의하여 관리대상을 A, B, C 그룹으로 나누고, A그룹을 중점 관리 대상으로 선정하여 관리함으로써 효과를 높이려는 중점관리분석 방법이다.

도표 11-15 ABC 분류의 일반적 구분비율 및 관리방법

적용 / 금액	전 품목에 대한 비율	총사용금액에 대한 비율
A	5~10(%)	70~80(%)
B	10~30(%)	15~20(%)
C	60~70(%)	5~10(%)

	품목집단의 특성	관리방법
A급	• 중요품목으로 연간 사용량이 많은 것 • 고가품목으로 연간 사용금액이 큰 것 • 사용빈도가 높고 연간 사용금액이 큰 것	• 정기발주방식 (정기적인 필요량 및 재고량의 검토) • just-in-time 방식 • on-line 방식의 재고측정 • 리드타임의 극소화(재고회전율이 높다)
B급	• 중가품목	• 정량발주정식 • (s, S)방식
C급	• 사용빈도가 극히 낮고 연간 사용금액이 작은 품목	• 안전재고를 충분히 고려한 일괄 구입

MRP

자재소요계획(material requirements planning : MRP)은 주문량과 주문시기를 기초로 하는 전통적인 재고관리기법의 약점을 보완하기 위하여 미국 IBM사의 올릭키(J. Orlicky)에 의하여 개발된 자재 및 재고의 종속수요 관리기법이다.

MRP시스템은 목표생산을 위해 요구되는 종속수요를 적절하게 관리하는 것이다. MRP 시스템의 전체적인 모형은 〈도표 11-16〉에 나타난 바와 같다. 시스템을 원활하게 운영하기 위해서는 도표와 같은 선행정보가 반드시 갖추어져 있어야 한다.

도표 11-16 MRP시스템의 기본 구조

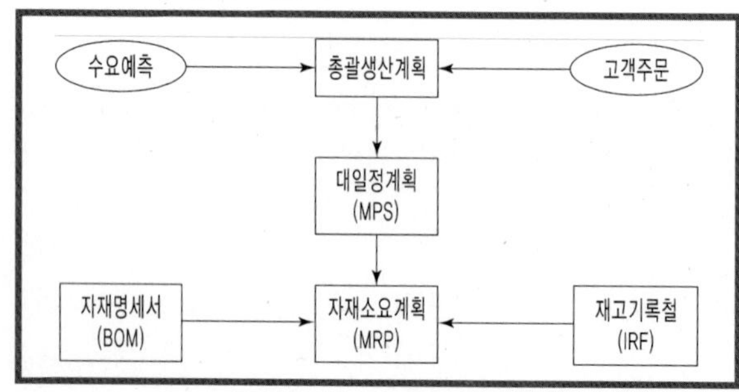

현업 실무를 도와주는 스토리텔링 생산경영 사례 연구

■ 재고 도둑놈은 누구인가. -도둑놈을 잡는 것은 MRP인가 -

미국 소매상은 절도범에 시달리고 있다. 절도가 급증하고 있으며 현재 연간 피해액이 9조원 달러에 달한다. 전문적인 도둑들은 알루미늄박을 입힌 가방에 상품을 넣음으로써 도난방지장치를 무용지물로 만든다. 또는 도난방지표가 없는 상품을 큰 벨트 안에 숨겨서 가지고 나온다. 폐쇄회로 TV 역시 그들의 절도행위를 막을 수 없다. 트로이 목마라 불리는 두 방향 거울이 달려 있는 이동식 기둥 속에 있는 경비원들조차도 절도를 막지 못했다. 이런 최악의 상황을 바꾸기 위해 시카고의 유력한 소매상들은 절도범 체포에 노력하였다. 2년 동안 그들은 교외에 있는 중고 상점에 자금을 대 주었다. 다섯 명의 보안관 대리인들은 옷가게에서 일반 소비자들에게는 가게의 점원으로 행세하면서 뒤에서 훔친 옷의 장물아비 역할을 하였다. 사복형사들은 절도범들이 가게에서 훔친 옷들을 최고의 가격으로 샀다. 그리고 그들은 그 장면(암거래)을 감시용 카메라로 찍는다. 이러한 방법으로 36명을 고소했으며 여러 곳에서 이러한 방법들이 행해질 것으로 예상된다. MRP를 도입하면 이런 일들이 사라질 수 있을 것이다.

1. MRP시스템의 정보

MRP시스템을 위해 수집된 정보는 프로그램에 입력될 수 있는 자료로 바뀌어져야 한다. 대부분의 기업은 상용화된 MRP시스템을 사용하거나, 특수한 목적에 적합한 시스템을 개발하여 사용하고 있다. 어떤 MRP시스템을 사용하든지 MRP를 적용하고자 할 경우에는 다음에 설명되는 세 개의 데이터 파일이 있어야 한다.

1) 대일정계획(MPS)

대일정계획(master production schedule)이란 제품별, 계획기간별, 생산량에 대한 생산계획이다. MRP시스템은 대일정계획을 기초로 각 구성부품의 기간별 소요량을 계산하고 생산 및 주문계획을 수립하기 때문에, 대일정계획(MPS)은 MRP시스템의 주요한 입력자료이다. 대부분의 MRP시스템에서 계획기간은 대일정계획을 더욱 세분해서 주단위로 분석한다.

2) 자재명세서파일(BOM)

자재명세서(bill of materials)란 최종품목을 구성하는 원자재·부품·중간조립품 등의 목록이며, 이들의 조립순서를 나타내주는 가장 핵심적인 기본자료이다. 자재명세서의 구상품들의 나열은 조립순서에 따라 단계적으로 표시된다. 그러므로 자재명세서를 전개한다는 것은 모든 단계를 차례로 내려가면서 각 구성품목의 필요한 소요량과 조달기간을 결정하는 것을 의미한다.

완제품이 하나 이상의 부품으로 완성되어 있다면, 완제품은 개개의 부품에게 상위품목이 된다. 자재명세서는 완제품 1단위를 생산하기 위해 필요한 원자재와 부품 및 중간조립품(subassemblies)의 종류와 수량을 명시한 일람표이다. 따라서 자재명세서는 완제품 1단위가 생산되기 위해서 종속수요재고가 어떻게 결합되는지를 표시하는 구조도이다. 자재명세서파일은 한 제품이 완성되는 과정인 생산의 계층적인 단계를 보여준다. 이러한 정보를 근거로 하여 제품구조가 만들어진다. 제품구조는 생산의 각 단계에서 사용되는 종속수요 재고품목을 도표 또는 그림으로 표현한 것이다.

〈도표 11-17〉에서 이러한 제품구조 도표를 볼 수 있다. 이 도표는 1단위의 완제품과 11개의 서로 다른 부품(A에서 I까지)을 생산의 단계별로 보여준다.

도표 11-17 자재명세서에 의한 제품구조 도표

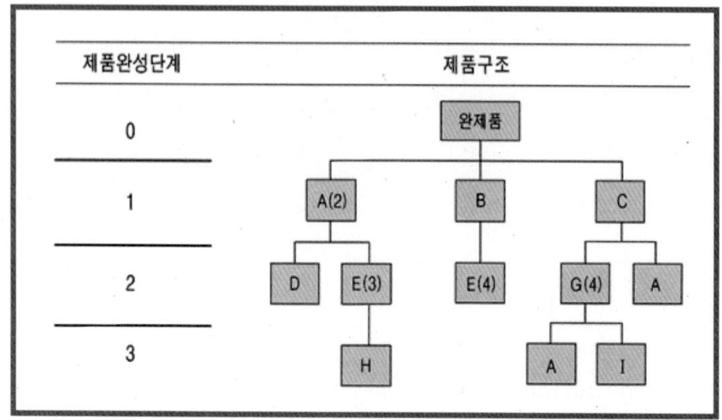

3) 재고기록철(IRF)

재고기록철(inventory records file)이란 계획기간의 초기재고와 계획기간 중의 계획된 발주량을 포함하여 재고와 관련된 모든 정보를 나타내는 재고기록이다. 재고품목번호와 재고명세서 같은 정보도 저장되며, 협력업체의 회사명과 주소, 소요기간, 주문량과 같은 보조적인 정보도 아울러 저장된다. 일반적으로 이러한 정보는 컴퓨터의 데이터베이스에 저장되어 있다.

2. MRP시스템의 장·단점

MRP시스템에 있어서 재고상의 장점은 MRP가 적시에 적량의 적절한 부품을 보유하게 함으로써 재고를 최소화하는 것이다.

단점으로는 자료입력과 파일 보수에는 매우 많은 시간이 필요하며, 종업원에 대한 교육 및 훈련이 요구된다. 전체시스템이 수요예측에 전적으로 의존함으로써 MRP시스템의 결과로 얻어지는 정보의 가치가 문제시될 수 있다. 또한 마이크로 컴퓨터가 소규모 생산시스템에 적용된다 하더라도 실무에서는 MRP시스템을 위해 대형 컴퓨터 시스템을 주로 사용하기 때문에 매우 많은 컴퓨터 비용이 요구된다.

이러한 단점이 있음에도 불구하고 MRP시스템은 많은 기업에서 우수한 경영기법으로 사용되고 있다.

ERP

Enterprise Resource Planning의 약어로서 **전사적 자원관리라고 불리는** ERP는 기업활동을 위해 사용되는 기업 내의 모든 인적, 물적 자원을 효율적으로 관리하여 기업의 경쟁력을 강화시켜주는 역할을 하는 통합정보시스템이다. 기업은 경영활동의 수행을 위해 여러 개의 시스템, 즉 생산, 판매, 인사, 회계, 자금, 원가, 고정자산 등의 운영시스템을 갖고 있는데 ERP는 이처럼 전 부문에 걸쳐 있는 경영자원을 하나의 체계로 통합시스템을 재구축함으로써 생산성을 극대화하려는 대표적인 기업 경영혁신 기법이다. 과거의 경영지원을 위한 각 서브시스템은 해당 분야의 업무를 처리하고 정보를 가공하여 의사결정을 지원하기도 하지만, 별개의 시스템으로 운영되어 정보가 타 부문에 동시에 연결되지 않아 불편과 낭비를 초래하였다. 이러한 문제점을 해결하기 위한 것이 ERP이다. ERP는 어느 한 부문에서 데이터를 입력하면 회사의 전 부문이 동시에 필요에 따라서 정보로 활용할 수 있게 하는 것이다. ERP를 실현하기 위해서 공급되는 소프트웨어를 ERP Package라고 하는데 이 패키지는 데이터를 어느 한 시스템에서 입력을 하면 전체로 자동 연결되어 별도로 인터페이스를 처리해야 할 필요가 없는 통합운영이 가능한 시스템이다.

1. ERP시스템의 발전 단계

ERP는 어느날 갑자기 생긴 개념이 아니라 경영 및 정보기술(IT) 환경의 변화에 따라 자연스럽게 생긴 것이다. ERP는 제조업체의 핵인 생산부문의 효율적인 관리를 위한 시스템인 MRP에서 비롯된다. 1970년도에 등장한 MRP는 기업에서 가장 고민거리 중에 하나인 재고를 줄일 목적으로 한 자재수급관리를 위한 시스템이었다.

1980년도에 출현한 MRP Ⅱ(manufacturing resource planning Ⅱ : 생산자원계획)는 자재뿐만 아니라 생산에 필요한 모든 자원을 효율적으로 관리하기 위한 MRP가 확대된 개념이다. 그러나 MRP, MRP Ⅱ 시스템은 IT자원이 충분히 뒷받침되어 주지 않아 만족할 만한 성과를 거두지 못한 것으로 평가되고 있다.

MRP Ⅱ에서 확장된 개념의 ERP시스템은 인사, 회계, 영업, 경영자 정보 등 경영관점에서 전사적으로 자원의 효율적인 관리가 주목적이 된다.

90년대 들어 글로벌 경쟁체제로 들어서면서 급변하는 경영환경과 특히 컴퓨터 파워가 막강(PC의 급증, 첨단 IT 출현)해지고, 시장구조가 생산자 중심에서 소비자 중심으로 전환되었고, 기업체들은 살아남기 위해서 IT자원을 활용한 첨단의 경영기법을 도입해야 하는 상황에 처하게 되었다. 이와 같은 상황에서 ERP시스템이 발전하게 되었다.

현업 실무를 도와주는 **스토리텔링 생산경영** 사례 연구

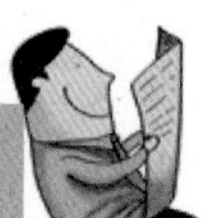

■ 요즘 유행하는 SCM과 CRM은 무엇인가

① SCM(supply chain management)

우리말로 공급망 관리 정도로 이해되고 있다. 또는 줄여서 망 관리라고도 한다. ERP가 기업 내의 전사적인 자원의 효율적 활용을 위한 최적의 시스템이라고 한다면 SCM은 이보다 넓은 개념으로 기업과 기업 간의 자원, 정보, 자금 등을 통합 관리하여 이해관계에 있는 모든 기업들의 최적화를 도모하는 데 주목적이 있다.

예를 들어 살펴보도록 하자. 제조업체의 가장 큰 골칫거리 중 하나인 과다재고의 경우 제조업체, 물품 공급업체, 제품 고객사 등이 서로의 정보를 투명하게 볼 수가 있다면 간단히 문제가 해결될 수 있다. 즉, 물품 공급업체가 제조업체의 생산현황을 거울 보듯 훤히 볼 수가 있다면 적기에 적량을 납품할 수 있어 과다생산으로 인한 과다재고에 대한 문제에 대해 더 이상 걱정을 안 해도 된다. 제조업체 역시 고객사의 내부정보를 자기회사 시스템에서 찾아보듯이 활용할 수 있다면 필요 이상의 생산을 할 필요가 없게 된다. 이와 같이 공급망상에 존재하고 있는 기업군은 서로서로 자기회사의 정보를 투명하게 공개하고 상대회사는 이러한 정보를 기반으로 자재 및 제품의 생산이나 납품계획을 수립하고 재고를 최소화시키게 된다.

따라서 SCM은 물품의 공급자(supplier)에서부터 고객(customer)에 이르기까지 거래와 관련 발생된 정보, 자원, 자금 등의 흐름을 총체적인 관점에서 각 기업 간(chain)의 체인시스템(공급사슬망)으로 통합하고 관리함으로써 효율성을 극대화하는 전략적 기법이라고 할 수 있다.

② CRM(customer relationship management)

고객관리 프로세스를 자동화한 고객관리시스템으로 기존 고객에 대한 정보를 종합적으로 분석해 우수고객을 추출하고 이들에 관한 각종 정보를 바탕으로 1 대 1 집중 관리할 수 있는 장점을 가진, DB마케팅을 한 차원 발전시킨 통합마케팅 솔루션이다.

11장 연 습 문 제

1. 재고관리모델에서 EOQ 공식을 이용하는 데는 많은 가정을 필요로 한다. 틀린 것은?

㉮ 생산율, 수요율이 일정하며 그 값이 알려져 있다.
㉯ Lead Time(조달기간)이 일정하며 그 시간을 알아야 한다.
㉰ 단일제품만을 대상으로 한다.
㉱ 구매량의 대소에 따라서 수량할인이 있다.

2. 평균발주량이 1,000개이고 안전재고가 100개일 때 이 자재의 평균재고량은 얼마인가?

㉮ 1,100개 ㉯ 1,000개
㉰ 900개 ㉱ 600개

3. 어떤 자재에 대해서 구입량 : 200(년/단위), 구입가격 : 20,000(원/단위), 구입준비비 : 20,000(원/회), 재고관리비 : 구입가격의 25*%/년)일 때 경제적 구입횟수는?

㉮ 5회 ㉯ 7회
㉰ 10회 ㉱ 20회

4. 재고관리기법으로서 ABC 관리법을 설명한 것 중 잘못된 것은?

㉮ 금액이 크고 상대적 사용량이 적은 것은 A로 분류한다.
㉯ 금액이 작고 상대적 사용량이 많은 것을 C로 분류한다.
㉰ A품목은 수요변동이 심한 품목
㉱ C품목의 금액비율은 10(%) 정도

5. 단일기간 재고분석에 관한 설명에 해당하는 것은?

㉮ 일정기간이 경과하면 상품의 가치를 잃어버리는 제품의 재고수준을 결정하는 데 유용하다.
㉯ 조달기간이 일정하지 않을 때 재발주점을 결정하는 데 유용하다.
㉰ 품절이 일어났을 때 새로운 재발주점을 결정하는 데 유용하다.
㉱ 연속적인 주문이 일어날 때 회사가 실현할 수 있는 이윤을 산정하는 데 유용하다.

6. MRP에 의한 재고관리의 특징을 나타낸 것은?

㉮ 통계적 기법에 의한 적정주문량의 산출
㉯ 재고의 종속성을 이용한 일정계획의 일부로 이용
㉰ 고정주문기간법에 의한 방식
㉱ 철저한 재고관리에 의한 무재고시스템

7. 다음 중 MRP의 기본요소에 속하지 않는 것은?

㉮ 대생산일정계획 ㉯ 자재명세서
㉰ 재고기록철 ㉱ 계획주문 발주

8. 기업활동을 위해 사용되는 기업 내의 모든 인적 · 물적 자원을 효율적으로 관리하여 기업의 경쟁력을 강화시켜주는 통합정보솔루션을 무엇이라고 하는가?

㉮ MRP ㉯ ERP ㉰ JIT ㉱ ROP

9. 재고관리의 목적은 무엇인가?

10. 재고비용의 3가지는 무엇인가?

11. 서울의 K회사는 장난감 '곰돌이'가 연간 10,000개 팔릴 것을 예상한다. 곰돌이의 연간 재고유지비용이 20원이고, 주문비용은 80원이다. 다음 물음에 답하여라.

① EOQ는?
② 주문횟수는?
③ 주문 사이의 주기는? (1년은 288일로 본다)

12. 서울의 Y회사는 장난감 '호돌이'의 생산을 위해 매년 호돌이모자 50,000개가 필요하다. 이 회사는 호돌이 모자를 자체 생산하는 데 1일 500개의 비율로 생산할 수 있다. 모자 생산을 위한 준비비용은 50원이다. 이 회사는 1년 250일 가동한다. 다음 물음에 답하여라.

① EPQ는?
② EPQ의 생산주기는?
③ 생산기간은?

제 12 장

자주적인 중복소집단 활동을 통한

설비관리와 TPM

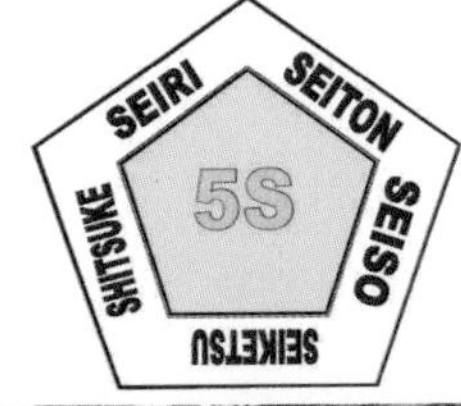

TPM이 구축한 공장. 작업현장의 기본은 5S부터 시작이다. '공장은 5S로 시작되어 5S로 무너진다'

01 설비관리

설비관리란 기업이 사용하는 설비를 기획·조사·설계 단계에서부터 제작·설치·운전 단계를 거쳐 최종적 폐기에 이르기까지 관리하는 일이다.

설비관리를 크게 나누어, 설비의 설치·건설까지를 건설관리라 하고, 운전가동 이후의 관리를 보전관리라고 하는데, 생산경영에서의 설비관리는 보전관리를 지칭한다.

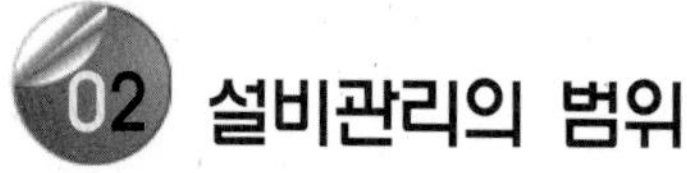

02 설비관리의 범위

'설비관리(plant engineering management)'에는 설비가 생겨나기까지의 단계에서부터 설비의 수명이 끝날 때까지를 대상으로 하는 광의의 설비관리와 설비가 만들어진 후의 단계만을 대상으로 하는 협의의 설비관리의 두 가지가 있다.

우선 광의의 설비관리를 보면 설비의 조사·연구·설계·제작·설치에서부터 운전·보전을 거쳐, 폐기에 이르기까지의 설비를 효과적으로 활용함으로써 기업의 생산성을 높이는 활동을 말한다.

한편 협의의 설비관리는 설비가 만들어진 후의 단계, 즉 설치된 후의 메인터넌스 활동으로서 설비보전관리를 말한다.

1. 설비관리의 일생

설비에도 일생이 있다. 설비조사에서 시작해서 연구·개발·제작·설치 및 운전·보전이라는 기간을 거쳐 폐기로 끝나게 되는 것이다. 설비의 일생을 통해 설비를 효과적으로 활용함으로써 기업의 생산성을 높이는 종합적인 활동이 플랜트 엔지니어링(plant engineering)이다. 플랜트 엔지니어링의 기능 가운데 설비가 생기기까지의 단계를 프로젝트 엔지니어링, 그 이후의 단계를 메인터넌스 엔지니어링이라고 부른다.

프로젝트 엔지니어링(project engineering)은 설비의 신설·증설·합리화 등의 계획에 대해 조사·연구·설계·레이아웃·건설·시운전·스타트 업(start up)에 이르기까지 기술 활동 전체를 종합적으로 조정하여 최적의 기간에 적정한 설비를 완성시키는 기능을 말한다.

메인터넌스 엔지니어링(maintenance engineering)은 보전표준의 설정, 보전교육의 실시, 보전자료의 발간, 고장원인의 분석과 대책 실시, 보전의 효과측정 등을 통해 관리 수준을 높이고 보전의 효과를 높이는 기술활동을 말한다.

그러나 일반적으로 설비관리라고 하면 메인터넌스 엔지니어링을 말하고, 생산경영에서 설비관리라고 하면 주로 메인터넌스 엔지니어링을 말한다.

도표 12-1 설비의 일생

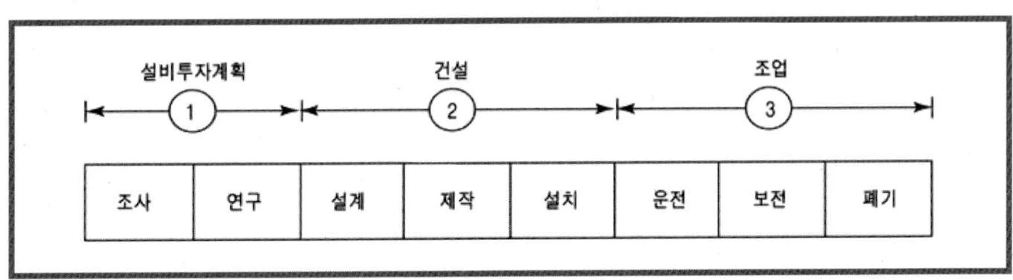

2. 고장률 곡선(bath-tub curve)

설비를 사용하기 시작한 후 고장 발생 상태를 보면 초기고장, 우발고장, 마모고장의 크게 세 시기로 나누어지며 〈도표 12-2〉와 같은 모양이 된다. 모양이 마치 욕조의 단면과 비슷하다고 해서 배스터브 곡선이라고도 부른다.

도표 12-2 고장률 곡선

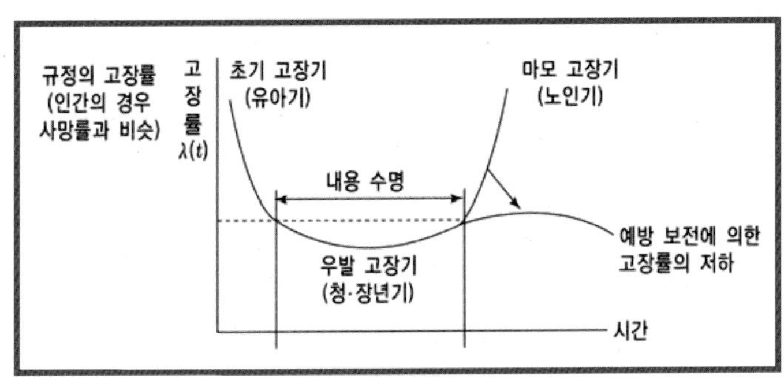

도표 12-3 고장률 곡선에 따른 분석

	초기고장	우발고장	마모고장
원 인	설계·제작 미스	운전·조작 미스	수명
대 책	시운전 검수에 힘씀 초기 유동관리	올바른 조작	예방보전(PM) 개량보전(CM)

3. 설비보전의 발전단계

설비보전의 발전단계에 있어서 초기에는 고장이 난 후에 수리하는 고장보전의 형태에서 점차적으로 예방보전의 형태로 발전되어 가고 있다. 이러한 발전 형태는 고장이 발생하기 전에 수리를 하는 것이 유리한가(예방보전), 고장이 발생한 후에 수리하는 것이 유리한가(사후보전)로 나누어서 분석할 수가 있다.

사후보전은 말 그대로 고장이 발생한 후에 수리하는 것이다. 고장이 발생하지 않는 한 수리를 하지 않는다. 그래서 사후보전을 고장보전(breakdown maintenance)이라고도 한다. 사후보전을 하는 기업에서는 보전활동을 전문적인 보전부서에게 맡기고 있다. 이러한 기업의 보전부서는 고장이 발생하면 고장을 수리하지만, 고장이 발생하지 않으면 설비수리에 관한 일은 하지 않는다. 사후보전은 비용이 너무 많이 소요되기 때문에, 이 방법을 사용하는 기업들은 거의 없다. 사후보전은 일종의 응급처치법이다. 그래서 사후보전을 응급보전(emergency maintenance)이라고도 한다.

예방보전(preventive maintenance)은 사후보전과는 전혀 다른 방법으로서, 기계의 고장을 미리 방지하기 위한 일체의 행위를 말한다. 예방보전은 고장이 날지도 모르는 모든 부문을 미리 점검하여 고장을 사전에 방지하는 것이다. 예방보전이란 기계청소, 기름칠, 검사, 테스트, 중요부품 교체, 또는 전 부품 교체 등을 말한다.

일반적으로 기계에 고장이 발생한 후에 수반되는 비용이 예방비용보다 높다. 그러므로 고장날 부분을 미리 파악하여 고장을 사전에 방지하는 것이 경제적이다. 예방보전을 하기 위해서는 종업원들에게 예방보전에 관한 교육과 훈련을 시켜야 하고, 기계설비유지에 대한 기록을 하고, 정기적인 검사도 실시하여야 한다.

도표 12-4 설비보전의 발전단계

고장보전(BM) - 예방보전(PM) - 개량보전(CM) - [보전예방(MP) - 생산보전(PM)] - 종합생산보전(TPM)

현업 실무를 도와주는 **스토리텔링 생산경영** 사례 연구

■ 또 다른 보전의 종류들

- CBM : 예측보전(고장나기 쉬운 것에 센서를 부착), TBM(정기적인 유지보전)
- 생산보전(PM) : 미국의 GE사에서 1950년 중반부터 제창한 설비의 일생을 통한 설비 자체의 취득원가와 운전유지비 등에 소요되는 일체의 비용과 설비의 열화 손실을 최소화하여 생산성을 높이는 보전활동이다.
- 일상보전 : 오퍼레이터, 즉 설비사용자가 기계에 기름을 치거나 점검, 청소, 죄기 등의 조처를 취하는 것이 일상보전이다. 'PM의 첫걸음은 일상보전으로부터'라고 일컬으며, 작업 중에 기계가 고장나지 않게 하기 위한 중요작업이다. 여기에 사용되는 문서가 일상점검시트(표)이다.
- 윤활보전(관리) : 기계의 회전부나 섭동부의 마찰부분에 기계유나 그리스 등을 급유하여, 기계의 마찰과 마모를 줄여 고장을 막고, 정밀도 유지나 수명연장, 운전 에너지 감소 등을 도모하는 것을 윤활관리라고 한다.
- 보전작업 : 보전작업에 있어서 표준의 설정을 보전작업이라고 하나 보전작업은 종류도 많고, 반복되는 것이 아니기 때문에 작업표준을 정하는 것은 어렵다. 그러나 생산의 기계화, 자동화가 진행됨에 따라 보전작업의 표준도 점차적으로 표준화하려고 시도하고 있다. 여기에서 대표적인 것이 MTM을 개발한 Maynard의 UMS(universal maintenance standards)이다.

4. 설비의 6대 로스

설비를 관리하는 데에는 항상 다음과 같은 6대 로스가 발생한다. 설비관리란 결국 이러한 6대 로스를 미연에 방지하여 고장이 없고 생산성이 높은 설비를 만드는 일이다. 설비관리란 〈도표 12-5〉에 표시한 6대 로스를 어떻게 체계적으로 없애 나가느냐 하는 것이다.

도표 12-5 설비의 6대 로스

구 분	6대 로스	내 용
정지로스	고장로스(제로화)	돌발적, 만성적으로 발생되고 있는 고장정지에 수반하는 시간적인 로스
	작업준비, 교체조정로스(극소화)	작업준비, 기종대체 중에 발생하는 시간적인 로스. 생산을 정지하고 나서 다음 품종으로 대체, 최초의 양품이 생산되기까지의 정지시간
속도로스	공전, 순간(잠깐)정지로스(제로화)	일시적인 트러블에 의한 설비의 정지 또는 공전에 의한 로스. 본래의 정지로스의 구분에 해당하지만 시간의 정량화가 곤란한 경우가 많기 때문에 로스로서 포착한다.
	속도저하로스(제로화)	이론 사이클타임과 실제 사이클타임과의 차를 로스로써 포착한다.
부적합로스	부적합재가공로스(제로화)	공정 중에 부적합이 되는 물량적 로스
	초기유동관리 수율로스(극소화)	초기 생산 시에 발생되는 로스(작업 시작 시나 품종 교체 시 작업준비 후에 발생하는 로스)

5. 설비종합효율

설비의 관리지표로서 설비종합효율이라는 것이 있다. 이것으로 설비의 6대 로스의 정량화가 가능하고 이 효율을 좋게 해 나가는 것은 6대 로스를 줄여 나감을 의미한다.

설비종합효율 = 시간가동률 × 성능가동률 × 양품률

도표 12-6 총체적 설비종합효율표

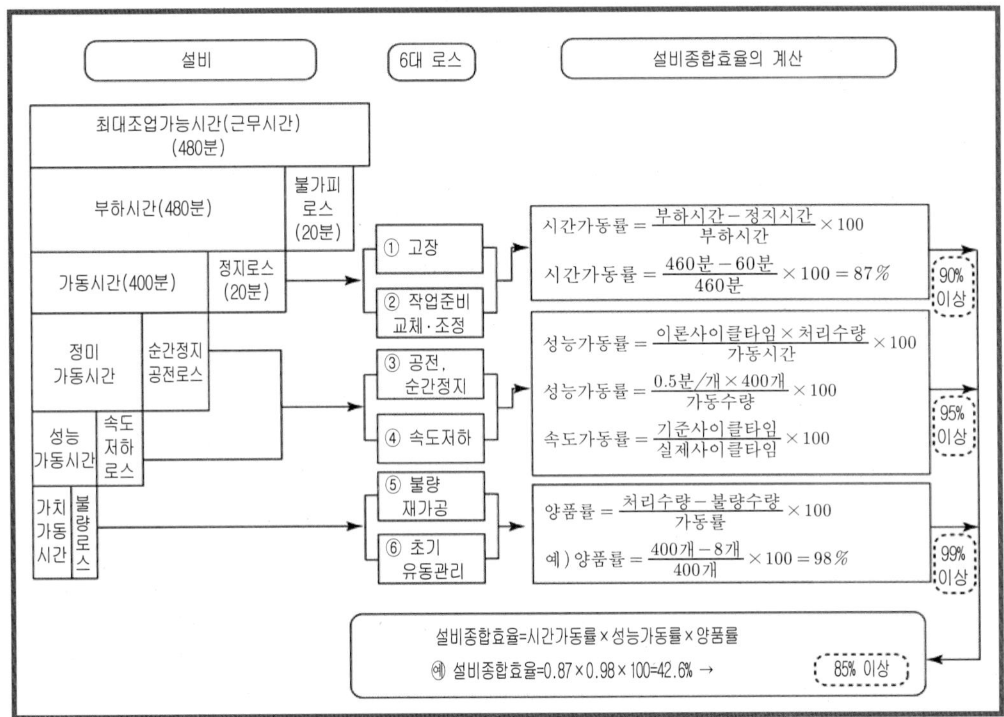

6. 설비고장의 5대 중점항목

설비 트러블 중 가장 대표적인 '고장'을 어떻게 줄일 것인가에 대해서 알아보도록 하겠다. 고장 대책에는 5가지 중요 항목이 있어 첫 번째부터 순서대로 체크해 나가는 것이 좋다. 이 다섯 가지를 순서대로 시행하면 대부분의 경우 고장을 없앨 수 있게 된다.

1) 기본조건의 정비

설비의 기본조건이란 '닦고, 조이고, 기름치다'이다. 기계가 고장이 나서 잘 돌아가지 않을 때, 그 원인이 어디에 있는지 잘 모를 때에는 무조건 그 기계에 대해서 '닦고, 조이고, 기름치다'를 실시해 보는 것이다. 대부분의 경우 이것만으로 문제가 해결되는 경우가 많다. 또 해결이 안 되더라도 그 해결의 실마리를 구할 수 있게 되는 경우가 많다. 깨끗이 청소하는 과정에서 심하게 마모된 부위를 발견한다든지, 기름이 부족하여 잘 움직이지 않는 베어링을 발견하기도 하고, 심한 진동에 의한 볼트의 풀림에서 일어나고 있음을 발견하기도 한다.

2) 사용조건의 준수

첫째 많은 경우 새로 채용된 작업자를 제대로 교육을 시키지도 않고 그 기계의 정확한 사용법을 모르는 체 대충 가르쳐 기계운전을 시키는 경우가 있고, 둘째 생산량을 독려하다 보니 과부하로 운전한다. 과부하 방지장치가 있는 경우 귀찮으니까 이것의 동작을 막아 놓고 사용하는 것을 본다. 이렇게 사용하면 기계에 무리가 가서 고장을 일으키는 것은 자명한 일이다. 따라서 사용설명서를 잘 읽어보고 사용조건을 준수하도록 해야 한다.

3) 열화의 복원

복원이란 설비의 성능을 열화되기 전의 본 상태로 되돌리는 것을 말한다. 열화는 우선 복원을 해야 하며, 개조나 개선은 그 후에 이루어져야 한다.

4) 약점 대책

지금까지는 사용상의 문제로 인한 고장을 살펴보았지만 약점의 대책부터는 원천적인 기계 자체의 약점으로 인한 고장에 관한 개선이다. 이를 위해선 기계의 구조, 재질, 정밀도 등을 체크할 수 있는 능력을 키워야 한다.

5) 인적 미스방지

마지막으로 운전자의 인간적인 미스에 의한 고장을 들 수 있다. 인간이란 깜박하여 잊어버리는 일도 있고 또 베테랑의 경우 과거 자기가 하던 방식을 고집하여 새로운 방식에 대한 적응을 고의로 거부하는 경우도 있다.

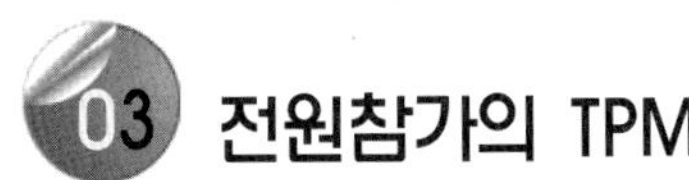

03 전원참가의 TPM

로봇이 로봇을 만드는 시대, 무인 공장에서 24시간 쉬지 않고 생산설비가 가동되는 기업. 이러한 것들은 공상과학의 세계가 아니라 이미 현실의 이야기가 되고 있다. 로봇화나 무인화가 발전되면 더 이상 인간이 필요 없게 될 것으로 생각할 수 있지만 실제는 그렇게 되진 않을 것이다. 특히 설비의 메인터넌스(보전)는 인간의 손이 아직까지 중요한 요소이다.

설비관리에 있어서 가장 필요한 것은 고도로 자동화된 설비를 가장 효율적으로 쓰기 위한 메인터넌스 체제의 구축이다. 이것이 바로 최고경영자에서부터 제일선 사원에 이르기까지, 그리고 기업의 모든 부문이 전원 참가하는 '**TPM(total productive maintenance : 전원참가의 생산보전)**' 체제의 구축이다. 이러한 TPM의 근본 생각은 작업자 중심의 접근법부터 출발한다.

현업 실무를 도와주는 스토리텔링 생산경영 사례 연구

■ TPM 성공사례(일본 닛산 자동차)

TPM은 생산부문 경영혁신 운동으로서 불황기에 특히 빛을 발한다. 설비의 체질변화와 사람의 체질변화를 통해 기업체질을 변화시킬 수 있는 기회이기 때문이다.

일본 닛산자동차 토찌기 공장의 TPM 성공사례는 눈여겨 볼 만하다. 이 공장은 1984년 6월 TPM을 도입해서 6년 만에 일본 플랜트 메인터넌스 협회로부터 PM상을 받았고 그 후 2년 뒤에는 이 협회로부터 PM특별상을 받는 등 일본 TPM 활동의 대표적 성공사례로 꼽힌다.

닛산자동차는 1933년 외국차에 대항하기 위해 만든 일본 최초의 자동차 회사로서 현재는 주력인 자동차 부문 외에도 산업기계, 해양(선박, 선박용 엔진), 우주항공, 섬유기계 등을 생산하는 세계적 기업이다.

이 회사 토찌기 공장은 6번째 건설된 닛산 최대 공장이며 종업원은 7천 6백 명에 이른다. 토찌기 공장이 TPM을 도입하게 된 이유는 양적 성장에 길들여진 기업체질 때문이었다.

닛산 자동차는 순조롭게 성장해 온 자동차산업이 80년대 들어서면서 보호무역주의 등장과 함께 수출이 둔화됐으며 국내시장도 성숙단계에 들어가 판매가 부진해지기 시작했다.

고도 성장기에 증산만을 해왔던 이 공장은 불황기에 접어들자 보이지 않았던 문제점들이 드러나기 시작했다. 직장이 더럽고 설비고장이 잦으며 품질부적합이 만성화되어 있으며 새로운 설비를 충분히 활용하지 못하고 있었다.

이 공장은 즉각 「공장의 체질개선과 활기찬 직장 만들기」를 목표로 TPM을 도입 추진했는데 88년까지 4년 동안의 활동을 TPM 파트1이라고 불렀다.

TPM 파트1의 목표는 종업원의 사기앙양과 작업장의 약점을 극복하는 것이었기 때문에 TPM의 기본방침을 정할 필요가 있었다. 첫째 6대 로스를 철저하게 배제, 설비효율을 올리고 품질의 향상을 도모하며, 둘째 설비에 강한 인재를 키우고 활력 있는 직장을 만들며 업무 속에서 문제를 발견하고 해결하는 방법을 익히며, 셋째 자신의 업무범위를 넓히고 변화에 대응할 수 있는 체질을 만든다는 것이었다.

그러나 이 활동이 순조롭게 진행되지만은 않았다. 종업원들의 의식을 혁신하기 위해 많은 노력과 비용을 들여야 했다.

"청소한다고 돈이 벌리나? 그 시간에 생산을 하는 게 훨씬 낫겠다."라고 불평하면서 움직이지 않는 관리자도 많았다. 파트1에서 기본에 충실한 활동으로 고장 부적합의 감축과 인재 만들기에 큰 성과를 거두게 됐다.

이어 89년부터 91년까지 3년간 「최강의 인재 만들기, 최고의 품질 만들기」라는 슬로건으로 「효율적인 생산시스템 만들기」를 목표로 하는 TPM 파트2에 착수했다.

파트2의 실천운동은 「베스트 컨디션 만들기」이다. 즉, 라인부문의 베스트 컨디션 만들기, 스태프부문의 베스트 컨디션 만들기, 작업환경부문의 베스트 컨디션 만들기 등으로 구성했다.

이 같은 TPM 파트1과 파트2를 합친 총 7년간의 TPM 활동의 결과 토찌기 공장은 문제해결능력과 뛰어난 기능기술을 익혀 환경변화에 강한 체질을 만들었다.

하지만 토찌기 공장이 TPM 활동을 추진하면서 힘들었던 점도 많았다. 먼저 활동시간의 확보이다. 해야 할 일은 많아 시간이 한정될 수밖에 없기 때문이다.

TPM 활동은 초창기에는 스태프 주도가 아니라 라인 주도로 해야 한다. 이것은 라인의 참가자가 TPM 활동에 수동적인 느낌을 배제하기 위해서다. 라인이 능동적으로 참여해야 성공할 수 있다. 초창기에 스태프는 라인을 지원하도록 한다. 결국 닛산은 TPM으로 인한 기업 체질 개선을 통하여 기업의 본래 목적인 이윤추구를 달성할 수 있었다.

이와 같이 기업체질을 변화시키자는 기업혁신운동이 TPM이기 때문에 TPM은 경영혁신의 본산이라고 할 수 있는 미국으로 역수입되어 포드자동차, 코닥 등 많은 기업들이 실시하고 있는 것이다. 그 밖에도 스웨덴 볼보 등 유럽을 포함, 전 세계 23개국에서 활발히 시행되고 있다.

1. TPM의 발전단계

1950~60년에 걸쳐 미국에서 도입한 PM(예방보전 또는 생산보전)을 바탕으로 일본기업이 일본에 맞게 만든 것이 TPM이다(1971년 일본의 자동차 부품업체 닌폰덴소). 그 후로 70년대부터 80년대에 걸쳐 TPM은 획기적인 성과가 인정되어 정착되었다.

TPM은 '전원참가의 PM(생산보전)'의 약칭으로 미국식 PM을 일본식 PM으로 고쳐서 소집단활동을 기초로 최고경영자로부터 현장작업자에 이르기까지 모든 계층, 모든 부문이 전원 참가하여 PM을 추진하는 것이다. 작업자 주체가 되어 본인 설비는 본인 스스로 관리하고, 설비전문가인 보전맨을 설비의 기술적인 면을 관리하는 것을 기본으로 하고 있다. 이러한 TPM은 다음과 같은 단계로 발전되어 오고 있다.

예방보전 → 생산보전 → 전원참가 생산보전(TPM)

도표 12-7 TPM과 PM의 차이점

일본식-TPM		미국식-PM	
1. TPM은 생산시스템 효율화를 위해 종합적인 극한 추구를 목표로 한다.		1. 설비전문가 중심의 PM이기 때문에 종합적인 효율에 의한 극한 추구가 되지 못하고 있다.	
2. 일상 보전업무는 오퍼레이터, 설비검사 수리는 전문보전에서 하도록 한다.		2. 오퍼레이터는 생산만 담당하고, 보전업무는 보전 담당자가 한다.	
TPM	전원참가 소집단 활동	PM	소집단 활동 없음

도표 12-8 TPM, 생산보전, 예방보전의 관계

특 성	TPM	생산보전	예방보전
① 경제성의 추구	○	○	○
② 토털 시스템	○	○	
③ 운전자의 자주보전	○		

TPM = 생산보전 + 작업자(오퍼레이터)의 자주보전

현업 실무를 도와주는 **스토리텔링 생산경영** 사례 연구

■ TPM은 무엇을 모방한 것인가? – 모방의 귀재 일본인

이러한 TPM은 영국의 테로 테크놀로지(terotechnology)와 미국의 로지스틱스(logistics)의 개념과 흡사하고 GE의 생산보전(PM)에 있어서는 작업자의 자주보전이 추가된 것이다.

- 테로 테크놀로지(terotechnology) : 영국에서 창안된 테로 테크놀로지는 설비의 「경제적인 라이프사이클 코스트를 추구하기 위하여 고정자산(기계장치 및 설비)에 응용되는 관리, 재무, 기술 및 기타 수단의 집합」
- 로지스틱스(logistics) : 미국 국무성에서 창안된 로지스틱스는 목표, 계획 그리고 운영을 지원하기 위해서 자원을 요구분석하고 설계하며, 공급하고 보전하는 것과 관련된 관리기술이다. 이는 개념적으로 제품의 라이프사이클에 관련된 지원을 의미한다.
- 생산보전(PM) : GE사에서 1950년 중반부터 제창한 설비의 일생을 통한 설비 자체의 취득원가와 운전유지비 등에 소요되는 비용을 최소화시키는 동시에 설비의 열화손실도 최소화하여 생산성을 높이는 설비의 보전활동이다.

2. TPM의 정의

미국의 예방보전 활동이 PM으로 발전하였고, 이러한 PM이 오퍼레이터 자주보전과 합쳐서 TPM이 되었다. 즉, 전원참가의 PM을 TPM(total productivity maintenance)이라고 하고 이에 대한 정의는 다음과 같다.

① 극한 추구(종합적 효율화)를 하는 기업체질을 목표로, ② 보전예방, 예방보전, 개량보전 등 설비의 라이프사이클 전체를 대상으로 재해제로, 불량제로, 고장제로 등 모든 LOSS를 미연에 방지하는 현장을 구축하고, ③ 설비담당자를 포함한 최고경영자로부터 현장작업자에 이르기까지 전원이 참가하여, ④ 자주적인 소집단활동으로 PM을 추진하는 것을 TPM이라고 한다.

3. TPM의 5대 활동

TPM의 이념은 오퍼레이터의 자주보전 및 중복소집단 조직을 통해서 설비를 본래의 바람직한 모습으로 만들고 나아가서 자동화, 무인화를 추구한다. 또한 PM, CM, MP를

통해서 재해제로, 고장제로, 부적합의 제로에 도전하여 돈을 버는 기업체질을 조성해야 한다. 이를 위해서 다음에 시작되는 TPM의 주요 5대 활동을 이해해야 한다.

1) 설비의 6대 로스 개선

설비의 효율화를 저해하는 여섯 가지 요인으로는 다음과 같은 것이 있다.

① 고장 로스(제로화)

② 작업준비·교체·조정 로스(극소화)

③ 공전·순간 정지 로스(제로화)

④ 속도저하 로스(제로화)

⑤ 부적합·재가공 로스(제로화)

⑥ 초기유동(수율) 로스(극소화)

TPM에서는 이러한 로스를 철저히 개선함으로써 설비의 효율화를 추구해 간다. 이러한 로스를 개선하는 활동을 '**개별 개선활동**'이라고 한다.

2) 오퍼레이터의 자주보전 활동

보전부문만으로는 보전활동의 성과를 충분히 올릴 수 없다. 왜냐하면 항상 기계설비를 다루고 있는 오퍼레이터들이 기계상태를 가장 잘 알 수 있기 때문이다.

기계의 진동이나 이상음·발열 등은 오퍼레이터 자신이 누구보다도 잘 알 수 있으므로 이것에 대한 체크를 스스로 철저히 하고, 또 미진한 부분은 교육을 받아서 급유·텃죄기 등 그 밖의 간단한 기계 수리도 할 수 있어야 한다.

이러한 활동을 '자주보전 활동'이라고 하며 TPM 중에서도 가장 중요한 활동이다. 그러므로 자주보전 활동은 제조부문이 담당해야 한다.

3) 보전부문을 실시하는 계획보전

자주보전과 함께 중요한 활동은 보전부문을 전문적으로 실시하는 '계획보전'이다. 이는 보전관리 시스템을 만들고 고도의 기술을 구사함으로써 설비를 최상의 상태로 관리하려는 것이다. 계획보전도 제조부문이 담당한다.

4) 오퍼레이터·보전맨의 교육·훈련

TPM을 전개하는 데 기초가 되는 것이 '설비에 강한 인재'를 만드는 일이다. 오퍼레이터가 자주보전을 하기 위해서는 설비의 구조나 기능에 관한 지식과 어느 정도의 보전기술이 필요하다. 그리고 보전맨은 전문적인 보전을 하기 위해서도 새로운 기술을 익혀야 한다. 이와 같이 고도로 자동화된 설비가 현장으로 점점 보급되는 현실 속에서 '교육·훈련'의 중요성은 날로 커지고 있다. 그러므로 교육·훈련은 보전부문이 중심이 된다고 할 수 있다.

5) 보전예방과 초기유동(수율)관리

과거의 보전정보를 설계에 피드백함으로써 신뢰성이 높고 보전하기 쉬운 설비, 이른바 고성능의 설비를 개발·설계할 수 있도록 하는 것이 보전예방(MP)이다. 또 아무리 성능 좋은 설비를 사용해도 가동을 하게 되면 여러 가지 문제점이 발생하게 된다. 그것을 가능한 한 빨리 안정적으로 가동시키는 것도 중요한 활동이다. 이 활동을 '초기유동(수율)관리'라고 한다. 이것은 개발설계부문과 보전부문이 담당한다.

4. 자주보전

자주보전이란 제조부문을 중심으로 하여 전원 참여의 소집단활동을 기본으로 전개하는 작업자의 보전활동을 말한다. 오퍼레이터가 일상보전으로 '자신의 설비는 자신이 지킨다.' 기본 모토를 항상 갖고 있어야 한다. 즉, 자주보전을 확실히 하기 위해서는 한 사람 한 사람이 설비의 구조기능을 잘 알고 일상보전기능을 잘 습득하여 '자주보전을 할 수 있는 사람'으로 성장해야 한다.

이러한 자주보전을 할 수 있는 사람으로 되기 위해선 기초적으로 다음의 활동을 할 수 있는 능력을 키워야 한다.

① **열화를 방지하는 활동능력** : 올바른 조작이나 준비, 교체, 조정, 청소, 급유, 덧죄기 등과 같은 정비를 한다.

② **열화를 측정하는 활동능력** : 사용조건의 체크나 설비의 일상·정기점검 등으로 원인계의 이상을 조기에 발견한다.

③ **열화를 복원하는 활동능력** : 간단한 정비나 이상의 처치, 연락을 한다.

1) 자주보전 스태프 방식의 추진

① 설비에 관계되는 모든 사람이 실시해야 한다.

설비의 결함을 발견하는 일은 일부 사람만 하면 되는 것이 아니다. 설비에 관련된 모든 사람이 실시함으로써 효과를 올릴 수 있는 것이다.

② 소집단활동으로 추진한다.

전원참가로 자주보전 활동을 하려면 7~8명 단위로 하는 것이 적당하다. 직제조직에서 조·반·그룹 등 7~8명을 하나의 소집단으로 편성하는 것이 효과적이다.

TPM의 소집단은 한 서클의 리더가 상위서클의 구성원으로 되는 '중복소집단 조직'이 그 특징이다. 인원수가 너무 많으면 조직 내에 무관심한 사람들이 나오고, 너무 적어도 소집단 전체로서 효과가 떨어지기 때문이다.

2) 자주보전은 7스텝으로 전개한다.

오퍼레이터가 일상의 보전활동으로 자기설비를 자기 스스로 지킬 수 있으려면, 한 사람 한 사람이 설비의 구조나 기능을 잘 알고, 일상보전의 기능을 잘 배워야만 한다.

이러한 자주보전에는 다음과 같은 스텝의 방법이 있다.

① **제1스텝(초기 청소)** : 청소를 함으로써 설비 곳곳에 숨어 있는 결함을 찾아내고 가능한 한 스스로 고치는 설비에 대한 애착심을 갖게 한다.

② **제2스텝(발생원·곤란 개소대책)** : 설비가 더러워지는 것을 원칙적으로 막는 것. 청소·급유, 점검 등을 하기 쉽도록 개선하는 것이 목적이다.

③ **제3스텝(청소·급유 기준의 작성)** : 지켜야 할 항목을 정리하는 것이다. 지켜야 할 사항을 본인 스스로 결정하고 각 항목에 대해 준수 여부를 점검한다.

④ **제4스텝(총점검)** : 설비가 고유의 기능을 충분히 발휘할 수 있게 하려면, 관계자는 설비의 구조를 잘 알아야 한다. 총점검에서는 기초적인 사항을 학습하고 기초적인 기능을 익힌 다음, 실제로 설비를 점검한다.

⑤ **제5스텝(자주점검)** : 제3스텝에서 작성한 기준서에 제4스텝에서 배운 사항을 활용하여 체계화하는 단계다. 꼭 지켜야 할 사항의 누락이나, 보전부문과의 역할 분담을 확인하고 나아가 보다 잘 지키기 쉽도록 개선한다.

⑥ **제6스텝(정리·정돈)** : 직장에 있는 여러 가지 사물의 정리·정돈을 비롯하여, 각자 지켜야 할 사물의 정리·정돈, 설비정밀도 등 점검항목의 정리·정돈을 한다.

⑦ **제7스텝(자주관리의 철저)** : 제1~6스텝까지가 자주보전을 할 수 있는 사람으로 성장시키는 단계라면, 제7스텝에서는 자주적인 소집단활동을 통해 자주보전을 전개한다.

자주보전 전개의 7스텝 방식은 6스텝까지가 직제제도에 의한 '자주보전 가능자'로 성장하는 것으로서, 설비의 5요소(정리, 정돈, 청소, 청결, 습관화)도 포함되어 있다. 그러므로 7스텝부터가 명실공히 자주적인 소집단활동에 의한 자주보전 전개가 된다.

3) 자주보전은 업무의 일부

자주보전 활동을 통해 원인계의 이상을 발견하고 손실을 미연에 방지함으로써 설비를 완벽한 상태로 유지하는 일은 일상업무 속에서 수행해야 하는 것들이다. 자주보전은 설비의 일상보전 및 개선활동을 통해 회사의 목표를 달성하고 이익을 확보하기 위한 활동이므로 당연히 업무의 일부일 수밖에 없다.

5. 자주보전에 있어서 5요소(5S)

5S는 정리(seiri), 정돈(seiton), 청소(seiso), 청결(seiketsu), 습관(shitsuke)의 5단계로 되어 있으며, 각각 일본어의 S자로 시작한다고 하여 5S라고 부르며 이것은 공장관리에 기초가 되는 눈으로 보는 관리의 기본이 되며 작업자의 자주보전에도 기본이 된다.

공장은 "5S로 시작되어, 5S부터 무너진다."라는 말이 있듯이 5S는 안전뿐만 아니라, 일 그 자체의 기본이자 출발점이다. 특히 눈으로 보이는 관리에서 일하기 쉬운 직장을 만들기 위해서, 조직적인 5S 운동을 전개해서 5S를 강력하게 추진해야 TPM의 기초를 확립할 수 있다.

도표 12-9 5S와 5S의 추진순서

정리란	필요한 것과 불필요한 것으로 나누어, 필요없는 것은 즉각 처분하는 것	→	"버리는 것"
정돈이란	필요한 것을 사용하기 쉽도록, 정해진 곳에 누구라도 알 수 있도록 정확히 명시하는 것	→	누구라도 한 눈에 물건의 적치방법을 알 수 있다.
청소란	깨끗하게 청소하는 것	→	일상청소 중에서 "기계설비의 점검"을 넣는다.
청결이란	정리·정돈·청소가 되어진 상태를 유지하는 것	→	"더럽지 않다, 더럽히지 않는다." 시스템을 만든다.
① 5S 추진체제 확립 → ② 5S 추진계획 입안 → ③ 5S 활동선언 → ④ 사내 계몽 및 교육 → ⑤ 5S 현장실시(정리, 정돈, 청소, 청결) → ⑥ 습관화 → ⑦ 5S 평가 및 유지			

현업 실무를 도와주는 스토리텔링 생산경영 사례 연구

■ 5S란 무엇인가

정리, 정돈, 청소, 청결, 습관화를 현장관리의 기본으로서 5S라고 한다. 종래에는 5S가 작업환경을 중심으로 한 말이었으나, 현재는 생산설비를 중심으로 한 '설비 5S'가 되었다.

Seiri(정리) : 당장 쓸 것이 아니면 모두 치워라. 불필요한 재공품, 불필요한 유휴설비, 사용하지 않는 각종 계기, 자재, 쓰레기 등 불필요한 것들을 현장에서 깨끗이 치워 정돈된 작업환경을 유지한다.

Seiton(정돈) : 작업장 안의 모든 공구와 물자에 대해 놓여 있어야 할 위치를 결정하고 항상 제자리에 되돌려 놓도록 함으로써 언제나 지체하지 않고도 찾아 쓸 수 있도록 한다. 작업자 스스로가 모든 것의 상세한 위치와 레이아웃을 결정하도록 하고 자신의 일과 작업장에 100% 책임을 지도록 한다.

Seiso(청소) : 작업장 자체의 청소는 물론 기계설비·공구의 청소와 정비를 게을리 해서는 안 된다. 자신이 쓰는 기계를 닦고 조이고 기름칠하여 항상 좋은 상태를 유지함으로써 기계고장의 징후도 쉽게 발견할 수 있다.

Seiketsu(청결) : 앞의 세 가지를 항상 지킴으로써 작업환경을 언제나 청결하게 유지한다.

Shitsuke(규율 또는 습관화) : 모든 사람들이 이러한 규칙을 이해하고 지키며 또한 어떤 방법으로든지 이 운동에 적극적으로 참여한다(정리·정돈·청소를 생활화하는 일).

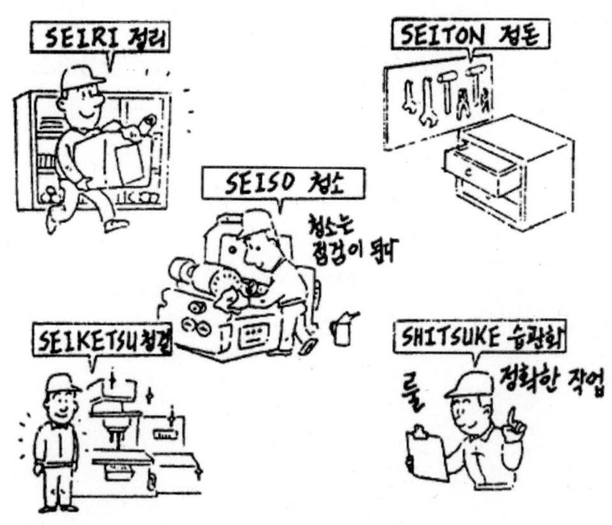

현업 실무를 도와주는 **스토리텔링 생산경영** 사례 연구

■ 5S를 왜 할까?

• 청소를 강조하는 이유

청소란 생활 중에서 가장 기초적이며 기본적인 것이다. 이러한 것을 소홀히 하고 제대로 하지 못하는 사람은 제대로 된 경영도 할 수 없을지도 모른다. 청소하는 사람을 깔보는 사람, 그런 일을 하는 사람의 중요성을 알지 못하는 사람은 리더가 될 자격이 없다. 그렇게 함으로써 마치 자기는 무엇인가 특별한 인물인 것처럼 생각하는 오만함은 어리석은 것이다. 청소라는 것은 사실은 간단한 것이다. 그러나 그 간단한 것이 여간해서 잘 안 된다. 정치도 경제도 세상일의 다른 것도 어려운 것만이 쌓여 있는 것은 아니다. 대단히 간단한 것, 평범한 것이 모이고 쌓인 것이다. 따라서 기본적인 것이나 기초적인 것을 성실하게 잘 쌓아 나가면 대부분의 것은 잘 되게 마련이다. 극단적으로 어려운 것은 어쩌다가 우연히 일어날 정도다. 따라서 평범한 것을 성실하게 꾸준히 해나가면 99%는 잘 되어간다. 이런 의미에서 '청소'는 기초적인 것, 기본적인 것의 전형적인 것이며, 상징적인 것이다. 청소를 잘 할 수 있게 되면 정치도 경영도 잘 할 수 있게 된다. 세상을 변화시키는 데 무엇인가 큰 것만 하려고 할 필요는 없다. 아주 작은 것이라도 좋으니 철저하게 하면 된다. 그렇게 하면 반드시 무엇인가 변화해 간다.

• 청소를 잘 하면 회사는 돈을 벌 수 있는가?

경영도 청소도 그런 단순한 것은 아니다. 만약 그렇다면 물건을 만들지 말고 밤낮으로 청소만 하고 있으면 된다는 말이다. 품질이 높은 제품, 저렴한 가격, 세밀한 판매활동과 같은 기본이 잘 되어 있지 않으면 아무리 청소를 잘 해도 회사는 넘어간다. 가장 중요한 것은 청소를 소중하게 여기는 마음이 기술, 품질, 비용, 판매활동으로 연결되어 간다는 것이다. 청소 같은 기본을 소홀히 취급하는 회사 또는 사람에게는 그런 기본이 소홀히 될 수밖에 없다는 것이다. 더러운 공장에서는 더러운 제품밖에 생산되지 못한다.

• 의식교육이 사람의 생각을 바꿀 수 있는가?

인간이란 이치를 알면 움직인다는 것은 "거짓말"이다. 왜냐하면 하기 싫은 것은 안 해도 되는 이치를 열심히 찾아내기 때문이다. "열심히 청소하는 것은 Entropy의 법칙에 위배된다."는 따위다. 결국은 본인이 진심으로 납득하지 않으면 안 된다. 납득은 손쉬운 작은 일부터 실천하는 데서 시작하여 본인에게 이롭다는 효과를 본인이 직접 확인할 수 있을 때 이루어진다. 따라서 의식교육도 좋지만 '작은 일부터의 실천'이 사람 생각을 바꾸는 지름길이다.

• 5S를 하는 회사는 다 잘되는가?

5S 활동을 하는 회사는 다 잘된다는 보장은 없지만 일본 기업 상위랭킹 200개 회사 중 5S를 안 하는 회사는 없다.

• 5S가 안 되는 이유는 무엇일까?

① 5S를 꼭 해야 할 이유와 구체적인 목적을 잘 모르겠다.
② 현장의 베테랑인 내가 가장 아랫사람이나 하는 청소를 왜 해야 하나?
③ 5S할 시간이 없다(시간 외 수당문제, 혼자서 다 할 수 없다, 3교대일 때 서로 미룬다.)
④ 어떻게 하는 것인지 구체적인 방법을 잘 모르겠다.
⑤ 해도 그만, 안 해도 그만, 아무도 챙기지 않는다. 평가제도가 없다.

이 중 가장 많은 것이 "5S를 할 시간이 없다."는 것이다. 따라서 현장관리자는 현장형편에 맞추어 어떻게 하든지 시간을 만들어 주어야 한다. 운동 초기에는 별도 시간 외 수당을 월 합계 10~20시간 분을 지급하기도 한다. 생산도 하지 않는데 시간 외 수당을 지급하기는 쉽지가 않으나 회사가 그만큼 5S를 중요하게 생각한다면 못할 것도 없다.

12장 연 습 문 제

1. 설비관리에 관련된 설명 내용으로 가장 올바른 것은?

㉮ TPM, 테로 테크놀로지(Terotechnology), 로지스틱스(Logistics)의 목적은 모두 경제적 라이프사이클 코스트(LCC)를 추구하는 데 있다.
㉯ 테로 테크놀로지의 대상은 제품, 시스템, 프로그램, 설비 등 광범위하다.
㉰ 로지스틱스는 설비(유형자산)만을 대상으로 한다.
㉱ TPM은 설비 메이커, 엔지니어링, 설비사용을 하는 모든 기업에서 행하는 LCC의 경제성 특유의 활동이다.

2. 설비종합효율이란?

㉮ 시간가동률×성능가동률×양품률
㉯ 시간가동률×정비가동률×양품률
㉰ 속도가동률×정기가동률×양품률
㉱ 속도가동률×성능가동률×양품률

3. 생산보전 중 설비열화를 적게 하고 수명을 연장하도록 설비 자체의 체질을 개선하여 일상보전, 검사, 수리가 용이하도록 하는 보전방식을 무엇이라 하는가?

㉮ 보전예방(MP) ㉯ 예방보전(PM)
㉰ 개량보전(CM) ㉱ 사후보전(BM)

4. TPM 추진의 전단계이며 TPM의 기본을 이루는 5S의 내용을 바르게 설명하고 있는 것은 어느 것인가?

㉮ 정돈이란 필요한 것과 불필요한 것을 구분하는 것이다.
㉯ 정리란 언제든지 필요한 것을 끄집어내어 쓸 수 있는 상태로 하는 것이다.
㉰ 청결이란 정리·정돈의 상태를 유지하는 것이다.
㉱ 청소란 더러움이 없는 상태를 만드는 것이다.

5. 다음은 TPM(total productive maintenance)의 목적을 설명하고 있다. 가장 적절하지 않은 것은?

㉮ 오퍼레이터의 자주보전능력 배양
㉯ 현 설비의 효율화
㉰ 보전요원의 메카트로닉스 설비보전능력 배양
㉱ 생산기술자의 설비설계능력 배양

6. 자주보전의 7가지 단계 순서로 가장 올바른 것은?

㉮ 초기 청소 → 발생원 곤란 개소대책 → 청소, 급유 기준의 작성 → 총점검 → 자주점검 → 정리 · 정돈
㉯ 초기 청소 → 청소, 급유 기준의 작성 → 발생원 곤란 개소대책 → 총점검 → 자주점검 → 정리 · 정돈 → 자주관리의 철저
㉰ 초기 청소 → 발생원 곤란 개소대책 → 청소, 급유 기준의 작성 → 정리 · 정돈 → 총점검 → 자주점검 → 자주관리의 철저
㉱ 초기 청소 → 발생원 곤란 개소대책 → 청소, 급유 기준의 작성 → 총점검 → 정리 · 정돈 → 자주점검 → 자주관리의 철저

7. 예방보전이 특히 요구될 경우는?

㉮ 다품종 소량생산
㉯ 소품종 대량생산
㉰ 공정별 생산
㉱ 주문생산

8. 프로젝트 엔지니어링과 메인터넌스 엔지니어링을 비교 · 설명할 것.

9. 설비의 6대 로스는 무엇인가?

10. 자주보전이란 무엇인가?

11. 5S를 쓰고 설명할 것.

제 13 장

수요자의 요구에 맞는 제품을
경제적으로 만들어 내기 위한 모든 수단을 활용하는

품질경영 및 서비스 품질

품질경영의 기초만 확실하다면 포르쉐같은 명품자동차를 생산할 수 있다.

01 품질관리

품질이란 뜻의 'Quality'는 라틴어의 'qualitas'에서 유래된 것으로 어떠한 종류, 어떠한 정도라고 하는 의미를 갖고 있고, 성질·정도·좋은 것 내지는 뛰어난 것이라고 하는 의미로 쓰이는 경우도 있다. 이 의미는 물품에 한정되어 쓰는 것이 아니라 서비스에도 포함된다.

1. 품질의 정의

품질이란 제품의 유용성을 결정하는 성질 또는 제품의 사용목적을 완수하기 위해서 구비해야 할 성질이다.

품질에 관한 KS규격을 비롯한 여러 가지 정의를 〈도표 13-1〉에 정리한다.

이들 정의를 종합하여 볼 때, 소비자가 요구하는 품질요소는 다음과 같다.

① 여러 가지 기능을 수행할 수 있는 것(다기능성)
② 성능이 우수할 것(성능)
③ 모양이 좋고 독특할 것(외관)
④ 견고할 것(강도)
⑤ 색상이 좋을 것(외관)
⑥ 고장이 잘 나지 않을 것(신뢰성)
⑦ 오래 사용할 수 있을 것(내구성)
⑧ 수리가 용이할 것(보전성)
⑨ 사용하기 편리하고, 조작이 간편할 것(편리성)
⑩ 사용하기 해롭지 않을 것(안전성)
⑪ 값이 쌀 것(경제성)
⑫ 유지하기 쉽고, 유지비가 적게 들 것(경제성)
⑬ 폐기가 용이하고, 공해요인이 되지 않을 것(환경성)
⑭ 구조가 간단하고, 제조가 용이할 것(제조성)

위의 요구항목 중 ⑬은 사회적 품질이라고 말하고, ⑭는 소비자보다는 제조자가 요구하는 사항이지만, 제품의 원가와 직결되기 때문에 소비자와도 관련된다고 할 수 있다.

도표 13-1 품질의 정의

구 분	정 의	비 고
KS의 정의	물품 또는 서비스가 사용목적을 만족시키고 있는지의 여부를 결정하기 위한 평가의 대상이 되는 고유의 성질·성능의 전체	(한국산업규격) KS A 3001
ISO의 정의	명시 또는 묵시의 요구를 만족시키는 능력으로 제품 또는 서비스가 보유한 특징 및 특성의 전체 (The totality of features and characteristics of a product or service that bear on it's ability to satisfy stated or implied needs)	(국제표준화기구규격) ISO 8402
ANSI/ASQC 의 정의	요구(needs)를 충족시키는 능력에 관계가 있는 제품 내지 서비스의 특징 및 특성의 전체	ANSI(American National Standard Istitute), ASQC(American Society for Quality Control)
Juran의 정의	용도에 대한 적합성(fitness for use)	
크로스비의 정의	요건에 대한 일치성(conformance to requirements)	
파이겐바움의 정의	제품이나 서비스의 사용에서 소비자의 기대에 부응하는 마케팅, 기술, 제조 및 보전에 관한 제반 특성의 전체적인 구성	

2. 품질관리의 정의

품질관리란 "수요자의 요구에 맞는 품질의 제품을 경제적으로 만들어 내기 위한 모든 수단의 체계이다. 근대적인 품질관리는 통계적인 수단을 채택하고 있으므로 특히 통계적 품질관리(statistical quality control)라고 부른다"(KSA 3001).

(1) 통계적 품질관리(SQC : Statistical Quality Control)

"**통계적 품질관리**란 가장 유용하고, 더욱 시장성이 있는 제품에 가장 경제적으로 생산하기 위하여, 생산의 모든 단계에 통계적 원리와 수법을 응용하는 것이다."

(2) 종합적 품질관리(TQC : Total Quality Control)

"**종합적 품질관리**란 소비자가 충분히 만족할 만한 제품의 품질을 가장 경제적인 수준으로 생산할 수 있도록 사내의 각 부문이 품질의 개발, 품질의 유지 및 개선에 노력을 조정, 통합하는 효과적인 체계이다."

3. 품질의 분류

품질을 그 형성단계에 의해 분류하면 ① 설계품질, ② 제조품질, ③ 시장품질로 구분한다.

1) 설계품질

설계품질(quality of design)이란 소비자의 요구를 충분히 조사한 다음에 공장의 제조기술, 설비, 관리의 상태에 따라 경제성을 고려하여 제조가능한 수준으로서 정한 품질이다.

도표 13-2 원가와 설계품질

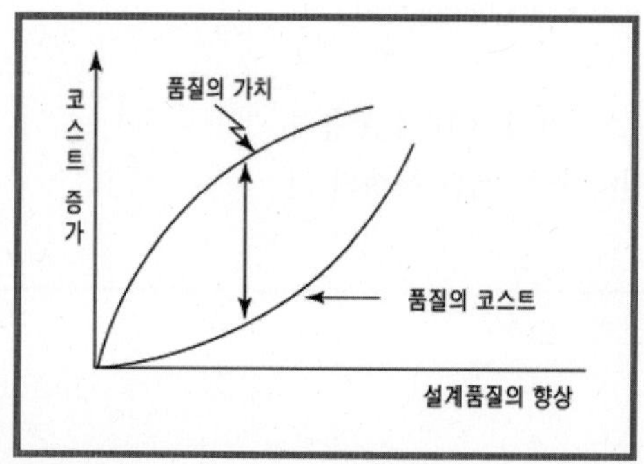

설계품질을 높이면 품질의 코스트가 올라가고 품질의 가치도 올라가지만, 최적수준을 지나면 가치와 코스트 차의 폭이 점점 작아진다. 반대로 설계품질의 최적수준 이하로 내려오면 품질의 코스트는 적게 들지만 품질저하로 인하여 시장의 가치(값)가 하락한다.

2) 제조품질

제조품질(quality of conformance, 적합품질)이란 주어진 품질표준에 맞게끔 제조한 실제품질을 말한다.

도표 13-3 가격과 제조품질

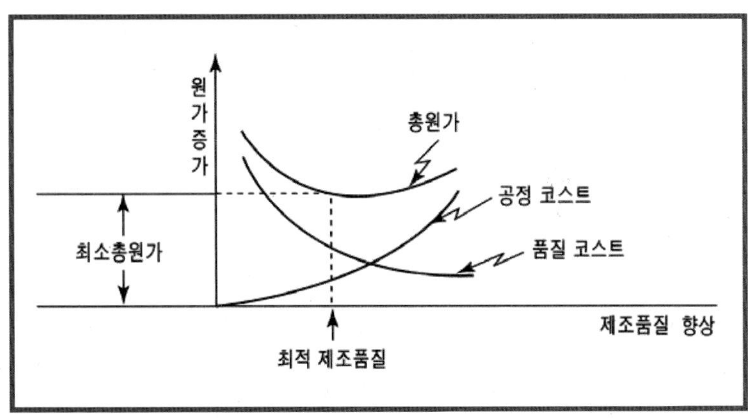

〈도표 13-3〉에서 보는 바와 같이 공정 코스트를 높여 제조품질을 향상시킴으로써 품질 코스트는 감소되나, 공정 코스트의 증가가 상대적으로 커지기 때문에 총원가가 높아진다.

또한 공정 코스트가 낮아지면 공정능력이 나빠지기 때문에 제조품질이 저하되어 불량이 많이 발생하므로 품질 코스트가 상대적으로 높아져 총원가가 급상승하게 된다.

최적 제조품질은 이들 두 원가곡선의 합계에 의해 결정되는 총원가의 최저점인 것이다.

3) 시장품질

시장품질(quality of market)이란 소비자에 의해 결정되는 품질로서 실제 사용상에서 평가되므로 설계품질의 결정에 중요한 정보가 된다.

최근에는 품질의 의미를 소비자 중심으로 생각하는 경향이 있어 이 시장품질의 중요성이 강조되고 있다. 제품의 품질은 이 시장품질을 기준으로 육성시켜 가는 것이다.

4. 품질비용

1) 품질비용의 정의

품질비용(quality cost)은 좋은 제품과 서비스를 만드는 데 사용된 모든 비용이다. 여기에는 예방비용, 평가비용, 내부실패비용, 외부실패비용, 고객의 요구를 초과하여 충족시켜 주기 위한 비용, 그리고 상실한 기회의 비용 등이 포함된다. 이러한 비용을 다 합치면 대개 회사 수입의 20% 내지 30% 정도나 된다. 따라서 품질비용을 줄이는 것이 품질경영(TQM)의 가장 핵심적인 개념이라고 할 수 있다.

2) 품질비용의 구성

품질비용은 적합한 품질을 달성하기 위해 지출되는 적합품질비용(conformance costs)과 나쁜 품질에 의해 발생되는 비적합품질비용(nonconformance costs) 또는 실패비용(failure costs)으로 구분된다. 적합비용은 다시 예방비용과 평가비용으로 구분되며, 비적합비용은 내적 실패비용과 외적 실패비용으로 구분된다 〈도표 13-4〉는 품질비용의 구성을 요약해 놓은 것이다.

도표 13-4 품질비용의 구성

분류		내용	내역
예방비용		계획, 훈련, 설계 및 분석과 같이 예방활동에 관련된 비용	품질계획, 신제품검사, 공정관리, 품질감사, 공급자 품질평가, 교육훈련
평가비용		수입검사, 감사, 확인, 점검 및 최종검사 등과 같이 평가와 검사에 관련된 비용	수입검사 및 시험, 공정검사 및 시험, 최종검사 및 시험, 제품품질평가, 시험설비의 정도관리, 검사재료 및 부대서비스, 보유품의 품질평가
실패비용	사내실패	고객에게 전달되기 이전의 재작업과 수리	폐기, 재작업, 고장해석, 전수선별, 재검사 및 재시험, 과다한 공정평균설정, 품질등급저하
	사외실패	고객에게 전달된 후의 수리, 교환, 환불	보증이해 부담, 고객 불평처리, 반품처리, 불량감안 여유분

예방비용(preventive costs)은 생산 프로세스에서 발생하는 불량을 예방하고 제거하는 활동에 의한 비용이다. 불량품질이 발생하지 않도록 하기 위한 품질계획, 생산검토, 훈련, 엔지니어링 분석 등과 같은 활동이 여기에 포함된다. **평가비용(appraisal costs)**은 불량품질의 제품을 생산 후 단계에서 고객에게 배달되기 전에 발견하는 데 따른 비용이다. 대표적인 예는 품질검사 활동이다.

실패비용(failure costs)은 생산 프로세스(내부)에서 또는 생산 후 배달 프로세스(외부)에서 발생한다. 내적 실패비용(internal failure costs)에는 기계고장시간, 품질불량, 재작업과 같은 항목이 포함된다. 외적 실패비용(external failure costs)에는 반품이나 반환, 보증비용, 고객불만족이나 시장상실에 의한 잠재비용 등이 포함된다. 많은 기업들이 외부실패비용의 상대적인 중요성을 인식하게 되어 품질에 대한 인식을 제품의 품질에서 종합적 고객만족으로 확대하였다.

〈도표 13-5〉는 품질비용의 모형을 나타냈다.

도표 13-5 품질비용의 모형

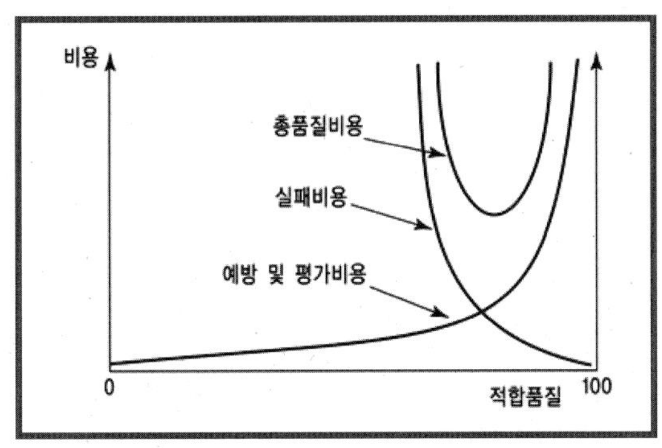

5. 품질관리의 발전단계

1) 작업반장 품질관리 시대

영국의 산업혁명으로 노동의 분업과 작업의 전문화라는 개념이 도입됨으로써 한 제품을 생산하는 데 참여하는 작업자의 수가 늘어나게 되었다.

따라서 여러 작업자를 하나의 그룹으로 구성하여 이들을 통제하고 이들의 작업에 대한 품질을 책임지는 작업반장이라는 새로운 제도가 필요하게 되었는데, 20세기 초기의 이와 같은 품질관리를 작업반장 품질관리(foreman quality control)라고 한다. 이 시대부터 대량생산으로 인하여 공식적인 검사가 필요하게 되었다.

2) 검사 품질관리 시대

작업반장 품질관리도 새로운 환경변화에 의해 검사에 의존하는 품질관리로 변화되었다. 즉, 세계 1차 대전 중 생산시스템이 더욱 복잡해지고 컨베이어시스템 도입 등 작업이 더욱 분업화, 전문화되어 감에 따라 작업반장이 거느리는 작업자의 수가 점차 증가하게 되었고, 이에 따라 제품이 제조된 후 검사를 담당할 전문적인 검사자가 필요하게 되어 검사 품질관리(inspection quality control)가 수행되었다.

이 당시에는 통계적인 기법은 그다지 사용되지 않았고 주로 검사와 테스트가 불량품을 발견하기 위하여 사용되었다. 따라서 품질보증의 책임을 검사자와 품질관리부서에 귀속시키고, 관리자는 작업능률에만 치중하였으며 작업자들은 품질관리에 무관심하였다.

3) 통계적 품질관리 시대(SQC)

영국의 통계학자 피셔(R. A. Fisher) 일파는 소수표본에 의한 추측적인 분석방법으로써 추측통계학을 확립하여 오늘날의 품질관리의 기초를 형성하였다. 그리고 1924년 벨전화연구소에 근무하던 슈와트(W. A. Shewhart)가 최초로 품질관리 문제에 통계적 방법을 적용하여 제조공정에서 발생하는 품질의 변동이 우연원인에 의한 것인지 또는 이상원인에 의한 것인지를 밝히고, 이들의 변동을 관리하기 위한 통계적 기법으로 관리도(control chart)를 고안해 냈으며, 이를 1931년에 「Economic Control of Quality of Manufactured product」라는 저서에 발표하였는데 이것이 통계적 품질관리(statistical quality control)의 효시라고 볼 수 있겠다. 그 후 통계적 품질관리에 대하여 꾸준한 연구가 계속되어 1928년에 벨전화연구소의 닷지(H. F.Dodge)와 로밍(H. G. Roming)이 통계원리를 샘플링검사에 응용할 것을 시도하여 샘플링검사 이론을 발표하였고, 1941년에 닷지·로밍의 샘플링검사표(Dodge-Roming sampling inspection table)를 완성하였다.

4) 종합적 품질관리 시대(TQC)

산업의 발전에 따라 통계적 방법만으로는 품질개선 내지 품질관리 활동의 한계점이 노출되어 파이겐바움(A. V. Feigenbaum)이 종합적 품질관리(total quality control)를 1956년에 제창하기에 이르렀다. 그의 주장은 통계적 기법만으로는 품질관리의 성과를 충분히 얻을 수 없으므로 품질에 영향을 주는 회사 내 모든 부문의 노력을 모아서 종합적으로 품질관리를 추진해야 한다고 역설하였다.

5) 품질경영 시대(TQM)

미국에서 시작되었지만 일본에 비해 열세를 보이고 있는 공산품의 국가경쟁력을 제고시키기 위해 미국이 1980년대 후반에 일본의 품질관리(TQC)를 연구, 분석하여 발전시킨 방식이 TQM이다. 그러나 최근 들어 ISO 9000시리즈를 근간으로 한 QM(quality management)이 전 세계적으로 확산되고 있어 이제는 TQM보다는 QM이라고 부른다.

QM과 TQM을 혼용해 사용하고 있는 이유는 유럽연합(EU)에서는 ISO 9000시리즈를 EU지역 규격으로 선포하면서 QM으로 명명하였고, 미국은 전략적 차원에서 품질혁신활동으로 TQM이라고 명명하였으나, 실제로 QM활동 역시 전사적으로 회사의 모든 구성원, 모든 부서, 모든 업무에, 즉 종합적으로 적용해야 효과가 있는 것이므로 QM과 TQM을 동시에 보는 것이 타당하다고 보겠다. 한편 우리말로는 그냥 품질경영이라고 부르는 것이 일반적이다.

현업 실무를 도와주는 스토리텔링 생산경영 사례 연구

■ 품질의 중요성

오늘날 글로벌 경쟁에서는 소비자의 요구를 만족시키는 것이 기업 성공의 핵심이다. 소비자의 제품 선택의 폭은 과거보다 훨씬 자유로워지고 넓어졌으며, 이는 기업의 성공과 실패를 좌우하는 결정적인 위치에 있다. 곧 고객의 중요성이 그만큼 증대되고 있는 동시에 그들의 취향이 계속해서 다양해지고 있는 것을 의미한다. 따라서 고객의 욕구 변화를 정확히 파악하지 못하여 고객을 만족시키지 못하는 기업은 글로벌 경쟁시대에서 살아남을 수 없다.

즉, 기업 경영자의 입장에서 품질경영은 조직의 생존을 결정하는 가장 중요한 요소이다.

종합적 품질경영(TQM)이란 모든 종업원과 관리자를 포함한 조직 구성원이 하나가 되어 생산 프로세스와 제품을 지속적으로 개선함으로써 고객만족을 극대화하기 위한 기업의 총체적인 전략이다. TQM은 비즈니스 프로세스를 중심으로 단기간에 조직을 개혁하려는 노력이 아니라 최소 5년 정도의 충분한 기간을 갖고 시행되어야 가시적인 성과를 기대할 수 있는 총체적이고 광범위한 경영혁신 노력이다.

TQM의 종합적이란 의미 속에는 기업을 구성하고 있는 모든 구성원, 모든 부서와 하부조직, 공급 및 협력업체, 그리고 내외부 고객까지도 모두 포함된다. 그리고 품질은 서비스나 제품의 생산공정에 대한 신뢰도는 물론 종업원에 대한 근로생활의 질까지 포함하는 광범위한 개념이다. 마지막으로 QM은 최고경영진의 철학으로서 전략과 비전, 목표수립, 조직구조, 정보활용, 보상제도 등 기업 전반에 걸친 모든 관리활동을 포함한다.

02 TQC

1. TQC의 개념

품질이란 경영자의 입장에서 보면 조직의 생존을 결정하는 가장 중요한 요소이기 때문에 모든 조직 구성원이 -경영자로부터 말단 근로자까지- 품질은 생존이라는 철학을 갖고 품질관리를 수행하는 방식을 **TQC**라고 한다.

일본은 2차 대전 후 이러한 TQC활동을 보급하기 위하여 분임조 활동에 의해서 문제를 해결하였고, 이를 보급하여 TQC를 체계적으로 추진함으로써 최강의 Made in Japan의 품질을 만들었다.

2. 일본식 TQC

일본은 2차 대전 후 일본의 경제부흥에 참여했던 데밍이나 주란을 통해서 품질관리 이론을 전수받아 그것을 그들의 문화에 맞게 변형시킴으로써 TQC를 토착화시키고 발전시켜 나갔다. 그 중에서도 사람의 동기부여를 위한 방법으로 의식개혁운동을 강조한 것은 제도적으로 접근하는 방식의 미국과는 커다란 차이가 있다.

일본식 TQC는 이러한 이론을 배경으로 해서 물질적 보상보다는 정신적 보상을 우위에 두어 의식개혁을 추진하도록 하고, 교육을 통해 일본 문화에 맞는 소집단활동으로 발전시켰다.

3. 한국식 TQC

(1) 일본 TQC모델의 도입

우리나라의 TQC는 사실상 일본에서 발전된 모형을 도입하였다. 우리나라 기업은 해방 이후의 불가피했던 역사적 배경 아래 성장할 수밖에 없었던 특성으로 말미암아, 일본의 영향을 받아 QC운동이 전개되었으며, 점차적으로 우리 기업의 체질에 맞도록 TQC가 추진되었다.

(2) 정부의 주도적인 정책

우리나라의 경제발전이 정부주도의 수출로 이루어졌듯이 TQC도 일본의 선례를 따르려는 정부주도의 정책이 수립되면서 전개되었다. 우리나라에서 품질관리제도의 도입이 공식적으로 태동하기 시작한 것은 1961년 9월에 공업표준화법이 제정·공포되고 KS업체에서의 품질관리 실시가 의무화된 때부터이다.

정부주도하에서 품질관리를 보급하기 위하여 한국표준협회를 주축으로 기업에서의 붐을 조성하기 위한 여러 행사가 기획되었고, 정부에서는 품질관리 보급을 지원하기 위해 품질관리를 실시하는 기업에게 여러 가지 혜택을 주어 품질관리를 장려·촉진하였다. 이러한 동기부여는 우리나라에 품질관리에 대한 인식과 기술이 급속히 번져 나가게 하는 주요한 원동력이 되었다.

03 품질경영

WTO 체제하의 무한경쟁 시대에 국가경쟁력을 확보하기 위해서는 기업들이 무엇보다도 기술개발과 품질혁신을 통한 고부가가치, 고품질의 제품과 서비스를 창출해야 한다. 고객의 요구가 더욱 다양화, 개성화, 고급화, 감성화되어 가고 있는 공급과잉 시대에는 고객이 구매판단기준으로 품질을 중요시함에 따라 품질 수준도 점점 높아지고 있다. 따라서 품질을 가장 중요시하는 품질의 시대를 맞아 보다 더 효과적이고 체계적인 품질경영 체제를 구축해야 한다.

우리나라 정부는 중소기업을 포함한 모든 기업들이 품질경영을 통해 지속적인 품질혁신 노력을 기울여 나가도록 유도하고, 품질경영을 열심히 추진하는 기업이나 사람이 우대받는 사회를 만들고, 소비자에 대한 품질교육을 통하여 품질경영을 잘하는 기업이 발전할 수 있는 건전한 경제풍토를 조성하도록 하여야 한다.

ISO 8402(용어)에선 품질경영(quality management)을 다음과 같이 정의하고 있다.

"**품질경영**(QM)은 최고경영자에 의해 공식적으로 표명된 품질에 관한 조직의 전반적인 의도 및 방향과 목표 및 책임을 결정하고 또한 품질시스템 내에서 품질계획, 품질관리, 품질보증 및 품질개선과 같은 수단에 의해 이들을 수행하는 전반적인 경영기능의 모든 활동이다."

04 ISO 9000 시리즈의 구성

ISO 9000시리즈는 국제표준화기구(ISO : international organization for standardization)에서 1987년도에 제정한 국제규격으로 품질시스템을 보증하고 규정하는 역할을 하고 있다. 〈도표 13-6〉은 ISO 9000에 대한 구성이다.

도표 13-6 ISO 9000 시리즈 구성

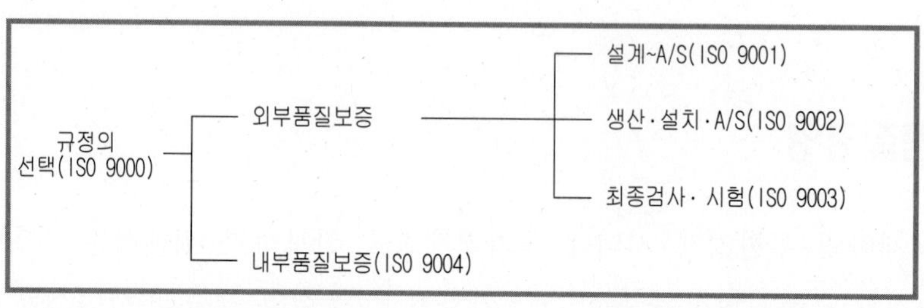

현업 실무를 도와주는 스토리텔링 생산경영 사례 연구

■ 품질관련 이야기

① ISO 9000, 품질인증

ISO 9000, 종합적 품질경영, 품질보장, 품질경영 시스템, 품질경영 방침 등의 개념들을 누구에게 묻느냐에 따라 그 의미가 매우 다르며 때로는 상충되는 내용이 되기도 한다.

1987년 이래, 하나의 국제적인 표준으로서 ISO 9000시리즈는 "품질"이 과연 무엇인지 그리고 품질경영 시스템이란 무엇인지를 정의하였다. ISO 9000시리즈는 5개의 국제표준들 로서 한 기업조직의 품질관리 시스템의 필요 준수사항을 제시한다.

5개의 표준들은 스위스, 제네바에 있는 국제 표준화 작업기구에 의해 공표되었다. 많은 사람들이 ISO는 국제 표준화 기구의 약자로만 인식하고 있다. ISO는 위 기구의 공식적인 애칭과 같은 것으로써, 희랍어로 "평등하다"라는 의미의 isos로부터 비롯된 것이다.

이들 5개의 표준들은 ISO 9000, 9001, 9002, 9003, 그리고 9004까지 순차적으로 명명되었다. 미국에선 이 표준이 제시하는 내용들은 ANSI/ASQC Q90이라는 자국 표준에 적용된다. ANSI는 American National Standards Institute이며, ASQC는 American Society for Quality Control이다.

5개 표준들은 각각 해당 적용분야가 있는데, 다음은 그 세부 내용을 요약한 것이다.

- ISO 9000/Q90은 나머지 4개의 표준들의 사용 및 적용방법에 대한 구체적인 가이드라인을 제공한다.
- ISO 9000/Q91은 구체적인 품질관리 시스템 지침을 제시한다. 기업의 시스템에는 제품의 디자인/설계(개발), 생산, 구축, 서비스 방법들이 제공된다.
- ISO 9000/Q92는 제품 또는 서비스의 생산/구축하기 위한 지침을 제공한다.
- ISO 9000/Q93은 최종검사를 위한 기업의 품질경영 지침을 제공한다.
- ISO 9000/Q94는 기업이 품질경영 시스템을 개발하여 구축하기까지의 구체적인 가이드라인과 더불어 나머지 4개의 표준들이 가지는 시스템 속에서의 의미를 제공한다.

한 기업이 ISO 9000 인증을 획득하게 되면, 이는 ISO 9000부터 9004까지의 모든 지침들이 준수됨을 의미한다. 일반적으로 ISO 9000 인증은 3년 정도의 유효기간을 가진다.

② Q.C. 분임조 활동

일본의 품질관리는 세계 2차대전이 끝난 후 미군정청의 협조로 데밍, 주란 등에 의해서 도입되었다. 그러나 품질은 이러한 전문가가 만드는 것이 아니라 현장의 작업자들에 의해서 좋은 품질이 만들어지는 것이다. 이 당시 일본기업들은 현장 작업자들을 교육하기 위해서 많은 강사들이 필요했기 때문에 이에 어려움이 많았다. 이러한 어려움을 극복하기 위하여 1956년부터 NHK 방송을 이용하여 교육을 시켰다.

그후에 1960년에 이시가와가 '직·반장을 위한 품질관리' 교재를 만들어서 본격적인 학습이 시작되었다. 이러한 학습열기에 힘을 얻은 이시가와는 '현장과 QC'라는 잡지를 만들어서 그룹별 Q.C 독서평가회를 개최시켰다. 이러한 그룹별 Q.C. 독서평가회가 품질관리분임조가 된 것이다. 최초의 동기는 자주적으로 공부하는 그룹이었으나 이것이 발전되어 기업을 혁신시키고, 경쟁력 있는 일본 제품의 기초가 되었던 것이다.

이시가와의 주창에 의해서 1962년 5월 최초의 분임조로서 일본전전공사의 마쓰야마 반송기 분임조가 탄생하게 되고, 1962년 '제1회 직반장 품질관리대회'가 일본과학기술연맹 주최로 개최되었다. 1963년에는 일본과학기술연맹 내에 QC 서클 본부가 설립되었으며, 같은 해 5월 일본 센다이에서 제1회 QC 분임조대회가 개최되고 각지에 품질 분임조 지부가 결성되었다. 이후 품질 분임조 활동은 목적에 따라 여러 형태로 발전하게 되는데, 미국의 ZD(무결점) 운동이 일본에 보급되면서 ZD 그룹, 자주관리 활동을 위한 그룹, TPM 분임조, 제로재해 참가운동 그룹 등으로 발전되면서 일본 민족 특유의 군집성과 일치되어 많은 발전을 하게 된 것이다. 일본사람과 1 대 1로 싸우면 이길 수 있는 국민은 많으나 10 대 10으로 싸우면 어느 나라도 일본 국민을 당할 수 없다는 일본 특유의 국민성에 자생해서 일본의 생산성이 이룩된 것이다.

③ 우리나라의 분임조 활동은 한국표준협회를 중심으로 한 품질

한국의 Q.C.활동은 분임조 활동과 새마을 본부를 중심으로 한 공장새마을 분임조 활동으로 양분되어 발전하였다. 그 후 품질 분임조 활동은 각개 기업을 통해서 산발적으로 진행되다가 1970년 품질관리학회 주최로 전국 제1회 QC 서클대회가 개최되면서 면모를 갖추게 되었다. 그 후 1973년 공업진흥청이 설립되면서 제 궤도로 진입하여 1975년부터 공업진흥청이 주최한 제1회 QC 서클대회가 시작되면서 업계에 급속히 확산되었다.

05 샘플링검사

모집단(population)으로부터 샘플을 발취하는 것을 샘플링(sampling)이라고 하고, 발취된 샘플을 갖고 모집단의 특성을 알아내는 것이 샘플링검사이다.

모집단을 구성하는 개체는 단위체 또는 단위량으로 표시되는, 로트와 같이 이들의 수가 유한일 때에는 유한모집단이라 하고, 공정과 같이 무한으로 볼 수 있을 때에는 무한모집단이라 한다.

샘플링에는 공장 같은 곳에서 제품이나 자재를 대상으로 하는 것과, 사회의 각종 여

론을 대상으로 하는 표본조사(sample survey), 작업관리에서 사용하는 워크샘플링(work sampling) 등이 있다. 샘플링검사는 공장에서 하는 샘플링이 주된 중심사항이다.

샘플링을 하는 목적은 대상으로 하는 모집단에 대한 특성치를 추정하여 그 모집단에 필요한 조처를 취하기 위한 것이다. 따라서 어떠한 조처를 취하느냐에 따라서 샘플링 방법이 달라진다. 또한 샘플이 갖추어야 할 조건으로는 ① 신뢰할 수 있는 샘플링에 의해서 얻어진 것, ② 정밀도가 충분한 것, ③ 모집단에 대하여 신속히 조처를 취할 수 있을 것, ④ 경제적으로 얻어진 것, ⑤ 치우침(bias)이 없을 것 등이다.

1) 샘플링검사와 전수검사

검사라고 하는 것은 본래 대상물을 하나하나 전부 검사하는 것에 의해 그 품질이 보증되는 것이다. 그러나 실제의 검사에 있어서는, 전수검사를 행할 수 없다든지, 전수검사를 하는 경우 경제적으로 부적당하다고 하는 이유 때문에 샘플링검사가 행해진다. **샘플링검사**란 로트 가운데서 몇 개의 시료를 샘플링해서 검사하고 그 결과에 의해 로트의 합·불합격을 정하는 것이기에 하나하나는 보장할 수 없지만, 어떤 확률로서 로트의 품질을 보증하는 것이다.

(1) 샘플링검사가 유리할 때

샘플링검사는 제품의 품질을 어떤 확률로서 로트별 품질을 보증할 수 있으므로 검사노력의 절감 등 경제적으로 유리한 경우가 많다. 그러므로 하나하나의 제품에 대하여 품질을 보증하지 않아도 되는 경우에는 샘플링검사를 실시한다.

파괴검사에서는 물품의 품질을 보증하기 위해서 샘플링검사를 할 수밖에 없다. 또는 과거의 실적 등에서 제품의 품질이 아주 높은 수준으로 뛰어나다고 판단되는 경우에는 무검사가 경제적으로 유리한 경우도 있다.

일반적으로 다음과 같은 경우에는 전수검사보다도 샘플링검사가 유리하다.

① **다수·다량의 것으로서, 어느 정도 불량품의 혼입이 허용되는 경우**

② **검사항목이 많은 경우**

③ **불완전한 전수검사에 비하여 신뢰성이 높은 결과를 얻을 수 있는 경우**

④ **검사비용을 적게 하고자 할 때**

⑤ **생산자에게 품질향상의 자극을 주고자 할 때**

(2) 전수검사가 유리할 때

전수검사가 유리할 경우에는 전수검사가 훨씬 편하거나 비용이 적게 들 경우 또는 불량품이 조금이라도 혼입하는 것이 허락되지 않는 경우이다. 전자의 경우 자동검사기 또는 단순한 게이지로 검사를 행한다든가, 검사에 시간이 걸리지 않고, 검사기간에 비해서, 얻어지는 효과가 크다. 후자의 경우는 소수의 불량품의 혼입도 그 결과에 중대한 영향을 미치는 경우이다. 예를 들면, 브레이크의 작동시험, 고압용기의 내압시험 등은 인명에 치명적인 영향을 미칠 수 있다. 또, 보석 등 고가의 물품의 경우, 회사의 신용에 관계되는 것 등이다.

도표 13-7 전수검사와 샘플링검사의 비교

구 분 \ 검 사	전수검사	샘플링검사
검사항목	검사항목이 적고 간단히 검사되는 것	검사항목이 많거나 검사가 복잡한 것
로트의 크기	작을 때	클 때
치명적인 결점이 있는 것	적합	부적합
불량품이 조금도 있어서는 안 되는 것	적합	부적합
검사비용	많다.	적다.
부적격품이 들어가는 비율	극소	적다.
생산자에 대한 품질향상의 자극 정도	작다.	크다.

2) 검사특성곡선(O.C.커브)

샘플링검사는 로트로부터 일부의 샘플을 추출하여 검사하고 이를 근거로 그 로트의 합격 여부를 판정한다. 어떤 불량품을 가진 로트로부터 일정 크기의 샘플을 뽑을 때, 그 가운데는 불량품이 전체의 비율에 비해 많이 섞여 나올 수도 있고, 양품이 많이 섞여나올 수도 있다. 이와 같이 샘플을 뽑는 일을 동일한 모집단에 대하여 여러 번 실시한다 해도 그 결과가 같지 않을 것이다.

일반적으로 로트의 크기(N)와 샘플의 크기(n), 합격판정개수(c) 등을 안다면 특정 불량률을 갖는 로트가 합격되는 확률을 구할 수 있다. 다시 말하면 양품의 로트과 불량품의 로트를 구별하기 위하여 표본의 크기와 합격판정개수를 효과적으로 결정하는 샘플링검사를 사용하면 양품의 로트를 받아들일 확률과 불량품의 로트를 거부할 확률이 높게 된다. 이러한 검사의 로트를 구별하는 능력은 OC곡선(operating characteristic curve : OC Curve)에 의하여 설명된다. **OC곡선은** n과 c에서 로트가 지닌 불량률에 따라 그 로트를 합격할 확률을 나타내 주는 곡선을 뜻한다.

100% 검사(전수검사)에서는 합격품질수준 이상인 검사대상 로트는 언제나 합격되고, 합격품질수준 이하면 불합격된다. 그러므로 샘플링검사에는 두 가지 위험이 따른다.

- **생산자 위험(제1종 과오)** : 불량률이 AQL 이하인 로트가 불합격 처리될 위험
- **소비자 위험(제2종 과오)** : LTPD보다 높은 불량률의 로트가 합격될 확률

〈도표 13-8〉에서는 3%의 불량률을 갖는 로트가 받아들여질 확률은 90%이고, 거부될 확률은 10%이다. 또한 15%의 불량률이 갖는 로트가 받아들여질 확률은 약 12%로 저하된다. 극단적으로 불량률이 0%인 로트는 항상 받아들여진다.

도표 13-8 검사특성곡선

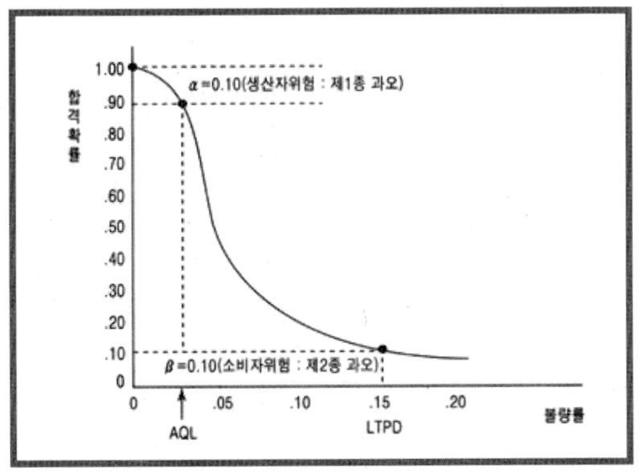

도표 13-9 이상적인 OC곡선

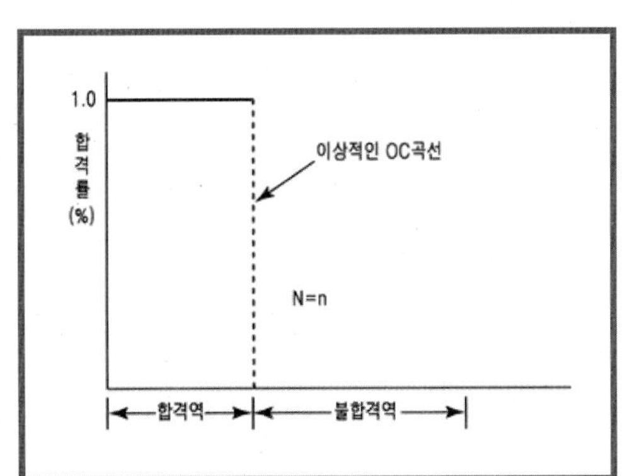

- α : 생산자위험
- β : 소비자위험
- AQL : 소비자, 즉 구매자가 그 이하의 불량률이면 괜찮다고 생각하여 로트를 인수하고자 하는 품질수준

• LTPD : 소비자가 그 이상 높은 불량률을 갖는 로트는 절대 합격시키려 하지 않는 불량률의 수준으로 최대 허용불량률이라고도 한다.

3) 샘플링검사의 형태

샘플링검사는 검사단위의 품질표시방법에 따라 계수형 샘플링검사와 계량형 샘플링검사로 구분된다.

(1) 계량형 샘플링검사(sampling inspection by variables)

계량형 샘플링검사는 로트의 합격·불합격 판정기준을 길이, 무게, 인장강도 등과 같은 계량치로 할 경우의 샘플링검사를 말한다.

(2) 계수형 샘플링검사(sampling inspection by attributes)

계수형 샘플링검사는 로트 합격·불합격 판정기준을 불량개수나 결점수와 같은 계수치로 할 경우의 샘플링검사를 말한다.

샘플링검사는 계수형 샘플링검사와 계량형 샘플링검사 각각에 대하여 네 가지의 형태, 즉 규준형, 선별형, 조정형, 연속생산형 샘플링검사로 구분된다.

① **규준형 샘플링검사** : 일반적으로 생산자는 좋은 품질의 로트가 불합격되는 것을 피하려 하고, 소비자는 나쁜 품질의 로트가 합격되는 것을 피하려 하므로 양측의 요구를 동시에 만족시킬 수 있는 형태의 검사방식이 필요한데, 이를 규준형 샘플링검사라고 한다. 규준형 샘플링검사는 샘플링검사의 횟수에 따라 1회, 2회, 다회 그리고 축차(sequential) 샘플링검사로 구분된다.

② **선별형 샘플링검사** : 이것은 샘플링검사에서 합격된 로트는 받아들이지만 불합격된 로트는 전수선별에 의하여 불량품을 양품으로 대체하여 받아들이는 샘플링검사이다. 선별형 샘플링검사도 샘플링검사의 횟수에 따라 1회, 2회, 다회 그리고 축차 샘플링검사로 구분할 수 있으나, 1회 샘플링검사와 2회 샘플링검사가 주로 사용된다.

③ **조정형 샘플링검사** : 이것은 다수의 공급자로부터 로트를 연속적으로 구입하는 경우 공급자가 공급하는 로트의 품질상태에 따라 샘플링검사방식을 까다롭게 하든

가 수월하게 하여 조정함으로써 공급자에게 품질향상에 대한 자극을 주기 위한 샘플링검사 방식이다.

④ **연속생산형 샘플링검사** : 이것은 이미 만들어진 로트를 대상으로 하는 것이 아니라 컨베이어 벨트를 이용한 생산방법에서와 같이 제품이 하나씩 연속적으로 생산되는 경우에 적용되는 샘플링검사 방식이다.

06 관리도

관리도(control chart)는 공정의 품질 또는 기타 관리항목의 상태를 나타내는 특성치에 관해서 그려진 그래프로서 공정을 관리상태로 유지하기 위해 또는 제조공정이 잘 관리된 상태에 있는가를 조사하기 위해 사용된다.

품질관리에 관리도가 반드시 필요한 것은 아니지만, 다만 간단하고 효과적인 방법이므로 생산현장에서 많이 사용한다.

1) 품질의 산포(변동원인)

아무리 완전하게 목표품질을 정하고 또 제조공정을 표준화한다 하여도 제조된 제품의 품질에는 반드시 산포가 발생한다. 산포를 발생시키는 원인은 여러 가지가 있으나 중요한 몇 가지를 간추려 보면 다음과 같다.

① 원재료, 설비 등에 관해서 표준을 정해 놓았지만 표준에서 정한 허용범위 안에서 변동이 발생하기 때문에

② 작업표준을 지켰지만 그 허용범위 안에서 조건이 변하기 때문에

③ 작업표준대로 작업을 실시하지 않았기 때문에

④ 작업표준 등의 표준화가 안 돼 있어 품질변동의 원인을 억제할 수 없기 때문에

⑤ 측정, 시험 등의 오차 때문에

이상과 같은 변동의 원인은 우리가 기술적으로 확인할 수 있는 것도 있으나 확인이

안 되는 것도 있다. 이와 같은 원인은 그것이 확인이 되든가 안 되든가 상관없이 다음의 두 가지로 분류할 수 있다.

① 공정에서 언제나 일어나고 있는 정도의 어쩔 수 없는 산포

이 산포가 생기는 원인을 **우연원인(chance cause)**, 불가피원인 또는 억제할 수 없는 원인이라고 한다.

② 보통 때와 다른 의미가 있는 산포

이 산포가 생기는 원인을 **이상원인(assignable cause)**, 가피원인 또는 보아 넘기기 어려운 원인이라고 한다.

이상의 두 가지 원인에 의하여 공정에서 생산되는 제품에는 산포가 생기지만, 이상원인을 제거하고 우연원인에 의한 산포만을 가지는 상태를 관리상태(state of control, controlled state) 또는 안정상태라고 한다. 이상원인이 존재하는 경우에 그 공정은 관리되지 않은 상태에 있다고 말한다.

관리도란 공정의 우연원인과 이상원인을 구별하고, 공정의 안정상태를 유지함으로써 품질의 일관성을 보장하기 위해 사용되는 통계적 도구이다.

2) 관리도에 있어서 관리한계

관리한계는 보통 과거의 실적으로부터 통계적 계산으로 설정하게 되는데, 평균치(process average : 공정평균)를 중심으로 하여 그 분포의 상하에 그어지게 된다. 분포의 중심을 중심선(CL : Center Line)으로 하여 상하의 선을 각각 상한관리한계(UCL : upper control limit), 하한관리한계(LCL : lower control limit)라고 부른다.

일반적으로 관리한계의 폭이 넓을수록 밖으로 점이 벗어났을 경우에 이상원인의 존재가 확실해지지만, 데이터가 한계 내에 들어 있다고 해도 이상원인을 찾아낼 수가 없다(제2종의 과오를 범하기 쉽다).

이에 반하여 한계의 폭을 좁게 잡으면 우연원인으로도 측정치가 이 한계를 벗어날 기회가 많아지고 공정이 관리상태인데도 이상원인이 있는 것으로 판단해 버리기 쉽다(제1종의 과오를 범하기 쉽다).

이런 뜻에서 관리도에는 보통 3시그마(σ)법을 채택하는데 정규분포일 경우, 제1종의

과오를 범할 확률은 0.3%(실제로는 1−99.73%=0.27%)밖에 안 되도록 정하고 있다.

도표 13-9 관리도와 관리한계

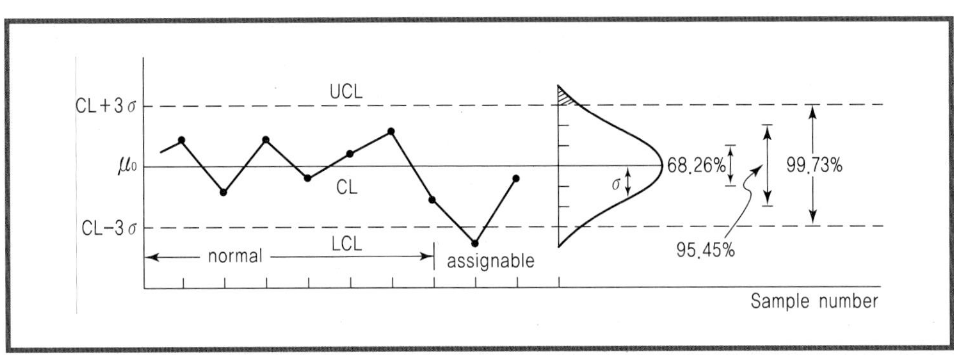

3) 관리도의 형태

(1) 계량형 관리도

계량형 관리도는 무게, 온도, 길이, 압력 등과 같이 연속적 자료에 대한 관리도이다. 계량형 관리도를 작성하기 위해서는 양적 자료에 대한 측정을 해야 하므로 측정하는 데 필요한 인력과 시간이 많이 요구되는 단점이 있다.

(2) 계수형 관리도

계수형 관리도는 작성되는 자료가 불량품수나 결점수와 같이 이산적 자료인 경우의 관리도이다. 계수형 관리도의 경우에는 측정되는 자료가 양, 불량 혹은 합격, 불합격으로만 분류될 뿐 정확한 정도까지는 나타낼 필요가 없으므로 측정에 시간과 비용이 적게 드는 장점이 있다. 계수형 관리도의 종류에는 p관리도(불량률 관리도), pn관리도(불량개수 관리도), c관리도(결점수 관리도), u관리도(단위당 결점수 관리도)의 네 종류가 대표적이다.

관리도의 대표적인 종류는 〈도표 13-11〉에 일목요연하게 나타냈다.

도표 13-10 관리도의 대표적인 종류

관리도 구 분	데이터의 종류	관리도 종류	관리도 공식	적용이론
계량형 관리도	길이, 무게, 강도, 수율, 생산량 등	$X-\overline{R}$ 관리도	관리상한선 (UCL)$= CL+3\sigma = \overline{\overline{X}} - A_2\overline{R}$	정규분포
			중 심 선 (CL)$= \overline{\overline{X}} = \sum \overline{X}/N$	
			관리하한선 (LCL)$= CL-3\sigma = \overline{\overline{X}} - A_2\overline{R}$	
계수형 관리도	제품의 불량률	p관리도	관리상·하한선 $=\bar{p} \pm 3\sqrt{\bar{p}(1-\bar{p})/n}$	이항분포
	불량개수	pn관리도	관리상·하한선 $=\bar{p}n \pm 3\sqrt{n\bar{p}(1-\bar{p})}$	
	결점수 (샘플 크기가 같을때)	c관리도	관리상·하한선 $=c \pm 3\sqrt{\bar{c}}$	포아송 분포
	단위당 결점수 (단위가 다를 때)	u관리도	관리상·하한선 $=\bar{u} \pm 3\sqrt{\bar{u}/n}$	

07 Q.C의 7가지 도구

품질관리에 있어서 나타난 데이터를 분석하여 현상을 파악할 때 기본적으로 현장에서 데이터를 정리·가공하여 문제점을 찾아내는 방법이 있다. 이를 Q.C의 7가지 도구라고 한다.

1) 특성요인도

인과형분석도, 이시가와(Ishikawa)도, 어골도(fish-bone diagram)라고도 한다. 이는 결과에 영향을 미친다고 생각되는 모든 원인들을 체계적으로 알기 쉽게 나타내는 데 사용된다.

도표 13-11 특성요인도

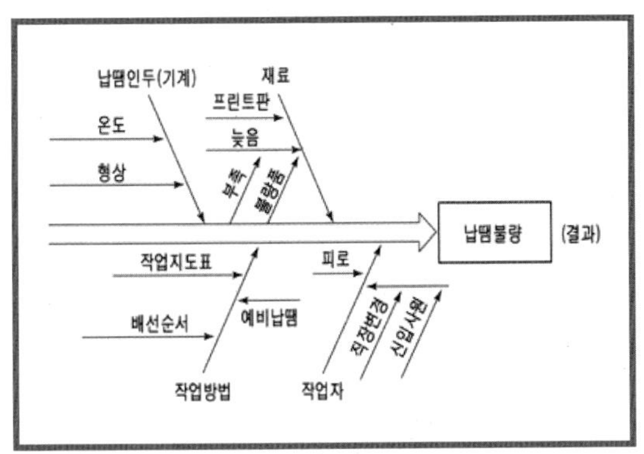

2) 파레토도

불량품이나 결점 또는 사고건수 등의 분석대상을 불량원인이나 불량발생 위치별로 정리하고, 그에 따른 영향을 가장 큰 것부터 차례로 나열하여 누적분포표로 나타낸 도표이다. 이는 비중은 상대적으로 작지만 불량으로 인한 손실액이 큰 항목을 체계적으로 알아보는 데 유용한 기법이다.

도표 13-12 파레토도

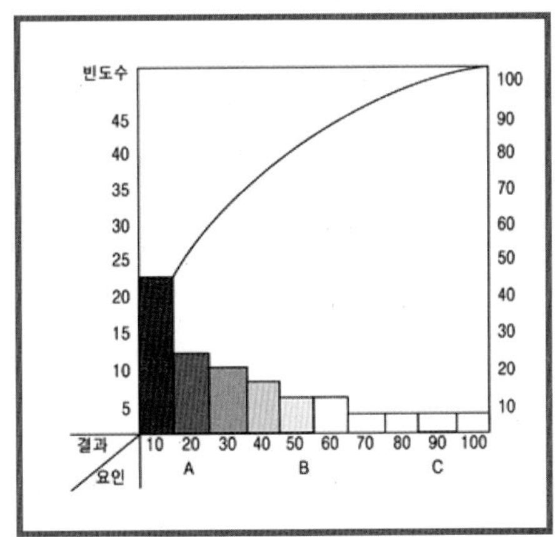

3) 층 별

층별이란 원인을 골라내는 방법으로 층별을 잘 하려면 다음 3가지에 먼저 착안하여야 한다.

① 그룹으로 나누자.

제조조건이 비슷한 것을 정돈하고 다른 것을 구별하여 몇 개의 그룹으로 나눈다. 나누는 것을 층별이라 하고 각 그룹을 층이라고 부른다.

② 비슷한 것을 모으자.

나눈 층 안에서는 비슷한 것이 모여서 산포가 작아지게끔 경험이나 기술적 지식을 활용한다.

③ 특성요인도의 큰 가지는 층별을 할 때에 이용한다.

4M. 즉 사람, 기계, 재료, 방법 등으로 나눈다. 또한 시간별·지역별·기후별 등으로도 생각한다.

4) 히스토그램

어떤 특성치의 구간별 발생빈도수 등의 자료를 쉽게 정리할 수 있는 기법으로, 보다 체계적인 통계분석의 준비과정에서 많이 사용된다. 이를 막대그림표로 옮겨 놓은 것을 도수분포표라고 한다.

5) 체크시트

자료의 수집·정리 및 분석에 쓰일 수 있는 가장 단순한 도식적 기법으로서, 예로써 작업자별/기계별/기간별 불량유형 및 발생상황 또는 불량원인별 불량품 수를 표시하는 데 사용된다.

6) 산점도(Scatter diagram)

두 변량 간의 상관관계를 개략적으로 파악할 수 있도록 해준다.

도표 13-13 산점도

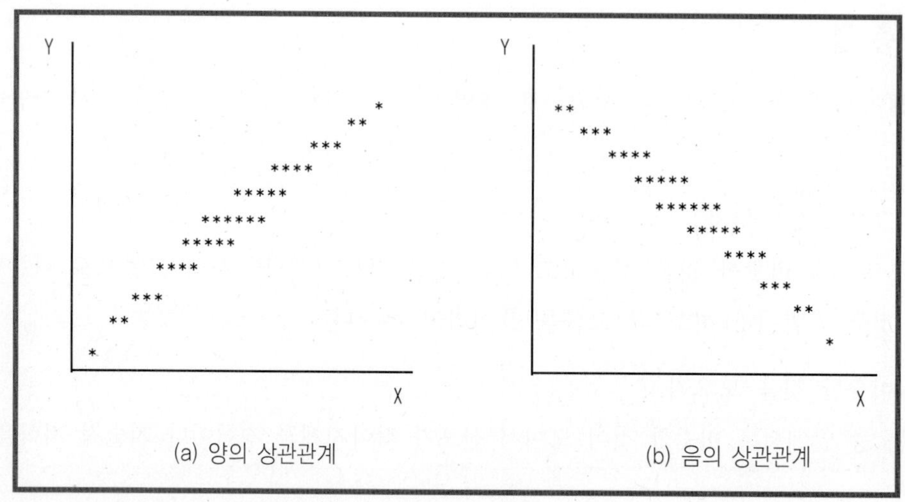

7) 관리도

공정능력을 파악하고 공정의 이상 유무를 파악할 수 있도록 해주는 도표이다.

도표 13-14 Q.C의 7가지 도구

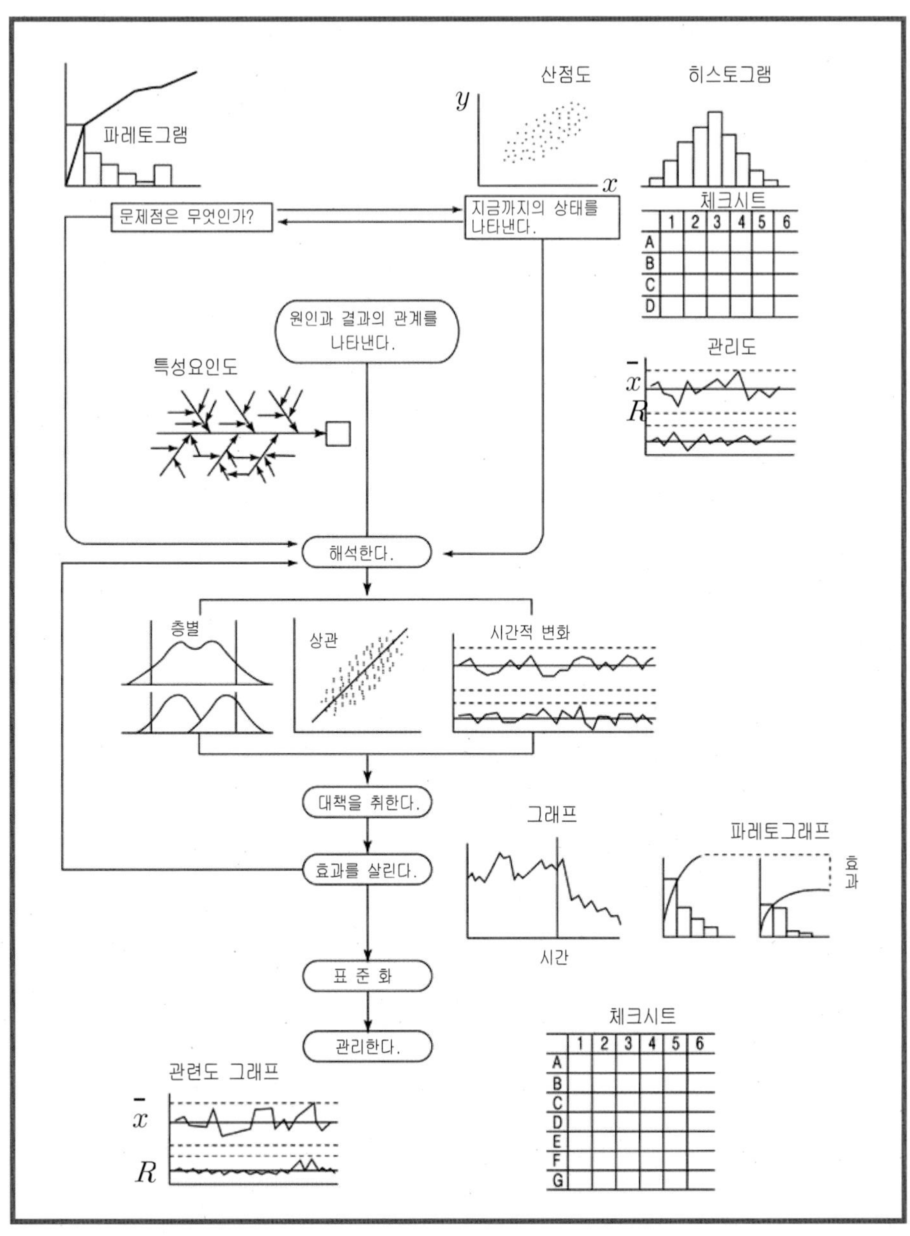

현업 실무를 도와주는 스토리텔링 생산경영 사례 연구

■ 6시그마를 알고 가자

시그마(sigma : σ)라는 통계척도를 사용하여 모든 품질수준을 정략으로 평가하고, 문제해결 과정과 전문가 양성 등의 효율적인 품질문화를 조성하며, 품질혁신과 고객만족을 달성하기 위해서 전사적으로 실행하는 21세기형 기업경영 전략이다. 1980년대 말 미국의 모토롤라(Motorola)에서 품질혁신 운동으로 시작된 이후 GE(General Electric)·TI(Texas Instruments)·소니(Sony) 등 세계적인 초우량기업들이 채택함으로써 널리 알려지게 되었다.

국내에서도 삼성그룹·LG그룹·한국중공업 등에서 도입하여 품질혁신에 성공함으로써 많은 기업들이 도입에 적극적인 관심을 보이고 있다.

6시그마는 다음 3가지로 설명된다.

① 통계적 척도로서 모든 프로세스(process : 제조·사무·서비스 등의 업무에서 활동을 수행하는 시스템)의 품질수준이 6σ를 달성하여 불량률을 3.4PPM(parts per million : 제품 백만 개당 불량품수) 또는 결함 발생수 3.4DPMO(defects per million opportunities) 이하로 하고자 하는 기업의 품질경영 전략이다.

② 효율적인 품질문화 정착을 위한 기업의 경영철학으로서 종업원들의 일하는 자세·생각하는 습관·품질 등을 중요시하는 올바른 기업문화의 조성을 의미한다. 여기서 효율적이란 주어진 여건 아래서 통계자료에 근거하여 최대의 효과를 올릴 수 있도록 지혜롭게 일하는 것을 뜻한다. 올바른 품질문화란 끊임없는 품질개선 노력을 통해 고객 요구에 맞는 품질의 제품을 경제적으로 설계·생산·서비스하기 위한 기업문화이다.

③ 품질경영을 위한 기업전략으로서 모든 프로세스는 6σ라는 품질수준의 목표를 가지고 있으며, 혁신적인 품질개선이 요구된다. 따라서 품질이 향상되고 비용이 절감되어 고객만족과 회사발전이 실현된다.

6시그마 운동을 효과적으로 추진하기 위해 고객만족의 관점에서 출발하여 프로세스의 문제를 찾아 통계적 사고로 문제를 해결하는 품질개선 작업과정을 '측정(measurement)·분석(analysis)·개선(improvement)·관리(control)' 4단계로 나누어 실시하고 있는데, 첫글자를 따서 'MAIC'라고 부른다. 우선 측정과 분석을 통해 제품의 문제점을 찾아내고, 문제 해결방법을 제시하여 실제로 개선작업을 실행한다. 마지막으로 이 과정을 제어·감시하여 품질의 개선상태를 유지하는 것이다.

• MAIC를 거쳐 최종적인 6σ 기준에 도달하는 도표

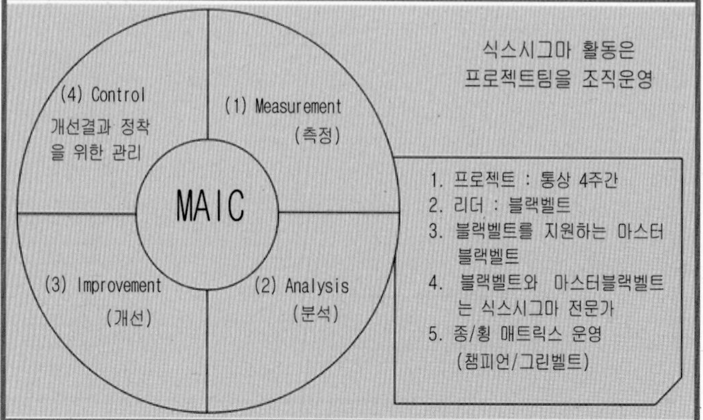

- 블랙벨트 : 식스시그마 활동을 착수하려는 기업에 식스시그마 콘셉트의 전도사, 식스시그마 기법의 교사역할을 담당하는 식스시그마 활동의 전임자, 최저 10건의 프로젝트를 동시병행적으로 지도
- 그린벨트 : 블랙벨트에 의한 식스시그마 콘셉트기법교육을 이수한 후 통상업무를 하면서 식스시그마 활동의 리더, 최저 1건의 프로젝트 관리

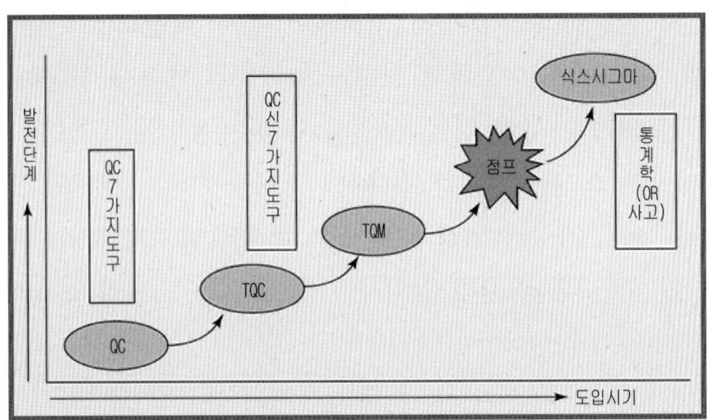

- 식스시그마의 대상범위

주된 테마	대상 부문
·경영개혁	전사
·업무효율화	부문
·간접 부문을 포함한 개선활동	직장
·작업개선	공정

식스 시그마 (경영방침은 대상외)
TQM(종합적 품질경영)
TQC(전사적 품질관리)
QC(품질관리)

- 기존기법과의 차이

	QC→TQC→TQM	식스시그마
대　상	결과	프로세스
기　법	임기응변적 대처	디자인
목표기준	불량, 에러	목표설정
최 적 화	부분 최적화	전체 최적화
품질레벨	현상의 품질	경영의 질
목표설정	추상적	구체적(논리적)
사업성공요인	연구, 지혜	관리레벨

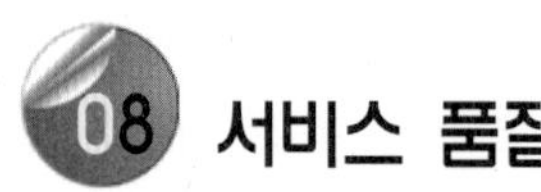

서비스 품질

1. 서비스란

서비스란, 단순히 제품이라든가 극히 기본적인 봉사 이상으로 가격과 이미지 혹은 그때 그때의 평판 등의 요소를 고려해 고객이 기대하는 내용을 제공하는 행위 전체를 말한다. 자동차의 구입자는 구입 전에, 구입하고 있는 동안에, 구입한 후의 각각의 단계에서 몇 가지의 서비스 제공행위를 기대하고 있을 것이다. 새로운 차의 전시법, 시승, 획일적이 아닌 응대, 자신의 입장에서 가장 유리한 할부지불, 신속한 수리, 나아가서는 고장 제로, 가능하다면 최고의 할인가격 등 고객의 기대에 부응하게끔 대응하는 행위를 말한다.

친절하고 느낌이 좋다는 것만으로는 진정한 서비스라고 할 수 없다. 물론, 상냥한 것 이상으로 좋은 것은 없으나, 그러나 전화기의 상대편에서 그녀가 미소짓고 있는 것이 보일지라도 알고 싶었던 정보를 입수하지 못했거나, 이야기하고 싶었던 상대에게 연결이 되지 않았거나, 오래 기다리다 허탕치거나 하면 아무런 의미도 없다. 여기에서는 공손함이 문제가 되는 것이 아니라, 방법적인 전화응답을 기대하고 있는 것이다. 접수가 친절한 병원과 실력은 있으나 괴팍한 성격의 의사가 있는 병원 중에서 어느 한쪽을 선택하라고 한다면 아마도 후자일 것이다. 양쪽 모두 겸비하고 있다 해서 서비스한다는 것은 「받들어 모신다」라는 의미가 아니다. 아직까지도 서비스는 하인이 주로 하는 것이라는 생각을 가지는 경향이 많다. 이 오해에 기인하는 거부반응의 좋은 사례로서 백화점의 일부 판매원은 구입할 생각이 있으시면 '다른 곳에 가서 물어보세요'와 같은 버릇 없는 응대를 가끔 하는 경우를 사례로 들 수가 있겠다.

고객이 없으면 기업은 성립할 수도 없고, 따라서 직업도 없다. 그리고 서비스가 없는 곳에는 고객도 없다는 것을 명심해야 한다.

2. 서비스 품질의 개념

서비스 품질은 서비스 고유의 특성들(무형성, 불가분성, 이질성, 소멸성)로 인하여 품질의 측정·관리가 쉽지 않다. 서비스 품질을 평가하는 객관적 측정치가 존재하지 않는 상황에서 서비스 품질을 평가하는 적절한 접근방법 중 하나는 품질에 대한 소비자의 지각(인식)을 측정하는 것일 수 있다.

고객들은 기본적인 서비스를 원하고 있다. 고객의 기대에 주요한 영향을 미치는 것은 가격이다. 고객들은 그들이 지불한 금액과 비례하여 그에 상응하는 서비스를 기대하고 있었다. 인터뷰에서 많은 고객들은 가격이 비싸면 서비스도 좋아야 한다고 생각하고 있음을 엿볼 수 있었다. 고객들은 귀한 돈을 지불했기 때문에 서비스기업도 양질의 서비스를 제공하여야 한다고 생각하고 있었다. 그러나 고객들은 자신들이 구입했다고 생각하는 기본적인 서비스에 많은 관심을 기울이고 있으므로 이에 초점을 맞추어 서비스 품질관리를 행하면 서비스 명성을 개선시킬 수 있는 기회를 얻을 수 있다고 본다.

도표 13-15 서비스에 대한 고객의 기대

서비스 업종	고 객	고객의 주요 기대사항
자동차수리업	일반 고객	* 우수한 기술 : 단 한번에 제대로 고쳐 달라. * 자세한 설명 : 그 부품이 필요한 이유를 설명해 달라. * 고객으로서의 대우 : 나를 고객으로 대우해 달라.
자동차보험업	일반 고객	* 즉각적인 정보제공 : 변경된 보험법을 즉시 제공해 달라. * 나의 입장에 대한 이해 : 내가 손해배상청구를 받았다고 해서 범인처럼 취급하지 말아라. * 공정한 처리 : 일이 잘못 처리될 때 나에게 피해를 주지 말라. * 재난으로부터 보호 : 사건발생 시 재산을 보호해 달라. * 신속한 서비스 : 손해배상청구를 빨리 처리해 달라.
호텔업	일반 고객	* 깨끗한 방 : 벌레 제거, 카펫을 깨끗하게 청소해 달라. * 안전한 방 : 튼튼한 열쇠와 밖을 볼 수 있는 문구멍을 만들라. * 손님다운 대접 : 방을 줄 것인지 안 줄 것인지에 대해 종업원의 눈치를 살피게 하지 말라. * 약속 지키기 : 약속한 방을 준비해 달라.
손해보험업	법인 고객	* 의무이행 : 계약대로 지불하라. * 나의 사업에 대한 이해 : 보험회사가 나와 나의 회사를 알기를 원한다. * 재난으로부터 보호 : 손실이 나지 않게 위험을 보장해 달라. * 신속한 서비스의 제공 : 손해배상처리를 신속히 해 달라.
사무기기수리업	법인 고객	* 긴급함 : 고객요구에 신속한 반응을 해 달라. * 유능함 : 매뉴얼을 보고 그 내용을 알 수 있어야 한다. * 준비성 : 모든 부품을 항시 보유하고 있어야 한다.

3. 서비스 품질의 특성

품질관리에 있어서 중요한 서비스 품질의 특징은 다음과 같다.

① 무형성

서비스의 정의에서 언급한 것과 같이 서비스는 "행위"라든가 "기능"으로서 파악되는 무형의 상품이며, 유형의 상품인 물품과 구별되어 있다. 다만, 서비스 그 자체는 무형의 상품이지만, 서비스가 실현되는 프로세스는 볼 수가 있으며, 서비스 제공자의 "마음"이 "태도"(표정, 동작, 말씨 등)로서 표현되는 것을 망각해서는 안 된다.

② 일과성

서비스는 어떤 정한 시간에만 존재하고, 끝나면 소멸해 없어진다. 당사자가 기록을 남기는 노력을 하지 않는 한, 그때의 상황은 제3자에게는 이해가 되지 않는다.

③ 비저장성

서비스는 생산과 소비가 동일한 시간과 장소에서 행해지고, 저장, 재고, 운송은 할 수 없다. 따라서 물품과 같은 샘플을 만들 수 없기 때문에 소비자는 사전에 제공되는 서비스를 확인하는 것이 불가능하다.

④ 즉시성

비저장성과도 관련되는데, 서비스는 고객의 요구에 따른 임기응변의 개별적 대응이 요구된다. 교육과 경험이 이것을 뒷받침해 준다.

⑤ 비재현성

일과성과 관련하여 같은 것을 재현하는 것은 극히 곤란하다. 기업 측으로서는 종업원 간의 제공품질에 큰 불균형이 나타나지 않도록 교육훈련을 철저히 할 필요가 있다.

⑥ 불가역성

일과성, 즉시성이기 때문에 번복할 수가 없다. 물품이라면 교환하면 되는 경우가 있지만, 서비스는 교환이 되지 않는다. 특히 인간이 제공자이며, 소비자에 대한 각종 케이스가 많은 점이 문제를 복잡하게 한다. 부적절한 서비스를 제공했을 경우에 사후처리의 좋고 나쁨이 종합적 평가를 크게 좌우한다.

⑦ 다요소성

서비스의 품질을 구성하는 요소는 다양하므로 제공자의 프로세스에 따라 시간경과에 따른 그 순간마다에 고객이 느끼는 개개의 서비스에 대한 평가를 행하고 있으며, 모든 서비스 프로세스가 완료된 뒤에 고객은 제공받은 서비스의 종합적 평가를 한다. 고객이 다시 방문하고 싶다고 생각하느냐 아니냐는 종합적 평가의 결과로 결정되는데 제공측은 각 프로세스마다의 서비스의 품질을 구성하는 요소를 명확히 하여 그 하나하나에 대한 품질관리를 하여야 한다.

⑧ 정서성

서비스만이 아니고 최근 상품에 대해서도 기능면과 정서면을 중시하게 되는데, 고객이 서비스를 요구하고 있는 것은 다음과 같이 두 가지 측면이 있다.

- 기능적인 면 : 편리성, 조속성, 신속성, 정확성, 평안함, 저렴성 등
- 정서적인 면 : 관능적 즐거움, 우월감, 안심감, 안락감 등

또한 그 품질요소에는 상품의 경우와 같이 "당연적 품질", "매력적 품질", "일원적 품질"의 세 종류가 있다. 제공측은 고객의 "사전기대"를 고려하여 그 기업의 서비스의 특성을 명확하게 제시할 수 있는 서비스의 기획·실시를 행할 필요가 있다.

도표 13-16 서비스 프로세스에 의한 분류도

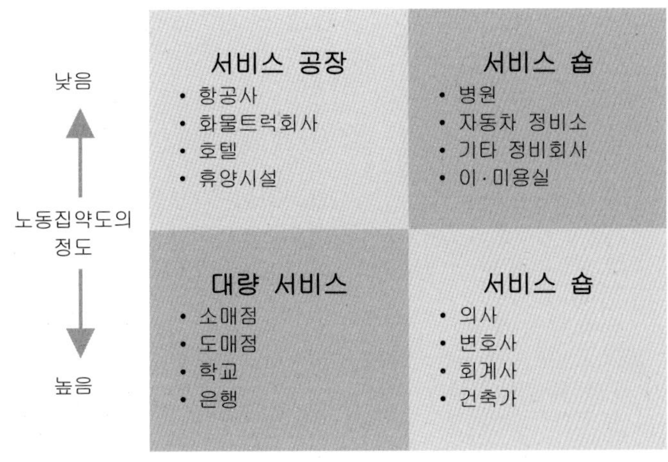

도표 13-17 상품 분류 체계에 의한 서비스 분류

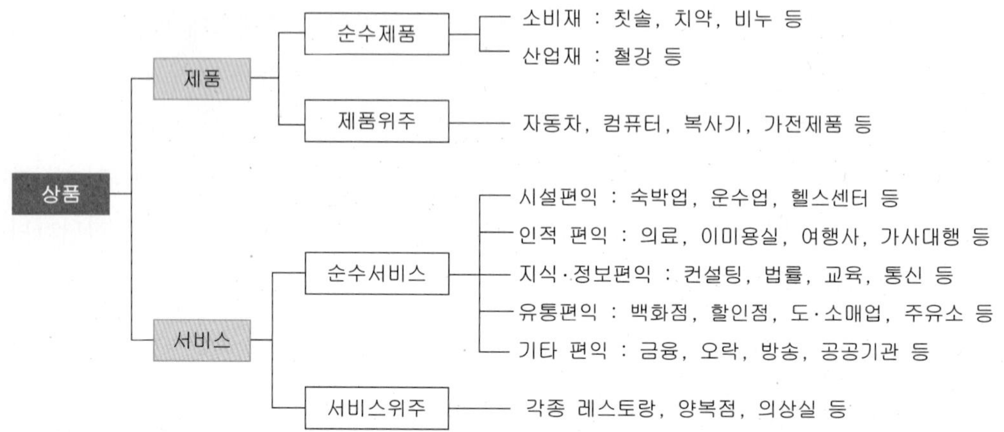

4. 고객이 요구하는 서비스 품질 특성

원래 SEVQUAL은 서비스 위험과 관계없이 고객이 서비스 품질을 평가하는 데 있어서 10가지 서비스 품질 차원을 제시하였다.

도표 13-18 서비스 품질 차원

차 원	정 의
신뢰성 (reliability)	서비스수행과 고객믿음과의 일관성, 서비스의 정확성 예 청구서, 장부기록의 정확성, 수행시간의 일관성
반응성 (responsiveness)	종업원의 의지, 준비성 적시 제공 예 즉시배달, 신속처리
능력 (competence)	필요한 기술과 지식 보유 예 종업원의 기술과 지식, 조직의 조사능력
접근성 (access)	접근가능성과 접촉의 용이성 예 전화로의 접근용이성, 영업시간 및 설비위치, 대기시간의 편리성
예의 (courtesy)	접촉종업원의 예절, 친절, 호의, 존경 예 고객특성 배려, 깔끔한 종업원의 외모
의사소통 (communication)	고객이 이해할 수 있는 용어로 설명 예 서비스 자체와 비용에 대한 설명, 서비스와 비용 간의 교환관계 설명, 문제처리에 대한 확신감 부여
신용성 (credibility)	신뢰, 믿음, 정직성 예 기업명, 기업평판, 접촉종업원의 개인적 특성, 고객과의 상호작용
안전성 (security)	위험, 의심으로부터의 자유 예 물리적 안전, 재무적 안전, 비밀보장
고객이해 (understanding)	소비자의 욕구를 이해하고자 하는 노력 예 고객의 특별한 욕구파악 및 관심제공, 정규고객 파악
유형성 (tangibles)	서비스의 물리적 증거 예 물리적 시설, 종업원 외모, 설비 및 도구, 서비스시설 내의 다른 고객들

그러나 10개 차원의 서비스 품질요인을 분석하여 고객이 요구하는 5가지 수준으로 축소하여 제시하였는데, 이를 서비스 품질의 측정으로 사용하고 있다.

도표 13-19 서비스의 5가지 품질 특성

품질 특성	정 의	품질 특성에 대한 포커스그룹의 내용
신뢰성 (reliability)	약속한 서비스를 믿을 수 있고 정확하게 이행하는 능력	계속 전화를 하여도 잘못된 부분을 고쳐주지 않아 울화통이 터진다. 어떤 때는 문제점들을 너무 빠르게 처리한다. 그러나 차를 고친 뒤 똑같은 문제로 다시 차를 집어넣어야 한다. 신경써서 문제점을 완전히 고쳐주면 좋겠다.
유형성 (tangibles)	서비스의 유형적 단서; 물적 시설, 기구, 구성원의 용모, 계약서, 대화	서비스공장이 너무 춥고 딱딱하고 시설투자에 인색하다. 광고만 번지르르하게 한다. 그러나 가보면 별 것 아니다.
반응성 (responsiveness)	고객에 신속하고 즉각적인 서비스를 제공하려는 의지	서비스 요구전화를 하고 기다리지만 전화를 해주는 사람이 없다. 보험을 새로 들 때는 반응이 있지만 문제가 있을 때는 반응이 없다.
보증성 (assurance)	믿고 의지할 수 있는 구성원의 지식과 능력, 예의, 진실성	경쟁 보험회사로부터 정보를 얻게 되었을 때 우리 보험회사에 확인을 하여 내가 보험을 잘 들었는가 알아본다.
공감성 (empathy)	고객을 보살피고 개인적인 주의를 기울이는 것	보험통계에 익숙하고 잘 이해하고 있는 사람과 대화하면 좋겠다. 잘 모르는 보험모집인과는 대화하고 싶지 않다. 듣기를 원치 않는다.

5가지 품질 특성 중에 신뢰성은 서비스의 결과와 관련이 있는 반면에, 유형성, 반응성, 확신성, 감정이입 등은 서비스의 과정과 관련이 있다. 즉, 고객들은 제공받은 서비스의 신뢰성을 평가하는 반면에, 서비스가 제공되는 과정에서는 유형성, 반응성, 확신성, 감정이입 등의 품질을 판단한다.

그러나 SERVQUAL은 다음과 같은 문제점을 내포하고 있다. 첫째, SERVQUAL 모델은 특정 서비스 산업에서 이상적인 기업에 대한 고객의 기대를 측정하고 있기 때문에 실제로 고객들이 서비스를 제공받고 있는 기업이나 산업에 관련되지 않을 수도 있다. 둘째, SERVQUAL 모델 자체가 측정산업에 적용되는 것이 아니기 때문에 어떤 서비스 산업에 특유한 변수를 측정할 수 없는 SERVQUAL 범용성의 문제이다. 셋째, SERVQUAL이 서비스 품질을 측정하는 데 있어 사용하는 GAP 분석방법의 문제로서 어떤 서비스가 제공된 이후에 고객의 기대를 측정하는 것은 고객의 반응을 왜곡시킬 수 있다는 것이다. 넷째, 비교적 구체적으로 측정가능한 예측적 기준하의 기대 개념과 달리 규범적 기준하에서 소비자기대를 개념화하고 측정하는 것은 많은 문제점을 가질 수가 있다는 것이다.

1) 카노 모형

카노 모형(Kano model)은 품질기능전개 혹은 다른 방법으로 파악한 설계 특성들을 고객만족 측면에서 개념화하는 데 흥미로운 방법이다. 카노 모형은 설계 특성들을 고객의 니즈와 만족 사이의 관계에 따라 '필수 특성, 기대 특성, 감동 특성' 등 세 가지 범주로 나눈다.

필수 특성은 기본적인 수준의 만족을 낳는다. 하지만 그것은 어느 수준을 넘어서면 더 이상 고객만족을 끌어올릴 가능성은 없다. 예를 들어, 냉장고 전기코드 길이의 경우 일정수준이 되면 그 이상으로 늘려도 고객의 만족을 증가시키지는 않는다. 마찬가지로 밀가루를 더 희게 한다든지 껌을 4주 동안 씹어도 여전히 그 맛이 유지되도록 하더라도 고객만족이 그 만큼 더 커지지는 않는다. 이와는 대조적으로 '기대' 특성은 고객만족을 계속 증가시킨다. 예를 들어, 타이어나 지분의 수명은 길면 길수록 고객의 만족도 상응하여 증가한다. 하지만 가장 큰 만족은 '감동' 특성에서 나오며, 아마 고객으로부터 감탄사를 자아낼 것이다.

개발하고자 하는 제품이나 서비스의 대하여 각 점주에 속하는 설계 특성들을 파악하여 우선 필수 특성들을 반영한 다음, 다른 두 가지 범주의 특성들에 대하여서는 비용 편익 분석을 통하여 소기의 개발 목표를 달성하도록 하는 접근이 한 가지 설계 전략일 수 있다. 이것은 보기만큼 쉽지 않을 수도 있는데, 감동 특성들은 파악하기가 가장 힘들기 때문에 특히 어렵다. 사실 감동할 당사자인 고객 자신들이 무엇이 자신들을 감동시킬지 표현하지 못할

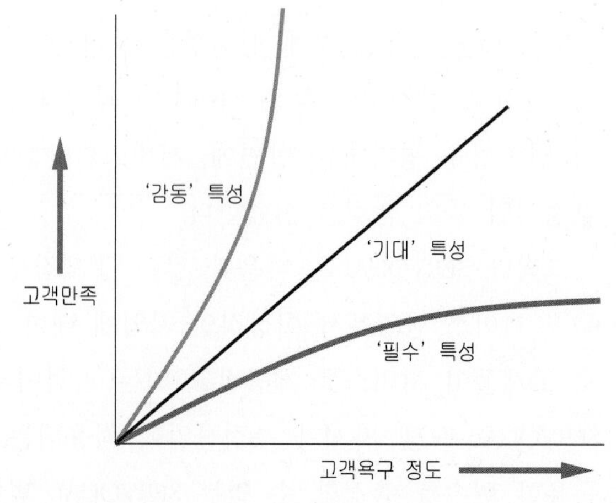

지도 모른다. 따라서 이런 감동 특성들을 파악하기 위해서는 시행착오와 같은 다른 대안을 강구할 필요가 있다.

2) 레스토랑 고객서비스 모형의 사례

서비스 전달은 서비스 경험의 처음부터 끝까지 고객 기대에 부응하여야 한다. 고객은 서비스 제공 프로세스에 참여하기 때문에, 자신이 직접 경험하고 눈으로 관찰한 서비스 요소들이 서비스 품질에 대한 그들의 생각에 크게 영향을 미친다. 서비스가 제공되는 주변 여건 조사는 서비스에 대한 고객의 의견을 체계적으로 평가하는 데 필요한 경영도구로서 사용될 수 있으므로 서비스 관련 문제를 미연에 방지할 수 있도록 해준다. 현장서비스 실가(Walk-through Audit : WtA)는 관련 서비스에서 개선이 필요한 분야를 파악하기 위해 고객에 초점을 맞춘 조사방법이다.

고객이 해주고 싶은 말...

____

____

____

내용 / 평가	매우 훌륭함	훌륭함	보통이다	나쁘다
가격대비 음식의 질				
서비스 제공속도				
서비스 친절도				
청결함				
분위기				
식음료의 종류				

성명 : ____________________

주소 : ____________________

레스토랑의 위치 : ____________ 날씨 : ________

휴대폰 번호 : ____________________

레스토랑 방문 고객만족 조사표.

이 조사방법은 음식점에 외식을 해본 고객의 경험을 바탕으로 42개의 문항으로 구성되어 있다. 이 조사는 주차장에서 레스토랑 입구에 이르기까지, 레스토랑 안으로 들어와 입구의 안내원의 인사를 받고, 대기장소에서 기다리다 마침내 식탁에 자리를 잡을 때까지, 그리고 메뉴를 주문하고 음식을 받아 식사를 한 뒤 마지막으로 계산서를 받아 음식 값을 지불할 때까지의 전체 과정에 대한 질문들로 이루어져 있다. 이 설문조사에 포함되어 있는 질문들은 다음과 같은 아홉 가지 범주로 구분되어 있다. ① 유지보수와 관련된 사항, ② 직접 대면해서 제공받은 서비스 사항, ③ 기다리는 동안 서비스 관련 사항, ④ 식탁 및 자리 배치, ⑤ 분위기, ⑥ 제공된 음식의 모양새, ⑦ 계산서 제시, ⑧ 권고 및 묵시적인 판매 권유, 그리고 ⑨ 봉사료에 관한 것이다. 따라서 고객이 서비스를 제공받으면서 겪는 총체적인 경험을 처음부터 끝까지 되새겨 살펴볼 수 있다.

13장

연 습 문 제

1. 공급자에 대한 보호와 구입자에 대한 보증의 정도를 규정해 주고 공급자의 요구와 구입자의 요구 양쪽을 만족하도록 하는 샘플링검사 방법은?

㉮ 조정형 샘플링검사
㉯ 규준형 샘플링검사
㉰ 선별형 샘플링검사
㉱ 연속생산형 샘플링검사

2. 파이겐바움이 분류한 품질비용의 기본 3가지에 해당되지 않는 것은?

㉮ 예방비용　　㉯ 평가비용
㉰ 실패비용　　㉱ 검사비용

3. 다음 중 샘플링검사 방식에 속하지 않는 것은?

㉮ 규준형 샘플링검사
㉯ 조정형 샘플링검사
㉰ 워크샘플링검사
㉱ 연속생산형 샘플링검사

4. 품질의 분류에 속하지 않는 것은?

㉮ 설계품질　　㉯ 비용품질
㉰ 제조품질　　㉱ 시장품질

5. Q.C의 7가지 도구 중 원인과 결과를 나타내는 것은?

㉮ 특성요인도　　㉯ 파레토그림
㉰ 층별　　㉱ 산점도

6. TQM의 탄생 배경을 간략하게 쓸 것.

7. 품질비용 3가지를 쓰시오.

8. Q.C.의 7가지 도구를 쓸 것.

9. 서비스의 5가지 품질특성을 적을 것.

10. 카노 모형의 3가지 특성을 적을 것.

제 14 장

현장의 원가절감을 위한

품질분임조 활동

분임조 활동의 기본은 좋은 인간관계부터 시작이다. 제인구달과 침팬치의 관계

01 분임조의 정의

품질분임조란 같은 직장 내에서 작업 및 업무와 관련된 문제점을 찾아내고, 이에 대한 해결방안을 찾아서 실행에 옮길 목적으로 자발적 모임을 지속적으로 갖는 소집단이라고 정의할 수 있다.

02 분임조 활동의 이념

① 지속적인 교육훈련과 능력을 개발하면서 개개인 간의 유대를 강화할 수 있다.

② 리더를 중심으로 공식·비공식 인간관계를 형성하여 개인과 가정의 인간다운 삶을 추구하면서 직장에서의 자발적인 참여와 근로의욕을 고취할 수 있다.

③ 제안제도 등 다양한 분임조 활동을 통하여 품질, 생산성 및 원가절감 등을 끊임없이 추구할 수 있다.

④ 분임조 간의 교류와 화합을 유도함으로써 기업 내 모든 부문이 주어진 품질 목표를 향해 같은 방향으로 의지와 행동을 결집할 수 있다.

⑤ 분임조의 건전한 활동을 통하여 노사 간의 불필요한 마찰을 줄이고 노사 안정을 이룩할 수 있어 기업의 중장기적 발전 전략을 지속적으로 추진할 수 있다.

⑥ 분임조 내 리더의 리더십이 자율적인 경쟁으로 개발되어 국제경쟁에 대처할 수 있는 유능한 리더를 많이 확보할 수 있다.

⑦ 특히, 고도산업 사회는 개개인의 창의와 자발적인 참여를 전제로 하므로 분임조를 조직하고 활성화하는 것이 기업 목표에 대한 종업원으로부터 상향적 도전이 가능하게 된다.

1. 분임조 활동 진행절차

1) 분임조 편성

① 소속팀장이 지침을 받아 분임조 편성

② 분임조장은 리더십이 있는 자로 선정
③ 서기는 문장구성력이 있는 자로 선출

2) 분임조 등록

분임조 등록신청서를 작성하여 소속팀 결재 후, 품관팀에 원본 제출(파일 전체)

3) 활동주제 선정

활동주제는 현재 개선할 필요성이 높거나 기대효과가 큰 사항으로 분임원이 협의하여 결정하고 선정사유를 구체적으로 기록

4) 활동계획서 제출

① 활동계획서는 추진단계별로 담당자와 일정을 포함하여 기록하고 활동파일로 소속팀의 결재를 거쳐 품관팀에 제출 내용 검토
② 소속팀장은 활동주제의 업무적합성과 계획사항을 검토하고 필요 시 적절한 변경을 지시할 수 있음.
③ 활동에 필요한 지원사항을 파악하여 자원분배계획에 반영(소속팀장)
④ 소속팀은 활동파일을 품관팀에 이첩하고 품관팀은 활동상황의 종합적 취합관리

5) 활동 실시

① 분임조는 활동계획에 따라 개선활동을 실시하며 단계적 추진스케줄을 참고하여 3개월 내 종결될 수 있도록 일정관리
② 모든 활동은 기록과 관련근거(사진, 조사자료, 기타 데이터)를 첨부하여야 하며 개선 전과 후의 효과가 비교될 수 있도록 할 것
③ 매 정기회합 시마다 일지를 기록하여 소속팀에 제출하여 평가를 받고 소속팀은 품관팀에 관련 파일을 이첩할 것

6) 활동완료 보고

① 활동이 완료되면 결과를 취합하여 보고하고 유형효과와 무형효과를 산출하되, 소

요비용을 제의

② 활동완료 보고는 '소속팀 → 품관팀 → 경영자' 순으로 검토하며 사실증명이 되어야 함.

7) 표준화 실시

① 분임조는 개선활동 결과를 표준화하여 업무수행 시 개선안대로 시행될 수 있도록 함.

② 표준화는 지도사원의 도움을 받아 작성하고 분기 말 발표를 할 수 있도록 정서하여야 함.

8) 평가 포상

① 품관팀은 개선활동 및 표준화 실태를 조사하여 평가를 실시하고 포상을 품의

② 품관팀은 분기 말 발표대회가 이뤄질 수 있도록 전반적인 개선관리를 진행

9) 개선실적 발표

각 분임조는 활동내용을 근거로 발표대회에서 개선실적을 발표함.

2. 분임조 활동 단계별 핵심

1) 주제 선정

주제 선정은 활동대상을 선정하는 단계로 활동 성공의 70~80%를 좌우한다고 할 수 있다. 왜냐하면 산재한 많은 문제를 분임조에서 모두 해결할 수 있는 것은 아니며 분임조의 능력이 천차만별로 차이가 나기 때문이다.

"시작이 좋으면 끝이 좋다."는 격언처럼 주제 선정에 신중을 기해야 되겠다.

(1) 주제 선정을 위한 문제점 파악

① 문제점을 나열한다.

현상타파적인 것, S(Sale 매출), Q(Quality 품질), C(Cost 원가), D(Delivery 납기), M(Moral 사기), S(Safety 안전) 등에 관한 것

② 문제점 분류 : 여러 개 중에서

- 제안으로 처리할 수 있는 것.
- 응급조치할 수 있는 것
- 건의할 수 있는 것
- 분임조 활동을 해야 하는 것 등으로 분류를 한다.

③ 선 조치를 한다. : 문제점으로 분류된 항목 중에서

- 제안
- 응급조치
- 건의

④ 분임조 활동에 대한 문제점을 파악한다.

도출된 문제점 중 분임조 활동에 적합한 안건을 선정하기 위해 문제점을 파악한다. 여기서는 L형 매트릭스도법을 이용, 주제의 적합성을 검토하는 경우에 대하여 알아본다.

(2) 주제를 올바르게 선정하는 방법(L형 매트릭스도)

(범례 : ◎: 5점, ○: 3점, △: 1점)

평가종목 / 항목	해결가능성	시급성	참여도	연관성	점 수	채 택
A						
B						
C						
D						
E						

① 가로 항목에는 해결가능성, 시급성, 참여도, 연관성(부서장 방침, 업무) 등의 평가 항목들을 나열한다.

② 평가항목이 다 똑같이 적용될 수는 없다. 능력이 있는 분임조는 효과에 비중을, 처음 시작하는 분임조는 쉬운 것부터 시작한다.
그래서 평가항목에 대한 가중치를 줄 수 있다.

앞의 예에서 해결가능성-3, 시급성-2, 참여도-1, 연관성-1 등 가중치 부여 시 주의할 점은 최고가 최소의 3배 이내로 한다. 많이 주면 1가지로 결정되는 경우가 있다.

③ 세로 항목에는 각 분임조들이 제시한 안건 중 분임조 활동에 적합한 4~7개를 선정한다.

④ 각 문제점에 대하여 ◎-5점, ○-3점, △-1점(여기서 ×표시는 부정의 의미를 나타낸다고 하여 사용하지 않는 것이 좋다고 한다) 점수를 부여하고 평가를 하여 최고 점수를 얻은 것을 주제로 채택한다.

⑤ 이렇게 매트릭스도를 이용해서 평가하는 이유는 전원의 의견을 반영하게 되어 중도 포기 발생을 방지하고, 사후에 불평이 나오는 경우도 방지할 수 있기 때문이다.

(3) 선정된 주제에 대한 의지력 결핍

주제 선정 후 전원이 공감을 하고 의지력을 결집하기 위해 활동 주제에 폿말(활동주제, 분임조명, 활동기간 등)을 붙이고(눈으로 보는 관리) 주제를 해결하겠다는 강력한 의지를 표현한다.

(4) 부주제(Sub Theme)에 대한 고려

주주제를 해결해 나가는 과정에서 부주제로 해결할 수 있는 건수는 없는지를 고려한다.

(5) 주제 표현방법

주제의 표현은 분임조 활동대상을 명확히 표현해 주어야 되기 때문에 원인(방법)+결과로 명확히 표현한다. 주제의 잘못된 표현으로 현상파악의 대상을 잘못 찾는다든가, 주제와 상관없는 활동결과를 가져오는 경우를 흔히 볼 수 있다.

예) '○○○ 제품 불량 감소로 품질 향상', '○○○방법 개선으로 생산성 향상 및 원가 절감' 등의 경우 불량 감소와 품질 향상, 생산성 향상과 원과 절감 등은 상호 대응관계가 명확한 것이므로 적절치 못하며, 주요 수단과 주요 목표 항목 하나만을 명확히 표현하면 될 것이다.

(6) 주제 선정 동기

선정된 주제는 해결해 나가는 과정에서 성취감과 능력을 향상시킬 수 있는 주제로서 분임조원 전원이 주제에 대하여 납득할 수 있어야 하며, 특성치를 명확히 하기 위하여 주제 선정 동기를 명확히 밝힌다.

2) 활동계획 수립

관리수법 중의 아주 기본적인 것이지만 PDCA 사이클이 있다.
이 PDCA의 수레바퀴를 제대로만 굴려나간다면 훌륭한 활동결과를 얻을 수 있다.
계획 없이는 활동이 없을 것이다.

(1) 활동계획 수립방법

① 5W1H로 분석한다.
5W1H: What(무엇을), Who(누가), Why(왜), How(어떻게), When(언제), Where(어디서)
② 5W1H로 분석한 내용을 PDCA 사이클에 충실하게 간트차트로 일정계획을 수립한다.

3) 현상파악

'품질관리는 사실, 데이터로 말한다.'는 말이 있다. 우리가 주제를 선정했다는 것은 문제가 있다는 것이다. 그렇다면 현재 상태의 문제를 데이터로 나타내어야 한다.

어떻게 나타내는가는 그리 어렵지 않은 수법이 필요하다. 간단한 못을 하나 빼려고 해도 맨손으로 뽑을 수는 없지 않는가? 돌멩이라는 하찮은 도구라도 있다면 다소 쉬울 것이다. 이와 같이 품질관리수법은 도구이다. 망치를 사용해야 할지, 못 빼기를 사용해야 할지, 펜치를 사용해야 할지는 그때그때 상황에 따라 선택해야 한다.

4) 원인분석

현상파악 단계에서 중점관리 항목(중점공략 대상)을 이미 찾아내었다. 원인분석 단계에서는 이 중점관리 항목에 대한 핵심 요인을 도출해 내어야 된다. 우리의 의지력을 총동원하여 인내력을 가지고 수많은 아이디어의 발상과 발상의 전환을 통해 모든 선입

관을 버리고 새롭고도 신선한 아이디어를 창출해 내어야 할 것이다.

원인분석 단계에서 사용되는 QC도구로는 특성요인도와 연관도가 주로 사용되는데, 새로운 아이디어의 창출이 요구되는바, 아이디어 발상법에 대한 학습이 먼저 요구된다. 여기서는 흔히 많이 쓰는 특성요인도에 대해서 설명하고자 하는데, 충실히만 활용한다면 이것만으로도 현장의 문제를 90%는 해결할 수 있다고 생각된다.

5) 목표설정

목표치를 설정하는 이유는 지향해야 할 목표를 분명히 설정하고 이를 향해 열심히 달리기 위한 것이다. 무엇을 어느 정도 달성해 보겠다는 것을 구체화하는 단계이다.

6) 대책수립 및 실시

원인분석에서 채택된 문제점 항목에 대하여 구체적으로 개선책을 수립하는 단계로 원인분석과 마찬가지로 수많은 아이디어를 필요로 하기 때문에 고민하는 사람에게 좋은 대책이 수립될 것이다.

3. 분임조 활동에서 요구되는 아이디어 도출법

1) 브레인스토밍(Brain Storming)

(1) 개 념

1914년 미국의 광고업자 알렉스 오스본(Allex F. Osborn)에 의해 창안된 회의방식의 하나로 몇 사람이 모여 어떤 주제나 문제에 대해 다양한 많은 의견이나 아이디어를 내도록 하는 기법이다.

(2) 기본원칙 4가지

① 좋고 나쁘다는 비판은 절대로 금한다.
② 틀에 얽매이지 않는 자유분방한 사고를 환영한다.
③ 질(質)보다는 양(量)을 추구한다.
④ 타인의 아이디어에 편승하여 발전시킨다.

(3) 진행절차

진행 순서	진행 요령
1단계 다룰 주제나 문제를 설명한다.	• 리더는 다루고자 하는 문제나 주제를 팀원들이 명확하게 이해하도록 설명한다. • 리더는 팀원들에게 브레인스토밍의 기본원칙 4가지를 간략히 설명하고, 모두의 적극적인 참여를 요청한다.
2단계 의견이나 아이디어를 메모한다.	• 팀원 모두(리더 포함) 개인별로 문제나 주제에 대한 자신의 의견이나 아이디어를 종이에 가능한 많이 메모하도록 한다. • 메모하는 동안에는 개인의 자유로운 발상을 방해할 수 있으므로 옆 사람과의 대화를 금지시킨다. • 메모는 3~5분간 하도록 한다. • 메모 후 발표는 한 사람씩 돌아가면서 할 것임을 미리 알린다.
3단계 의견이나 아이디어를 발표하고 기재한다. 순차발표 ⇩ 자유발언	• 리더의 요청에 따라 한 사람씩 돌아가면서 한 가지씩만 발표하도록 한다. • 발표는 누구부터 해도 상관 없다. • 리더는 팀원들에게 편승발언을 할 수 있음과 편승발언을 해도 발언 순서는 바뀌지 않음을 알린다. • 리더나 서기도 차례가 되면 발표한다. • 리더나 서기는 팀원의 발표내용을 칠판이나 차트에 가급적 그대로 기재한다. (단, 내용이 너무 긴 것은 요약하고 모호한 것은 명료하게 조정한다.) • 아이디어가 떠오르지 않거나 준비가 덜 된 사람은 'Pass'라고 말하고 다음 사람이 발표한다. • 리더는 최소한 2번은 돌려 발표시키고, 3번째 이후 'Pass'가 절반 이상이 되면 자유발언을 허용한다. • 자유발언 시에는 한 사람이 몇 개씩 발언해도 좋다.
4단계 제시된 의견이나 아이디어에 대해 토론한다.	• 의견이나 아이디어가 더 이상 나오지 않으면 토론을 시작한다. • 제시된 의견이나 아이디어가 다루고 있는 문제나 주제에 적합할 것인가에 초점을 맞추어 수정·보완하거나 삭제한다. • 의견이나 아이디어 중 유사하거나 표현만 다른 것은 팀원의 동의를 얻어 하나의 표현으로 묶는다.

[**실습** 1] 팀별 또는 개인별로 배운 기법을 활용하여 실습을 해보자.

2) 결점 열거법

(1) 개 념

아이디어를 내는 것은 문제가 있기 때문이다. '왜 산에 오르는가?'라는 의문에 '산이 거기에 있기 때문이다.'라고 대답을 한 사람이 있다. '왜 아이디어를 내지 않으면 안 되는가?'라고 질문을 한다면, '문제가 거기 있기 때문이다.'라고 대답할 수 있다. 그리고 문제가 있다는 것은 본질적으로 무엇인가의 결점이 있기 때문이다.

특성 열거법으로 세분화하여 아이디어를 낼 때에도 결국 최종 목적은 더욱 좋은 특성으로 바뀌기 위한 아이디어를 내고 있다는 것이다. 그러므로 의식을 하고 있든지 그렇지 않고 있든지 무엇인가의 결점을 발견하고 있는 것이다.

그래서 결점이 눈에 나타나면 '그 결점을 없으려면 어떻게 하면 좋을까.'라는 극히 아이디어가 나오기 쉬운 상태에 놓이게 되므로 차라리 결점을 나열해 보자는 것이 결점 열거법이다.

(2) 적용예

적용예 우산의 결점을 나열한 것이다.

① 자주 잃어버린다.
② 천이 잘 찢어진다.
③ 바람이 불면 잘 뒤집혀진다.
④ 짐이 된다(햇빛이 날 경우).
⑤ 지하철이나 버스 안에서 다른 사람의 옷을 적신다.
⑥ 애인이나 부인과 데이트할 때 어깨가 젖는다.
⑦ 우산의 살이 녹는다.
⑧ 가격이 비싸다.
⑨ 접었다 폈다 하는 것이 귀찮다.
⑩ 정지 고리가 잘 작동되지 않는다.
⑪ 살 끝이 위험이다.
⑫ 앞이 보이지 않는다.
⑬ 펼 때 손이 우산살에 낀다.
⑭ 양산으로 사용하기 어렵다.

[실습 2] 팀별 또는 개인별로 배운 기법을 활용하여 실습해 보자!

주 제	
착 상	
개선안	

3) 희망점 열거법

(1) 개 념

결점 열거법은 문제점을 파악하는 방법으로서 매우 소극적인 방법이다. 즉, 현재 어떤 물건의 결점을 바꿀 뿐이기 때문이다. 다시 말하면 본질적인 것에서 벗어난다는 것은 매우 어렵기 때문이다.

희망점 열거는 그 '물건'에 대해서 '이렇게 되었으면 좋겠다.'라고 생각하는 것을 정리하는 것이므로 단순히 그 결점을 뒤집은 것처럼 보일지 모르지만 적극적으로 희망을 말하게 하면 단순히 결점을 뒤집은 것 이상으로 더 좋은 것이 많이 나온다.

(2) 적용예

적용예 이런 옷이 있었으면 좋겠다는 식으로 희망점을 열거해 보자.

① 단추가 없는 옷이었으면
② 가벼운 옷이었으면
③ 안팎의 구별 없이 입을 수 있었으면
④ 물에도 그대로 세탁할 수 있었으면
⑤ 여러 가지 색이 변하도록 할 수 있으면
⑥ 언제나 꼭 몸에 맞는 옷이 있었으면
등으로 적극적인 기대나 꿈을 표현하는 것이 좋다.

[실습 3] 팀별 또는 개인별로 배운 기법을 활용하여 실습해 보자!

주 제	
착 상	
개선안	

4) 체크리스트법

A. F. 오스봉이 고안한 것으로 개인사고 또는 브레인스토밍에 이용할 수 있으면 사전에 모든 질문을 설정해 놓고 하나씩 체크해가며 아이디어를 내고자 하는 기법이다.

① 달리 사용방법은 없는가
② 다른데서 아이디어를 빌릴 수 없을까
③ 대처하면 어떨까
④ 확대하면 어떨까
⑤ 축소하면 어떨까
⑥ 대응하면 어떨까
⑦ 바꾸어 넣으면 어떨까
⑧ 반대로 하면 어떨까
⑨ 결합하면 어떨까

효율적인 사용법

- 개선·개량 : ③④⑤⑥⑦⑨
- 발상·비약 : ②④⑧⑨
- 용도 확대 : ①②⑤

_______________의 개선방법을 제안하세요.

품질분임조 회합양식과 체크항목

(1) 품질분임조 회합양식

결재			

회합일자		회합시간	: ~ :	차회합	
활동주제					
참석자	(계 명)				

차기회합일		회합시간		회합장소	
차기주제					
팀원역할					

건의사항	부서장 및 관계자 의견	조치사항

(2) 품질분임조 회합할 때의 체크리스트

구 분	체크항목	체 크	
		Yes	No
① 회합 개시 전	· 정시에 멤버 전원이 참가하고 있는가?		
	· 멤버 가운데 결석하는 사람으로부터 연락은 있었는가?		
	· 회합내용, 준비자료는 정리정돈되어 있는가?		
② 회합 중	· 멤버의 분담사항이 각각 제대로 진행되고 있는가?		
	· 회합내용에 대한 멤버의 관심은 어떤가?		
	· 옆자리의 사람과 수군덕거리거나 투덜거리거나 하는 일 없이 토의 분위기는 좋은가?		
	· 의견이 다를 때에는 충분히 의견을 나누고 있는가?		
	· 회합 결과, 멤버의 찬성을 얻을 수 있는 결론이 나왔는가?		
	· 멤버 전원의 의견에 따라 내용을 종합했는가?		
	· 멤버는 의문점을 메모하고 자기의 생각을 종합하고 있는가?		
③ 회합 종료 후	· 분담내용, 기일 등은 멤버의 의견이나 입장을 생각하고 정한 것인가?		
	· 멤버 각자는 자기의 분담사항을 잘 이해하고 있는가?		
	· 다음 회합 예정일은 전원이 결정할 것인가?		
	· 종료 후, 회합장의 정리정돈 및 불조심 등은 완전한가?		

5. QC의 7가지 도구와 신QC의 7가지 도구

품질관리활동의 필수도구

QC의 7가지 도구란 파레토도, 체크시트, 히스토그램, 산포도, 관리도, 그래프, 특성요인도를 가리킨다. 이 방법은 수치로 표시할 수 있는 데이터(수치 데이터)를 분석하기 위한 도구이다.

신QC의 7가지 도구란 연관도, 계통도, 매트릭스도, PDPC, 애로다이어그램, 친화도, 매트릭스 데이터 해석법을 가리킨다. 이 방법은 언어 데이터를 분석하기 위한 도구이다. 여기서 언어 데이터란 '풍부한 생활이란 자신이 좋아하는 것을 할 수 있는 생활이다.'와 같이 단어로 표현할 수 있는 데이터를 말한다.

이들 도구는 이용하는 경우도 각기 다르다. QC의 7가지 도구는 PDPA 사이클 중에서 체크단계에서 자주 이용되며, 품질개선을 진행하면서 중요한 논리적인 사고나 수치분석을 하는 작업에 도움이 된다. 한편, 신QC의 7가지 도구는 계획단계에서 자주 이용되며, 문제해결을 진행하는 과정에서 무엇인가를 새롭게 발견하거나, 다른 방법을 발상할 때 효과적이다.

이들 도구를 효과적으로 활용하기 위해서는 목적에 맞는 데이터를 수집할 필요가 있다. 또한 데이터를 다양한 관점에서 층별한 후에 활용하는 것도 효과적인 기법이다.

도표 14-1 QC의 7가지 도구와 신QC의 7가지 도구

QC의 7가지 도구 중에서 '그래프'를 포함하지 않고, 대신에 '층별'을 넣은 문헌도 있다.

14장 연 습 문 제

1. 분임조 활동에서 가장 중요한 것은 무엇인가?

㉮ 인간관계
㉯ 칭찬
㉰ 충성심
㉱ 미소

2. 아이디어가 많을수록 좋고, 남의 아이디어를 비판해서도 안 되는 아이디어 창출법은?

㉮ 결점 열거법
㉯ 희망점 열거법
㉰ 브레인스토밍법
㉱ 체크리스트법

3. 신용카드의 결점을 결점 열거법으로 적어 볼 것.

4. 휴대폰에 이러한 기능이 추가 되었으면 하는 휴대폰의 희망점을 열거할 것.

참 고 문 헌

1. 강금식, 생산·운영관리, 박영사, 1993.
2. 강덕수외 1명, 생산관리, 유풍출판사, 1987.
3. 강병서, 생산경영론, 무역경영사, 1996.
4. 강석호, 생산관리론, 경세원, 1994.
5. 강신규외 2인, 조직행동론, 형설출판사, 2003
6. 곽수일, 생산관리, 박영사, 1983.
7. 김기영, 생산관리, 법문사, 1981.
8. 김병태, 초우량기업의 패러다임, 대경, 2002
9. 김성철, 생산관리, 학문사, 1997.
10. 김태웅, 「생산·운영관리」, 태성출판사, 1991.
11. 김해천, 현대생산관리론, 박영사, 1980.
12. 김희탁, 백종현외 6명, 생산관리, 법문사, 1997.
13. 류영근, 생산계획 및 재고관리, 형설출판사, 2000.
14. 류지철, 작업연구및 측정, 충주대 출판부, 2000
15. 명일환외 1인, 공장관리 이야기, 민영사, 1999
16. 박형호외 5인, 생산·운영관리, 무역경영사, 1998
17. 백방선, 품질관리론, 무역경영사, 1984.
18. 송병락, 세계로 초일류 선진국으로, 중앙일보사, 1995
19. 송병락, 부자국민, 일등경제, 김영사, 2002
20. 송병락, 지는사람 이기는 사람, 청림출판, 2004
21. 송재명, 자재관리, 한올출판사, 2001.
22. 안영진·유영목, 생산운영관리, 박영사, 1996.
23. 양종택, 생산·운영관리, 법문사, 1996.
24. 원석희, 서비스운영관리, 형설출판사, 1999
25. 원중호외 2인, 현재생산관리, 대경사, 2001
26. 윤재홍, 생산운영관리론, 형설출판사, 1997.
27. 이명호, 유지수, 「최신생산·운영관리」, 무역경영사, 1992.
28. 이병찬 외 3명, 생산운영관리론, 형성출판사, 1999.
29. 이병찬, 생산·운영관리, 박영사, 1989.
30. 이상범, 현대생산, 운영관리, 경문사, 1994.
31. 이순룡, 생산경영론 법문사, 1999
32. 이원옥외 1인, 세계로가는 우리경영, 1996
33. 이장우, 경영전략론, 법문사, 1995
34. 이재규, 에센셜 드러커, 한국경제신문, 2003

35. 인명준, 생산관리, 형설출판사, 1998.
36. 일본능률협회, 도요타의 현장관리, 한국표준협회, 1990
37. 글로벌 시대의 경영학, 한올출판사, 2004
38. 정기만외 1인, 생활속에 경영학, 신영사, 2004
39. 정남기 · 유철수, 생산관리, 청문각, 1997.
40. 정재승, 과학콘서트, 동아시아, 2004
41. 정충영, 생산관리론, 무역경영사, 1985.
42. 조동훈, 벤처경영학, 한올출판사, 2002
43. 지호준, 21세기 경영학, 법문사, 2000.
44. 편인범, 생산 · 운영관리개론, 홍릉과학출판사, 1995.
45. 편인범, 현대 생산관리론, 형설출판사, 1987.
46. 한국과학기술원 생산전략연구실 역(Krajewsky & Ritzman), 생산관리, 석정, 1997.
47. 한국표준협회, 생산관리, 2001
48. 현장의 정리 · 정돈 · 청소 실천과정 1,2,3, 한국표준협회, 1995
49. 황규승외 2명, 생산관리, 홍문사, 1999.
50. 황규승외 4인, 오퍼레이션스 경영, 홍문사, 2003
51. 황학, 작업관리론, 영지문화사, 2004
52. 21C 성장엔진을 찾아라, 삼성경제연구소, 2004
53. LG경제연구원, 2010대한민국트랜드, 한국경제신문, 2004
54. TPM실천과정 1,2,3, 한국표준협회, 1995
55. TPM컨설턴트 양성I, 한국표준협회, 1995
56. Benjamin W. Niebel, Alan B. Draper, Richard A.Wysk, Manufactaring Process Engineering McGraw-Hill, 1989.
57. Elwood S. Buffa, Modern Production Maragement, John Wiley, 1977.
58. F.E.Meyers, Motion and Time Study, Prentice Hall, 2000
59. Feigenbaum, A. V., Total Quality Control: Engineering & Management, 3rded., McGraw-Hill Book Co., 1983.
60. Gaither, Norman, Production & Operations Management, 2nd ed., Duxbury Press, 1996.
61. Howard J. Weiss, Mark E. Gershon, Production and Operations Management, Allyn and Bacon, 1993.
62. James L. Riggs, Production Systems, John wiley, 1976.
63. Jay Heizer, Barry Render, Production and Operations Management, Allyn and Bac on, 1988.
64. Krajewsky, Ritzman, Operations Management: Strategy and Analysis, 3th., 4th ed., Addison-Wesley Publishing Co., 1996.
65. Marvin E. Mundel, David L. Danner, Motion and Time Study, Prentice-Hall, 1994.
66. Philip E. Hicks, Industrial Engineering and Management, McGraw-Hill, 1994.
67. Raymond R. Mayer, Production and Operations Management, McGraw-Hill, 1982.
68. Richard I. Levin and Charles A. Kirkpatrick, Planning and Control With PERT/CPM, McGraw-Hill, 1966.
69. Wayne C. Turner, Joe H. Mize, Kenneth E. Case, Introduction To Industrial and Systems Engineering, Prentice-Hall International Editions, 1987.

부 록

■ 표 1 · 표준정규분포표

$$P_r(0 \leqq Z \leqq z) = \int_0^z \frac{1}{\sqrt{2\pi}} e^{-\frac{1}{2}x^2} dx$$

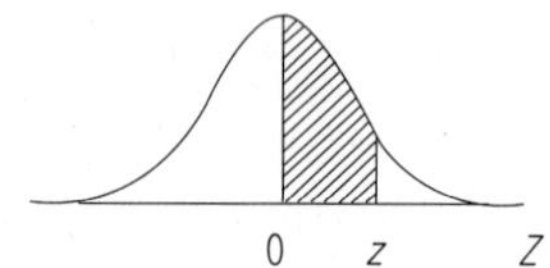

z	.00	.01	.02	.03	.04	.05	.06	.07	.08	.09
0.0	.0000	.0040	.0080	.0120	.0160	.0199	.0239	.0279	.0319	.0359
0.1	.0398	.0438	.0478	.0517	.0557	.0596	.0636	.0675	.0714	.0753
0.2	.0793	.0832	.0871	.0910	.0948	.0987	.1026	.1064	.1103	.1141
0.3	.1179	.1217	.1255	.1293	.1331	.1368	.1406	.1443	.1480	.1517
0.4	.1554	.1591	.1628	.1664	.1700	.1736	.1772	.1808	.1844	.1879
0.5	.1915	.1950	.1985	.2019	.2054	.2088	.2123	.2157	.2190	.2224
0.6	.2257	.2291	.2324	.2357	.2389	.2422	.2454	.2486	.2517	.2549
0.7	.2580	.2611	.2642	.2673	.2704	.2734	.2764	.2794	.2823	.2852
0.8	.2881	.2910	.2939	.2967	.2995	.3023	.3051	.3078	.3106	.3133
0.9	.3159	.3186	.3212	.3238	.3264	.3289	.3315	.3340	.3365	.3389
1.0	.3413	.3438	.3461	.3485	.3508	.3531	.3554	.3577	.3599	.3621
1.1	.3643	.3665	.3686	.3708	.3279	.3749	.3770	.3790	.3810	.3830
1.2	.3849	.3869	.3888	.3907	.3925	.3944	.3962	.3980	.3997	.4015
1.3	.4032	.4049	.4066	.4082	.4099	.4115	.4131	.4147	.4162	.4177
1.4	.4192	.4207	.4222	.4236	.4251	.4265	.4279	.4292	.4306	.4319
1.5	.4332	.4345	.4357	.4370	.4382	.4394	.4406	.4418	.4429	.4441
1.6	.4452	.4463	.4474	.4484	.4495	.4505	.4515	.4525	.4535	.4545
1.7	.4554	.4464	.4573	.4582	.4591	.4599	.4608	.4616	.4625	.4633
1.8	.4641	.4649	.4656	.4664	.4671	.4678	.4686	.4693	.4699	.4706
1.9	.4713	.4719	.4726	.4732	.4738	.4744	.4750	.4756	.4761	.4767
2.0	.4772	.4778	.4783	.4788	.4793	.4798	.4803	.4808	.4812	.4817
2.1	.4821	.4826	.4830	.4834	.4838	.4842	.4846	.4850	.4854	.4857
2.2	.4861	.4864	.4868	.4871	.4875	.4878	.4881	.4884	.4887	.4890
2.3	.4893	.4896	.4898	.4901	.4904	.4906	.4909	.4911	.4913	.4916
2.4	.4918	.4920	.4922	.4925	.4927	.4929	.4931	.4932	.4934	.4936
2.5	.4938	.4940	.4941	.4943	.4945	.4946	.4948	.4949	.4951	.4952
2.6	.4953	.4955	.4956	.4957	.4959	.4960	.4961	.4962	.4963	.4964
2.7	.4965	.4966	.4967	.4968	.4969	.4970	.4971	.4972	.4973	.4974
2.8	.4974	.4975	.4976	.4977	.4977	.4978	.4979	.4979	.4980	.4981
2.9	.4981	.4982	.4982	.4983	.4984	.4984	.4985	.4985	.4986	.4986
3.0	.4987	.4987	.4987	.4988	.4988	.4989	.4989	.4989	.4990	.4990

연습문제 해답

1장 1. ㉣ 2. ㉯ 3. ㉰ 4. ㉰ 5. ㉰ 6. ㉯ 7. ㉣ 8. ㉰ 9. ㉮
10. 생산성, 품질, 원가, 납기, 유연성, 서비스
11. 고용 창출(수많은 사람들을 먹고 살게 해 주었기 때문)
12. 기업에 있어서 가장 중요한 자산은 사람이다. 13. p.30 참조

2장 1. ㉰ 2. ㉯ 3. ㉮ 4. ㉮ 5. ㉯ 6. ㉰ 8 원가의 전략, 차별화 전략, 초점 전략
9. p.51~52 참조 10. p.65 참조 11. 여러분들의 경험은 무엇인지 쓰는 것.

3장 1. ㉯ 2. ㉯ 3. ㉯ 4. ㉣ 5. 도입기, 성장기, 성숙기, 쇠퇴기 6. p.83~84 참조

4장 1. ㉰ 2. ㉣ 3. ㉰ 4. ㉮ 5. ㉣ 6. ㉯ 7. ㉰ 8. ㉯
9. 최소 비용론과 최대 이익론 10. p.106, 115 참조 11. p.122 참조 12. p.108 참조

5장 1. ㉮ 2. ㉯ 3. ㉮ 4. ㉮ 5. 적시 생산 방식 6. p.133 참조 7. 생산 정보

6장 1. ㉣ 2. ㉯ 3. ㉮ 4. ㉰ 5. p.153 참조 6. p.159 참조

7장 1. ㉣ 2. ㉮ 3. ㉣ 4. ㉣ 5. ㉯ 6. p.171, 172 참조
7. 정규 임금 비용, 고용 및 해고비용, 잔업 비용, 재고 및 기계 주문 비용
8. p.186 참조 9. p.180~184 참조

8장 1. ㉮ 2. ㉯ 3. ㉮ 4. ㉯ 5. ㉰ 6. p.196 참조 7. p.195 참조
8. p.215 참조 9. p.210~212 참조

9장 1. ㉣ 2. ㉣ 3. ㉰ 4. ㉮ 5. ㉯ 6. ㉰ 7. ㉣ 8. ㉰ 9. ㉰
10. 합리적인 표준시간 만들기
11. 외경법 : $100 \times 1.2 \times 1.2 = 144$ 내경법 : $\frac{100 \times 1.2}{1-0.2} = 150$
12. p.249 참조, WF. MTM.

10장 1. ㉰ 2. ㉰ 3. ㉱ 4. p.261 참조 5. p.263 참조 6. 조달물류, 생산물류, 판매물류

11장 1. ㉱ 2. ㉱ 3. ㉮ 4. ㉰ 5. ㉮ 6. ㉯ 7. ㉱ 8. ㉯
9. 고객에 대한 서비스 수준을 최대로 하며 이에 수반되는 제반 비용을 최소로 하는 것.
10. 재고유지비용, 재고주문비용, 재고부족비용

12장 1. ㉮ 2. ㉮ 3. ㉰ 4. ㉱ 5. ㉱ 6. ㉮ 7. ㉯ 8. p.300~301 참조
9. p.304 참조 10. p.312 참조 11. p.315 참조

13장 1. ㉯ 2. ㉱ 3. ㉰ 4. ㉯ 5. ㉮ 6. p.329 참조 7. 예방비용, 평가비용, 실패비용
8. p.342~345 참조 9. 353 참조 10. 필수특성, 기대특성, 감동특성

14장 1. ㉮ 2. ㉰ 3. 본인 생각에 의한 신용카드의 결점을 나열할 것.
4. 본인 생각에 의한 휴대폰의 희망기능을 열거할 것.

찾아보기

(ㄹ)

(ㅁ)

(ㅂ)

(ㅅ)

(ㅇ)

저자약력

유지철 ·동국대학교 산업공학과 공학사
·동국대학교 산업공학과 졸업 (공학사)
·동국대학교 대학원 산업공학과 졸업 (공학석사)
·Adamson University 경영학과 졸업 (경영학박사)
·University of Windsor 산업공학시스템 연구원
·산업개발연구원 연구원
·현 한국교통대학교 산업경영공학과 교수
·(사) 퍼스트경영기술 연구원 이사
·한국생산성본부 자문위원
·중소기업청 기술지도위원
·충청북도청 기술자문위원
·한국산업인력공단 HRD 전문위원 및 기사시험 출제위원
·한국표준협회, LG화학등 외래강사
·충북고용포럼 의장 (2009~현재)

■저서 및 논문
· 작업연구 및 측정, 생산관리실무, 생산경영론

생산경영

2008년 2월 15일 초판1쇄 발행
2013년 8월 5일 개정1쇄 발행
2018년 8월 10일 개정3쇄 발행

저 자 유 지 철
펴낸이 임 순 재
펴낸곳 **(주)한올출판사**
등록 제11-403호
121-849
주 소 서울시 마포구 성산동 133-3(한올빌딩 3층)
전 화 (02)376-4298(대표)
팩 스 (02)302-8073
홈페이지 www.hanol.co.kr
e-메 일 hanol@hanol.co.kr
정 가 **23,000원**

■ISBN 978-89-98636-34-0